HISTÓRIAS DA MARGEM

Blucher

HISTÓRIAS DA MARGEM

Lésbicas, gays e os primeiros psicanalistas

Flávia Ripoli Martins

Histórias da margem: lésbicas, gays e os primeiros psicanalistas

Editora Edgard Blücher Ltda.

Publisher Edgard Blücher
Editor Eduardo Blücher
Coordenador editorial Rafael Fulanetti
Coordenação de produção Andressa Lira
Produção editorial Lidiane Pedroso Gonçalves
Preparação de texto Helena Miranda
Diagramação Negrito Produção Editorial
Revisão de texto Maurício Katayama
Capa Laércio Flenic
Imagem da capa Transvestite Ball at the Institute for Sexual Science. Archives of the Magnus-Hirschfeld-Gesellschaft, Berlin

Blucher

Rua Pedroso Alvarenga, 1245, 4º andar
04531-934 – São Paulo – SP – Brasil
Tel.: 55 11 3078-5366
contato@blucher.com.br
www.blucher.com.br

Segundo o Novo Acordo Ortográfico, conforme 6. ed. do *Vocabulário Ortográfico da Língua Portuguesa*, Academia Brasileira de Letras, julho de 2021.

Dados Internacionais de Catalogação na Publicação (CIP)
Angélica Ilacqua CRB-8/7057

Martins, Flávia Ripoli
Histórias da margem: lésbicas, gays e os primeiros psicanalistas/ Flávia Ripoli Martins. – São Paulo: Blucher, 2023.

438 p.

Bibliografia

ISBN 978-85-212-2077-0

1. Psicanálise – Homossexualidade – História. 2. Homossexualidade – História. I. Título.

23-6059 CDD 150.19509

Índice para catálogo sistemático:
1. Psicanálise – História

Para Sani e todos aqueles que antes de nós resistiram para podermos estar aqui.

Somos filhos da época
e a época é política.

Todas as tuas, nossas, vossas coisas
diurnas e noturnas,
são coisas políticas.

Querendo ou não querendo,
teus genes têm um passado político,
tua pele, um matiz político,
teus olhos, um aspecto político.

O que você diz tem ressonância,
o que silencia tem um eco
de um jeito ou de outro político.

Wislawa Szymborska (2011)

Conteúdo

Agradecimentos

Uma pesquisa é sempre um produto coletivo. Agradeço a todos aqueles que com o apreço pelo pensamento intelectual e a produção de saber, a militância política e/ou o afeto e o companheirismo tiveram sua parte na construção deste livro. Entre eles, agradeço especialmente a algumas pessoas.

Em primeiro lugar, ao Renato Mezan por me ensinar a conjugar a liberdade de pensamento e o rigor teórico. Obrigada pela generosidade em partilhar seu conhecimento e confiar em meu trabalho, encorajando meus primeiros passos enquanto pesquisadora.

À Paula Peron, meu muito obrigada pela aposta inicial neste trabalho, pelas leituras rigorosas do texto e por todas as contribuições ao longo da minha trajetória na pesquisa e na psicanálise.

Agradeço a Marcelo Checchia, por ter aceitado o convite para participar da banca e pelas contribuições estimulantes que derivaram de uma leitura generosa.

Ao Conselho Nacional de Desenvolvimento Científico e Tecnológico (CNPq) pela bolsa que possibilitou a realização da Dissertação de Mestrado que originou este livro.

Agradeço aos professores, colegas e funcionários do PEPG em Psicologia Clínica da PUC-SP.

Obrigada a Caio Padovan pelo envio de materiais imprescindíveis para esta pesquisa e pelo trabalho conjunto e estimulante acerca da obra de Isidor Sadger.

I would like to thank Ralf Dose for providing the photograph on the cover of this book.

Agradeço à Editora Blucher e sua equipe editorial por todo o trabalho envolvido na produção deste livro.

Às amigas que me acompanham e apoiam ao longo dos anos. Um muito obrigada especial pelo incentivo constante, o acolhimento nas identificações e nas diferenças e a parceria fiel, no pensar e no viver.

À Sandy, por tudo e, especialmente, por criar comigo uma linguagem compartilhada, que me faz apostar que posso ser entendida ao te agradecer pela eternidade compartilhada em um átomo do infinito.

Por fim, agradeço a quem sempre esteve incondicionalmente ao meu lado. Um carinhoso muito obrigada às minhas mais de quatro avós e ao meu avô, por terem me ensinado tanto sobre a vida. À Fernanda, pela paciência e parceria desde sempre, coisa que só uma irmã pode oferecer. À minha mãe, Isabella, por dar sempre o seu melhor e carinhosamente incentivar as minhas escolhas. Obrigada também por ter se tornado resistência, em seu trabalho junto com as "Mães pela Diversidade". Ao meu pai, Arual, pelo exemplo de generosidade e acolhimento, que me dá confiança e estimula cada um dos meus passos.

Introdução

Ao longo da escrita deste livro, diversas vezes me perguntei por que publicar um trabalho sobre as questões lésbica e gay na história da psicanálise. Em um momento em que as psicanálises brasileiras estão sendo convocadas a pensar e se reposicionar com relação a temas como o racismo, misoginia, questões de classe e colonialidade, sexualidades dissidentes e identidades trans e não binárias, qual seria a necessidade de recontar algumas antigas histórias que se passaram na velha Europa do início do século XX? Não estariam elas muito distantes de nós, psicanalistas brasileiros dos novos tempos?

Como uma fortuita coincidência, a escrita deste texto foi atravessada por um evento recente que abalou a comunidade psicanalítica: em 17 de novembro de 2019, Paul B. Preciado proferiu um discurso para 3.500 analistas reunidos durante as jornadas internacionais da Escola da Causa Freudiana (*École de la Cause Freudienne*), cujo tema era "Mulheres na psicanálise". Sua fala, filmada por dezenas de celulares, postada na internet, transcrita, traduzida em diversos idiomas e, mais recentemente, publicada em versão ampliada sob o título de *Eu sou o monstro que vos fala* (Preciado, 2022), provocou um abalo não apenas entre os presentes na ocasião, que se manifestaram com aplausos, risadas e vaias audíveis nos vídeos postados, mas também em muitos psicanalistas ao redor do mundo. Nos dias seguintes, no Brasil e em outros países, começaram a proliferar textos-resposta ao discurso de Preciado, alguns deles colocando em marcha problemas conceituais apontados por sua fala e, outros tantos, objetivando relativizar suas críticas e "defender" a causa psicanalítica.

Entre muitos aspectos relevantes da fala de Preciado (2022, p. 58), um momento particularmente me chamou atenção, no qual ele se dirige à plateia e pergunta: "quantos se definem, hoje, aqui, nesta sala, publicamente, como psicanalistas e homossexuais?". Ninguém lhe respondeu. Três mil e quinhentas pessoas ficaram em um silêncio sepulcral, interrompido apenas por vaias e risadas. Se, até então, existiam dúvidas sobre a pertinência de pesquisar as questões lésbica e gay na história da psicanálise, esse ato teve o efeito de presentificar um passado até então aparentemente distante e, rapidamente, transformou minhas dúvidas.

Como ainda era possível que o questionamento de Preciado sobre a existência de "homossexuais" em uma instituição de psicanálise – pergunta que, diga-se de passagem, sequer considera outras possibilidades de orientação sexual ou identidade de gênero não normativas – produzisse tamanho constrangimento? Quais os monstros que os psicanalistas temem que se levantem do divã para assombrá-los, caso se coloquem para falar com e sobre a psicanálise?

Naquele momento, começava a se encurtar a distância temporal e geográfica que, para mim, ainda separava a velha Europa do início do século XX e o Brasil de 2023. É certo que, se há defesas intelectuais tão solidamente erguidas diante da fala de Preciado, elas não deixam de ser evidência de que também há questões sendo movimentadas na psicanálise. Como exemplo disso, cabe relembrar mais um episódio curioso, desta vez ocorrido em 2017 no Brasil, quando, diante da revogação da resolução 01/99 do Conselho Federal de Psicologia (1999), que proíbe a atuação da psicologia em situações que objetivam "curar" ou "reverter" orientações sexuais não normativas, a famosa "Carta sobre homossexualidade", escrita por Freud (1935/2019, p. 28), espalhou-se pelas redes sociais em todo o país. Difundida e reproduzida não apenas por psicanalistas, a afirmação de que "a homossexualidade certamente não é uma vantagem, tampouco é algo de que se envergonhar, não é nenhuma degradação, não pode ser classificada como doença", proferida por Freud, em uma Viena às vésperas da Segunda Guerra Mundial (1939-1945), foi evocada como instrumento de luta nas disputas retórica e jurídica em torno da chamada "cura gay" (Iannini, 2019).

Na época, esse fenômeno fez surgir outra questão: por que tantas pessoas invocaram o velho Freud para discutir esse tema? O que me intrigava, no entanto, não era a difusão da "Carta sobre a homossexualidade" por pessoas de fora da psicanálise, afinal Freud é um dos grandes pensadores do século XX, conhecido não apenas nos meios intelectuais, como também na cultura popular. Mas, justamente, o fato de os psicanalistas brasileiros contemporâneos continuarem recorrendo a um escrito freudiano de 1935 para debater questões acerca das dissidências sexuais quase um século depois. Não haveria autores mais recentes e apropriados, dentro e fora da psicanálise, para sustentar o debate?

Ao retomar esse episódio, pareceu-me possível começar a formular respostas para as indagações provocadas pela fala de Preciado. Tratava-se de um discurso dos monstros, de um homem trans, não binário, que está pouco interessado em saber o que a psicanálise pensa sobre ele. Invertendo as posições de saber e poder vigentes em grande parte das produções teóricas de psicanalistas, é Preciado quem coloca a psicanálise no divã, a critica e a convoca a se reposicionar (Cavalheiro; Pombo; Triska, 2022). Eis que o vácuo entre a "Carta sobre a homossexualidade" escrita por Freud em 1935 e o discurso de Preciado proferido em 2019 parecia me apontar algo simples, mas de efeitos deletérios: se as questões entre a psicanálise e as dissidências sexuais estivessem resolvidas desde Freud, a pergunta de Preciado sobre a presença de "homossexuais" em sua conferência jamais seria capaz de provocar tamanho mal-estar.

Alinhavando essas constatações, pareceu-me evidente que a forma como muitos psicanalistas ainda pensam as dissidências sexuais a partir de uma soberania de Freud, tomado como sinônimo da psicanálise em seus primórdios, provoca um giro em falso. Primeiro porque nessas discussões se confere centralidade a alguns textos – como, por exemplo, os *Três ensaios sobre a teoria da sexualidade* (Freud, 1905a/2016b) e a "Carta sobre a homossexualidade" (Freud, 1935/2019) – em detrimento de outros, ignorando o fato de que Freud não deixou de discutir a questão da homossexualidade ao longo de sua obra, que, ao ser lida transversalmente, apresenta inúmeras perspectivas sobre o tema (Costa, 1992, 1995; Quinet; Jorge, 2013), não justificáveis ou redutíveis ao fato de que a sexualidade é sempre singular. Em segundo lugar e, a meu ver, mais importante, porque a convicção de que a psicanálise nascente é idêntica à obra freudiana ignora o fato de que os conceitos de psicanálise se originam "de uma apropriação *inventiva* e *metaforizada* daquilo que podemos chamar de *contexto*" (Mezan, 2002, p. 444 – grifos do autor), postura que pormenoriza a importância das relações entre o pensamento de Freud e da autoria de seus contemporâneos.

Diante de tal situação, parecia-me cada vez mais necessário retornar à história da psicanálise, abordando a questão das dissidências sexuais a partir de uma perspectiva descentralizada da figura de Freud. Isso justamente porque, ao contrário do que muitos pensam, desde o princípio a psicanálise foi teorizada e praticada por um grupo de autores e autoras – *os primeiros psicanalistas* – que a partir de 1902 começaram a se reunir com Freud, fundando a Sociedade Psicológica das Quartas-Feiras (*Psychologische Mittwochs-Gesellschaft*, PMG), rebatizada em 1907 de Sociedade Psicanalítica de Viena (*Wiener Psychoanalytische Vereinigung*, WPV). *Formulando em outras palavras, pois esta é a perspectiva central deste livro: para ampliar os debates sobre as dissidências sexuais na contemporaneidade, é necessário revisitar os principais posicionamentos políticos, hipóteses teóricas e diretrizes clínicas sobre as questões lésbica e gay discutidos pelos primeiros psicanalistas, abordando-os a partir dos planos conceituais, históricos (tanto internos ao movimento psicanalítico quanto sociopolíticos) e epistemológicos* (Mezan, 2014) *em que essas teses foram elaboradas.*

Para contribuir com o avanço das discussões sobre a questão LGBTQIAP+ na psicanálise, pensei ser necessário retornar a algumas histórias que se passaram na velha Europa do início do século XX; mas esse retorno precisava ser feito a partir de uma leitura sistemática e contextualizada, que abordasse "por que, a partir do que e contra o que" Freud e os primeiros psicanalistas haviam chegado a suas teses sobre a homossexualidade. Afinal, a psicanálise é produto de um momento histórico em que proliferavam discursos sobre o sexo (Foucault, 1976/2018) e, entre os muitos planos contextuais que atravessaram as hipóteses dos primeiros psicanalistas sobre as dissidências sexuais, destacam-se: a apropriação das sexualidades dissidentes pelo discurso médico-psiquiátrico; a criminalização das relações entre pessoas do mesmo gênero; a ampla gama de publicações sobre esse tema que surgiram na Europa da segunda metade do século XIX; a emergência do ativismo homossexual alemão; e os inúmeros debates entre os primeiros psicanalistas no contexto de consolidação da instituição psicanalítica.

Antes de avançarmos em nosso percurso, convém destacar o objetivo deste livro: estudar as inscrições dos contextos epistemológico, histórico e conceitual na autoria e nos discursos dos primeiros psicanalistas sobre as questões lésbica e gay. E, para dar conta dessa tarefa, pesquisaremos as discussões sobre o tema registradas nas *Atas da Sociedade Psicanalítica de Viena*, documentos históricos redigidos por Otto Rank (1884-1939), que registram os encontros semanais dos primeiros psicanalistas, ocorridos em Viena entre os anos de 1906 e 1918. Composto de quatro volumes – até a data de publicação deste livro, apenas o primeiro deles foi traduzido para o português –, esse material documenta os debates acalorados, diversos e intensos ocorridos entre os autores pioneiros da psicanálise, constituindo-se como um verdadeiro registro vivo da teoria e da prática *em criação*.

Este livro, no entanto, não deve iniciar antes de alguns esclarecimentos. Atualmente no Brasil, há inúmeros debates sobre a sigla mais adequada para designar as diversidades sexuais e de gênero, que, por ser também fruto de disputas varia de acordo com o contexto histórico, político e cultural (Quinalha, 2022). Embora alguns termos – como, por exemplo, o antigo GLS (gays, lésbicas e simpatizantes) – hoje sejam considerados ultrapassados, não há uma validação oficial sobre a sigla mais correta, que não deixa de ser objeto de políticas de poder e visibilidade. Para os fins deste livro, decidimos utilizar a sigla LGBTQIAP+ (lésbicas, gays, bissexuais, trangêneros/travestis, *queer*, intersexo, assexuais e pansexuais) para tratar das orientações sexuais e identidades de gênero não normativas, elegendo-a por considerar que ela contempla as principais pautas contemporâneas sobre a questão.

Contudo, vale lembrar que, temporalmente, as histórias aqui contadas se passam na Europa há mais de um século, época em que as pessoas que hoje reúnem-se em torno da sigla LGBTQIAP+ ainda começavam a se organizar politicamente ao redor do primeiro movimento homossexual da história, que surgiu na Alemanha do final do século XIX. Ou seja, tratamos de um tempo em que as diversidades sexuais e de gênero eram, antes de tudo, objeto do saber médico – quando não domínio jurídico – e as populações que nela são identificadas eram patologizadas, violentadas, extorquidas e/ou presas. Dessa maneira, embora utilize a sigla contemporânea ao trazermos os debates para os dias atuais, ao discutir hipóteses médico-psiquiátricas e psicanalíticas, busquei não recorrer a anacronismos, fazendo algumas opções terminológicas que necessitam ser explicadas.

Antes disso, no entanto, é necessário esclarecer ao leitor que o momento histórico-cultural estudado por este livro é anterior à criação do conceito de gênero, cunhado pelo psicanalista da terceira geração Robert Stoller (1925-1991) ao longo de seus estudos sobre as transgeneridades ocorridos entre 1960 e 1970 e popularizado pelo ativismo político e a literatura feminista e *queer* na década de 1980. Concebido para questionar a noção de que as categorias biológicas inatas – ou seja, o *sexo* – são destino, o conceito de gênero postula que o que é dito masculino ou feminino não é natural ou biológico, mas construído pela sociedade e pela cultura, e não se caracteriza, portanto, por ser fixo como o sexo ou resultado causal dele (Butler, 2003). Com o devido cuidado para não naturalizar ou inscrever nenhum comportamento ou norma de conduta no âmbito da biologia ao reproduzir o conteúdo de produções médico-psiquiátricas e psicanalíticas da virada do século XIX para o XX, muitas vezes empregarei o termo *sexo* respeitando a terminologia utilizada nas obras citadas e, concomitantemente, reconhecendo que, muitas vezes, os conteúdos dessas produções tratam de construções sócio-históricas de gênero.

Em decorrência da ausência dessas distinções e como consequência dela, este livro tratará, prioritariamente, de pessoas lésbicas e gays ou, em outros termos, da lesbianidade e da homossexualidade. Isso se justifica, pois, na época em que se situam nossas histórias, as dissidências sexuais e de gênero eram todas abarcadas pelo guarda-chuva da "homossexualidade", inclusive para se referir à pessoa que se relacionava com ambos os gêneros ou se considerava heterossexual e apresentava comportamentos, hábitos e costumes fora da cisnormatividade. Por essas razões, não tratarei especificamente da *bissexualidade* – orientação sexual nomeada na década de 1970 (Reis; Fraga, 2016) – e das temáticas *trans* e *travestis* – por vezes, tratadas pelas datadas categorias de "hermafroditismo" e "travestismo". Isso não significa, mais uma vez, que na virada do século XIX para o XX essas pessoas não existiam; por essa razão, utilizaremos neste livro as noções de *dissidências sexuais* e *dissidências de gênero*, termos que se referem, respectivamente, às orientações sexuais e identidades de gênero situadas fora da cis-heteronormatividade e que serão empregados com o intuito de não invisibilizar a existência de bissexuais, transgêneros/travestis, *queer*, intersexo, assexuais e pansexuais no período histórico sobre o qual tratamos.

Dentro da categoria de "homossexualidade" – tratada pelo vocabulário médico-psiquiátrico a partir de diversos nomes como, por exemplo, sensibilidade sexual contrária, uranismo, inversão sexual, estados sexuais intermediários, entre outros –, optamos por operar uma distinção entre as vivências de homens e mulheres. Levarei em consideração o fato de que há, ao longo da história, um apagamento sistemático da existência lésbica dos registros, tradições e memórias. Tal ocorrência leva essas mulheres a serem destituídas de sua existência política pela "inclusão" no debate público e nas discussões acadêmicas como uma versão feminina da homossexualidade – inclusive, no campo da psicanálise. Portanto, utilizarei o termo *lesbianidade* como uma categoria distinta do que seria a "homossexualidade", na tentativa de realizar um contraponto – sem desconsiderar os empecilhos de fazê-lo em um estudo histórico – à "invisibilidade lésbica" (Rich, 1982), entendida como o silenciamento das violências e das narrativas das/sobre as mulheres lésbicas, no que estas têm de particular.

A escolha pelo termo *homossexualidade*, por sua vez, também necessita de algumas considerações. Diferentemente da noção de lesbianidade – cunhado pelos movimentos lésbicos brasileiros –, a homossexualidade é um termo inventado no bojo das discussões sobre as sexualidades no século XIX. Cunhado pelo ativista Karl Maria Kertbeny (1869/1997), esse termo se tornou uma categoria médico-psiquiátrica que, por essa razão, é marcada pelo cientificismo. Embora a psicanálise tenha tentado inventar formas de se desfazer desse arcabouço histórico – utilizando noções como "homossexualidades" e "homoerotismo" –, escolhemos manter ao longo deste livro a noção de homossexualidade, com o intuito de ajudar o leitor a não se esquecer de quais e quantas são as marcas patológicas e homogeneizantes presentes nesse termo que, ainda hoje, muitos psicanalistas não abandonaram. Por fim, ressalto que em muitos momentos utilizarei meramente os termos *lésbicas* e *gays*, simplesmente por essa ser a forma mais corriqueira pela qual se nomeiam e são nomeadas as pessoas sobre as quais trata este livro.

O presente livro privilegia, portanto, dois temas centrais que guiarão, respectivamente, os assuntos tratados por cada uma das duas partes que o compõem: os contextos histórico e epistemológico de surgimento da psicanálise e as produções dos primeiros psicanalistas sobre as questões lésbica e gay, registradas nas *Atas da Sociedade Psicanalítica de Viena*. Assim, a primeira parte apresenta, cronologicamente, os múltiplos aspectos contextuais que influenciaram as produções dos primeiros psicanalistas, discutindo como as relações lésbicas e gays foram pensadas e tratadas nas sociedades europeias entre a Antiguidade e a Modernidade, e a descrição do contexto histórico e político da Alemanha e da Áustria na virada do século XIX para o XX. Na sequência, estuda detalhadamente os principais discursos da medicina psiquiátrica e dos primeiros ativistas homossexuais sobre a lesbianidade e a homossexualidade que surgiram nessa época e local. Por fim, analisa as formulações freudianas sobre a lesbianidade e a homossexualidade, dividindo-as em dois períodos: o primeiro (1905-1908) buscará elencar as teses sobre a teoria sexual elaboradas por Freud antes de os primeiros psicanalistas começarem a efetivamente se reunir; e o segundo (1908-1922) destacará as hipóteses que surgiram concomitantemente aos encontros do grupo vienense.

A segunda parte tem como objetivo discutir a autoria dos primeiros psicanalistas a partir das *Atas da Sociedade Psicanalítica de Viena*. Abandonando a cronologia, essa parte foi organizada por temas e inicia-se com uma breve apresentação dos primeiros psicanalistas e do processo de formação da Sociedade Psicanalítica de Viena. Em seguida, discute os posicionamentos políticos dos primeiros psicanalistas acerca das questões lésbicas e gays, a partir das relações estabelecidas entre a Sociedade Psicanalítica de Viena, Magnus Hirschfeld e os ativistas de Berlim; e os debates sobre a educação sexual e a reforma sexual e das concepções sobre o que era *"a"* homossexualidade do ponto de vista psicanalítico. Na sequência, estuda as teorias sobre a gênese da homossexualidade, desenvolvidas nas reuniões dos primeiros psicanalistas, dos debates em torno da lesbianidade, articulando-os às discussões sobre a feminilidade e a sexualidade feminina; e, enfim, debate as práticas clínicas da psicanálise do início do século XX com o público lésbico e homossexual.

Antes de começarmos este nosso percurso, reitero que ele conta histórias que considero estarem à margem das principais narrativas vigentes sobre a invenção da psicanálise: as produções teóricas, as estratégias clínicas e os posicionamentos políticos e de poder dos primeiros psicanalistas, esquecidos pela historiografia oficial; e as histórias de pessoas lésbicas e gays que cruzaram com a psicanálise no início do século XX, ora como interlocutores, ora como pacientes. Seu impulso é encontrar formas de narrar essas histórias, não apenas para que elas sejam inscritas na memória da comunidade psicanalítica, mas também para serem analisadas criticamente, se queremos criar uma teoria que não contribua para a opressão de sujeitos minorizados. Por fim, este livro não tem a pretensão de esgotar as questões acerca das dissidências sexuais na psicanálise. Se conseguir despertar no leitor a percepção de que as histórias aqui contadas não tratam apenas da velha Europa da virada do século XX, mas também de um passado da teoria psicanalítica que, ainda hoje, não cessa de se reinscrever e provocar questões, *Histórias da margem* terá cumprido sua função.

Mas, antes de rumarmos em direção à discussão de temas que ainda hoje se perpetuam na psicanálise, começaremos com a pergunta: quem foram as lésbicas e gays que viveram na Europa Ocidental antes de Freud?

Parte I

As lésbicas e os gays: da Antiguidade Clássica à psicanálise freudiana

1. A situação política de lésbicas e gays na Europa Ocidental

A lesbianidade e a homossexualidade são construções históricas. O exercício da sexualidade nunca esteve isento de ser objeto de estruturas de poder que regulamentam os corpos e práticas sexuais. Os pederastas e as educandas da Antiguidade Clássica, os sodomitas e as bruxas da Idade Média, os criminosos e os perversos, assim como os homossexuais e as lésbicas da Modernidade, foram inscritos na história como figuras sem rosto ou subjetividade, tratadas como objeto de saberes que ao longo dos séculos definiram suas características, seus comportamentos, suas atitudes e seus destinos, construindo um imaginário social e cultural sobre essas populações. Tais discursos não são desprovidos de funções sociais e de poder, construindo um campo de disputas e contradições.

Compreender a posição da psicanálise nascente e dos primeiros psicanalistas perante esse cenário impõe como tarefa percorrer os caminhos de construção das noções de lesbianidade e homossexualidade nas sociedades europeias. Por meio da elucidação dos contextos histórico e político de seu surgimento e da relação de quais noções podem ser consideradas historicamente datadas, buscaremos reconstituir como as formas de se pensar os relacionamentos entre pessoas do mesmo gênero sofreram deslocamentos ao longo da história, de maneira paralela à consolidação do sistema patriarcal de dominação masculina.

Desse modo, exploraremos como essa forma de exercício da sexualidade, considerada uma instituição pedagógica e militar na Antiguidade Clássica, passou a ser vista como um pecado pelo cristianismo na Idade Média, um crime durante a Idade Moderna e uma doença na visão da ciência do final do século XIX, que criou as definições de *lesbianidade* e *homossexualidade*[1]. Percorrendo nosso caminho periodicamente, analisaremos mais atentamente as últimas décadas do século XIX, discutindo especificamente o contexto histórico e político da Alemanha e da Áustria, enquanto territórios do surgimento da sexologia, do ativismo homossexual e da psicanálise, disciplinas que na virada do século ocuparam um lugar central nos debates sobre a sexualidade na Europa Ocidental.

Uma instituição para a Antiguidade Clássica

"O uso dos prazeres na relação com os rapazes foi, para o pensamento grego, um tema de inquietação", afirma Foucault (1984/2014), "o que é paradoxal numa sociedade que passa por ter 'tolerado' o que chamamos 'homossexualidade'. Mas talvez não seja muito prudente utilizar aqui esses dois termos" (p. 231). Muitos estudos históricos sobre as relações entre pessoas do mesmo gênero iniciam suas narrativas na Grécia Antiga (XII a.C.-II a. C.),

1 O termo "homossexualidade" foi criado por Kertbeny (1869), como veremos no Capítulo 2; a palavra "lésbica" foi registrada pela primeira vez em língua inglesa no ano de 1890 e o substantivo "lesbianismo" data do ano de 1870.

considerada como lugar de livre aceitação da homossexualidade – e, por vezes, também da lesbianidade.

A terra da poetisa Safo de Lesbos e do amor entre rapazes, valorizado pela literatura e pela pintura, é muitas vezes retratada como um local onde essas relações não eram condenadas por lei, desfrutando de liberdade e aceitação pela opinião pública. Embora essas constatações possam ser consideradas em certa medida verdadeiras, a questão que se impõe a esse respeito, nos alerta Foucault (1984/2014), é que não podemos falar em *tolerância* a respeito da *homossexualidade* na Grécia Antiga sem que o uso dos dois termos seja impreciso e anacrônico.

As fronteiras de demarcação do desejo nessa sociedade não eram regidas pela oposição entre hetero e homossexualidade e não havia, portanto, a noção de homossexualidade na Grécia Antiga tal qual essa categoria foi definida e descrita nos séculos posteriores. Havia relacionamentos entre pessoas do mesmo sexo, investidos de regras, imperativos e valores e o que se conhecia, ressalta Ariès (1985, p. 80), eram comportamentos homossexuais, "ligados a determinadas faixas etárias ou a determinadas circunstâncias, que não excluíam, nesses mesmos indivíduos, práticas heterossexuais concorrentes".

Embora o relacionamento entre dois homens adultos não fosse ignorado na Grécia Antiga, a forma característica do amor masculino nessa sociedade era a pederastia – do grego, *paîs*, *paidós* (menino) e *éros* (amor) – intercurso passional entre um homem mais velho, adulto, e um adolescente, cuja idade oscilava entre os 15 e os 18 anos. Considerando que não há registros sobre a forma como essa prática surgiu, nem onde, Dover (2007) afirma que a hipótese mais provável é a que situa sua origem entre os povos dóricos.

A pederastia masculina, que após a sua difusão assumiu diferentes contornos em cada uma das cidades gregas, era uma instituição aristocrática,[2] regulada por regras e com finalidades pedagógicas e militares. Fundamentalmente, essa deveria ser uma prática realizada apenas entre um homem e um rapaz, na qual os papéis de ativo e passivo eram definidos, o aspecto sexual não era o mais importante, os relacionamentos com sexo oposto não eram excluídos e sua função era a iniciação no mundo adulto (Bremmer, 1995; Marrou, 1966).

"Pederastia e ritos da adolescência estão no mesmo nível" afirma Sartre (1992, p. 50) ao descrever essas relações nas cidades de Creta e Esparta. Considerada um rito de passagem do rapaz à idade adulta, a pederastia consistia em uma forma simbólica de iniciação - imposta pela diferença de idade -, cujo objetivo principal era o de socializar os adolescentes. A formação desses casais era reconhecida por lei, formalizada, minuciosamente vigiada e à ligação amorosa acompanhava um trabalho educacional.

> *Para o homem grego, a educação (παιθεία) residia essencialmente nas relações profundas e estreitas que uniam, pessoalmente, um espírito jovem a um mais velho - que era, ao mesmo tempo, seu modelo, seu guia e seu iniciador -, relações essas que uma chama passional iluminava com um turvo e cálido revérbero. (Marrou, 1966, p. 59)*

---

2 Sartre (1992) enfatiza que a documentação disponível traduz, em sua maioria, a opinião proveniente de ambientes abastados. Embora esta sugira que os gregos não julgavam os comportamentos homossexuais, o autor enfatiza a necessidade de "saber o que pensavam das relações nascidas nos ginásios o pequeno proprietário ateniense, o pescador ou o comerciante, os quais não tinham nem o tempo nem a oportunidade de procurar nesses ambientes o belo rapaz" (p. 56).

Embora o caso ateniense se diferencie pela ausência de regulamentação legal, o estatuto social da pederastia também era favorável nessa cidade-Estado e a justificativa assemelhava-se ao sistema que era vigente em Esparta e Creta. Os aspectos aristocrático e abastado, assim como os contornos institucionais, faziam-se presentes nas práticas observadas em Atenas, onde os pares amorosos formados por um homem adulto e um jovem também estavam submetidos à regulação.

Considerando esse cenário, podemos inferir que nem todas as práticas sexuais eram permitidas entre os homens gregos. No momento em que o jovem adquirisse pelos, a relação deveria ser abandonada, pois se impunha o fim da desigualdade existente entre o par amoroso, responsável por delimitar os papéis específicos de cada um. Mediante a não existência de um adulto, cujo papel era ativo, e um rapaz, o amante passivo, o descrédito era lançado e o desprezo dirigido àquele que não renunciasse à passividade, recusando seu papel viril e, com isso, imitando as mulheres. A punição, por sua vez, se dirigia somente aos que se prostituíssem, violentassem seu parceiro – fosse ele homem ou mulher – ou caíssem no excesso, não importando seu objeto de desejo. Contudo, as sociedades gregas foram tradicionalmente entendidas como um "clube de homens" nas quais predominavam as práticas viris e misóginas que descreditavam o homem passivo por sua assimilação ao feminino; e contraditoriamente, tornaram-se conhecidas por serem a terra da poetisa Safo de Lesbos. Portanto, resta-nos perguntar: qual era o lugar destinado para as relações entre mulheres nessas sociedades?

As informações sobre o assunto são poucas. Ao escrever *A homossexualidade na Grécia Antiga*, livro marco nos estudos sobre o tema, K. J. Dover (2007) constata a ausência de literatura escrita sobre as mulheres nessa época, tanto discutindo as relações que mantinham entre si quanto tematizando sua atitude perante os amores masculinos. Esse fato chama a atenção e, segundo o autor, "reflete a escassez de autoras e artistas no mundo grego, e o virtual silêncio dos autores homens a respeito destes assuntos" (p. 236).

Das poucas fontes encontradas para discutir essa temática, a mais importante é, sem dúvida, a vida e a poesia de Safo de Lesbos. "Muito mais um nome lendário, transmitido com deleite ou repulsa pela tradição poética, que uma figura historicamente bem documentada, a da primeira mulher escritora lembrada pela literatura ocidental" (Gagnebin, 2003, pp. 9-10), Safo tornou-se conhecida pelos cantos líricos nos quais entoava seu amor por figuras femininas.

As informações que nos restam sobre ela são, assim como seus poemas, relatos fragmentários oriundos de três fontes (Lardinois, 1995): sua obra (ou o que restou dela); as descrições e depoimentos escritos por autores clássicos; e o contexto histórico de seu tempo. Embora o estudo dessa documentação objetivasse discutir se Safo era, de fato, lésbica, para o que aqui pretendemos tematizar essa resposta importa pouco. Primeiro pois, como já mencionamos, essa definição nada diz sobre como eram as relações nas sociedades gregas. E, mais do que isso, porque Safo é aqui uma forma de narrar a existência de relações entre mulheres desde a Antiguidade Clássica, as quais discussões intelectuais sobre a veracidade desses fatos parecem invisibilizar.

Localizada no mar Egeu, não muito longe da Ásia Menor, Lesbos é a ilha onde viveu Safo, em algum momento da segunda parte do século VII a.C. Pertencente à nobreza oriunda do povoado de Mitilene, o mais importante da região, ela nasceu em uma época ainda favorável para as mulheres naquele local: embora fossem obrigadas a se casar, elas ainda gozavam de uma independência e um status que não existiria mais nos séculos posteriores[3] (Mossé, 1992). "Pátria do vício ou do requinte decadente ou ainda do feminismo nascente, dependendo do olhar do/da intérprete" (Gagnebin, 2003, p. 8), a ilha de Lesbos foi o local onde Safo manteve uma comunidade para meninas e jovens mulheres, em cujo seio elas podiam ser educadas, desde a saída da infância até o casamento. Entre os estudos realizados, estavam poesia, dança, música instrumental, canto, lira e esportes, contribuindo para que essas jovens desenvolvessem seus encantos e habilidades.

De acordo com a literatura (Fontes, 2003; Lardinois, 1995), tudo leva a crer que a relação que Safo estabelecia com suas educandas em muito se assemelhava à pederastia masculina. Ou seja, entre mestra e discípulas, haveria também o amor. Além do ensino, esses relacionamentos possuiriam um caráter passional, conforme enfatizam o desejo, o ciúme, as palavras ardentes e as constantes evocações de Eros e Afrodite encontradas na obra literária de Safo.

No entanto, tal qual no caso dos homens, é muito provável que esses relacionamentos tivessem também algum tipo de regulamentação institucional que estaria relacionada aos laços estabelecidos entre as famílias aristocráticas da época. Além disso, faz-se necessário enfatizar que o casamento era uma obrigação para as mulheres. Tudo indica que Safo era casada com um homem e suas discípulas muitas vezes abandonavam os laços amorosos com ela em prol do casamento, tal como entoam muitos dos *Poemas e fragmentos* da poetisa que tratam sobre o abandono.

Os eventos ocorridos na ilha de Lesbos são as expressões mais conhecidas do relacionamento entre mulheres na Grécia Antiga, mas provavelmente não foram a sua única forma. Marrou (1966)

---

3 Segundo Gagnebin (2003), as mulheres dessa região da Grécia possuíam um estatuto privilegiado, se comparado com aquelas que viviam em outras localidades como Atenas no Período Clássico.

menciona a existência de espaços educacionais semelhantes coordenados por Andrômeda e Górgona, e Dover (2007), por sua vez, destaca que, as relações eróticas de uma mulher à beleza de outra, não são temas exclusivos da poesia de Safo, aparecendo também em muitas das "canções para corais de virgens".

Embora a ilha de Lesbos pudesse ser considerada uma exceção nessa época, tanto em termos de possibilidades para as mulheres quanto no que concerne à liberdade para os seus relacionamentos – quadro que posteriormente se modificaria –, seu papel foi de grande importância para elas:

> *As relações entre as participantes de um coral feminino ou entre um professor e seus alunos de música ou de poesia talvez constituíssem uma "subcultura", ou antes, uma "contracultura" na qual as meninas e mulheres recebessem de pessoas de seu próprio sexo aquilo que a segregação e a monogamia impediam que recebessem dos homens". (Dover, 2007, pp. 250-251)*

O termo derivado de seu nome, lésbica, séculos mais tarde foi adotado por muitas mulheres como forma de nomear os modos de vida, os desejos, o amor e a potência revolucionária dos relacionamentos entre mulheres, tal qual Safo cantou séculos atrás.

Se na Grécia dos tempos de Safo as mulheres gozaram de certa liberdade para se relacionarem entre si, o mesmo não pode ser dito sobre o que ocorria em Roma durante a Antiguidade Clássica (VIII a.C.-V d.C.). Organizada de maneira hierárquica e escravocrata, essa sociedade ordenava o comportamento sexual em torno do par atividade-passividade, que se ligava à visão de masculinidade (Williams, 1999; Veyne, 1992), segundo a qual ser ativo correspondia a ser másculo e provar a virilidade, enquanto ser passivo remetia a posicionar-se de maneira servil – problema que se colocava apenas do ponto de vista masculino, pois as mulheres só podiam ser passivas. As relações sexuais entre mulheres eram consideradas ilegítimas e imorais, principalmente no que concerne àquelas que ocupavam o papel ativo, o que era considerado uma tentativa de usurpar o lugar destinado aos homens.

Apesar da grande influência da cultura grega sobre a sociedade romana na Antiguidade, as relações entre homens ocorriam de maneiras bastante diferentes nos dois casos. Enquanto na Grécia estas de davam entre um adulto e um jovem, ambos aristocratas e libertos, em Roma esses relacionamentos só eram permitidos entre um senhor (ativo) e um escravo (passivo) ou com prostitutos. A passividade dos homens livres – e não o sexo – era interditada e condenada, pois cabia a eles ocupar sempre o papel ativo, na medida em que ser passivo era considerado um efeito da falta de virilidade ou um vício, inclusive na ausência de qualquer ato sexual. O relacionamento com pessoas libertas de ambos os sexos – exceto dentro do casamento – era condenado, pois comportar-se em desacordo com os padrões de masculinidade da época era, para os romanos, a infração mais grave.

Fundamentalmente, o que vimos até aqui é que, embora as relações entre mulheres ou homens já existissem dentro de parâmetros institucionais e regulatórios específicos na Antiguidade grega e romana, estas eram bastante diferentes do que viria a se desenhar nos séculos seguintes. Como Foucault (1984/2014) aponta com precisão, não podemos falar em *lesbianidade* ou *homossexualidade* durante esse período. Embora centenas de anos mais tarde, por volta de 1870-1900, a literatura sobre a lesbianidade e a homossexualidade se ocupe vastamente das relações entre pessoas do mesmo sexo no decorrer da idade antiga, tal abordagem é, em certo sentido, anacrônica, pois em ambas as sociedades "as dicotomias 'macho/fêmea', 'ativo/passivo' definiam os papéis sociais, o acesso ao poder e a posição de cada indivíduo segundo seu gênero e sua classe" (Borillo, 2010, p. 47). Durante a Antiguidade Clássica, os papéis destinados a homens e mulheres, libertos e escravos, adultos e jovens, definiam os padrões de comportamento. A distinção entre hetero e homossexualidade começaria a ser esboçada somente durante a Idade Média, sob influência do cristianismo, que consolidou o sistema masculino de dominação.

Um pecado na Idade Média

Segundo registros históricos, foi o mito bíblico de Sodoma e Gomorra – as cidades destruídas pelo pecado contra a natureza – que nomeou aqueles que se relacionavam com pessoas do mesmo gênero durante a Idade Média (V-XV): os sodomitas – nome carregado de conotações morais que, por si só, revela o papel da tradição judaico-cristã no tratamento dado a essas pessoas, na mesma época em que as deslocou para o lugar de pecadoras.

Em um período no qual a atenção se voltou para o controle e a regulação da sexualidade – de forma muito mais severa do que na Antiguidade –, a sodomia foi entendida como todos os atos sexuais não reprodutivos e, portanto, considerada imoral e contra a natureza. Entre eles, eram incluídos a masturbação, o coito interrompido e as relações sexuais anais e orais heterossexuais, fazendo da distinção entre o sexo potencialmente reprodutivo e sexo não reprodutivo a mais importante no campo da sexualidade (Greenberg, 1988).

Embora alguns autores (Le Goff, 1984; Richards, 1993) considerem o cristianismo como o principal agente das mudanças ocorridas no campo da sexualidade a partir do século V, essa opinião não é um consenso em meio aos pesquisadores do assunto. Entre as principais obras que se contrapõem a essa visão encontra-se o livro *Christianity, social tolerance and homosexuality* (Boswell, 1980), bastante citado e discutido na literatura, tanto pelo extenso trabalho de pesquisa realizado quanto por sustentar dois pontos fundamentais: na Alta Idade Média (V-XI), o cristianismo não era, por si só, hostil à "homossexualidade" e os textos e as práticas produzidos no período refletiam posições governamentais e teológicas; a intolerância que se desenhou a partir do século XII relaciona-se com diversos acontecimentos políticos e, embora seja incontestável, foi incorporada aos textos religiosos.

Sem desconsiderar o papel dos acontecimentos políticos, tendemos a pensar que o cristianismo foi o principal agente responsável pelo crescimento da intolerância, das práticas punitivas e das restrições no exercício da sexualidade. O que, por outro lado, não quer dizer que a forma como essa religião tratou a as relações afetivo-sexuais entre pessoas do mesmo sexo tenha sido a mesma durante todo o período: embora sua postura sempre tenha sido de intolerância, a maneira como lidava com os infratores variou ao longo dos séculos.

No início da Idade Média, as práticas sodomitas foram abordadas pela Igreja por meio dos códigos penitenciais, guias que determinavam o tratamento que deveria ser dispensado aos praticantes dos diferentes atos sexuais considerados pecaminosos. "A penitência era um estatuto que as pessoas adotavam de forma deliberada e voluntária, num momento dado de sua existência, por certo número de razões que podiam ser ligadas a um pecado enorme, considerável e escandaloso, mas que podia perfeitamente ser motivado por uma razão bem diferente" (Foucault, 1975 p. 146). Sua aplicação dependia da confissão, a partir da qual o bispo decretava, em uma cerimônia pública, uma penitência ao pecador, a depender de sua idade e posição eclesiástica, da recorrência e do papel desempenhado pelo sujeito da ação (passivo ou ativo). O objetivo final era o perdão e a redenção, passíveis de serem alcançados por meio de atitudes como jejum, reza, uso do cilício, interdição dos cuidados de limpeza, exclusão solene da Igreja, obrigação de sepultar os mortos, entre outras.

No que concerne ao relacionamento entre pessoas do mesmo sexo, esses códigos, escritos por membros do clero – que, como sabemos, eram homens –, dedicavam-se prioritariamente ao comportamento sexual masculino. Conforme enfatiza a literatura (Greenberg, 1988; Le Goff, 1984; Richards, 1993), as menções às relações entre mulheres nesse material são poucas, destacando-se entre elas o "Penitencial de Theodoro", no qual são exigidos três anos de penitência para uma mulher que tiver relações sexuais com outra ou masturbar-se.

O início da Primeira Cruzada, proclamada em 1095, deu fôlego à propaganda antimulçumana, que passou a relacionar as práticas homossexuais com o Islamismo, tomado como uma ameaça às sociedades cristãs. A associação entre a sodomia e a heresia somou-se a esse cenário, dando forte impulso para que a repressão dessas práticas sexuais se radicalizasse nos séculos XII e XIII, quadro ao qual se juntou o surgimento de um "problema homossexual". Paralelamente ao crescimento da vida urbana e à revalorização dos textos clássicos no Renascimento do século XII, expandiu-se nas cidades e burgos uma "subcultura gay": as casas de banhos e as barbearias tornaram-se lugares de encontro, havia um vocabulário próprio e as obras literárias voltaram a valorizar o erotismo masculino. A nobreza jovem, os estudantes e o clero tornaram-se os grupos mais visados por essas práticas, embora sua existência seja reconhecida em todas as classes sociais e faixas etárias.

Esse cenário, que até então passara mais ou menos despercebido pela Igreja, tornou-se um foco com a Reforma Gregoriana, iniciada no século XI. A partir desse momento, o celibato foi imposto ao clero e o casamento monogâmico, indissolúvel e exogâmico aos leigos (Le Goff, 1994), de maneira que a sodomia se tornou um alvo do Cristianismo. A redenção, alcançável por meio das penitências, deixou de ser uma possibilidade e o Purgatório transformou-se no único destino para os seus praticantes.

Com a epidemia da peste negra, cuja origem foi atribuída a uma sexualidade pecaminosa, os sodomitas passaram a ser bodes expiatórios e uma ameaça ao repovoamento, acirrando os discursos de intolerância e as punições. Paulatinamente, instalou-se uma tendência nos Concílios da Igreja, que passaram a penalizar as práticas homossexuais com a execução pública na fogueira, o que se generalizou com a redescoberta do direito romano, a centralização política e a Inquisição.

> *A morte pelo fogo aparece como uma forma específica e necessária de purificação, não só do indivíduo – queimando-lhe a carne para salvar a alma –, mas igualmente da comunidade, extirpando assim o mal que lhe corrói em seu âmago. A tradição teológica organiza, ideologicamente, essa forma radical de perseguição contra os homossexuais. Eis a razão pela qual estes são considerados daí em diante, como indivíduos extremamente perigosos, na medida em que eles se opõem ao que há de mais precioso na ordem da criação: a lei natural, expressão da vontade divina. (Borrillo, 2010, p. 54)*

Tendo explorado a questão da sexualidade na Idade Média e a passagem da pederastia para a sodomia, verificamos que essa é correlata a uma mudança no estatuto das relações entre pessoas do mesmo gênero de uma instituição para um pecado. Portanto, poderíamos nos dar por satisfeitos e prosseguir a história que narramos concluindo que as relações entre mulheres nesse período se limitavam a ser uma extensão da sodomia masculina, para a qual os textos do clero – predominantemente formado por homens e nos quais se baseiam a maior parte dos estudos sobre o tema – deram menor atenção. De acordo com essa visão, o erotismo masculino teria sido mais visado, se não mais presente, o que pode ser atribuído prioritariamente à posição social das mulheres na época.

Um aprofundamento nesse debate impõe uma torção que, justamente por se contrapor à literatura hegemônica, se torna interessante por dar espaço para as narrativas lésbicas, esquecidas e invisibilizadas ao longo da história. Debruçando-se sobre esse problema e considerando que os registros sobre relacionamentos sexuais entre mulheres no período medieval são pouco mais de uma dezena, todos provenientes dos processos de condenação aos quais elas foram submetidas, Bennett (2000, 2011) sugere discutir esse problema a partir das relações de afinidade entre mulheres.

Por um lado, essa ideia não nega a posição social das mulheres durante a Idade Média, período no qual a sexualidade feminina era menos visada por não produzir bastardos e as relações sexuais entre mulheres não eram propriamente vistas como sexo por não gerarem "desperdício do sêmen" – fundamental na conceituação medieval de sexo não reprodutivo. Por outro lado, essa proposta de pesquisa vai além dos textos clericais, olhando mais profundamente para os vínculos femininos estabelecidos durante esse período e expandindo as possibilidades narrativas sobre a lesbianidade antes do século XIX para além do contato sexual genital. Assim, transcende-se a noção de identidade e é incluída a história de mulheres que viveram de forma semelhante com muitas lésbicas de nossa época: desejando uma mulher, priorizando os relacionamentos feminino e resistindo ao casamento e à heterossexualidade compulsória.

Além do material presente nos textos clericais e do enquadramento das relações entre mulheres na categoria da sodomia, por meio dessa perspectiva podemos expandir nossa discussão, incluindo como material relevante uma ampla gama de comportamentos que acentuam o aspecto político da lesbianidade, enquanto relacionamentos descentrados das lógicas falocêntricas e heteronormativas. Seguindo esse raciocínio, Bennett (2000, 2011) enumera cinco categorias que podem ser incluídas como relevantes para a discussão das práticas "sexuais" entre mulheres na Idade Média, conforme enumeraremos a seguir: (1) as mulheres que tinham relação sexual com mulheres, independentemente de serem casadas ou religiosas; (2) aquelas cujos afetos se destinavam prioritariamente a outras, mesmo que sob a forma da amizade; (3) todas aquelas que resistiram ao casamento, sendo muitas vezes acusadas de bruxaria; (4) as mulheres que se uniram em comunidades ou fraternidades, como é o caso de um grupo de ex-prostitutas de Montpellier; (5) as mulheres que, como Joanna D'Arc ou a Estudante da Universidade de Cracóvia – cujo nome até hoje não foi descoberto –, travestiram-se para atingir seus objetivos, fossem esses lutar na guerra ou estudar; (6) as prostitutas que resistiram a se tornarem propriedade sexual – embora a discussão sobre a prostituição seja mais exaustiva do que essa consideração.

Todas essas mulheres, de alguma forma, não se conformaram com o lugar que lhes era destinado durante a Idade Média. Seus comportamentos transgrediam a norma da Igreja e as imposições do casamento, da virgindade e da frigidez. Somando-se às sodomitas e muitas vezes classificadas como bruxas, elas não se conformaram com as imposições da Igreja Católica e buscaram formas de vida entre pares ou em comunidades. Suas práticas, prioritariamente abordadas como um desvio e tratadas com intolerância, hoje nos restam como exemplos de resistência na história da sexualidade desse período.

Diferentemente do que ocorreu na Antiguidade, a Idade Média deixou marcas profundas na história das pessoas que se relacionam com outras do mesmo gênero, muitas delas perpetuadas até os dias atuais. O pecado sodomita, tratado pelos códigos penitenciais durante a Alta Idade Média, tornou-se, a partir da Reforma Gregoriana, objeto de uma legislação profundamente repressiva, que levou a uma politização da sexualidade na medida em que a Igreja Católica faria dela uma questão de Estado. Após o Renascimento (XIV-XVI), com a entrada na Idade Moderna (XV-XVIII) e a transição para o capitalismo, a sexualidade da mulher – que durante a Idade Média ainda encontrava possibilidades de transgressão, por não ser uma preocupação prioritária – foi colocada a serviço dos homens e da reprodução e instalou-se uma verdadeira caça às bruxas que:

> *não só condenou a sexualidade feminina como fonte de todo mal, mas também representou o principal veículo para levar a cabo uma ampla reestruturação da vida sexual, que, ajustada à nova disciplina capitalista do trabalho, criminalizava qualquer atividade sexual que ameaçasse a procriação e a transmissão da propriedade dentro da família ou que diminuísse o tempo e a energia disponíveis para o trabalho. (Federic, 2017, pp. 349-350)*

A partir de então, diversas práticas da sexualidade foram proibidas, por exemplo, os relacionamentos entre pessoas do mesmo sexo, o coito anal, a nudez, as danças e o sexo entre pessoas de idades ou classes sociais diferentes. Nessa época, a sodomia – entre muitas outras práticas sexuais – foi enquadrada como crime nas disposições legais das mais diversas regiões e, embora tivesse variações, a punição com a prisão ou a morte permaneceu sendo o destino das dissidências sexuais na maior parte dos países do mundo.[4] A intolerância com a sexualidade tornou-se fervorosa na Europa e

> *a perseguição aos homossexuais foi tão feroz que sua memória ainda está sedimentada em nossa linguagem.* Faggot[5] *é um termo que remete ao fato de que os homossexuais eram, às vezes, usados para acender a fogueira onde as bruxas seriam queimadas, enquanto a palavra italiana* finocchio,[6] *que significa erva-doce, se referia à prática de esparramar essas plantas aromáticas nas fogueiras para mascarar o fedor da carne ardente. (Federic, 2017, pp. 354 -355)*

---

4 No Brasil, por exemplo, a legislação portuguesa impôs a partir de 1521 a pena de morte para as relações homossexuais. Os atos lésbicos, por sua vez, foram incluídos na legislação em 1603, quando também passaram a ser penalizados. No ano de 1831, as mudanças promulgadas por Dom Pedro II no Novo Código Penal do Império retiraram a punição para a sodomia da legislação brasileira, mantendo o atentado ao pudor como crime, no qual era enquadrada qualquer ação considerada como ofensiva à moral e aos bons costumes. Na prática, a nova Lei era aplicada de acordo com a interpretação da autoridade responsável por julgar esses crimes, o que deu continuidade à repressão às condutas lésbicas e homossexuais. Para mais informações sobre o cenário brasileiro, ver o livro *Devassos no Paraíso: A homossexualidade no Brasil da colônia à atualidade,* de João Silvério Trevisan (2000).

5 Ainda hoje, *faggot,* em inglês "feixe de lenha para fogo" (Federic, 2017), ou sua abreviação são termos utilizados de forma ofensiva e pejorativa para desqualificar homens gays na América do Norte.

6 *Finocchio* é uma gíria italiana com o significado semelhante à expressão inglesa *faggot.*

Um crime e uma doença na Modernidade

Com a Revolução Francesa (1789-1799) teve início um período de virada na situação política de lésbicas e homossexuais. Em 1791, sob influência do Iluminismo e dos princípios de Igualdade, Liberdade e Fraternidade, a França foi o primeiro país do mundo a descriminalizar a sodomia. A partir de então, a liberdade individual foi cada vez mais investida como um valor fundamental nas sociedades ocidentais, o que levantou a discussão se o Estado deveria ou não interferir na vida privada da população (Greenberg, 1988; Lanteri-Laura, 1994; Paoliello, 2013).

Em 1810, o Código Penal do Império Francês – na época governado por Napoleão Bonaparte – formalizou as medidas votadas em 1791 e modificou radicalmente a legislação sobre os costumes. Exceto pelo adultério, que poderia comprometer os laços de filiação, todas as práticas da sexualidade foram laicizadas, desde que exercidas em um ambiente privado, com consentimento e entre adultos – cabendo ao Estado intervir somente na proteção de menores de idade, na vigilância de atos praticados em vias públicas e na punição de abusos e violências sexuais. Enquanto os atos e práticas da sexualidade não eram mais passíveis de julgamento pela justiça francesa – o que incluía a lesbianidade e a homossexualidade –, os "textos ditos pornográficos, licenciosos, eróticos, lúbricos ou imorais, permanecem sob o alcance da lei como 'ofensivos à moral pública'" (Roudinesco, 2008, p. 78), o que ocorreu, por exemplo, com os clássicos *As flores do mal*, de Baudelaire, e *Madame Bovary*, de Flaubert, processados pelo Ministério Público em 1857.

Sumariamente, até o século XVIII o catolicismo e o Estado permaneceram considerando as relações entre pessoas do mesmo sexo um pecado contra a natureza passível de punição com a fogueira. De tal maneira, a situação política dessas populações – assim como de todas os outros sujeitos que exerciam a sexualidade por via da masturbação, felação, fetichismo, flagelação etc. – somente começou a se modificar com a ascensão da burguesia, angariada em ideais liberais. Tendo a Igreja como inimiga, restava à classe burguesa se opor a seus posicionamentos: enquanto a primeira punia as sexualidades dissidentes, a segunda passou a defender a postura oposta, reivindicando uma maior tolerância com as diversas formas de gozo.

Uma complexificação desse cenário se impôs a partir do momento em que a burguesia tomou o poder e conquistou o direito de exercer seus prazeres sexuais livremente, desde que em ambientes privados e de forma consentida (Roudinesco, 2008), processo que diminui a importância da defesa de uma ideologia libertária. A postura tolerante diante das mais diversas práticas sexuais, defendida até então como uma estratégia política, deixou de ser importante e restava para a sociedade somente o medo e o fascínio despertados pelas expressões da vida sexual (Lanteria-Laura, 1994). Quando as instituições regulatórias da Antiguidade estavam ultrapassadas de longa data, a posição da Igreja já não servia e o liberalismo havia cumprido sua função, o terreno para uma nova etapa da história da sexualidade no Ocidente estava pronto: chegara a vez de a medicina se debruçar sobre o assunto.

Fato é que a burguesia, que no ambiente privado exercia livremente sua sexualidade, não havia deixado sua moral astuciosa e puritana de lado e, tendo retirado das mãos do Estado o controle da sexualidade privada, se viu diante da necessidade de "inventar novas regras que lhes permitiam condenar as perversões sexuais pelas quais é aficionada, no recôndito das casas fechadas, sem com isso atirar à fogueira o povo dos perversos" (Roudinesco, 2008, p. 79). Para isso, a classe burguesa se valeu de duas disciplinas derivadas da psiquiatria – a sexologia e a criminologia –, concedendo-lhes a importante tarefa de distinguir os "bons e maus" perversos, ou seja, aqueles que seriam considerados perigosos e os que poderiam, de alguma maneira, ser recuperados, atingindo um "alto grau de civilização", entendido a partir da ideia de um aperfeiçoamento do sujeito, calcado no referencial moderno do homem branco europeu.

Nesse contexto, é criada uma vasta nomenclatura, da qual a psicanálise será, como veremos no Capítulo 3, uma importante tributária. Assim, a perversão – ou, deste ponto em diante, as perversões – tornou-se o nome de todas as anomalias sexuais. Estas foram esvaziadas de seu aspecto pornográfico e rebatizadas com nomes eruditos derivados do grego – por exemplo, zoofilia, necrofilia, pedofilia, travestismo, onanismo, sadismo, masoquismo etc. –, que passaram a ser empregados pelos textos médicos, muitos deles escritos em latim e restritos aos praticantes da medicina e do direito. Com a sexologia, realizava-se, como descreve Foucault (1976/2018), uma "psiquiatrização do prazer perverso" (p. 114), e criava-se um cenário no qual o instinto sexual foi isolado, atrelado a condições biológicas específicas e dissecado. Como consequência, suas características foram analisadas e patologizadas, e buscou-se normalizar tudo que era identificado como uma anomalia.

Com o estudo dos ditos perversos, entre os quais podemos citar o masturbador, as crianças com a sua sexualidade peculiar, a histérica que se recusava à procriação e a lésbica ou o homossexual,

> *começou a se instaurar, em nome do Iluminismo, a idéia de que os Estados Modernos tinham o dever de governar o conjunto das práticas sexuais separando a norma da patologia, da mesma forma que antes a religião se aferrara a distinguir o vício da virtude. Polícia dos corpos e biocracia: este foi, ao longo do século XIX,*

> *o programa estabelecido por uma burguesia triunfante preocupada em impor à sociedade uma nova moral sexual fundada na primazia da família dita sentimental ou romântica: felicidade das mulheres no casamento e na maternidade, apologia do pai como pater famílias, protetor dos filhos. (Roudinesco, 2008, p. 95)*

Esse cenário foi agravado pelos acontecimentos que marcaram a Europa no ano de 1814. Com a renúncia e a prisão de Napoleão Bonaparte, os países europeus se reuniram no Congresso de Viena (1814-1815) com o objetivo de reorganizar o território, após a revolução burguesa e as guerras napoleônicas, restaurando a ordem absolutista do Antigo Regime. Enquanto alguns Estados antes pertencentes ao Império Francês, como Itália, Holanda, Espanha e parte da Alemanha Ocidental, decidiram manter o Código Penal de 1810, outros optaram por substituí-lo, acrescentando ou mantendo a punição à sodomia em suas legislações.[7] Esse foi o caso da Alemanha e da Áustria – na medida em que apenas parte do território alemão foi conquistado por Napoleão, que não conseguiu conquistar a nação austríaca –, que examinaremos mais de forma mais detalhada, enquanto berços do ativismo homossexual e da psicanálise, respectivamente. Conforme sustentamos, o saber e o conhecimento científico se originam atrelados a contextos históricos, sociais e políticos, de maneira que não podemos proceder nossa análise sem antes nos debruçarmos sobre o cenário especí-

---

7 Foi necessário aguardar o século XX para que a tendência a descriminalizar as relações lésbicas e gays ganhasse força. Apesar de ter avançado, este processo ainda está em curso. Segundo relatório da *International Lesbian, Gay, Bisexual, Trans and Intersex Association* (2020), ainda hoje há leis que criminalizam e punem as relações afetivo-sexuais entre pessoas do mesmo gênero em 36% dos países do mundo, a maior parte destes localizados na África, na Ásia e na Oceania.

fico que favoreceu a proliferação discursiva sobre a lesbianidade e a homossexualidade por três vieses, que discutiremos no Capítulo 2: o primeiro, mais progressista, encabeçado por Karl-Heinrich Ulrichs e Karl Maria Kertbeny; o segundo, mais patologizante, em que destacaremos a autoria de Krafft-Ebing e Havelock Ellis; e o terceiro, mais político, ligado aos trabalhos de Magnus Hirschfeld, do Comitê Científico Humanitário e das ativistas lésbicas.

Com o encerramento do Congresso de Viena, as fronteiras europeias foram retraçadas e, entre os territórios que surgiram nessa época, estava a Confederação Germânica, uma associação política de 38 Estados, que passou a reunir a maior parte dos países de língua germânica da Europa, entre os quais o Império Austríaco e o Reino da Prússia. No ano de 1848, a Primavera dos Povos explode na Europa Central e Oriental e populações com línguas e costumes diferentes "reivindicam a abolição dos antigos regimes monárquicos restaurados nos países onde a epopeia napoleônica havia anteriormente contribuído para a expansão dos ideais de 1789" (Roudinesco, 2016, p. 15), sendo estes a emancipação dos povos, a ideia de uma civilização universal fundada na prática política, o liberalismo e as melhores condições para a classe trabalhadora.

Apesar da repressão a essas revoltas em toda a Europa, seus ideais perseveraram entre a classe média e os trabalhadores, enquanto a burguesia industrial reelaborou a ideia de nação, buscando unificar seus territórios. Em 1866, Otto von Bismarck (1815-1898) – chanceler do Reino da Prússia – deu início a uma política nacionalista de unificação da Alemanha, consolidada em 1871 com a formação do Império Alemão (*Reich*). Nesse mesmo ano, iniciaram-se os trabalhos para a criação de uma legislação única, válida para todo o território.

Em *A Alemanha de Schreber: uma história secreta da Modernidade,* Santner (1997) discorre sobre os fatos ocorridos na Alemanha da passagem do século XIX para o XX e nos fornece uma chave conceitual importante para compreender as discussões sobre a homossexualidade, que – como veremos no Capítulo 2 – centraram-se em torno da legislação. Como analisa o autor, a preparação de uma legislação única para o *Reich*, entre os anos de 1874 e 1896, foi "um dos sítios principais em que a sociedade alemã confrontou as mudanças sociais radicais associadas à modernização e à formação do Estado, bem como os sentidos cambiantes da identidade nacional, num período de turbulência e contestação culturais" (p. 28). O fato é que a efetivação de uma lei única que vigoraria em todo o Império teria de ser compatível com as marcantes diferenças entre os Estados que o compunham, não apenas no que se referia à legislação e os interesses de cada um dos seus territórios, mas também "com as necessidades e interesses dos novos eleitorados sociais cujos contornos vinham tomando forma na esteira da industrialização e da urbanização que dominaram as últimas décadas do século XIX" (Santner, 1997, p. 28).

Nesse contexto, a criminalização da homossexualidade – antes válida apenas para alguns Estados do território alemão – tornou-se uma lei em todo o *Reich*, estabelecendo o Parágrafo 175 do Código Penal, segundo o qual "o ato sexual entre dois homens ou com animais deve ser punido com o aprisionamento; o veredicto pode também incluir a perda dos direitos civis" (Paragraph 175, 1871/1997, p. 63, tradução nossa). De acordo com essa legislação, somente *a sodomia* masculina seria passível de punição na esfera penal, sendo o homossexual julgado criminalmente e passível de condenação apenas se quisesse viver de acordo com sua orientação sexual ou exercer o seu desejo (Lanteri-Laura, 1994; Roudinesco, 2008).

Durante esse período, a burguesia liberal alemã, a elite intelectual e o regime imperial ansiavam por modernização e desejavam angariar à Alemanha uma liderança mundial na cultura e no comércio. A relativa emancipação dos judeus no século XIX e a rápida urbanização resultaram em mudanças sociais, despertando ideais reformistas na classe média. Diante disso, a questão da neutralidade social e política da lei ocupou um lugar central nos debates, na medida em que os adeptos da abordagem positivista do direito romano "interessavam-se sobretudo pelos aspectos técnicos da interpretação e sistematização legais, abstraindo-se ostensivamente das questões da justificação moral, social ou política" (Santner, 1997, p. 29), restringindo o grau de criatividade admitida no código, o que confrontava os que eram favoráveis a uma legislação adaptável a uma sociedade em rápida transformação.

Em 1888, quando o projeto legislativo foi tornado público para a sociedade, os compromissos sociais, morais e políticos que estavam por trás da suposta neutralidade positivista da lei foram escancarados, em um código que se adequava sobretudo aos proprietários e empresários, ao postular o livre exercício da escolha individual no âmbito contratual e da propriedade, defendendo interesses de classe, em detrimento do que atenderia a toda a nação.

> *O debate entre os positivistas e seus vários críticos da direita e da esquerda, portanto, não foi um debate entre uma jurisprudência "pura" e fundamentalmente "conceitual", de um lado, e outra maculada por interesses setoriais, de outro, mas um debate entre diferentes concepções da sociedade; numa palavra, foi o antagonismo* social, *e não meramente jurídico-filosófico. (Santner, 1996, p. 29, grifo do autor)*

É justamente nesse período, mais precisamente nas três últimas décadas do século XX, que despontaram no Império Alemão e em seu território vizinho, o Império Austríaco, importantes reivindicações que questionavam a esfera legislativa, amparando-se nos resquícios dos ideais iluministas que tinham vigorado na Primavera dos Povos. São estas: o movimento sufragista, que ganhou força entre as mulheres brancas de classe média amparadas na ideia de que para mudar o Estado era necessário se integrar a ele; greves e organizações operárias, que passaram a requerer melhoras na legislação trabalhista; e o ativismo homossexual, cuja principal pauta era justamente a revogação da legislação que criminalizava o ato sexual entre pessoas do mesmo sexo.

Antes que nos dediquemos a essas questões, faz-se necessário que discorramos sobre os destinos do Império Austríaco no período que sucedeu a Primavera dos Povos e a extinção da Confederação Germânica. Em 1867, após a Guerra Austro-Prussiana, a ascensão do nacionalismo e a perda da influência na península itálica – resultado de uma guerra contra o Reino da Sardenha ocorrida em 1859 –, a Áustria se encontrava em um período de decadência e, como política de contenção de crise, o imperador Francisco José (1830-1916) aceitou dividir o seu território com o Reino da Hungria, fundando uma dupla monarquia vigente entre 1867 e 1918: o Império Austro-Húngaro. Com duas capitais, Viena e Budapeste, onde foram estabelecidos parlamentos distintos que definiam leis para cada um dos territórios – exceto no que se referia à administração da política externa, da economia e da defesa –, o Império, sob liderança de Francisco José, tornou-se uma grande potência mundial.

Na parcela austríaca da Dupla Monarquia, em que desde 1848 os liberais lutavam por mudanças políticas tanto na monarquia dos Habsburgos quanto na cidade de Viena, o ano de 1867 marcou também a conquista de uma nova Constituição, que trazia a "promessa de uma completa liberdade de consciência, algo de singular importância na Áustria clerical e aristocrática" (Rose, 2019, p. 217). A fundação de um ministério liberal, que ampliou os poderes do parlamento, reacendia as promessas de proteção à classe média

– em especial à classe média judaica –, de reforma política e cultural, de maiores direitos individuais e de maior laicização da educação. Mas esse processo foi rapidamente suprimido, na medida em que o Partido Liberal se manteve no poder a partir de significativas concessões à monarquia e aos funcionários do Império, até ter suas propostas definitivamente derrotadas pelo ministério conservador do conde Taaffe, em 1878.

No que se refere à legislação sobre os relacionamentos entre pessoas do mesmo sexo, faz-se necessário ressaltar que o Império Austríaco nunca esteve sob a égide do Código Penal do Império Francês, na medida em que suas terras não foram conquistadas por Napoleão. Aristocrática e massivamente influenciada pelo catolicismo, a Áustria proibia e punia os relacionamentos entre pessoas do mesmo sexo desde a Idade Média e acrescentou o Parágrafo 129(b)[8] ao seu Código Penal no ano de 1852. Intitulado "atentado ao pudor", esse parágrafo da legislação enquadrava uma ampla gama de comportamentos sexuais – por exemplo, a luxúria e o sexo com animais. Seu artigo "b" dedicava-se especificamente à questão da lesbianidade e da homossexualidade, criminalizando diversas práticas sexuais – como o coito, o beijo, o flerte e a masturbação mútua – entre pessoas do mesmo sexo, fossem homens ou mulheres, e punindo-os com no mínimo um e no máximo cinco anos de prisão (Krickler, 2008).

Embora em Viena, capital do Império, o Partido Liberal tenha se mantido no poder até 1897, quando foi derrotado por Karl Lueger (1844-1910) – representante de um movimento cristão, populista e antissemita –, o avanço conservador vivido pela Áustria acirrou-se em maio de 1873, quando concomitantemente explodiram uma epidemia de cólera e uma crise financeira. Tal cenário precipitou o abandono das reformas almejadas desde 1848 e levou

8 O Parágrafo 129(b) foi revogado em 1971.

a classe média liberal e os intelectuais austríacos a procurar uma parceria cultural e política com a aristocracia, assemelhando-se a ela por meio da integração à cultura.

> *Para consolidar sua aliança com a pequena nobreza e com os administradores imperiais, industriais, banqueiros, advogados e professores vienenses, promoveram a cultura estética pela instrução e pelo patrocínio de artes plásticas, teatro e música. (Rose, 2019, pp. 219-220)*

É nesse contexto que Viena se torna um polo de efervescência cultural e de profunda contradição no final do século XIX. Como descreve Mezan (2003) em *Freud: a conquista do proibido*, Viena era célebre na música – com Mozart, Beethoven, Schubert, Mahler, Brahms, entre outros –, capital de um império que congregava diferentes povos e possuía um folclore musical rico, garantindo a existência de orquestras e compositores graças ao poder da aristocracia. Mas o conservadorismo de seu público permanecia indiferente aos seus brilhantes musicistas, não apreciando as revoluções musicais das quais a cidade foi palco. Era também uma cidade moderna, na época recém-edificada por uma burguesia que, "considerando-se herdeira de todo o passado da humanidade, quis dar a cada prédio uma aparência que traduzisse a essência da instituição nele abrigada" (Mezan, 2003, p. 57) e que, ao não conseguir criar um estilo próprio, construíra grandes avenidas e edifícios monumentais, que remetiam a um longo período que se inicia com a democracia ateniense e vai até o Renascimento, tentando rememorar com cada prédio um passado histórico.

Contudo, por trás da cidade que buscava rejeitar tudo que pudesse remeter à desordem, fosse na música, na arquitetura ou em uma greve operária, e que se escondia atrás da figura do Imperador, buscando preservar a imagem de uma sociedade imaginariamente indivisa, Viena era o centro de um Império que passava por profundas lutas sociais e nacionais. "Diante destes processos desagregadores, a monarquia adota a atitude do imobilismo, dando a impressão de uma solidez que na verdade inexiste" (Mezan, 2003, p. 58) e a classe média liberal sufoca suas reinvindicações em nome da assemelhação a um passado e a uma aristocracia que não lhe servia.

Viena era também concomitantemente abrigo da população judaica e um importante palco da explosão do antissemitismo. Em 1848, com a Primavera dos Povos, os judeus do Império Austríaco – que aspiravam à emancipação obtida na França em 1791 – haviam conquistado importantes direitos civis e políticos, julgando poder escapar das antigas perseguições por via da integração à burguesia industrial e ao meio intelectual. De fato, durante toda a segunda metade do século XIX, Viena tornara-se um importante polo de imigração da população judaica da Europa Oriental, que passou a ocupar postos importantes na indústria têxtil, nas cadeiras da universidade,[9] no sistema financeiro, no comércio, na administração industrial, assim como na medicina, na advocacia, na imprensa local, no magistrado, nas artes e na música (Decker, 1991; Roudinesco, 2016).

Com a explosão da crise de 1873, os judeus vienenses foram responsabilizados pela desestabilização financeira e a Viena que se tornara seu abrigo assistiu de perto à escalada do antissemitismo, que, ao se tornar uma visão de mundo, relembrou a população judaica assimilada de sua origem. Paulatinamente, os judeus filhos

9 A crescente presença dos judeus na universidade é analisada por Decker (1991), que afirma que em 1880 os judeus eram aproximadamente dez por cento da população vienense, mas ocupavam quarenta por cento das vagas do curso de medicina e vinte cinco por centro das vagas do curso de direito da Universidade de Viena.

dos imigrantes, que haviam se integrado amplamente à cultura, ao comércio e ao meio intelectual de Viena, foram abandonando seus vínculos com um passado religioso tradicional e afastando-se cada vez mais de sua cultura de origem. O fato é que a desestabilização econômica fortaleceu o Partido Social Cristão, que, desde o avanço liberal, objetivava retomar o poder, e permitiu o crescimento do antissemitismo, racionalizado a partir do argumento de que este seria científico e baseado em uma nova definição de raça. Daí em diante, os partidos políticos passaram a acrescentar pautas antissemitas em seus programas e, em 1882, os artesãos – que se sentiam prejudicados pelos judeus – fundaram a Associação da Reforma Austríaca (*Österreichischer Reformverein*), que se tornaria o maior órgão do antissemitismo vienense. Na virada do ano 1900, passado meio século do processo de emancipação e assimilação dos judeus austríacos, parte da população de Viena voltava a falar da "questão judaica" e a exibir caricaturas e imagens pejorativas dos judeus na imprensa, enquanto o antissemitismo se alastrava entre suas próprias vítimas, sob a forma da conversão ao catolicismo e do ódio de si judeu – aspecto que é muito bem representado pela análise de duas importantes publicações que circulavam em Viena nessa época. Tanto o periódico *Die Fackel* (*A tocha*), dirigido pelo jornalista judeu e profundamente antissemita Karl Kraus (1874-1936),[10] quanto a obra *Sexo e caráter*, publicada em 1903 pelo filho de um

---

10 Karl Kraus (1874-1936) foi um poeta, dramaturgo e jornalista austríaco que atingiu grande popularidade na modernidade vienense do fim do século XIX. Nascido na Bósnia e judeu, mudou-se com sua família para a capital austríaca em 1887. Fundou em 1899 a revista *Die Fackel* (*A tocha*), da qual foi o principal redator e, no mesmo ano, converteu-se ao catolicismo. Adepto do ódio de si judeu e um grande satírico da sociedade de sua época, denunciava a corrupção na imprensa e no Império. Foi analisado por Fritz Wittels e, ao longo de sua vida, se tornou um grande crítico da psicanálise.

judeu-antissemita, Otto Weininger (1880-1903),[11] demonstram como o antissemitismo rapidamente se assimilou à misoginia,[12] associando a suposta inferioridade dos judeus à feminilidade, considerando tanto os homens judeus quanto as mulheres pessoas amorais, lascivas e pouco dotadas de racionalidade.

Para as mulheres, Viena era também o terreno de amplas contradições, que se escancaravam na incompatibilidade entre seus desejos e o lugar por elas ocupado na sociedade, e, principalmente, no contraste entre as vivências das mulheres proletárias e burguesas. Como descreve Bertin (1990) no livro *A mulher em Viena nos tempos de Freud*, em 1895, oitenta e cinco por cento das mulheres que trabalhavam na capital austríaca eram operárias que, além do chão de fábrica, ocupavam também os ofícios de lavadeiras, passadeiras e costureiras. Submetidas à exploração, à fome, à doença, à falta de higiene e instaladas em moradias precárias e superpovoadas, as mulheres proletárias recebiam menos que os homens e habitavam alguns poucos edifícios na periferia vienense, que em nada lembravam a arquitetura do centro da cidade. Mesmo que, entre 1879 e 1893, a Áustria tivesse implementado uma das melhores legislações trabalhistas do final do século XIX,[13] esses direitos ainda davam poucas garantias às proletárias, incorporadas

---

11 Otto Weininger (1880-1903) foi um filósofo nascido em Viena e de origem judaica. Converteu-se ao protestantismo em 1902 e, no ano seguinte, publicou a obra *Sexo e caráter*, que atingiu grande popularidade após seu suicídio, em 1903. Seu destino e o de Freud se cruzaram em uma querela em torno da noção de bissexualidade, que discutiremos no Capítulo 5.

12 A relação da misoginia com o antissemitismo será aprofundada no Capítulo 7.

13 A legislação trabalhista austríaca do final do século XIX garantiu uma jornada máxima de onze horas de trabalho, fixou um limite para o emprego de mulheres e crianças como mão de obra, reduziu o trabalho noturno, estabeleceu o descanso obrigatório aos domingos e garantiu que doenças e acidentes fossem parcialmente assumidos pela administração das indústrias, responsáveis por pagar uma previdência social e inspecionar os locais de trabalho.

massivamente pelo capitalismo industrial como mão de obra mais barata e submissa do que os homens. Diante disso, em 1893, as operárias declararam sua primeira greve em uma manufatura têxtil de Viena e, reunindo setecentas mulheres, reivindicavam a redução da jornada de trabalho e melhores condições.

No centro da capital, as mulheres da classe média burguesa mal tinham notícias do que ocorria entre as integrantes do operariado, pois sua realidade era outra. Criadas de maneira rígida, sabiam que era esperado que elas aceitassem os costumes e preenchessem com devoção e boa vontade os lugares que os homens lhes destinavam, ocupando-se do lar e do bem-estar da família. Submetidas à autoridade masculina, inspiravam-se na nobreza e cumpriam com o que lhes foi ensinado pela tradição, permanecendo à margem do mundo masculino, do trabalho e dos estudos. Pouco a pouco, algumas delas começariam a esboçar insatisfação, e a histeria – com suas convulsões corporais e sufocações – se tornaria "em toda a Europa a expressão de uma revolta impotente das mulheres contra um poder patriarcal assombrado pelo espectro de uma possível feminização do corpo social" (Roudinesco, 2016, p. 60) que, em Viena, ocorreria no seio das famílias burguesas.

No que se refere à educação, as mulheres também tinham poucos privilégios. Desde 1774, a Imperatriz Maria Teresa (1717-1780) havia estabelecido a educação obrigatória para todas as crianças entre os 6 e os 12 anos, e as escolas públicas, cuja responsabilidade era da Igreja Católica, lhes ensinavam a ler, escrever e contar, além da história sagrada e das regras da higiene e da moral. Em 1861, a educação tornou-se uma responsabilidade do Estado e em 1866 foram abertos os primeiros Liceus austríacos, oferecendo seis anos de educação secundária às mulheres. Enquanto as operárias não prolongavam seus estudos, dado que esse direito não lhes era garantido e elas precisavam trabalhar para colaborar com o sustento da família, as mulheres cujos pais podiam pagar frequentavam escolas particulares, geralmente pensionatos religiosos, ou eram ensinadas por preceptoras. Até 1878, não era autorizado que as mulheres fizessem o exame de "maturidade" – que atestava o fim do que hoje podemos chamar de educação básica – e, após essa data, o atestado fornecido não contava com a cláusula que permitia a entrada na universidade. Dessa forma, restava às jovens que se formavam a alternativa de se tornarem professoras primárias ou o ingresso em uma das escolas de formação superior para mulheres – fundadas em 1871 –, onde se ensinavam as habilidades ditas femininas. Em 1902, são criadas escolas intermediárias, nas quais as jovens podiam aprender matemática, línguas, ciências naturais e física, e no mesmo ano passam a ser admitidas como professoras nos Liceus. No ano de 1904 são fundados seis ginásios para mulheres em Viena, que se expandirão até 1919, quando as mulheres passarão a ser aceitas nas escolas masculinas. Nesse meio-tempo, com o trabalho das organizações feministas, se tornaria possível também que as mulheres burguesas e de classe média entrassem na universidade, direito conquistado a partir do ano de 1897 com a abertura dos cursos de humanidades (Bertin, 1990; Schwartz, 2008).

Quando a Viena do *fin-de-siècle* atingiu o ápice de sua efervescência cultural, esta era uma cidade povoada pela contradição explicitada na disputa entre o liberalismo progressista e o conservadorismo católico e aristocrático, na participação importante dos judeus no meio intelectual em contraste com o antissemitismo crescente. Notava-se também na distância entre as vivências das mulheres operárias e burguesas, na diferença entre as aspirações femininas e os lugares que as mulheres ocupavam na sociedade e na própria desigualdade social que se via nas ruas da cidade e, principalmente, na oposição entre a realidade da capital e a vida dos povos camponeses trabalhadores, marcada pela pobreza. E justamente a geração que atinge a maturidade entre 1895 e 1905 – e a qual integram Freud e os primeiros psicanalistas – não aderirá totalmente "à herança liberal e a seus dilemas" (Rose, 2019, p. 220). Assim, ao nutrir um importante sentimento de indignação moral, ela irá se opor à assimilação religiosa e à integração à cultura da classe alta, preconizando um importante movimento de renovação em todas as áreas, criticando o estado de coisas da época e a atmosfera opressiva que silenciosamente imperava em Viena.

> *A arquitetura se despoja do excesso antifuncional da ornamentação; a pintura, com Klint e o grupo de Sezession, rompe com o academicismo e se lança à busca de formas ora mais oníricas e ora mais geométricas; na literatura, na música, na filosofia, surgem tendências cujo denominador comum é o esforço para liberar o meio de expressão das convenções até então admitidas, que passam a ser percebidas como incapazes de traduzir o conteúdo desejado. Vão aparecer assim o expressionismo, o simbolismo, o dodecafonismo e, no outro extremo, a preocupação pela pureza das formas e pela funcionalidade do objeto que conduzirá à Bauhaus. É como se a sensação difusa de sufocamento, de estranheza, de não-reconhecimento de si nas formas convencionais buscasse alívio, seja na manifestação de conteúdos até então considerados impróprios para a expressão artística (o grotesco, o onírico), seja pelo refinamento do meio expressivo, até o ponto de este se tornar digno de consideração por si mesmo e quase autônomo em relação ao que se exprime através dele. (Mezan, 2003, pp. 59-60)*

É nessa época que Sigmund Freud inventa a psicanálise, que será contemporânea de todo esse processo de transformação cultural e com a qual os primeiros psicanalistas passarão a contribuir a partir de 1902. Em resumo, retornando ao tema deste capítulo, as mudanças preconizadas pela Revolução Francesa – com seus ideais liberais de emancipação – e a descriminalização da sodomia – possibilitada pelo Código do Império Francês em uma parte significativa do território da Europa Ocidental e Central – tiveram uma inestimável importância para a situação social e política de lésbicas e gays.

Por um lado, a ideia de uma civilização universal fundada na prática política, retomada na Primavera dos Povos de 1848, possibilitaria que, pela primeira vez, a homossexualidade e a lesbianidade pudessem integrar o debate público, a partir da discussão com os governos e nações que se organizou principalmente em torno da revogação do Parágrafo 175 do Código Penal do Império Alemão. Encontrou ressonâncias também em Viena, capital que estava sob égide do Parágrafo 129(b) e que, nessa época, atravessava um período de contradições e renovações culturais – da qual a psicanálise será parte. Por outro lado, a burguesia, que, após a modificação da legislação sobre os costumes ocorrida em 1810, pudera livremente exercer seus prazeres e sua sexualidade na vida privada, não abandonou seu moralismo puritano. De tal maneira, encontrou na psiquiatria – particularmente na sexologia e na criminologia – uma poderosa arma para condenar as perversões sexuais, distinguindo entre os perversos considerados perigosos e os que poderiam ser recuperados. Assim, fomentou uma vasta produção literária médico-psiquiátrica que passou a se dedicar às questões da sexualidade, o que incluiu a lesbianidade e a homossexualidade. Na virada do século XIX, esses processos que atravessaram o debate progressista sobre a legislação puderam, pela primeira vez, se organizar em um movimento político homossexual, que surgiu na Alemanha com Magnus Hirschfeld.

O fato é que, ao final dos anos 1800, os relacionamentos entre pessoas do mesmo sexo ocupavam mais uma vez um lugar privilegiado nos debates sobre os corpos, prazeres e práticas sexuais e, enquanto uma ampla gama de discursos sobre esse tema se proliferou por meio dos ativistas e dos médicos, as dissidências sexuais que outrora tinham sido uma instituição na Antiguidade, um pecado na Idade Média e um crime na Idade Moderna foram rebatizadas, tornando-se no século XIX "a homossexualidade", considerada por alguns uma doença e por outros uma identidade política.

2. Os discursos sobre a lesbianidade e a homossexualidade na virada do século XIX

No Capítulo 1, vimos como a situação política das lésbicas e homossexuais se alterou entre a Antiguidade Clássica e o século XIX, época de surgimento dos discursos sobre "a homossexualidade" enquanto categoria psiquiátrica patologizada. Após a Revolução Francesa e a Primavera dos Povos, esses sujeitos puderam, pela primeira vez, ver suas demandas integrarem o debate público, a partir do diálogo com governos e nações a respeito do Parágrafo 175 do Código Penal do Império Alemão. Ao mesmo tempo, seguindo os imperativos da moral burguesa, a sexologia se ocupou de estudar, descrever e catalogar as perversões, fazendo da lesbianidade e da homossexualidade objetos do saber científico. Poucos anos mais tarde, no final da década de 1890, os homossexuais e as lésbicas poderiam, pela primeira vez, assumir uma identidade e se organizar politicamente, posicionando-se enquanto sujeitos que falam sobre si e narram sua própria história.

Prosseguiremos nossa narrativa explorando o conjunto de discursos sobre as lésbicas e os homossexuais que surgiu nos países germânicos ocidentais, mais precisamente na Áustria, na

Alemanha e na Inglaterra, durante a segunda metade do século XIX. Veremos que, nas obras dos autores que abordaremos, encontram-se ideias e descrições importantes sobre o que é a homossexualidade, quem eram os homossexuais, como se comportavam as lésbicas, do que se tratava a lesbianidade, qual era o papel do Estado diante dos relacionamentos entre pessoas do mesmo sexo, qual era sua origem, entre outros temas. Esse corpo de ideias, que comporá um contexto complexo e multifacetado, será fundamental para os primeiros psicanalistas, que integrarão esse debate no início do novo século.

A criação de um sujeito político por Ulrichs e Kertbeny

Uma das primeiras formulações politicamente relevantes que buscou contrapor a ideia medieval de sodomita foi elaborada pelo alemão Karl Heinrich Ulrichs (1825-1895). Nascido no Reino Independente de Hannover – localizado no território da Confederação Alemã –, Ulrichs cursou a universidade e em agosto de 1848 tornou-se funcionário do Estado, ocupando seis cargos no Ministério do Interior e um cargo judiciário até o ano de 1854, quando renunciou em razão das acusações e perseguições morais que vinha sofrendo por causa dos relacionamentos afetivo-sexuais que mantinha com homens. Desde então, passou a se dedicar ao ativismo político e à elaboração teórica sobre as dissidências sexuais e de gênero. Publicou entre os anos de 1864 e 1879 uma coletânea de textos sobre o tema,[1] reunidos sob o título de *Investigações sobre*

1 Para a elaboração deste trabalho foram utilizados os textos "Araxes: Appeal for the liberation of the urning's nature from penal law. To the imperial assemblies of the North Germany and Austria" (Ulrichs, 1870/1997a) e "Critical Arrow"

o enigma do amor masculino[2] e assinadas sob o pseudônimo de Numa Numantius.

Os textos de Ulrichs tiveram uma repercussão importante entre muitos homens que, ao se identificarem com as características e sensações descritas por ele, tornaram-se seus correspondentes, adotando sua terminologia como uma identidade para se falar. Reunindo uma série de pessoas em torno de si, Ulrichs decidiu criar uma organização político-cultural intitulada "Federação de Uranistas", projeto que não prosseguiu em razão da Guerra Austro-Prussiana de 1866, que acarretou a ocupação do Reino de Hannover por tropas prussianas. Atravessado pela guerra, Ulrichs foi indiciado por suas atividades políticas em 1867. Preso no mesmo ano, teve seu apartamento revistado e seu envolvimento com a questão da homossexualidade – até então ignorado pelas autoridades – foi descoberto. Seus livros foram proibidos, seu pseudônimo revelado e seus aliados perseguidos.

Diante das acusações, Ulrichs não se esquivou: passou a assinar seus trabalhos em nome próprio e ousou tomar a palavra para falar de si e assumir seu desejo. Liberado da prisão, transformou sua revolta em manifestação política e passou a se dedicar à campanha pela descriminalização das dissidências sexuais. Na época, endereçou diversas petições ao Governo e apresentou suas moções no Congresso de Juristas Alemães, onde, no ano de 1867, leu um texto que gerou um grande alvoroço e marcou a primeira tentativa de protesto público pelos direitos homossexuais da história. Em meio aos debates políticos sobre os destinos do *Reich* e a unificação da legislação, Ulrichs publicou suas mais importantes

---

(Ulrichs, 1879), em que o autor sumariza suas proposições formuladas nos anos precedentes.

2 Esta obra de Ulrichs foi reeditada e publicada em alemão, sob o título de *Forschungen über das Rätsel der mannmännlichen Liebe* (Ulrichs, 1898/1975).

obras. Deixou definitivamente a Alemanha em meados da década de 1880, quando perdeu contato com a maior parte de seus correspondentes e deixou de escrever sobre o assunto ao qual dedicou grande parte de sua vida. Exilado, morreu em 1895, não sem antes quebrar o silêncio e escrever sua última petição endereçada ao governo da Áustria, na qual mais uma vez reivindicou a descriminalização das relações entre pessoas do mesmo sexo, que foi ao longo de muitos anos a causa política de sua vida e o tema de suas produções intelectuais.

A obra teórica de Ulrichs (1870/1997a, 1879) buscava explicar a existência dos "uranistas",[3] termo cunhado do *Banquete,* de Platão, para designar os homens que se relacionavam com homens e as mulheres que se relacionavam com mulheres. Defendendo que essas pessoas pertenceriam a um terceiro sexo, Ulrichs pensava que a natureza não criou apenas dois gêneros, mas no mínimo quatro – esquema que admitia variações, incluindo outras categorias, como a de hermafroditismo –, conforme pode ser observado no Quadro 1.

Essa divisão não era meramente esquemática. Baseando-se em uma perspectiva de gênero bastante inovadora para a época da qual tratamos, Ulrichs (1870/1997a) postulava que o uranista não era homem nem mulher, pertencendo a um terceiro sexo.

---

3 A tradução para o inglês utiliza o termo *Urnings* para se referir aos homens e *Urnin* para se referir às mulheres, seguindo distinção postulada pelo autor no texto original em alemão. Embora em português se priorize o uso do termo uranista ou uraniano para ambos os casos, buscaremos manter a distinção proposta pelo autor. Dessa forma, nos referiremos ao termo no feminino (uranianas) quando tratarmos de mulheres e no masculino (uranianos) quando nos referirmos aos homens. O termo uranista será utilizado quando tratarmos de ambos. As demais nomenclaturas adotadas pelo autor foram mantidas conforme o texto original por não termos encontrado nenhuma palavra apropriada para substituí-las.

Fundamentalmente hermafroditas, essas pessoas estavam submetidas a uma lei da natureza diferente das demais (os *Dionings*) e seu desejo pelo sexo semelhante se justificava na medida em que seu corpo se opunha à sua psique. Os uranianos eram pessoas com a alma de mulher presa em um corpo de homem e as uranianas, aquelas que possuíam a alma de homem, confinada em um corpo feminino.

Quadro 1 – Perspectiva de gênero de Ulrichs

1) *Urning* (uraniano)	Pessoa com o corpo masculino e a alma feminina
2) *Urnin* (uraniana)	Pessoa com o corpo feminino e a alma masculina
3) *Dioning* (homem)	Pessoa com o corpo e a alma masculinos
4) *Dioning* (mulher)	Pessoa com o corpo e a alma femininos

Fonte: Ulrichs (1870/1997a, 1879).

> *Um verdadeiro homem sentir um amor sexual por outro homem é impossível. Os uranistas não são verdadeiros homens, mas uma mistura de homens e mulheres. Somente são homens em suas condições físicas. O impulso amoroso inerente a eles, por outro lado, é característico de uma mulher. (Ulrichs, 1870/1997a, p. 64, tradução nossa)*

Dito de outra forma, a teoria de Ulrichs (1879) buscava justificar por que era impossível para os uranistas terem relações heterossexuais, advertindo que a existência dessas pessoas não deveria ser considerada ilegal, imoral ou patológica. Para ele, a ligação entre essas práticas sexuais e o adoecimento se devia única e exclusivamente ao fato de que os juristas e médicos realizavam suas observações prioritariamente em hospitais psiquiátricos, limitando seus estudos a pessoas que possuíam alguma questão de saúde mental análoga.

Baseando-se em observações mais amplas, o autor propunha um esquema que descrevia o comportamento dos uranistas, afirmando que o mais típico era que eles pertencessem a um sexo (biológico) e tivessem uma psique – o que incluía hábitos e trejeitos – do sexo oposto, o que justificaria o desejo homossexual. Um uraniano não poderia ser um homem que deseja outro homem, pois para Ulrichs ele teria uma alma feminina, que justificaria sua atração por almas masculinas. Embora a segmentação proposta por Ulrichs remeta à epistemologia binária da diferença sexual e reproduza modelos heteronormativos, o autor concebia a existência de um contínuo no que se refere à corporeidade e ao comportamento, concebendo a ideia de corpos generificados, cujas características poderiam variar gradualmente. Dessa forma, qualquer um poderia se situar em qualquer ponto, existindo diversas combinações possíveis entre o corpo, a alma e o desejo.

Objetivando reivindicar direitos políticos para sujeitos de sexualidade dissidente, Ulrichs advogava contra a criminalização das relações uranistas – que incluía as mulheres somente no caso do Império Austro-Húngaro. Sua discussão operava no sentido de humanizar as pessoas que amam outras do mesmo sexo, de maneira a reivindicar um novo tratamento social para elas. Conforme ele argumentava:

> *o uranista também é um ser humano. Ele também tem* direitos humanos. . . . *O uranista também é um cidadão do Estado. Ele também tem direitos civis: correspondentemente, o Estado também tem deveres a cumprir vis-à-vis. Este não tem o direito de se deixar ser guiado pela cegueira ou arbitrariedade, um zelo*

> *persecutório.* O Estado não tem o direito de tratar os uranistas como homens sem direitos, como até agora tem feito. . . . *O amor uranista com estas restrições [realizado entre adultos, com consentimento, sem violação do espaço público] não é verdadeiramente um crime em nenhum lugar. Sequer é má conduta, pois é simplesmente o cumprimento da lei da natureza. Este não deve figurar entre os vários crimes imaginários que, para a vergonha da civilização humana, tem manchado a legislação europeia. (Ulrichs, 1870/1997a, pp. 64-65, tradução nossa, grifo do autor)*

Em sua época, a descriminalização era um objetivo suficiente, que permitiria extinguir a perseguição estatal à lesbianidade e à homossexualidade. Contudo, Ulrichs foi além, ousando criar um sujeito político que podia tomar a palavra e falar publicamente sobre si, seus sentimentos e vivências. O termo cunhado por ele se tornou uma identidade para muitas pessoas que se identificaram com seus textos e dizeres, transfigurando-se em mais um sinônimo de "homossexual", noção criada nessa época pelo jornalista, escritor, poeta e militante Karl Maria Kertbeny (1824-1882). Utilizada pela primeira vez em uma carta endereçada a Ulrichs, escrita em 6 de maio de 1868 (Pretsell, 2020, *carta 160*), a palavra criada por Kertbeny fundamentava uma concepção teórica distinta da de seu interlocutor e tornou-se pública com a publicação de duas cartas endereçadas ao governo da Prússia.

Leitor de Ulrichs e interessado pela questão da homossexualidade em razão do suicídio de um amigo próximo vítima de chantagem e extorsão, Kertbeny tomou parte do debate contra as punições legais à sodomia masculina, solicitando a revogação do Parágrafo 143 do Código Penal da Prússia que, poucos anos mais tarde, se tornaria o Parágrafo 175 do Código Penal do Império Germânico.

Afirmando que esses sujeitos eram uma "minoria"[4] que não deveria ser criminalizada, Kertbeny (1869/1997) questionava:

> *Eles ainda desejam manter a visão medieval dos excessos da sexualidade? Eles ainda querem permitir que os mesmos atos da grande maioria das naturezas heterossexuais sejam impunes, mas punir os relacionamentos da pequena minoria das naturezas homossexuais como verdadeiros criminosos endurecidos e brutais e até mesmo declará-los como desonrosos? Isso não é apenas injusto, é um absurdo imperdoável do lugar que estamos na visão do mundo. (p. 71, tradução nossa)*

Atendo-se a uma visão legalista e defendendo ideais liberais, ele clamava pela não interferência do Estado em nenhum tipo de exercício da sexualidade, afirmando que os indivíduos deveriam ter uma vida livre, regida pelo desejo, desde que este não violasse os direitos alheios e os demais parâmetros da legislação. Como as relações entre mulheres não eram visadas pelo Código Penal prussiano, sua argumentação situava as lésbicas e as pessoas heterossexuais em um mesmo conjunto, enfatizando que o sexo em ambos os casos não era punido por lei, assim como a sodomia masculina não deveria ser.

Embora seu raciocínio tenha coerência interna, Kertbeny perdia de vista que a situação das lésbicas não era de todo favorável. Conforme desdobraremos adiante neste capítulo, desde esse

---

4 A ideia da população LGBTQIAP+ se constituir como uma minoria demográfica era bastante frequente na época e foi contestada somente pelo ativismo estadunidense. Um importante precursor desse debate foi Alfred Kinsey, que em 1948 publicou um estudo demonstrando que as relações homossexuais têm maior incidência do que se pensava até então e que sua prevalência não está atrelada à questão de classe (Simões; Facchini, 2009).

momento já se esboçava a ausência de lugar para essas mulheres no campo de debates da época, pautados predominantemente pelas questões legais. Como os relacionamento lésbicos não eram criminalizados na maior parte dos países germânicos, as demandas dessas mulheres que viviam em uma sociedade patriarcal, heteronormativa e misógina eram pormenorizadas, e tanto o movimento feminista sufragista quanto o ativismo homossexual nascente conferiam-lhes pouco espaço para reivindicar seus direitos.

No que concerne à caracterização da figura do homossexual, Kertbeny defendia a existência de uma natureza homossexual congênita e irreversível que jamais fora uma escolha do sujeito, mas que impedia, em suas palavras, "uma resposta sexual *normal*" (Kertbeny, 1869/1997, p. 70, tradução nossa, grifo do autor). Utilizando uma terminologia que perseverou até o nosso século, ele distinguia três tipos de sujeitos: os homossexuais (incluindo as mulheres), os bissexuais e os heterossexuais, afirmando que os dois primeiros se diferenciavam dos últimos por razões inatas, que os impediam de se relacionar, de maneira exclusiva ou não, com o sexo oposto.

"A crença de que os homossexuais, seguindo sua natureza, cometem crimes é uma das mais cruéis confusões de ideias, e perseverando por centenas de anos, tem impedido o conhecimento desse enigma da natureza", sumariza Kertbeny (1869/1997, p. 74, tradução nossa), defendendo a impossibilidade de essas pessoas desejarem o sexo oposto, seja pela cura, pela punição ou pela imposição do casamento monogâmico heterossexual. Para ele, as teorias que sustentavam a legislação não eram válidas e uma reforma sexual era o objetivo fundamental, tanto para que o Estado Moderno mantivesse sua função quanto para garantir a liberdade para as práticas homossexuais.

Apesar de compartilharem seus objetivos políticos, os destinos das obras de Ulrichs e Kertbeny foram bastante distintos. Ulrichs publicou ao todo doze livros e inaugurou a possibilidade de um debate público e politizado sobre as dissidências sexuais, assinando seus trabalhos em nome próprio e criando uma nomenclatura adotada por muitos sujeitos, utilizada na literatura psiquiátrica e psicanalítica como sinônimo de "homossexual". Kertbeny sofreu um derrame no ano de 1870, não conseguindo completar o que supostamente seria o maior trabalho de sua carreira. Mais tarde, escreveu um capítulo sobre a questão da homossexualidade para o livro *A descoberta da alma*[5] do naturalista e higienista alemão Gustav Jaeger, texto omitido da versão final do trabalho por censura do editor. Por sua vez, a terminologia criada por Kertbeny para falar de diversas formas de amar e desejar foi utilizada na obra de Jaeger e, desde então, a "homossexualidade" e a "heterossexualidade" foram transformadas em categorias patologizantes da psiquiatria, utilizadas desde o século XIX para falar dos relacionamentos entre pessoas do mesmo gênero.

A partir do momento que as dissidências sexuais deixaram de ser assimiladas à prática da sodomia para se tornarem um hermafroditismo da alma, o caminho estava aberto para a tarefa da psiquiatria. "O sodomita era um reincidente, agora o homossexual é uma espécie", resume Foucault (1976/2018, p. 48), assinalando para o momento em que os saberes da medicina se voltaram para esses sujeitos, cenário no qual agora nos aprofundaremos.

As descrições psicopatológicas de Krafft-Ebing

O surgimento da sexologia, ciência sobre a qual agora nos debruçaremos mais atentamente, esteve no rastro de uma série de

5 A este respeito, ver a obra *Die Entdeckung der Seele*, publicada por Gustav Jaeger (1880).

mudanças que atingiram o campo da psiquiatria. Em meados dos anos 1860, esse ramo da medicina, que até então havia se dedicado ao delírio e à alienação mental, voltou-se ao estudo dos desvios e anomalias do comportamento, operando uma mudança de foco.

Historicamente, essa transformação se ergueu sobre três pilares teóricos, conforme discorre Foucault (1975/2010). Em primeiro lugar, a organização e descrição das condutas aberrantes como síndromes especificadas, autônomas e reconhecíveis, um estado geral de anomalia que não era mais sintoma de uma doença e tinha validade em si; em segundo lugar, a reavaliação da questão do delírio, abandonando o estudo de seu objeto ou temática, em prol da análise dos jogos do instinto e do prazer subjacentes a ele; e, por fim, o surgimento da noção de *estado*, que, diferentemente da doença, é uma espécie de fundo causal permanente característico das pessoas ditas anormais, definido pelo conjunto estrutural de um indivíduo que regrediu ou teve seu desenvolvimento interrompido, representando um distúrbio geral na dinâmica das excitações e inibições.

Se com a nova psiquiatria apareceu "um indivíduo que é vítima, sujeito, portador desse estado de disfuncionamento" (Foucault, 1975/2010, p. 274), o plano de fundo para o surgimento desse sujeito foi o estudo da hereditariedade. Assumindo que uma doença pode provocar nos descendentes algo do mesmo tipo, assim como qualquer outra espécie de desvio, e colocando as anomalias corporais, psíquicas, funcionais ou de comportamento como a origem dos *estados*, a causalidade hereditária trouxe uma vantagem moral: a partir da análise da infância e de suas anomalias, tornou-se possível constatar que não há ligação natural entre o instinto sexual e a reprodução. Ou seja, as aberrações nos descendentes são constatáveis nos ascendentes, de maneira que o casamento pode ser considerado são, útil, vantajoso, ou malsão, perigoso e nocivo.

Com efeito, a teoria da hereditariedade centrou a psiquiatria em torno da questão da reprodução, quando esse saber acoplava em seu campo também o estudo das "aberrações" do instinto sexual que o tornavam não reprodutivo.

Esse corpo teórico, composto pela nosografia dos estados anormais e pelo estudo da hereditariedade, terá como peça maior a teoria da degeneração. Essa noção, formulada por Morel em 1857, tornou possível que qualquer desvio do comportamento fosse reportado a um estado de anomalia ao mesmo tempo definitivo e hereditário, fazendo desaparecer o sentido terapêutico da prática psiquiátrica, que, a partir de então, se deu o direito de não curar.

Foi assim que a psiquiatria da segunda metade do século XIX assumiu a função de proteção e defesa da sociedade e da espécie, tornando-se um mecanismo de controle social. "O degenerado é aquele que é portador do perigo. O degenerado é aquele que, o que quer que faça, é inacessível à pena. O degenerado é aquele que, como quer que seja, será incurável" (Foucault, 1975/2010, p. 278). A medicina que a ele se dedica não objetiva o tratamento do patológico e da doença, mas a investigação da hereditariedade, da ascendência, da infância e do comportamento. Em última instância, o degenerado é um sujeito considerado incurável, que pode ser analisado e descrito, pois traz em seu corpo ou no exercício de sua sexualidade as marcas de um "desvio". O degenerado é também a lésbica ou o homossexual, grupo ao qual nos atentaremos agora por ser tema deste livro. No rastro das novas formas de intervenção e controle implementadas pela psiquiatria da segunda metade do século XIX, essas mulheres e esses homens passaram a ser considerados pessoas com anomalias no instinto sexual, o que as configurou não mais como criminosas, mas sim como doentes, levando-as a serem internadas em instituições asilares e hospitais psiquiátricos (Foucault, 1979/2012).

A partir desse quadro, podemos entender como operou a anexação das anomalias do instinto sexual ao campo da psiquiatria, por via da cisão entre sexo-prazer-reprodução. Incluindo em seu domínio o campo das perversões – nome pelo qual esse objeto de estudo se tornou conhecido –, a segunda metade do século XIX viu surgir uma verdadeira ciência da sexualidade, na qual gostos, hábitos, prazeres, intenções e juízos de cada um dos ditos perversos entraram em pauta. Nesse momento, "o sexo se tornou, de todo modo, algo que se deve dizer, e dizer exaustivamente" (Foucault, 1976/2018, p. 36), e, ao colocá-lo em discurso, a sociedade moderna inaugurou um novo dispositivo para proliferar, multiplicar e controlar a sexualidade, a partir de um mecanismo de poder que passou a determinar as formas de subjetivação possíveis e reduzir as manifestações das sexualidades singulares.

Sob domínio do dispositivo de sexualidade, o que importava não era mais a sodomia – enquanto ato sexual –, dado que essas pessoas estavam deixando de ser tratadas como sujeitos jurídicos. Daí em diante, a homossexualidade, tomada como um "desvio" de comportamento, passou a ser localizada e justificada por todas as características de uma pessoa, o que fez a lésbica e o homossexual passarem a ser vistos pela medicina psiquiátrica como tipos específicos, com uma constituição própria e possuidores de um corpo determinado por sua orientação sexual. Como descreve Foucault (1976/2018):

> *O homossexual do século XIX torna-se uma personagem:* um passado, uma história, uma infância, um caráter, uma forma de vida*; também é morfologia, com uma anatomia indiscreta e, talvez, uma fisiologia misteriosa. Nada daquilo que ele é, no fim das contas, escapa à sua sexualidade. Ela está presente nele todo: subjacente a todas as suas condutas, já que ela é o*

> *princípio insidioso e infinitamente ativo das mesmas;* inscrita sem pudor na sua face e no seu corpo, *uma vez que é um segredo que se trai sempre. É-lhe consubstancial, não tanto como pecado habitual, porém como natureza singular. (pp. 47-48, grifo nosso)*

Resumidamente, quando a psiquiatria passou a se dedicar ao estudo dos "desvios" do instinto sexual, uma série de descrições, análises e estudos médicos sobre a lesbianidade e a homossexualidade começaram a ser realizados, em sua maioria dentro dos asilos e hospitais psiquiátricos. Essa literatura não apenas coexistiu com as descrições feitas pelos primeiros ativistas da época, em especial Ulrichs e Kertbeny, mas também foi influenciada pelas suas concepções, dedicando-se à descrição e ao detalhamento do comportamento dessas mulheres e homens.

A primeira descrição do *homossexual* foi realizada pelo psiquiatra alemão Carl Westphal (1833-1890), considerado por Foucault (1976/2018) o criador da noção médico-psiquiátrica de homossexualidade. Partindo da descrição do caso de uma jovem que na infância gostava de brincar e se vestir com meninos e se sentia atraída por mulheres, ele cunhou a noção de *sensibilidade sexual contrária* em um artigo intitulado "A sensibilidade sexual contrária: sintoma de um estado neuropático (psicopático)"[6] publicado em 1869 – um ano após a invenção do termo "homossexual" por Kertbeny. Ao tratar a homossexualidade como um fenômeno sensorial – e não sentimental ou psicológico – que se oporia à sensibilidade sexual normal, Westphal definiu a homossexualidade "menos como um tipo de relações sexuais do que como uma certa

6 Esse texto foi originalmente publicada sob o título de "Die conträre Sexualempfindung: Symptom eines neuropathitischen (psychopathitischen) Zustandes" (Westphal, 1869).

qualidade da sensibilidade sexual, uma certa maneira de inverter, em si mesmo, o masculino e o feminino" (Foucault, 1976/2018, p. 48). Argumentando que esses casos eram congênitos e escrevendo em uma época em que ainda não se faziam distinções entre questões de sexualidade e gênero, sua autoria influenciou consideravelmente as publicações dos anos seguintes, às quais atentaremos detalhadamente.

É na obra *Psychopathia Sexualis,* publicada por Krafft-Ebing (1886a/1965), que encontramos um marco nos estudos sobre a sexualidade desenvolvidos pela psiquiatria do século XIX. Escrito originalmente em latim – língua inacessível ao grande público – e destinado a ser um manual para médicos e juristas, esse livro se configura como uma verdadeira coletânea de exemplos sobre as mais diversas práticas sexuais, entre as quais o lesbianismo,[7] o homossexualismo, a bestialidade, o sadismo, o masoquismo e o incesto.

Nascido em Mannheim, na Alemanha, Richard von Krafft-Ebing (1840-1902) se formou em medicina e trabalhou ao longo de sua vida em hospitais psiquiátricos, lecionando na Universidade de Viena desde o ano de 1889. Atendeu inúmeros pacientes que lhe procuravam ou eram encaminhados por familiares em razão de suas anomalias sexuais e se tornou uma referência no assunto, participando como especialista em julgamentos e recebendo diversas cartas de pessoas contando-lhe sobre suas questões sexuais, muitas delas acompanhadas de biografias.

---

7 Na discussão sobre a obra de Krafft-Ebing (1886a/1965, 1886b/2000) nos manteremos fiéis às traduções inglesa e brasileira do texto, utilizando o termo "lesbianismo", que, nesse caso, remete a uma condição patológica. A referência à ideia de "lesbianidade" será utilizada somente quando quisermos nos diferenciar das ideias do texto do autor. O mesmo pode ser dito sobre as noções de "homossexualismo" e "homossexualidade".

De sua experiência, recolheu uma ampla gama de casos, 238 deles reunidos na última edição de seu livro , no qual alterna exemplos e tentativas de teorização. Sem poupar o leitor de seu julgamento moral explícito, Krafft-Ebing condenava todas as formas de sexualidade que não estavam de acordo com as "leis da natureza" – entendidas por ele como a heterossexualidade monogâmica. Em sua visão, o principal objetivo do sexo era a propagação da espécie, o que o levou a considerar como patológicas todas as práticas sexuais que não possibilitassem a reprodução.

Uma ressalva importante se faz necessária nesse ponto. Por mais que seus preceitos remetam à moral cristã, era no registro da *patologia* que o autor colocava a maior parte dos casos de lesbianismo/homossexualismo por ele descritos. Chamado para depor nos tribunais, Krafft-Ebing (1886a/1965) costumava ser reticente à condenação penal de lésbicas e homossexuais, argumento explicitado na última parte de sua obra, na qual discute os aspectos jurídicos da "sexualidade patológica". Em suas palavras:

> *O fato de que não há dúvidas da base patológica de inúmeros casos de instinto sexual invertido mostra que a pederastia [relação sexual anal] pode também ser o ato de uma pessoa irresponsável e torna necessário que, nos tribunais, se examine não apenas a ação, mas as condições mentais de seu autor.... Não o ato, mas apenas um julgamento clínico e antropológico do indiciado pode permitir a decisão se estamos lidando com uma perversão que merece condenação ou com uma anomalia perversa da vida mental e sexual, que, em certas circunstâncias, exclui a punição. (p. 588, tradução nossa)*

Inscrevendo grande parte das questões da sexualidade no âmbito do adoecimento, vemos o autor – assim como fizeram seus sucessores – incorrer em minuciosas perícias e exames clínicos de seus pacientes. A infância, a descendência, os hábitos, os costumes, os trejeitos e as vestimentas, assim como os aspectos físicos dos sujeitos que lhe eram encaminhados, tornaram-se objeto de análise. Era nos corpos e nas histórias dessas pessoas que Krafft-Ebing (1886b/2000) procurava os sinais de anomalia e degeneração.

1. "Srta. L., 55 anos. Nenhuma informação sobre a família de seu pai. Os pais de sua mãe foram descritos como irascíveis, caprichosos e nervosos. Um irmão de sua mãe era epilético; outro, excêntrico e mentalmente anormal" (p. 208);
2. "S. J., 38 anos, preceptora. Procurou-me para conselho médico por distúrbios nervosos. O pai era periodicamente insano e morreu de doença cerebral. A paciente era filha única"(p. 211);
3. "Sra. C., 32 anos, esposa de um oficial, mulher grande, mas não destituída de graça, feminina na aparência; provinha de mãe emotiva e neuropática. Um irmão era psicopata e morreu por causa de bebida" (p. 217).

Após a leitura desses fragmentos, alguns entre os muitos casos presentes na obra de Krafft-Ebing, poderíamos nos perguntar o que há em comum entre a Srta. L., S.J. e a Sra. C. As três, enquadradas como casos de lesbianismo, traziam em sua história as marcas do adoecimento em sua família. Um tio epilético, um pai insano ou uma mãe neuropática era o que bastava para que seu comportamento pudesse ser traçado nos ascendentes, dando sinais das anomalias corporais, comportamentais, físicas ou mentais.

As observações de Krafft-Ebing não deixavam de lado nenhum detalhe e conservavam os aspectos fundamentais do que, para ele, estaria na origem das relações entre pessoas do mesmo sexo. Não se tratava mais de uma instituição, regida por princípios éticos, ou sequer de um pecado, oriundo da imoralidade. Muitas vezes, esses comportamentos também não eram considerados fruto de uma perversidade criminosa, dos quais o Estado deveria dar conta. Tratava-se de uma condição de adoecimento, de uma anomalia do instinto sexual cuja origem poderia ser traçada na infância e na família e que, em última instância, deveria ser tratada pelos médicos, dentro dos asilos e hospitais psiquiátricos.

Para dar conta dessas considerações, *Psychopathia Sexualis* conta com uma categorização sistemática que segue prioritariamente princípios taxonômicos, a partir dos quais os sintomas são descritos e organizados por similaridades fenomenológicas (Haag, 1965/1886). Por ora, atentaremos a essa elaboração, seguindo prioritariamente a proposta teórica apresentada pelo autor.

A criança "não é de nenhum gênero", afirma Krafft-Ebing (1886a/1965, p. 306, tradução nossa), reiterando que a infância é um período de inocência, fundamental para o desenvolvimento psicossexual. Desde o nascimento, os bebês passam por diferenciações. Os meninos são vestidos de azul, brincam com soldados e são educados para serem fortes. As meninas, por sua vez, vestem rosa, se divertem com bonecas e devem aprender a costura e a música. Esses marcadores de gênero, inscritos nos corpos infantis, são considerados fundamentais para o autor. Desprovidos de significado em um primeiro momento, adquirem importância com o desenvolvimento da personalidade sexual definitiva. São eles, além da família, que sinalizam as anomalias sexuais, assim como a degeneração.

Equiparando a sexualidade e a genitalidade, o autor define o período de desenvolvimento dos órgãos sexuais, após a puberdade, como o momento de surgimento do instinto sexual e do desejo. A anatomia é o motor, impõe mudanças e leva trajes, comportamentos e interesses dos jovens a adquirem uma coloração sexual, sobre a qual a educação e a influência exercem um poderoso efeito.

"Se o desenvolvimento sexual é normal e imperturbável, um caráter definitivo, correspondente ao sexo, é desenvolvido. Certas inclinações e reações no intercurso com pessoas do sexo oposto surgem" (Krafft-Ebing, 1886a/1965, p. 307, tradução nossa) e o tipo mental definitivo e correspondente ao sexo se estabelece. Situando a heterossexualidade como a saída esperada de uma constituição sem intercorrências, em que haveria uma harmonia entre sexo, gênero e orientação sexual, o autor afirma que esse processo não ocorreria no lesbianismo e no homossexualismo, enquanto doenças resultantes de um desenvolvimento sexual "anormal", onde se operaria uma *inversão*.

Nesses casos, aconteceria o desenvolvimento oposto ao sexo a que o indivíduo pertence, o qual se reflete não apenas em seu desejo, mas também em seus comportamentos, vestimentas, gostos infantis e adultos, assim como em traços de personalidade. A causa, ressalta o autor, não é apenas biológica e, embora seja desconhecida, relaciona-se com a predisposição e com o processo de constituição da personalidade.

Em sua visão, o instinto sexual perverso derivaria de condições degeneradas hereditárias, sendo um sinal delas que apareceria sem causa externa, como um fenômeno congênito ou adquirido resultante de influências prejudiciais. Separando esses fenômenos por grau e dividindo-os de acordo com suas manifestações clínicas, Krafft-Ebing (1886a/1965) aponta:

> *No chamado instinto sexual contrário existem graus do fenômeno que correspondem bastante aos graus de predisposição dos indivíduos. Assim, nos casos mais leves, há um hermafroditismo; em casos mais pronunciados, apenas o sentimento e instintos homossexuais limitados à vita sexualis; em casos ainda mais completos,*

> *toda a personalidade psíquica e até mesmo as sensações corporais são transformadas para corresponder à perversão sexual; e, nos casos completos, a forma física é correspondentemente alterada. (p. 309, tradução nossa)*

Resumidamente, Krafft-Ebing divide os casos de lesbianismo e homossexualismo em duas categorias (adquirida e congênita) definidas a partir da origem dos sintomas e organizados em estágios de desenvolvimento progressivo. Conforme sumarizado abaixo:

Quadro 2 – Classificação dos casos de homossexualidade em Krafft-Ebing

1) Homossexualidade adquirida	I. Simples reversão do sentimento sexual
	II. Efeminação (homens) e eviração (mulheres)
	III. Estado de transição para metamorfose sexual paranoica
	IV. Metamorfose sexual paranoica
2) Homossexualidade congênita	I. Hermafroditismo psicossexual
	II. Homossexualismo/lesbianismo
	III. Efeminação (homens) e viraginidade (mulheres)
	IV. Androgenia (homens) e ginandria (mulheres)

Fonte: Krafft-Ebing (1886a/1965).

É no campo das perversidades – e não da perversão enquanto uma inversão do instinto sexual – que Krafft-Ebing inscreve parte dos casos de *homossexualidade adquirida* (1), prioritariamente ocasionada pela impossibilidade de satisfação com o sexo oposto. Essa patologia ocorreria, de acordo com o autor, em indivíduos impedidos de exercer a heterossexualidade por razões orgânicas ou sociais, que se voltariam para os relacionamentos lésbicos/homossexuais como uma forma temporária de obter prazer.

À masturbação, considerada por muitos autores da época como um sinal de degeneração física e moral com efeitos patológicos, principalmente quando praticada na infância, era atribuído um papel fundamental na ocorrência desses processos. Enfatizando a importância do comportamento masturbatório na vida dos sujeitos, o autor delineia três motivos distintos como causadores da homossexualidade adquirida: as situações de confinamento, como é o caso dos presídios e internatos; o medo dos relacionamentos com o sexo oposto, considerados como causadores de infecções ou gravidez; e, por fim, a sedução por sujeitos homossexuais.

Esses casos ocorreriam em pessoas cuja constituição é dita normal e eram considerados passíveis de reversão por meio da remoção do motivo que impossibilita a satisfação heterossexual. Um segundo grupo, de acordo com Krafft-Ebing, seria formado por indivíduos que possuem uma sexualidade perversa latente, desenvolvida por diversos motivos, como a masturbação e a abstinência. Nesses sujeitos, o contato com pessoas do mesmo sexo despertaria o desejo, dando início a um processo gradual de degeneração, durante o qual ocorreriam transformações físicas e mentais. Essa metamorfose apresentaria diferentes graus, sendo eles:

1. A *simples reversão do instinto sexual*, caracterizada pela presença de inclinações por pessoas do mesmo sexo em um sujeito que não apresenta mudanças de caráter ou sentimentos; mantém a posição na relação sexual (mulheres passivas/homens ativos) e considera esse comportamento como uma aberração, procurando ajuda.
2. Os casos de *eviração e efeminação,* derivados da ausência de restauração do instinto sexual contrário desenvolvido,

levando a transformações duradouras na personalidade psíquica e no caráter, que passaria a operar conforme o sexo oposto. Esses indivíduos passariam a se comportar como as "verdadeiras" lésbicas e homossexuais.

3. O *estado de transição para metamorfose sexual paranoica,* identificado por uma acentuação do processo, em que as sensações corporais seriam transformadas no sentido de uma transição para o "sexo" oposto.
4. A *metamorfose sexual paranoica,* considerada a última etapa de adoecimento, na qual ocorreria a ilusão de uma transformação sexual, resultando em um quadro de paranoia.

Explicitado o sistema teórico utilizado para explicar os quadros de homossexualidade adquirida, nos debruçaremos agora nos casos congênitos, cuja categoria contemplaria as "verdadeiras" lésbicas e homossexuais. Para tal, optamos por tratar sumariamente da caracterização dessas populações segundo a *Psychopathia Sexualis,* para em seguida analisar mais atentamente as descrições realizadas, em que focaremos o que era dito sobre as mulheres.

O *sentimento homossexual como uma manifestação anormal congênita* (2) caracteriza-se como um quadro de sexualidade antipática – classificação feita pelo autor dentro do grande grupo das parestesias, ou seja, das perversões do instinto sexual –, em que ocorreria a ausência de sentimentos sexuais pelo sexo oposto, levando o desejo a se concentrar em sujeitos do mesmo sexo. Essa seria uma anomalia psíquica que ocorre sem alterações nas glândulas sexuais e se caracteriza pela presença de um instinto sexual que não corresponderia às características sexuais físicas do indivíduo, o que levava à interpretação de que esses sujeitos eram invertidos, de maneira que as mulheres se sentiriam atraídas por mulheres por terem um instinto sexual masculino e vice-versa.

Mantendo-se fiel à psiquiatria de sua época, Krafft-Ebing (1886a/1965, p. 360) sustenta a hipótese de que os casos de inversão sexual congênita são sinais de degeneração, ou seja, a manifestação de um estado "neuro(psico)pático" predominantemente hereditário. A observação de casos de adoecimento psíquico correlatos, como a neurose ou a paranoia, são argumentos importantes na elaboração dessa ideia, sinalizando os aspectos degenerativos e a determinação congênita desses quadros. Essa manifestação – assim como os casos de homossexualidade adquirida – apresentaria vários estágios progressivos de desenvolvimento, descritos a partir da observação de características físicas e antropológicas dessas populações. Retomando os dados explicitados no Quadro 2, nos debruçaremos mais atentamente a essas ocorrências.

1. Os casos de *hermafroditismo psíquico* são descritos como aqueles em que é possível encontrar traços heterossexuais no instinto homossexual dominante. As relações com pessoas do mesmo sexo prevaleceriam na vida sexual desses sujeitos, enquanto as inclinações para sexo oposto apareceriam com menos intensidade e frequência. Esse quadro é considerado como passível de reversão, podendo resultar em um agravamento progressivo – que causaria lesbianismo/homossexualismo – por influência da neurastenia causada pela masturbação ou de experiências negativas na relação heterossexual. A frigidez feminina, muito comum no final do século XIX, é apontada por Krafft-Ebing como parte desse quadro.
2. O *lesbianismo* e o *homossexualismo* são definidos pela inclinação exclusiva por pessoas do mesmo sexo. As características psíquicas do indivíduo apontariam para uma inversão do instinto sexual, enquanto suas características físicas estariam de acordo com o seu sexo biológico, limitando essa

anomalia à vida sexual do indivíduo. Esse desvio não afetaria o caráter a personalidade, que se manteriam de acordo com o sexo biológico desses sujeitos. As relações heterossexuais, nesses casos, causariam desprazer e repulsa, embora as observações de Kraff-Ebing ressaltem que muitos desses sujeitos se casavam, de maneira a se manter de acordo com as exigências da sociedade. Essa característica se manteria inclusive na relação sexual, durante as quais as mulheres permaneceriam passivas e os homens ativos.

3. O desejo pela alternância de papéis indicaria um quadro de transição para o terceiro estágio, o que poderia ser atribuído à educação e à degeneração progressiva, estimulada pela masturbação. A *viraginidade*, no caso das mulheres, e a *efeminação*, para os homens, se caracterizariam pela inversão das características sexuais psíquicas, que se configurariam de acordo com a sexualidade "anormal". De acordo com o autor, esses quadros poderiam ser vislumbrados já na infância, perído no qual as crianças apresentariam gostos e características consideradas como pertencentes ao sexo oposto. Aqui, eram situados os meninos que gostam de cozinhar e brincar de bonecas, assim como as meninas que preferem carrinhos e se interessam por ciências.
4. Os quadros de *ginandria* (mulheres) e *androgenia* (homens) ocorreriam quando as características físicas secundárias, como a voz, a maneira de andar e a estrutura corporal, também estariam de acordo com o sexo oposto, de maneira que o instinto antipático não se restringe a aspectos da vida psíquica. Esses casos são interpretados por Krafft-Ebing como graus severos de degeneração, que poderiam se estender a aspectos anatômicos.

Após uma descrição geral do sentimento homossexual como uma manifestação anormal congênita, resta-nos questionar: qual era o tratamento específico dado à lesbianidade no texto de Krafft-Ebing? Para responder a essa questão, analisaremos o subitem no qual o autor discute a *inversão sexual congênita* nas mulheres, sumarizando suas reflexões sobre essa temática.

Ao iniciar sua análise com a constatação de que a ciência da época tinha poucos dados para tratar do assunto – na época a invisibilidade já era uma marca das vivências lésbicas, como vimos, por exemplo, no caso da Idade Média –, o autor enfatiza que os casos de inversão nas mulheres são tão comuns quanto nos homens, dado que este seria resultado de um processo de degeneração, passível de afetar ambos os sexos. A falsa constatação de que esses quadros teriam menor incidência entre pessoas do sexo feminino derivaria de quatro motivos, os quais são: a dificuldade de ganhar confiança de mulheres "perversas"; a menor visibilidade desses casos, dado que o ato sexual entre mulheres não era criminalizado em alguns países, como na Alemanha; o fato de que a inversão sexual não afeta as mulheres como os homens, visto que elas não se tornam impotentes; e, por fim, porque o impulso sexual feminino é naturalmente menor e a relação sexual entre mulheres muitas vezes se passava por uma amizade.

Como vemos, as constatações de Krafft-Ebing sobre as mulheres estavam diretamente relacionadas às visões sobre feminilidade presentes no discurso social da Europa do século XIX, o que reverbera em todo o texto. A naturalização da ideia de que as mulheres eram frígidas ou menos dotadas de impulsos sexuais e a falta da problematização do caráter social desse comportamento fazem com que o autor considere o lesbianismo como resultado de uma hipersexualização, que levaria as mulheres a se masturbarem e/ou se relacionarem entre si. Em sua concepção, a educação dada às mulheres tornaria mais fácil corrigir as anomalias do instinto sexual, na medida em que as jovens teriam menos tendência a se masturbar e só se tornariam sujeitos sexuais durante a puberdade, quando introduzidas aos homens. O casamento heterossexual compulsório era considerado pelo autor uma forma de cura, impedindo que as mulheres se tornassem lésbicas.

Enquanto os casos de hermafroditismo psíquico e de lesbianismo são discutidos somente no âmbito de uma inversão do instinto sexual, que se operaria no desejo parcial ou absoluto por mulheres, é nos estágios da viraginidade e da ginandria que podemos observar como as constatações do autor não eram apenas datadas, mas também muito arraigadas em estereótipos de gênero. Ser mulher era, para ele, performar feminilidade, de maneira que fugir dos padrões sociais era considerado um sinal grave de anomalia e degeneração. Desempenhar papéis masculinos era, aos olhos do autor, sinal de que a inversão sexual havia se desenvolvido completamente, afetando todos os aspectos da vida psíquica e física de uma mulher. O que estava em jogo não era apenas o desejo, mas todos os aspectos de sua personalidade:

> *A mulher uraniana*[8] *pode ser encontrada principalmente nos lugares dos meninos. Ela é a rival em seus jogos, preferindo os cavalos de balanço e as brincadeiras com soldados, etc., do que as bonecas e outras ocupações femininas. A toalete é negligenciada e maneiras de meninos são assumidas. O amor pelas artes é substituído pelo interesse nas ciências. Algumas vezes, beber e fumar são hábitos cultivados com entusiasmo. . . .*

8 Krafft-Ebing faz extensas menções a Ulrichs ao longo do texto de *Psychopathia Sexualis*, por vezes tomando de empréstimo sua nomenclatura para tratar das mulheres lésbicas e dos homens homossexuais. Em nossa tradução, optamos por nos mantermos os mais fiéis possíveis ao texto do autor.

> *A consciência de ser mulher e, portanto, de ser privada da universidade ou da carreira militar, lhes produz reflexões dolorosas. . . . Há um forte desejo de imitar a moda masculina nos cabelos e nas roupas e em algumas circunstâncias também de vestir de homem e fingir ser um deles. (Krafft-Ebing, 1886a/1965, pp. 418-419, tradução nossa)*

A partir dessa descrição detalhada do comportamento das mulheres invertidas, podemos ver como as principais características que subsidiavam o diagnóstico de inversão sexual eram fenomenológicas, de maneira que tudo que não condizia com uma visão essencialista sobre a feminilidade e os comportamentos esperados para as mulheres da época era tomado como um sinal de patologia. Desejar ser independente, entrar na universidade, ter uma carreira, interessar-se pelas ciências, gostar de fumar e beber, vestir calças, eram todos aspectos do que foi intitulado como lesbianismo, o que justifica o fato de as primeiras feministas serem identificadas como lésbicas, mesmo que estas não desejassem se relacionar com mulheres e sequer defendessem sua causa.

Resumidamente, podemos observar que a inversão sexual congênita nas mulheres é tratada por Krafft-Ebing como uma anomalia do instinto sexual que pode ser parcial ou total, de maneira que nos casos mais graves esta se estenderia para as características psíquicas e físicas. Considerados como hereditários e degenerativos, esses casos passaram a fazer parte do domínio médico, que, enquanto uma prática voltada para o controle social, realizava sua profilaxia. Para o autor, ela deveria ser realizada nos casos congênitos pela proibição da reprodução e nos adquiridos pela evitação de influências prejudiciais, como, por exemplo, a convivência com muitas mulheres.

O tratamento desses sujeitos era considerado fundamental, muitas vezes ocorria dentro de asilos e instituições psiquiátricas e visava a eliminar a patologia, ou seja, o desejo por pessoas do mesmo sexo, cuja correção seria a heterossexualidade. Embora seja ressaltado que grande parte dos casos, principalmente os congênitos, não encontravam nenhuma eficácia terapêutica por diversas razões – como ausência de confiança no médico, dificuldade de renunciar à satisfação obtida no coito homossexual, impedimentos físicos ou impossibilidade de ser colocado em estado hipnótico –, a tentativa de cura se dava por meio da sugestão hipnótica, da prevenção da masturbação, da remoção de influências negativas para a vida sexual, da cura das neurastenias – consideradas como quadros associados – e do encorajamento de sentimentos heterossexuais.

Chegando ao fim da discussão sobre o texto de Krafft-Ebing (1886b/2000), apresentaremos um dos casos descritos pelo autor, de maneira que o leitor possa vislumbrar como se articulava seu sistema de pensamento, assim como os aspectos que subsidiaram sua análise:

> *Caso 161. Viraginidade*
>
> *Srta. N., 25 anos de idade. Pais supostamente saudáveis. Seus irmãos e irmãs eram todos neuropatas. Três de suas irmãs eram casadas. Ela era muito talentosa, especialmente nas belas-artes. Desde a tenra infância preferia brincar com soldados e outros jogos de meninos; era corajosa e levada e tentava inclusive superar seus pequenos companheiros do outro sexo. Nunca gostou de bonecas, trabalhos de agulha e afazeres domésticos. Puberdade aos 15. Logo se apaixonou por jovens moças, mas apenas de maneira platônica, pois era uma*

> *"moça de respeito". Durante muitos anos depois disso teve uma libido muito intensa. Mal conseguia se controlar. Seus sonhos eram de caráter lascivo, apenas com mulheres, ocupando ela mesma o lugar de homem. Estava desesperadamente apaixonada por uma mulher de 40 anos, a quem atormentava com sua conduta enciumada. A srta. N. era indiferente aos homens. Podia ficar em segurança com um homem num mesmo quarto, mas com pessoas do mesmo sexo sentia-se intimidada. Tinha bastante consciência de sua condição patológica. Traços masculinos, voz grossa, andar masculino, sem barba, seios pequenos; usava o cabelo à escovinha e dava a impressão de um homem em roupas de mulher. (p. 223)*

Corajosa, levada, todas as irmãs e irmãos neuropatas, nunca gostou de bonecas e preferia brincar com soldados, apaixonara-se por jovens moças, libido intensa, indiferente aos homens, traços masculinos e marcada por sua condição patológica. Características físicas e psíquicas, gostos e desejos, todas as condições entrelaçam-se para elucidar o que seria a mulher lésbica na visão de Krafft-Ebing. Degenerada, vítima de uma condição hereditária que, embora não pudesse ser considerada como crime, a deixava fadada à doença, legitimando que ela se tornasse um objeto do saber médico, fosse extirpada de suas possibilidades de subjetivação e confinada em asilos e prisões, forçada ao casamento com um homem e deslegitimada em seus direitos, desejos e em tudo que poderia dizer sobre si mesma.

O invertido em Havelock Ellis

Passaremos agora para a análise do primeiro trabalho integral da psiquiatria moderna sobre a lesbianidade e a homossexualidade, o livro *A inversão sexual,* publicado pela primeira vez por Havelock Ellis em 1896 e substancialmente reeditado nos anos seguintes. De origem inglesa[9] e formação médica, ele dedicou sua vida ao estudo da sexualidade, tendo publicado uma extensa literatura sobre o tema. "Propriamente não tinha a intenção de consagrar todo um livro a inversão sexual", afirma Ellis (1901/1933) na abertura do segundo volume dos *Estudos sobre a psicologia do sexo*, e continua:

> *É provável que eu estivesse inclinado a tratar deste assunto perfunctoriamente, por ser desagradável, sendo preferível não aprofundá-lo. Mas verifiquei, com o correr do tempo, que várias pessoas admiradas e muito respeitadas por mim, sofriam dessa anormalidade congênita. Ao mesmo tempo, verifiquei que na Inglaterra, mais do que em qualquer outro país, as leis e a opinião pública aliam-se, para esmagar, com uma pesada sanção penal e uma severa estigmatização social, as manifestações de um instinto que aparece, aos olhos daqueles que lhe são dotados, como natural e normal. Parecia-me, por conseguinte, evidente, que esse assunto devia ser discutido e ventilado. (p. IXI)*

9 Assim como a Alemanha, a Inglaterra também condenava todo o coito anal realizado com uma mulher, entre homens ou com um animal. Em 1885, foi acrescentada à legislação inglesa a punição a todos os atos de "indecência grosseira", categoria que passou a incluir a masturbação mútua, mesmo quando realizada em ambientes privados.

Alertando ao leitor que não pretende tratar dos sujeitos que se encontram nos asilos ou prisões – uma marca da literatura de Krafft-Ebing –, Ellis destaca que são os invertidos que vivem em liberdade, não buscam remediar sua condição e, em geral, são pessoas socialmente influentes, que compõem a coletânea de casos apresentados em sua obra. Seriam suas práticas um pecado abominável, um crime aprisionável, uma emoção humana benéfica, uma doença monstruosa? Qual é o tratamento que deve ser dado a esses sujeitos?

Essas questões orientam a obra de Ellis, marcada pela tentativa, nem sempre bem-sucedida, de se diferenciar dos discursos médico e jurídico. Realizando uma extensa revisão bibliográfica – que passa pelas publicações de Westphal, Ulrichs, Krafft-Ebing, Hirschfeld,[10] entre outros autores influentes nesse campo –, Ellis (1901/1933) retoma as duas principais tendências no estudo da inversão sexual: as hipóteses congênitas e adquiridas. "Há, como sempre, um pouco de verdade num e noutro ponto de vista" (p. 188), ressalta o autor antes de apresentar suas considerações.

O invertido é "o indivíduo portador de uma anormalidade predisponente congênita ou de um conjunto de anormalidades menores, que lhe tornam difícil ou impossível experimentar atração sexual pelo sexo oposto" (p. 200). Embora grande parte da sexologia considerasse a inversão sexual uma forma de degeneração, Ellis faz uma ressalva quanto ao uso desse termo, afirmando que ele tem pouco aproveitamento, na medida em que os quadros são difusos e que a inversão está ligada à modificação dos aspectos

10 A terceira edição do texto de Havelock Ellis (1896b/1933), publicada em 1915, conta com inúmeras menções aos trabalhos de Freud e Sadger. Como pretendemos neste capítulo retomar o contexto histórico e teórico que precedeu o pensamento psicanalítico sobre a questão da lesbianidade e da homossexualidade, nos ateremos ao material da obra conforme apresentada no final do século XIX.

sexuais secundários, levando-o a classificar esses quadros como "outras anormalidades congênitas tendo concomitâncias psicológicas" (p. 197).

Em oposição a muitos autores que defendiam a existência da homossexualidade adquirida, entre os quais Krafft-Ebing, o texto de *A inversão sexual* ressalta que essa orientação sexual não pode ser considerada exclusivamente como produto de um desvio da emoção sexual que tomaria um caminho anormal. Se isso acontece, o solo já estava preparado para o desenvolvimento dessa característica, de maneira que a atração por pessoas do mesmo sexo só poderia surgir em organismos que já possuiriam modificações, que tornariam a orientação do desejo uma possibilidade.

Partindo dessa consideração, o autor subdivide os invertidos em duas categorias. O primeiro grupo é composto por aqueles que se sentem atraídos por pessoas do mesmo sexo desde o começo de suas vidas, quadro que surgiria como consequência de uma parada no desenvolvimento. O que despertou o fenômeno não pode ser descoberto, na medida em que esse estaria presente desde a infância e prevaleceria por toda a vida. No segundo grupo, estão os sujeitos que possuem apenas uma predisposição latente para se atraírem por pessoas do mesmo sexo, a qual pode ser colocada em atividade a partir de circunstâncias acidentais. Três influências são apontadas como passíveis de trazer a inversão sexual à tona: o sistema escolar que separava os sexos durante puberdade e adolescência, a sedução por pessoas mais velhas em quem a inversão já estaria desenvolvida e as decepções amorosas.

Ao tratar da causa da inversão, alguns aspectos são considerados como relevantes. O primeiro desses seria a precocidade física e psíquica constatada em diversos invertidos, o que levou Ellis a associar a inversão ao desenvolvimento precoce. A partir dessa afirmação, ele avança a hipótese de que a precocidade tenderia a precipitar uma inversão latente, levando as emoções a se cristalizarem de forma prematura. Um segundo fator considerado seria a hiperestesia sexual, ou seja, o excesso de sensibilidade que apareceria em muitos casos, nos quais se constatam fortes inclinações para a afeição e o devotamento.

Por fim, a masturbação é elencada como um comportamento passível de enfraquecer as atividades sexuais, facilitando o desenvolvimento da homossexualidade, principalmente quando praticada durante a juventude ou em excesso. Atenuando a relevância dada a essa prática por seus contemporâneos, Havelock Ellis inverte a lógica vigente no final do século XIX. Enquanto muitos médicos defendiam que a masturbação seria causa da inversão sexual, o autor assinala que os homossexuais tinham menos possibilidade de se satisfazer sexualmente em sua época, o que tornaria a masturbação uma alternativa para obtenção de prazer. Embora essa pudesse tornar manifesta uma predisposição latente, não seria um fator causal ou decisório.

Realizando um extenso estudo sobre a natureza da inversão, que aborda sua prevalência, o estado de saúde geral dos afetados, a hereditariedade, entre outras características físicas e psicológicas, Havelock Ellis tece considerações relevantes para nossa análise, apresentando uma posição diferente de Krafft-Ebing. A hipótese de que a inversão sexual surgiria em famílias que apresentam sinais de degeneração é refutada pelo autor, o que está em consonância com a ideia de que esses indivíduos sequer poderiam ser considerados como degenerados. A este panorama, acrescenta-se mais uma constatação: muitos invertidos não apresentariam nenhum sinal de adoecimento, sendo encontrados trabalhando com profissões de caráter intelectual. Em sua visão, esses sujeitos não eram doentes e, na maior parte deles, não eram constatáveis sinais graves de adoecimento físico e psíquico.

Desdobrando essa afirmação, Ellis (1901/1933) analisa as aptidões destes indivíduos e conclui que algumas ocupações agradariam bastante aos invertidos, sendo estas predominantemente do campo das artes. A música, o teatro e a literatura seriam suas principais profissões, de maneira que muitos dos grandes artistas e poetas seriam homossexuais.

Um último aspecto relevante concerne à atitude moral dos invertidos. Diferenciando-se da maior parte dos sexólogos e arriscando tentar retirar seus casos do registro da patologia, ele se questiona qual seria a atitude de seus pacientes com relação à inversão sexual, dado que estes não buscavam um remédio para sua condição. De acordo com suas considerações, a grande maioria dos indivíduos analisados apresentariam a mesma posição moral dos heterossexuais e muitos deles consideravam a homossexualidade a forma mais nobre de amor, desde que realizada com consentimento e sem tentativas de sedução.

Mais do que isso, nem todos os invertidos se viam como mórbidos, doentes, fadados a uma condição que não poderia ser mudada e que perturbaria toda a sua existência. "Não posso conceber uma sorte mais penosa do que ser mulher – uma mulher comum obrigada a amar um homem", teria lhe escrito uma paciente, o que ressaltaria a ideia de que esses sujeitos nem sempre desejariam reverter seu desejo. Uma ressalva a ser feita nesse ponto é que a maior parte dos casos de Ellis (1901/1933, p. 185) eram de sujeitos pertencentes à elite econômica e intelectual, o que diferenciava o olhar que a sociedade lhes dirigia. Essas pessoas não eram tratadas como os doentes confinados em asilos, prisões ou hospitais psiquiátricos, muitas vezes não necessitavam trabalhar e garantir sua independência financeira – o que era fundamental para as mulheres lésbicas proletárias, por exemplo[11] – e eram bastante reconhecidas

11 Como veremos adiante, neste capítulo.

nos meios artístico e intelectual. Ou seja, por mais homofóbica e heteronormativa que fossem as sociedades europeias modernas, esses sujeitos gozavam de certas condições que possibilitavam alternativas de vida em um mundo de opressões, como reconhece Ellis (1901/1933):

> *Os meus casos são na maioria de pessoas que aprovam o próprio temperamento, fato que é devido em parte à maneira por que foram obtidos e em parte também porque representam a aristocracia intelectual da inversão, entre outros os indivíduos que encontraram consolação seguindo o exemplo dos Gregos e conseguiram achar um modus vivendi no mundo moral como tinham desejado. (p. 109)*

Explicitadas as considerações gerais do autor sobre as relações entre pessoas do mesmo sexo, passaremos agora para a discussão do capítulo em que o autor discorre sobre a inversão sexual nas mulheres. "A homossexualidade foi observada nas mulheres desde a Antiguidade e em regiões muito diferentes" (p. 109), pondera o autor, reiterando que esse quadro é tão comum nas mulheres quanto nos homens e está submetido a aspectos geográficos, étnicos, nacionais e sociais.

Retirando de sua análise todas as práticas lésbicas que ocorrem nos asilos e nas prisões, por considerá-las predominantemente mórbidas ou viciosas – e, portanto, parte de um quadro de adoecimento –, o autor se ocupa predominantemente de casos de mulheres burguesas para tecer suas considerações, apresentando três tipos de inversão sexual, que não representam o desenvolvimento gradual de um mesmo quadro e são precipitados pela presença de uma predisposição congênita:

As amizades femininas, bastante enfatizadas por Ellis, representariam quadros de *pseudo-homossexualidade* e se desenvolveriam quando meninas são colocadas juntas e sem contato com homens. Variando em intensidade, essas relações ocorreriam prioritariamente em escolas, fábricas e teatros, tendo como principal característica a presença de vínculos entre mulheres em que as emoções de caráter sexual não seriam o aspecto mais importante. O instinto heterossexual se apresentaria atrofiado nesses casos, podendo se desenvolver posteriormente.

Um segundo grupo, composto pelas *invertidas femininas*, inclui as mulheres em que a homossexualidade está presente, mas é considerada bastante fraca. Embora fossem muito afetuosas, suas impulsões sexuais seriam raramente desenvolvidas. No que concerne à aparência, essas mulheres teriam feições consideradas femininas e não possuiriam corpos muito robustos ou fisicamente desenvolvidos – o que, de acordo com o autor, as tornaria pouco atraentes para os homens.

Um último grupo seria o das *mulheres invertidas*, caracterizadas por serem mais ou menos masculinas, o que seria parte de seu instinto orgânico. Embora não possuíssem barba ou bigode, suas fisionomias e seus hábitos seriam característicos do sexo oposto. Indiferente aos homens, com quem estabeleceriam somente relações de camaradagem, seu desejo era exclusivamente voltado para figuras femininas, as quais cortejariam ativamente.

Como podemos ver, Ellis situava o vínculo estabelecido entre as mulheres como principal aspecto que definiria um caso de inversão, considerado mais acentuado conforme o desejo adquirisse caráter sexual. Embora a presença de traços femininos e masculinos seja um aspecto secundário em suas descrições, esses ainda se fazem bastante presentes, tornando necessário que respondamos o que eram esses atributos.

> *Não se interessava com as bonecas, nem com os lindos vestidos e admirou-se muitas vezes de que outras crianças experimentassem tanto prazer com isso. "Tanto quando posso recordar-me, escreve, sempre me considerei diferente das outras crianças. Ficava vexada quando outras meninazinhas vinham brincar comigo, se bem que não fosse brutal nem barulhenta." Detestava coser. Por outro lado, os brinquedos de rapaz não a interessavam também, preferindo a tudo ler, sobretudo aventuras e contos de fadas. (Ellis, 1901/1933, p. 127)*

> *Não brincava com bonecas, ao passo que minha irmãzinha o fazia: muitas vezes me censuraram por não brincar como ela. Preferia os brinquedos de rapaz, fuzis, etc. Tinha horror de ficar em casa, queria sempre sair. Aos 7 anos pareceu-me que tudo o de que gostava era impróprio para uma menina. Deixava que os meus mais velhos determinassem o que devia gostar: confundiam-me e aborreciam-me com suas conversações sobre rapazes e meninas. (Ellis, 1901/1933, p. 134)*

A partir desses exemplos, que se desdobram em muitos outros casos, podemos ver como os estereótipos de masculinidade e feminilidade eram bastante marcados na obra de Ellis, sendo traçados desde a infância. Aspectos corporais como a musculatura e a voz eram avaliados nos quadros de inversão e insistia-se na existência de diferenças na constituição anatômica que poderiam variar em grau. Os gostos dessas mulheres também eram considerados predominantemente masculinos, sendo o hábito de fumar charuto, a repulsa por trabalhos domésticos ou manuais e a habilidade para os esportes alguns desses exemplos.

Esses aspectos não eram tomados como causa da inversão sexual, mas sim como sua consequência. Eles se desenvolveriam nas mulheres que se sentiam atraídas por mulheres e que repudiavam os homens, se agravando quanto mais acentuada fosse a inversão. Transgredir os gostos e a aparência esperados para as mulheres da época e ocupar papéis diferentes do que era definido pela sociedade se tratava aqui de um sintoma, que sinalizaria a existência de um quadro de anomalia. No entanto, essas não eram apenas características das lésbicas, alertava Ellis, relatando que comportamentos parecidos começavam a ser vistos também nas feministas, sem que essas mulheres desejassem ou se apaixonassem por pessoas do mesmo sexo. Tal fato esboçava a denúncia de que os atributos físicos, psíquicos e comportamentais identificados pelos sexólogos nas mulheres lésbicas não tinham nenhuma ligação direta com a lesbianidade, embora eles não pudessem vislumbrar isso na época.

O aumento da homossexualidade feminina era para muitos autores correlato ao movimento de emancipação das mulheres – que, embora fosse considerado por Ellis como sadio e inevitável, supostamente traria como desvantagem o aumento da loucura, da criminalidade e da inversão sexual. A ausência de preocupação das autoridades com a implementação de espaços mistos associada à entrada das mulheres no campo do trabalho favoreceria as amizades e a intimidade femininas, aumentando a ocorrência desses casos.

"Ensinaram-lhes a independência e o desdém pela vida doméstica que acarreta sempre uma dependência; nada de admirar que queriam pôr a teoria em prática e procurem amor onde encontram trabalho", resume Ellis (1901/1933, pp. 152-153), acrescentando que a lesbianidade supostamente seria encontrada de forma predominante nas mulheres mais inteligentes, que poderiam influenciar suas companheiras nos campos de trabalho. Para ele, os vínculos fraternos entre mulheres eram sempre um risco, sumarizado na ideia de que as amizades femininas afastariam as mulheres dos homens.

O último capítulo de *A inversão sexual* traz uma extensa análise sobre o tratamento da homossexualidade, realizando um levantamento dos principais métodos utilizados na época e dando margem para o autor fazer suas próprias considerações. Vimos até aqui a ênfase dada para a proximidade mulheres-mulheres e homens-homens, considerada como um fator que desencadearia a inversão sexual, o que leva Ellis a sugerir a coeducação, ou seja, a não separação entre os sexos durante o período escolar, como principal forma de profilaxia da homossexualidade.

A higiene social, embora muito enfatizada, seria possível apenas quando a inversão não está plenamente desenvolvida ou enraizada e o fator decisório para esse diagnóstico seria o conhecimento do indivíduo e de sua biografia. Aqui, como é possível notar nos casos apresentados ao longo do texto em que os relatos pessoais são bastante enfatizados, a escuta desses sujeitos começa a se esboçar como um fator importante. O olhar atento do médico e a análise de aspectos físicos e comportamentais deveriam ser associados ao relato dos indivíduos acometidos pela inversão sexual, que narrariam sua história, permitindo que se delimitasse a abrangência do caso e, portanto, a possibilidade de revertê-lo.

"Experimento pouca simpatia por aqueles que querem 'curar' o invertido, por qualquer preço", pondera Ellis (1901/1933, pp. 202-203), afirmando que muitas vezes o tratamento deveria se limitar aos quadros de adoecimento psíquico correlatos, permitindo que esses sujeitos se tornassem senhores de si. De acordo com o autor, muitos homossexuais sequer desejariam a cura, que, embora fosse relatada amplamente na literatura de sua época, apareceria para ele como um resultado pouco eficaz ou duradouro. Se, por um lado, essa ideia aparece como uma novidade vanguardista quando comparada com as violentas terapias de reversão sexual, por outro, não remetia a um livre exercício do amor, do desejo ou do prazer. "Controlar-se, educar-se, mas não castigar-se" (Ellis, 1, p. 211) seria a meta de trabalho, que possibilitaria que lésbicas e homossexuais utilizassem seus instintos da "melhor forma possível". A castidade e a dedicação ao trabalho ou às grandes obras, o que é consonante com o fato de que grande parte dos casos apresentados eram de pessoas pertencentes à elite econômica e intelectual, seria a melhor saída para essa população, o que reiterava a ideia do homossexual enquanto um perverso "civilizado", de acordo com os ideais universalizantes do homem moderno.

Não podemos perder de vista o fato de que *A inversão sexual* foi escrita na Inglaterra, um ano após o julgamento de Oscar Wilde, na época um dos dramaturgos mais conhecidos de Londres. Acusado de manter relações "imorais" com diversos rapazes, ele foi condenado a dois anos de prisão e a trabalhos forçados, tornando público que a homossexualidade não era apenas um fenômeno presente entre pessoas doentes, mas ocorria também entre os "grandes homens", reconhecidos socialmente por seu talento. Sua sentença impulsionou os debates sobre a descriminalização das relações entre pessoas do mesmo sexo.

Parece ser no rastro desse acontecimento que Ellis (1901/1933, p. 212) dedica as páginas finais de seu livro a um debate sobre a legislação, definindo a questão homossexual como uma questão social, na medida em que essa é olhada como um assunto público, levando um homem surpreendido em um ato homossexual a ser rejeitado pela sociedade "por mais exemplar que ele possa ser". Em sua opinião, a lei não seria capaz de reprimir a relação entre pessoas do mesmo sexo e serviria apenas para encorajar a prática da chantagem, muito comum em sua época. Desse modo, o autor defende a descriminalização da lesbianidade e da homossexualidade, considerando que esse assunto seria apenas uma questão de gosto.

Em sua visão, o fato de essas práticas desagradarem uma parte da população não deveria ser discutido, mas, por outro lado, não justificaria que essas práticas fossem incluídas no Código Penal.

Sumariamente, Ellis (1901/1933, p. 220) defende que o amplo estudo psicológico da homossexualidade realizado em sua obra havia explicitado a existência da homossexualidade congênita em muitos indivíduos, quadro que ocorreria também entre pessoas reconhecidas e de grande talento e não poderia ser revertido. Em suas palavras, que encerram o segundo volume dos *Estudos sobre a psicologia do sexo*: "É mister proteger os membros comuns da sociedade contra o invertido: mas é mister também proteger o invertido, não o destruir, mas este-lo a torcer os desvios, dos quais não é responsável, em proveito de toda a sociedade". Essa tarefa, aqui esboçada, se tornou um movimento organizado com o surgimento de organizações políticas homossexuais na Alemanha.

Uma identidade no grupo de Magnus Hirschfeld

Afirmamos acima que, a partir da segunda metade do século XIX, os primeiros ativistas e os sexólogos se ocuparam das dissidências sexuais, publicando uma ampla literatura sobre a questão e lançando mão de uma nova terminologia para tratar do assunto, que se expandiu por todas as publicações da época. Isso levou as pessoas que se relacionavam de forma não heteronormativa a serem denominadas *uranistas*, nas palavras de Ulrichs, *homossexuais*, segundo o termo de Kertbeny, ou *invertidas*, conforme Krafft-Ebing e Havelock Ellis. Embora muitos autores defendessem a descriminalização dos relacionamentos entre pessoas do mesmo sexo, opinião defendida inclusive por alguns psiquiatras, pudemos ver como esses indivíduos permaneceram prioritariamente ocupando o lugar de objeto dos saberes da ciência, restando-nos uma questão: além da literatura que exploramos, haveria nessa época um dizer que seria próprio de lésbicas e gays, enquanto sujeitos do discurso?

Para que possamos responder a essa pergunta, é fundamental que nos debrucemos sobre a história de Magnus Hirschfeld (1868-1935), conhecido como "o Einstein do sexo". Nascido no ano de 1868, homossexual e descendente de uma família alemã de origem judia, ele se formou em medicina e trabalhou com a sexologia e a psiquiatria, dedicando sua vida ao estudo das dissidências sexuais e de gênero. Sob o *slogan* "justiça através da ciência" (Dose, 2014), Hirschfeld militava pelo conhecimento dos *estados sexuais intermediários,* nomenclatura empregada por ele em sua teoria da sexualidade, que, embora não distinguisse entre orientação sexual e identidade de gênero – definição que surgiria apenas na segunda metade do século XX –, rejeitava o binarismo de gênero, postulando a existência de estados de transição entre os polos masculino e feminino.

Para Hirschfeld, pesquisa e divulgação científica sobre os estados sexuais intermediários eram fundamentais para diminuir a hostilidade social perante as pessoas que desejavam e/ou performavam gênero fora da cisheteronormatividade. Em um momento histórico de mudanças efervescentes, no qual proliferavam os debates públicos sobre as sexualidades dissidentes, cresciam nas grandes capitais as experiências de identificação e as subculturas *underground* fundadas por pessoas LGBTQIAP+. Ao mesmo tempo, ganhavam projeção as lutas feministas e os debates em torno da liberação sexual (Quinalha, 2022), de tal maneira que a Alemanha reuniu condições específicas[12] para o surgimento do ativismo homossexual.

12 Quinalha (2022) elenca as principais condições que se conjugaram na Alemanha do final do século XIX, permitindo a emergência do ativismo homossexual, sendo estas: a legislação punitiva, cujas injustiças se tornavam cada vez

Em 1897, Hirschfeld fundou, em parceria com alguns colegas, o Comitê Científico Humanitário (*Wissenschaftlich-humanitäres Komitee*, WhK), a primeira associação de luta organizada pelos direitos dos *homossexuais*, *andróginos*, *travestis* e *hermafroditas* – conforme ele distinguia. Articulando diversas iniciativas políticas, a organização se tornou amplamente conhecida por defender a abolição do Parágrafo 175 do Código Penal do Império Alemão. Como plano de ação, lançou uma petição (WhK, 1897) contra a legislação vigente no *Reich* e apresentou esse documento sucessivamente ao Parlamento a cada reeleição ocorrida até o ano de 1930, chegando a recolher aproximadamente cinco mil assinaturas, entre as quais se destacam os nomes célebres de Krafft-Ebing, Lou Andreas-Salomé, Hermann Hesse, Thomas Mann, Rainer Maria Rilke, Albert Einstein e Sándor Ferenczi.

Conforme destacado em um panfleto do Comitê, Hirschfeld chamava atenção ao fato de que os estados sexuais intermediários existiriam "em todas as classes sociais, das mais altas às mais baixas, das mais educadas às mais incultas, nas grandes cidades e nas aldeias, entre os moralmente rígidos e os mais libertinos" (WhK, 1901, p. 1, tradução nossa). Sua causa, embora não fosse completamente esclarecida, era atribuída principalmente a elementos biológicos e entendida a partir da hipótese de que existem estágios intermediários de transição entre o masculino e o feminino – definidas sob o termo de *terceiro sexo* –, de maneira que:

mais visíveis; a expressiva classe média alemã engajada na criação cultural, nas atividades intelectuais e na produção de imprensa, que permitiu a circulação de periódicos sobre as temáticas gay e lésbica e a criação de redes; a cultura masculinista, dentro da qual muitos homens puderam ter experiências homoeróticas; e a efervescência cultural de Berlim, que possibilitou a criação e a expansão de espaços de sociabilidade.

todos devem estar cientes que todas as características físicas e mentais geralmente consideradas masculinas se encontram, ocasionalmente, nas mulheres, e que tudo o que é considerado peculiar à estrutura e às funções do corpo da mulher pode ocorrer, excepcionalmente, também em um homem. (WhK, 1901, p. 1, tradução nossa)

Aproximando-se do posicionamento de Ulrichs e tomando de empréstimo sua terminologia, os militantes e pesquisadores organizados no Comitê Científico Humanitário consideravam que os homossexuais estariam em uma posição entre o homem e a mulher, o que, para eles, justificaria a orientação do desejo por pessoas do mesmo gênero. Apesar de enfatizar a análise de aspectos biológicos, que incluíam a voz, formato do corpo, pele, genitais, entre outros aspectos, o trabalho clínico e as hipóteses teóricas de Hirschfeld também consideravam a importância de aspectos psicológicos, relacionais e ambientais, levando-o a criar um "questionário psicobiológico".[13] Composto por aproximadamente 127 questões, esse material buscava informações sobre diversos aspectos da vida dos sujeitos homossexuais – incluindo infância, histórico familiar, saúde, carreira, hobbies, experiências sexuais, gostos e despertar do desejo por pessoas do mesmo sexo – e tinha os objetivos de responder em que ponto dos estágios sexuais intermediários uma pessoa se localizaria e de mapear a existência dessas pessoas na Alemanha e em outras regiões da Europa (Mancini, 2007).

No que concerne a hábitos e práticas sexuais, os panfletos do Comitê Científico Humanitário (WhK, 1897, 1901) argumentavam que os homossexuais poderiam amar de maneira tão nobre

13 O questionário psicobiológico de Hirschfeld foi um tema de discussão dos primeiros psicanalistas e será discutido detalhadamente no Capítulo 5.

e pura quanto as pessoas heterossexuais – o que justificaria a afirmação de que a homossexualidade não deveria ser considerada como sinônimo da sodomia, considerada na época uma prática amoral e depravada. Utilizando do exemplo de figuras conhecidas para quem a homossexualidade teria sido não apenas uma orientação do desejo, mas uma inspiração – como, por exemplo, Sócrates, Michelangelo, Leonardo da Vinci e Hans Andersen –, os militantes buscavam mostrar ao grande público que a homossexualidade não era tão monstruosa e grotesca quanto as outras perversões, podendo os homossexuais serem pessoas de "alto grau de civilização" ou, dentro dos parâmetros higienistas da época, se tornarem grandes artistas, intelectuais e cientistas.

Nesse contexto, o cerne da argumentação dos membros do Comitê era que os relacionamentos homossexuais não eram uma escolha para os uranistas, pois a heterossexualidade era antinatural para eles, que sofreriam com a perseguição e a condenação moral. Por essa razão, a Petição lançada pelo Comitê Científico Humanitário (WhK, 1897) demandava a tolerância e descriminalização da homossexualidade, pois o Parágrafo 175:

1. Encorajaria a chantagem – na medida em que muitas vezes a sodomia só poderia ser comprovada por meio da confissão, tornando muitos homossexuais vítimas de extorsão.
2. Não contribuía para a eliminação das práticas homossexuais – dado que a homossexualidade era considerada inata.
3. Contrariaria a demanda por justiça social, pois a todos os sujeitos deveriam ser garantidos direitos igualitários.
4. Seria aplicado de maneira arbitrária – devido ao fato de que uma pessoa só poderia ser indiciada em razão de denúncia ou flagrante, de modo que a legislação poderia servir como ferramenta de controle do Estado.

Por essas razões, os ativistas de Berlim enfatizavam que a homossexualidade jamais poderia ser erradicada pela legislação, que provocaria apenas desespero e culpa, aumentando os casos de adoecimento psíquico e suicídio entre essa população, que, muitas vezes, se tornava vítima de práticas higienistas, sendo confinadas nas prisões, nos asilos e nos hospitais psiquiátricos. A posição liberal de Hirschfeld, explícita em seu objetivo político de modificar a legislação, se estendeu à sua posição como pesquisador e clínico. Embora não fosse adepto das tentativas de "cura" da homossexualidade e não acreditasse em sua eficácia, ele buscava apoiar pacientes que decidiam tentá-la, escutando e priorizando o respeito à vontade das pessoas que lhe procuravam.

Esse posicionamento é evidente na postura editorial que tomaria o *Jahrbuch für sexuelle Zwischenstufen unter besonderer Berücksichtigung der Homosexualität* (*Anais dos estados sexuais intermediários com especial atenção à homossexualidade*), periódico especializado na questão homossexual criado por Hirschfeld em 1899. Publicado pelo Comitê Científico Humanitário periodicamente até 1923 e mais esporadicamente até o ano de 1933, a revista aceitava artigos que tratavam as sexualidades não normativas de diversos pontos de vista, o que incluía textos que discutiam possíveis práticas de "cura gay", como é o caso, por exemplo, do artigo "Fragmento da psicanálise de um homossexual", escrito pelo psicanalista Isidor Sadger em 1908. Nesse texto, publicado no *Jahrbuch für sexuelle Zwischenstufen*, o autor apresenta o tratamento analítico de um paciente homossexual, discutindo a suposta eficácia do método freudiano no tratamento da questão da homossexualidade, e o artigo vem acompanhado de uma nota do editor (Hirschfeld) reiterando que "já que muitos homossexuais têm o desejo, certamente legítimo, de experimentar a heterossexualidade, devemos ser gratos a cada médico que ofereça novas possibilidades de tratamento" (Sadger, 1908a, p. 424, tradução nossa).

A abertura para os ramos do conhecimento que, em sua opinião, poderiam favorecer a compreensão da homossexualidade e, principalmente, aliviar o sofrimento ou melhorar a situação política das pessoas LGBTQIAP+ também se torna evidente no fato de que Hirschfeld integrou o movimento psicanalítico.[14] Tido em alta estima por Freud, ambos trocaram correspondências e artigos durante a primeira década do século XX, concordavam no que se refere à descriminalização da homossexualidade e colaboraram mutuamente um com o outro, embora nunca tenham sustentado pontos de vista teoricamente convergentes, na medida em que o aspecto inato da homossexualidade era um ponto nodal da argumentação teórica e da militância de Hirschfeld – o que ia de encontro à concepção psicanalítica da sexualidade.

Em 1908, ao lado de Karl Abraham, Ivan Bloch, Heinrich Köber e Otto Juliusburguer – sendo os dois últimos também membros ativos do Comitê Científico Humanitário –, Hirschfeld colaborou com a organização de um círculo de discípulos do freudismo em Berlim, que, em 1910, se tornaria a Sociedade de Psicanalítica local. Permaneceu colaborando com o movimento psicanalítico berlinense até 1911, quando, após o Congresso de Weimar,[15] se afastou definitivamente do grupo. Tal atitude teria sido precipitada por um comentário de Jung – sobre o qual não se tem registro –, cujas posturas eram abertamente homofóbicas, como testemunham as cartas trocadas entre ele e Freud (Bulamah, 2016; McGuire, 1993).

---

14 Abordaremos esse episódio com mais detalhes no Capítulo 5.

15 Com precisão, Bulamah (2016) chama a atenção para o fato de que Hirschfeld desertou do movimento psicanalítico após o Congresso de Weimar, justamente quando decidiu fundar a Associação Internacional de Psicanálise – precursora da IPA –, o que deu largada para o processo de institucionalização da psicanálise.

Após se afastar da psicanálise, Hirschfeld continuou buscando aliados, ainda no rastro de sua ruptura com Benedict Friedländer (1866-1908), um dos seus principais discípulos. Após a dissidência do Comitê Científico Humanitário em 1902, Friedländer criou a Comunidade dos Especiais, contrapondo-se a Hirschfeld, tanto no âmbito teórico quanto estratégico. Suas concepções se inspiravam na Antiguidade Clássica e na cultura masculinista – e, evidentemente, misógina –, propondo o separatismo, promovendo a hipervirilidade, a identificação entre os homens e a camaradagem masculina, contrapondo-se à ideia de que os homossexuais padeciam de uma doença e eram dignos de piedade (Simões; Facchini, 2009).

Nesse meio-tempo, Hirschfeld e seus colaboradores se mantiveram ativos, escrevendo uma extensa literatura sobre os estados sexuais intermediários, enquanto o Comitê Científico Humanitário ganhava cada vez mais adeptos, atingindo seu ápice por volta de 1914, quando contava com quase quinhentos membros. Como descreve Edwin Bab (1903), ativista homossexual de Berlim contemporâneo de Hirschfeld:

> *O Comitê merece completamente o seu nome. Assim como a pesquisa científica da sensibilidade sexual contrária foi substancialmente promovida por meio da publicação do Jahrbuch für sexuelle Zwischenstufen, também uma tarefa extremamente humana já foi cumprida em parte, enquanto parte ainda precisa ser feita. Como juízes e parentes de homossexuais receberam material educacional sobre homossexualidade, muitos infelizes já foram preservados do suicídio ou de uma sentença desonrosa. Mas os grandes serviços foram prestados pelo presidente do Comitê, Senhor Dr. Magnus Hirschfeld.... A discrição e o tato que ele traz como presidente para as sessões do Comitê, amplamente frequentadas, suscitam repetidamente*

> *nossa maior admiração. Ele sabe como, por meio de um trabalho altruísta e incansável pelo interesse da causa, convocar a atenção da polícia e do governo, de médicos, juristas e artistas para a questão homossexual. Ele abordou repetidamente os representantes no Reich; petições pela revogação do parágrafo 175 foram enviadas para assinatura de toda personalidade cujo nome goza de uma estima justificada entre o povo alemão e, depois de cobertas com numerosas assinaturas do melhor de nossa nação, chegaram ao Reich e ao Conselho Federal. (pp. 60-61, tradução nossa)*

Como podemos ver, o trabalho militante de Hirschfeld, assim como suas contribuições científicas, gozavam de amplo reconhecimento entre os ativistas homossexuais e, valendo-se da colaboração de artistas, cientistas e intelectuais progressistas, conseguiu chamar a atenção de legisladores e juristas, contribuindo com o conhecimento, e com certa medida de reconhecimento e legitimação, da lesbianidade, da homossexualidade e de outras expressões não normativas da sexualidade e do gênero. Ao se aproximar do final da década de 1910, o projeto de conseguir aliados alinhados com sua visão teórica foi consolidado por Hirschfeld, que fundou o Instituto para o Estudo da Sexualidade (*Institute für Sexualwissenschaft*) no ano de 1919.

Situado em Berlim, o instituto foi a primeira instituição do mundo especializada em questões da sexualidade e contou com a colaboração de cientistas e sexólogos de renome para desenvolver uma ampla pesquisa sobre o assunto. Recebendo uma vasta documentação sobre os estados sexuais intermediários – entre relatos autobiográficos, artigos e documentos – e construindo o maior arquivo sobre esse tema existente na época, uma biblioteca, um museu, um centro educativo e uma clínica médica e psicológica, o

Instituto se tornou um importante centro de estudos e uma casa de acolhimento para pessoas que buscavam ajuda e informações no que se refere à sexualidade e ao gênero ou que quisessem encontrar seus pares em uma sociedade que permanecia sendo estigmatizante.

Nove anos mais tarde, Hirschfeld fundou também uma Liga Mundial para a Reforma Sexual (*Weltliga für Sexualreform*), que, entre o período de 1928 e 1935, promoveu cinco congressos internacionais[16] e apoiou tanto a publicação de muitos artigos em periódicos nacionais dos países que a integravam quanto a divulgação científica dos eventos. Enquanto esteve ativa, reuniu aproximadamente 190 mil membros ao redor do mundo, a maior parte deles provenientes de instituições que discutiam a sexologia e a reforma sexual. Entre os principais temas abordados pela Liga Mundial para a Reforma Sexual estavam os direitos das mulheres, o aborto, a contracepção e a homossexualidade – o que a situava como uma organização de vanguarda no início da década de 1930 –, mas o seu programa também contemplava as temáticas do casamento e do divórcio, da eugenia, da maior tolerância à liberdade sexual, da prostituição e das infecções sexualmente transmissíveis, da descriminalização das "aberrações sexuais" e da educação sexual. Essas demandas de trabalho se ligavam diretamente a Hirschfeld, tanto por seu interesse nesses temas quanto por sua consideração de que a emancipação dos homossexuais só seria plenamente alcançável se associada a uma reforma sexual mais ampla (Dose, 2003).

As conquistas de Hirschfeld foram grandiosas. Entre os anos de 1897 e 1935, ele conseguiu mobilizar uma parte significativa da sociedade alemã em torno da questão da homossexualidade, entre

16 O Primeiro Congresso Internacional pela Reforma Sexual com Base na Ciência Sexual (*First International Congress for Sexual Reform on the Basis of Sexual Science*) ocorreu em Berlim entre os dias 15 e 20 de setembro de 1921 e consta como o primeiro evento organizado pela Liga, mesmo que anteceda sua fundação (Dose, 2003).

juristas, legisladores, artistas, cientistas, intelectuais, escritores, advogados e professores, esforçando-se em esclarecer e educar a população a respeito das diversas orientações sexuais. Nesse período, lançou uma segunda revista – a *Zeitschrift für sexualwissenschaft* (*Revista de Ciência Sexual*), publicada em 1908 – e fundou um instituto que acolhia pessoas para tratamento médico ou psicológico, sediando reuniões, encontros e o maior arquivo mundial sobre as questões LGBTQIAP+ de sua época. Organizou também uma liga que não apenas internacionalizou suas pesquisas e militância sobre a homossexualidade, como promoveu trabalhos em torno de uma reforma mais ampla de diversos aspectos da sexualidade. O fato é que, durante as primeiras décadas do século XX, importantes mudanças ocorreram na situação política dos homossexuais e das lésbicas na Alemanha – e, de maneira mais geral, na Europa Central. Gozando de maior tolerância, principalmente em razão dos trabalhos dos ativistas do Comitê Científico Humanitário e, em certa medida, também dos sexólogos, lésbicas e gays puderam tomar conhecimento da existência de seus pares, fortalecendo suas noções de identidade e comunidade, ampliando a subcultura de bares, clubes, locais de encontro, organizações militantes e periódicos (Blasius; Phelan, 1997).

Em 15 de novembro de 1930, ao partir para uma viagem durante a qual lecionou em vários lugares do mundo – entre eles Estados Unidos, Japão e China –, Hirschfeld não imaginou que jamais retornaria para Berlim. Em 1931, já adoecido, optou por se exilar em Paris, de onde acompanhou a ascensão do nazismo e a destruição de tudo que havia construído. Em 6 de maio de 1933, um grupo nazista invadiu o instituto e, quatro dias depois, uma parte significativa da biblioteca foi queimada em uma fogueira junto do busto de Hirschfeld (Dose, 2014). Em 1935, veio a falecer na França, e a revogação do Parágrafo 175 do Código Penal alemão pela qual tanto lutou ocorreu somente em 1994.

A existência lésbica por Anna Rüling

A situação da lesbianidade na segunda metade do século XIX apresentava particularidades, pois, enquanto mulheres e dissidentes sexuais, as lésbicas sofriam com a lesbofobia – categoria interseccional que abrange a homofobia e a misoginia – e as suas vivências não eram contempladas nem pelos movimentos feministas modernos, nem pelo ativismo homossexual. A partir dos trabalhos do Comitê Científico Humanitário, as primeiras ativistas lésbicas puderam começar a se organizar, desenvolvendo um trabalho teórico-militante que culminou, no início da década de 1910, no surgimento de uma identidade, um discurso e uma cultura lésbica nos países europeus.

Como vimos no primeiro capítulo, no final dos anos 1800, as mulheres na Áustria e na Alemanha – onde as condições de vida e de trabalho eram bastante semelhantes ao que descrevemos sobre Viena –, fossem elas proletárias ou burguesas, começaram a se incomodar com a submissão e a opressão que marcavam suas vidas. Enquanto as proletárias, submetidas à exploração, à doença e à fome, recebiam menos que os homens de sua classe social e possuíam poucos direitos trabalhistas, almejando melhores condições de vida e de trabalho, as burguesas e as de classe média buscavam autonomia e emancipação da autoridade masculina, o que, para elas, seria possível por meio do trabalho e da integração ao Estado.

Nessa época, o feminismo moderno – que pudera começar a se articular teoricamente a partir dos ideais de igualdade e emancipação da Revolução Francesa, mas fora duramente reprimido[17]

17 O feminismo moderno "como corpo coerente de reinvindicações e como projeto político" (Garcia, 2011, p. 40) começou a se articular a partir das ideias propagadas pela Revolução Francesa. Neste momento da história, as mulheres tiveram um forte protagonismo, participando das frentes de batalha e

– pôde avançar para novos horizontes, pautando a igualdade entre homens e mulheres, a emancipação jurídica e econômica da mulher e contemplando, com as especificidades de cada território, as lutas pela liberdade de pensamento e associação e pela abolição da escravização e da prostituição. Assim, na virada para o século XX, o movimento sufragista – que surgira nos Estados Unidos associado à luta antiescravidão – se alastrou pela maior parte dos países industrializados, onde as mulheres se organizaram para lutar pelo direito à educação, ao voto e à participação política – reivindicando também a possibilidade se tornarem candidatas e tomarem parte das audiências públicas. Para tal, organizaram-se em manifestações, protestando também com greves de fome e interrupções sistemáticas ao discurso de oradores com perguntas. Adotando uma postura reformista, ao acreditar que para mudar o Estado era necessário se integrar a ele, as sufragistas uniram-se em torno de uma pauta considerada universal, na medida em que nenhuma delas podia votar, apostando que, ao acessarem o Parlamento, poderiam modificar as demais leis e instituições (Garcia, 2011).

Contudo, a despeito da defesa do voto universal, as reinvindicações sufragistas não contemplavam a maioria das demandas das mulheres negras, lésbicas, não europeias ou operárias, o que provocou uma primeira cisão no movimento feminista, entre mulheres proletárias e burguesas. Enquanto as primeiras, ao serem

das sessões da Assembleia Constituinte, assim como criando jornais, clubes e grupos femininos empenhados na luta por direitos das mulheres. Durante o governo jacobino (1793-1794), as feministas foram proibidas de frequentar atividades políticas e suas organizações foram fechadas. Com o Código Napoleônico, as reinvindicações políticas das mulheres foram duramente reprimidas. A esse respeito, faz-se necessário ressaltar a existência de práticas de resistência contra o regime patriarcal que antecedem o feminismo moderno, como desenvolvido por Silvia Federici (2019) em *Calibã e a bruxa: Mulheres, corpos e acumulação primitiva*.

integradas ao mercado como mão de obra mais barata e subordinada aos homens, objetivavam discutir a insalubridade no trabalho e as melhores condições de vida, as segundas indignavam-se com o êxito e a autoridade masculina, preocupando-se com sua marginalização na educação e no acesso às profissões liberais. Diante disso, no final do século XIX, o sufragismo se divorciou de um movimento feminista de classe, socialista e comunista, que pautava as demandas das mulheres proletárias.

Prioritariamente, foi no seio do sufragismo que se situaram as reinvindicações lésbicas. Reconhecendo-se como mulheres, embora muitas delas não seguissem os estereótipos de gênero e pensassem ser homens presos em corpos femininos, as primeiras militantes tinham consciência do lugar que ocupavam perante a sociedade e, por isso, se dedicavam paralelamente aos trabalhos das organizações feministas e homossexuais. Muitas vezes expulsas das reuniões do Comitê Científico Humanitário – única organização que aceitava a participação das mulheres lésbicas – pela polícia, pois o assunto da homossexualidade era considerado impróprio para as mulheres, a atuação nos dois movimentos era a única saída possível para as lésbicas, dado que na época a ideia de uma organização própria, estruturada a partir de suas pautas, era inviável (Faderman; Eriksson, 1980). O fato de não serem criminalizadas pelo Parágrafo 175 do Código Penal do Império Alemão não significava que a lesbianidade não era uma prática repudiada, reprimida e marginalizada na Alemanha do início do século XX, o que ocorria também na Áustria, onde os relacionamentos entre mulheres poderiam ser punidos pela legislação. Dessa forma, as pautas sufragistas – ou seja, a reforma na educação que ampliaria o acesso à universidade e modificaria o que era ensinado para as mulheres, assim como propiciaria o aumento das oportunidades de emprego, possibilitando a independência e o direito ao voto, enquanto meio para conseguir realizar essas reformas – eram uma questão de sobrevivência para as lésbicas, pois somente dessa forma parecia-lhes possível fugir do casamento heterossexual, pleitear a independência financeira e construir uma vida enquanto casal.

A adesão da maior parte das mulheres lésbicas ao feminismo burguês e a aliança com o Comitê Científico Humanitário não significa que não existissem lésbicas proletárias, aliadas ao feminismo socialista e comunista. Mas, para as mulheres da classe trabalhadora, as oportunidades de emprego oferecidas nas fábricas ou casas não forneciam as mesmas possibilidades de independência financeira pautadas pelo feminismo das burguesas e das mulheres pertencentes à classe média. Diante de salários que permaneciam significativamente menores que os dos homens, elas criaram suas próprias alternativas de sobrevivência: se mudavam de cidade, cortavam o cabelo e usavam calças, buscando se passar por homens e receber mais por seu trabalho (Faderman, 1992). Embora se disfarçar de um casal heterossexual – no qual uma das mulheres se passava por homem – fosse a principal alternativa para que a lesbianidade pudesse ser vivida entre as proletárias, muitas dessas mulheres não eram lésbicas e se travestiam com o objetivo de conseguir oportunidades econômicas. Independentemente disso, em uma época em que as dissidências sexuais e de gênero eram indiscriminadas e patologizadas em conjunto, muitas dessas mulheres acabaram por ser descobertas e confinadas em prisões, asilos e hospitais psiquiátricos, tornando-se objeto de estudo dos sexólogos, que podiam ver apenas sua aparência. Para o pensamento médico-psiquiátrico dos primeiros anos do século XX, essas mulheres, com roupas e trejeitos considerados masculinos, só poderiam ser invertidas e desejar outras mulheres, na medida em que parecia impossível imaginar que muitas delas apenas desejavam maior liberdade e melhores condições econômicas.

De forma curiosa, mas não surpreendente, à medida que as sufragistas conquistavam seus direitos[18] e construíam para si uma noção de identidade, os discursos antifeministas se tornavam mais comuns. Considerando que as mulheres que lutavam por direitos só poderiam ser lésbicas, esses grupos serviam-se da sexologia para defender que apenas as mulheres masculinas queriam educação e emprego e, na medida em que isso só poderia ser uma aberração ou perversão do papel natural feminino, assumia-se que as feministas deveriam padecer de uma condição patológica: o lesbianismo (Faderman; Eriksson, 1980; Raggam-Blesch, 2010; Thorson, 2010). O fato de serem hostilizadas e tratadas como se fossem lésbicas sensibilizava pouco as feministas, que, apesar de terem essas mulheres como parceiras de luta, não mantinham uma relação simples com elas, preterindo a defesa de suas pautas – que, nessa época, se referiam principalmente à crítica e ao combate ao casamento heterossexual compulsório. Similarmente, as relações entre o ativismo lésbico e o movimento homossexual também eram delicadas, pois, na medida em que essa luta se desenvolvia em território alemão e pautava a abolição do Parágrafo 175 do Código Penal – que não inclui a lesbianidade –, o sofrimento das mulheres lésbicas não era considerado tão relevante quanto as prisões e os julgamentos dos homens. Apenas em 1910, quando os legisladores tentaram estender o Parágrafo 175 para as mulheres, é que, pela primeira vez na história, o feminismo mobilizou-se pela defesa das pautas lésbicas com a organização de uma série de encontros por

18 Cabe ressaltar que as mulheres austríacas conquistaram o sufrágio universal em 1923 e começaram a ser aceitas nos cursos de humanidades, medicina e direito da Universidade de Viena respectivamente em 1897, 1900 e 1919 (Raggam-Blesch, 2010), enquanto na Alemanha o direito ao voto foi conquistado em 1918 e o acesso à Universidade tornou-se uma possibilidade entre 1900 e 1909, a depender do Estado (Mazón, 2003).

toda a Alemanha, o que as levou a conseguir, nesse mesmo ano, a inviabilização desse projeto.

A despeito da relevância desse episódio, as lésbicas não encontravam legitimidade nos movimentos feminista ou homossexual e permaneciam marginalizadas – em sua história e cultura –, assim como não conseguiam ocupar posições de liderança e pautar suas demandas políticas. É justamente sobre esse tópico que se debruça Anna Rüling (1905) em "Qual o interesse do movimento das mulheres na questão homossexual?",[19] discurso proferido em 8 de outubro de 1904, durante a reunião anual do Comitê Científico Humanitário, que a tornou a primeira ativista lésbica publicamente conhecida.

Anna Rüling (1880-1953) – pseudônimo de Theo (Theodora) Anna Sprüngli – nasceu em Hamburgo, na Alemanha, em 1880. Durante a infância, frequentou escolas para meninas, estudou piano e teoria musical. Aos 17 anos de idade, começou a escrever para o *Hamburger Fremdenblatt,* um dos mais importantes jornais diários da época, iniciando sua carreira como jornalista. Terminou o ensino secundário na cidade de Estugarda e seguiu, paralelamente, uma carreira artística e jornalística, trabalhando com teatro e música, tanto nos artigos que escrevia para a imprensa quanto como professora particular. A partir de 1914, seus textos passaram a figurar também no *Novo jornal alemão para mulheres* (*Neue deutsche Frauen-Zeitung*), um periódico de visões mais moderadas sobre o feminismo. Entre 1922 e 1933, sua carreira jornalística se expandiu significativamente. Curiosamente, e em contraste com o discurso que exploraremos a seguir – o mais longo de sua vida –, Rüling tornou-se extremamente patriota, apoiando o militarismo

19 O artigo de Rüling foi publicado em 1905 no *Jahrbuch für sexuelle Zwischenstufen*. O texto foi traduzido para o inglês com o título "What interest does the women's movement have in the homosexual questions".

e o colonialismo alemão e contribuindo com a Associação do Reich de Donas de Casa Alemãs (*Reichsverband Deutscher Hausfrauen*), uma organização nacionalista fundada em 1915, durante a Primeira Guerra Mundial. No ano de 1933, Rüling se candidatou para a Liga dos Escritores Alemães do Reich (*Reichsverband Deutscher Schriftsteller*) e, em sua carta de admissão, ocultou todas as suas atividades políticas enquanto feminista e ativista lésbica. Permaneceu na Alemanha durante a ascensão nazista e a Segunda Guerra Mundial, trabalhando com música, teatro e jornalismo, e faleceu em 1953 (Leidinger, 2004).

Apesar das controvérsias na história de Anna Rüling, principalmente por ela não ter seguido seus trabalhos como ativista lésbica, por seu nacionalismo e por sua permanência na Alemanha nazista, nos dedicaremos agora a examinar seu discurso proferido em 1904, por ele nos apresentar tanto uma visão sobre a situação política da lesbianidade no início do século XX, quanto a leitura de uma lésbica sobre si mesma, em primeira pessoa, enquanto sujeito do discurso. Ao abrir sua fala, reconhece que o grupo reunido em torno de Magnus Hirschfeld se distinguia das demais organizações homossexuais por aceitar e dedicar estudos também – embora menos – às mulheres uranianas. Rüling (1904/1997) chama a atenção para as demandas das mulheres lésbicas, clamando para que suas vivências fossem escutadas e acopladas nas lutas por direitos:

> *Em geral, quando a homossexualidade é discutida, apenas se pensa nos homens uranianos e se negligencia as muitas mulheres homossexuais que existem, das quais muito menos se fala porque – eu quase gostaria de dizer "infelizmente" – elas não têm que lutar contra um Código Penal injusto que resulta de falsas visões morais. As mulheres não são ameaçadas com penosos julgamentos e a prisão quando seguem seu instinto*

amoroso inato. Mas o estresse mental que as mulheres uranianas sofrem é tanto, ou maior, que o sofrimento dos homens uranianos. Para um mundo que baseia seu julgamento nas aparências, essas mulheres são muito mais evidentes que o mais afeminado dos homens. Com muita frequência, a moralidade as expõe ao desprezo e à zombaria. (p. 143, tradução nossa)

Antes de proceder para uma análise das intersecções entre o movimento feminista e as pautas lésbicas, Rüling esquematiza sua visão sobre as "mulheres homossexuais". Influenciada pela literatura de Ulrichs e Hirschfeld, a autora considerava que a personalidade e o instinto sexual - ou, podemos dizer, a identidade de gênero e a orientação sexual - não eram aspectos correlatos, de maneira que uma mulher com características ou atributos considerados masculinos pela sociedade patriarcal de sua época não necessariamente desejaria se relacionar com mulheres, podendo se situar nos estados sexuais intermediários e ser heterossexual. De acordo com essa concepção, Rüling afirma a existência de duas possíveis manifestações da homossexualidade em uma mulher:

- Uma homossexualidade psíquica, em que há uma separação entre os atributos físicos e emocionais, o que atenua a correlação - muito importante para os sexólogos - entre a personalidade e o desejo de um sujeito, ou, em outras palavras, entre a identidade de gênero e a orientação sexual;
- Uma homossexualidade absoluta, caracterizada pelo desejo por pessoas do mesmo sexo. E que, na maioria das vezes, estaria correlacionado a um exacerbamento dos atributos físicos e psíquicos ditos masculinos.

Ao afirmar que

> *as características masculinas não necessariamente resultam em um impulso sexual em direção ao sexo feminino, pois cada mulher homossexual possui mais ou menos características femininas, as quais, com as gradações imensamente diversas na transição entre os sexos, às vezes podem ser expressas em um impulso sexual em direção aos homens. (Rüling, 1904/1997, p. 144, tradução nossa)*

A autora acentua que o desejo afetivo-sexual de uma mulher por outra quase sempre deve ser considerado um transbordamento dos atributos somáticos e psíquicos ditos masculinos, mas não pode ser considerado algo definitivo, pois poderiam existir mulheres heterossexuais com traços ditos masculinos e lésbicas que se encaixavam dentro dos padrões e estereótipos de feminilidade da época.

Posto isso, a autora apresenta uma descrição geral sobre as mulheres lésbicas que, como veremos, é bastante influenciada pelo imaginário que cercava a masculinidade e a feminilidade no início do século XX, mas que consegue, em certa medida, transcender o essencialismo e o binarismo, ao considerar que existiriam diversas formas de viver o gênero entre os polos masculino e feminino. Nas palavras de Rüling (1904/1997):

> *A mulher homossexual possui muitas qualidades, inclinações e capacidades que nós comumente consideramos masculinas. Ela particularmente desvia-se da norma feminina em sua vida emocional. Enquanto a emoção é quase sempre – exceções provam a regra – o traço predominante e decisivo nas mulheres heterossexuais, a razão rege a mulher uraniana. Ela é, como a média dos homens, mais objetiva e enérgica que a mulher*

> *feminina; seus pensamentos e sentimentos são como os dos homens; ela não imita os homens, ela é inerentemente similar a ele e esse é o ponto importante que os adversários da assim-chamada 'mulher-homem' sempre ignoram, porque eles nunca se preocuparam em estudar o fenômeno homossexual. (p. 144, tradução nossa)*

Resumidamente, Rüling acreditava que lésbicas pertenceriam ao terceiro sexo e pensariam como os homens por terem nascidos com uma mente masculina inata, o que, em certa medida, as diferenciaria das mulheres heterossexuais (Faderman; Eriksson, 1980). Distinguindo o que seria uma personalidade masculina, feminina ou intermediária (masculina-feminina/feminino-masculina) em que as características atribuídas aos homens e às mulheres pela sociedade predominariam e se permutariam, suas hipóteses teóricas questionavam algumas premissas patriarcais, pois para ela

> *quando a natureza criou sexos diferentes, ela certamente não pretendia que houvesse uma esfera para a mulher – o lar – e outra para o homem – o mundo. Antes, a intenção era que cada pessoa ocupasse o papel apropriado para os seus próprios traços e habilidades. (Rüling, 1904/1997, p. 147, tradução nossa)*

A partir dessas definições, Rüling apresenta as pautas lésbicas e defende a necessidade de essas serem agregadas ao feminismo sufragista. Identificando o casamento heterossexual compulsório como uma das principais causas do sofrimento das mulheres uranianas, a autora chama a atenção das feministas para a necessidade de informar a sociedade sobre as penitências do casamento forçado para essas mulheres: "muitas vezes elas têm que lidar com pais, primos, tias e outros entes queridos que, todos os dias, tentam convencê-las da necessidade do casamento e com seus sábios conselhos tornam sua vida uma desgraça" (Rüling, 1904/1997, p. 144, tradução nossa). Aqui, o casamento heterossexual não é tomado como uma solução que eliminaria o desejo das uranianas, mas sim como algo que deve ser evitado por causar um sofrimento excessivo. Mais do que isso, Rüling considerava que os descendentes de um casamento forçado estavam mais aptos a nascerem degenerados, padecendo de uma ampla gama de anomalias. Em sua concepção higienista, evitar que esses sujeitos viessem ao mundo era de interesse não somente das mulheres impelidas à heterossexualidade compulsória, mas também do Estado.

Como principal alternativa para esse cenário, Rüling propunha a realização de uma reforma na educação – que também era uma preocupação das sufragistas –, apontando a importância de explicar e ensinar sobre a natureza da homossexualidade às crianças e jovens em quem se identificariam tendências homossexuais, prevenindo que eles fossem forçados à heterossexualidade durante a puberdade e poupando-lhes o sofrimento. Aliada a essa proposta, a autora defendia amplamente a coeducação de meninas e meninos, por considerar que cada pessoa desenvolve o próprio caráter e possui aptidões individuais que não são determinadas por seu sexo, de forma que a escola deveria respeitar a livre escolha de cada sujeito no que se referia ao casamento e à ocupação.

O fato é que, ao tomarem conhecimento – e muito disso se deve aos trabalhos dos sexólogos – de que não eram únicas e que, na realidade, muitas mulheres se sentiam como elas, as lésbicas puderam começar a adquirir consciência política, construindo para si uma identidade que, mesmo que perpassasse a ideia da lesbianidade enquanto uma doença, permitiu-lhes pensar e refletir sobre suas próprias vivências e necessidades. Abrigadas no grupo de Hirschfeld e atuando paralelamente nas organizações feministas, elas passaram a demandar que suas pautas fossem defendidas pelo feminismo, o que levou Rüling a tecer uma ampla consideração sobre essa questão, que dá título ao seu discurso.

"Considerando as contribuições feitas ao Movimento das Mulheres pelas homossexuais durante décadas, é impressionante que as maiores e mais influentes organizações do movimento nunca levantaram um dedo para melhorar os direitos civis e sociais de suas numerosas membras uranianas", critica Rüling (1904/1997, p. 148, tradução nossa), reiterando que o feminismo já se encontrava consolidado o suficiente para poder defender as lésbicas sem temer represálias. Essa demanda não remetia a uma defesa integral das pautas homossexuais pelas feministas, muito menos a uma assimilação entre o movimento sufragista e o que poderia ter sido, na época, uma organização lésbico-feminista. Na realidade, o pedido era de um reconhecimento das contribuições das lésbicas ao movimento feminista e de sua importância em seus levantes, que permitiria maior visibilidade ao que pautavam essas mulheres.

O grupo representado por Anna Rüling, assim como as pessoas que se aglomeravam em torno de Magnus Hirschfeld, representavam a elite intelectual e econômica e as pautas feministas às quais ela se remetia eram, em sua maioria, originárias das mulheres burguesas de classe média. A despeito disso, a articulação entre as lésbicas e a criação de uma identidade própria permitiu-lhes fundar uma subcultura. Ao aceitarem as definições sobre si – mesmo que os discursos dos médicos não contemplassem completamente suas vivências –, elas puderem se aliar a seus pares, viver seu desejo, tornar-se independentes e integrar os espaços de sociabilidade lésbica que começavam a surgir nas principais capitais europeias.

Em Berlim, nas primeiras décadas do século XX, existiam inúmeros locais onde as lésbicas podiam se encontrar e dançar, fossem elas burguesas ou proletárias, além de haver um jornal exclusivamente dedicado a esse público. Além disso, nessa mesma época, importantes obras sobre a vida das mulheres lésbicas começaram a surgir na Alemanha, como o romance *Are they women?*, escrito por Aimée Duc (1903/1990),[20] e a autobiografia *The truth about me* publicada por E. Krause[21] (1901/1990). Cada uma a sua maneira, mulheres como Rüling, Duc e Krause tentavam escrever sobre suas experiências com a lesbianidade, fosse narrando finais felizes, assimilando-se à masculinidade como saída possível para a falta de liberdade feminina ou para o desejo por uma mulher, fosse aceitando as visões e hipóteses dos sexólogos, rejeitando o sexo – considerado um pecado – ou negando o casamento heterossexual.

Contudo, a politização não era uma alternativa unânime para todas as mulheres. Socializadas para não desafiarem a moral da época, que predominantemente considerava os relacionamentos lésbicos uma depravação ou patologia, muitas buscaram a cura, recorrendo às tentativas de reversão da orientação sexual:

> *A senhorinha M.. não vê nenhum mal nos seus sentimentos; e, até lhe chegar às mãos uma tradução do livro de Krafft-Ebing, ignorava que esses sentimentos eram "proscritos da sociedade e considerados como não naturais e depravados". Deseja acabar com esse opróbio e sair em campo a favor daqueles que também são assim. (Ellis, 1901/1933, p. 129)*

Inúmeras foram as senhorinhas M. ao longo do século XIX, como pudemos ver nos casos apresentados nas obras previamente discutidas. Envergonhadas de seus sentimentos, essas mulheres se reprimiam, buscavam a cura, permaneciam no "armário" ou não

---

20 Pseudônimo da jornalista e escritora Minna Wettstein-Adelt (1869-?).

21 Não encontramos nenhuma informação sobre a autora, que, muito provavelmente, escrevia utilizando um pseudônimo.

se identificavam com as descrições dos sexólogos, por não se considerarem doentes ou homens presos em corpos femininos. Com a renovação trazida pela virada do século e a consolidação dos movimentos homossexual e feminista, elas puderem criar para si uma identidade e elaborar diversas saídas para lidar com o contexto social e cultural em que viviam. A luta política, os disfarces, a fuga ou mesmo a negação de seu desejo foram algumas entre inúmeras alternativas construídas pelas senhoritas L., senhorinhas M. e senhoras C., mas a prisão, a heterossexualidade compulsória e o exílio também atingiram muitas delas, que, como relembra Krause (1901/1990), nunca deixaram de aspirar à liberdade e de desafiar um mundo complexo em que o ativismo e a patologização coexistiam, se misturavam e se complementavam. E é nesse contexto que foi inventada a psicanálise, cujos discursos sobre a lesbianidade e a homossexualidade vamos agora começar a explorar.

3. Homossexualidade (e lesbianidade) em Freud

Sigmund Freud[1] (1856-1939) sempre manteve uma relação ambivalente com Viena, onde viveu desde a infância. Nascido em Freiberg – cidade situada na região da Morávia, atualmente pertencente à República Checa – e filho de Amalie e Jacob Freud, cresceu na capital do Império Austríaco durante o período em que este se tornaria a Dupla Monarquia. Educado de maneira liberal no seio de uma família judaica marcada pela autoridade do marido, pela subordinação das mulheres e pela dependência dos filhos, iniciou-se nos estudos de filosofia por meio do convívio com Franz Brentano,[2] frequentando suas aulas, que, na época, versavam sobre os fundamentos de uma psicologia empírica cuja base seria a análise da consciência.

---

1 Entre a ampla bibliografia escrita sobre a vida de Sigmund Freud, para escrever este breve texto sobre a invenção da psicanálise, optamos por utilizar as obras *Sigmund Freud: na sua época e em nosso tempo* de Elizabeth Roudinesco (2016) e *Freud: uma vida para o nosso tempo* escrita de Peter Gay (2012).

2 Franz Brentano (1838-1917) foi um filósofo influenciado pelo romantismo alemão que lecionou em Viena entre 1874 e 1894 e seria, posteriormente, professor de Husserl.

Em 1873, ao desistir de seguir carreira como filósofo, ingressou na Universidade de Viena, justamente quando explodiam a crise financeira e a epidemia de cólera que precipitariam a ascensão do antissemitismo na Áustria. Durante seus estudos, focou as áreas de anatomia, biologia e fisiologia, frequentando cursos de medicina tradicional, fascinando-se pelo evolucionismo e dedicando-se a pesquisas sobre a sexualidade das enguias, os neurônios dos lagostins e o sistema nervoso de peixes primitivos no laboratório de Ernst Wilhelm von Brücke,[3] onde conheceu fisiologistas importantes, entre os quais Josef Breuer. Em 1881, concluiu seus estudos em ciências naturais e foi nomeado assistente do Instituto de Fisiologia de Brücke, onde passou um ano trabalhando, até decidir seguir carreira como médico, pois era muito jovem para suceder seu mestre.

Em 1882, conheceu Martha Bernays, com quem viria a se casar quatro anos mais tarde. Nesse ínterim, trabalhou no Hospital Geral de Viena, onde se aprofundou em uma pesquisa teórico-clínica sobre as propriedades da cocaína, atuou em diversas áreas da medicina e estagiou no serviço de psiquiatria e doenças nervosas de Theodor Meynert,[4] quando teve a oportunidade de observar diversos casos de pessoas com questões de saúde mental submetidas a tratamentos corporais.

Aproximou-se também de Breuer – seu antigo colega do laboratório de Brücke –, cujas aulas já frequentara anos antes. Aos poucos, encontrou nele um grande amigo e colega de trabalho, que lhe incentivou a optar pela neurologia e a se interessar pela hipnose.

3 Ernest Wilhelm von Brücke (1819-1892) foi um médico e fisiologista, mestre da escola austríaca de fisiologia, que se destacava por unir a tradição de medicina laboratorial alemã ao olhar clínico da prática médica de Viena.

4 Theodor Meynert (1833-1892) foi um importante psiquiatra vienense, dedicado à anatomia do cérebro e defensor da hipótese de que os fenômenos psicológicos se reportariam a um substrato orgânico.

Em 1880, Breuer havia começado a tratar de Bertha Pappenheim, uma paciente que sofria de severos sintomas histéricos, sobre quem Freud veio a saber apenas em 1882. Ao escutar de seu amigo e mestre sobre o trabalho de um ano e meio com "o caso Anna O.", o criador da psicanálise foi acometido de um fascínio profundo e duradouro, em razão da sintomatologia. Ela apresentava lapsos mentais, alucinações e dificuldades pela fala, e houve uma aliança entre médico e paciente que possibilitara, nas palavras de Bertha, 'uma cura pela fala' ou 'uma limpeza da chaminé', despertando importantes lembranças que evocavam emoções poderosas anteriormente não expressadas, provocando a catarse.

No ano de 1884, o jovem Freud recebeu sua primeira paciente com uma sintomatologia semelhante e, cada vez mais interessado nas doenças nervosas, se candidatou para uma bolsa de estudos em Paris, onde pretendia estudar com Jean-Martin Charcot, na época um grande especialista em histeria. Para os envolvidos com a pesquisa e o tratamento das doenças nervosas, o trabalho de Charcot no hospital *La Salpêtrière* era de um pioneirismo ímpar e, por quatro meses e meio, no inverno entre 1885 e 1886, Freud permaneceu na capital francesa, onde trabalhou no serviço de seu mestre e assistiu a seus seminários. Adentrando o terreno dos estudos sobre a sexualidade, aprendeu que a histeria era uma doença que afetava homens e mulheres, existia no passado e poderia surgir por distúrbios funcionais ou pós-acidentais. Assistiu também a experimentos e demonstrações com a hipnose, que induzia e curava paralisias histéricas, na medida em que, na concepção de Charcot, o estado hipnótico só poderia ser provocado em pacientes histéricos, pois seria ele mesmo uma neurose artificialmente produzida.

Quando retornou para Viena, Freud decidiu se dedicar definitivamente ao território das neuroses. Em março de 1885 já obtivera o título de *Privatdozent*, que lhe permitia lecionar na Universidade, e optou por se demitir do Hospital Geral, recebendo pacientes em consultório particular. Muito próximo de Breuer, partilhou com ele as tentativas de tratar pacientes por meio da hipnose, tentando extrair, por via dessa técnica, as cenas que os pacientes teriam esquecido ou sobre os quais se recusavam a falar e que, ao serem trazidas de volta à lembrança, teriam um efeito catártico, provocando a ab-reação dos afetos relacionados aos acontecimentos traumáticos e eliminando o sintoma. Em 1889, visitou Hippolyte Bernheim, professor da clínica geral em Nancy – cujas ideias se opunham às de Charcot –, que considerava que o método hipnótico operava por sugestão e poderia funcionar com qualquer um, assimilando dele ideias que conduziriam à formulação de um tratamento pela palavra.

Apropriando-se de conhecimentos da *Salpêtrière* e de *Nancy*, Freud continuou a atender clinicamente e, em 1890, ao concluir que nem todos os pacientes eram hipnotizáveis, abandonou gradualmente esse método, passando a utilizar a associação livre como técnica. Cinco anos antes, conhecera Wilhelm Fliess no círculo de colegas de Breuer e fizera dele um amigo e interlocutor, com quem discutia suas novas ideias. Médico berlinense, na época Fliess (1858-1928) estudava a clínica das neuroses, uma teoria fisiológica da periodicidade e uma hipótese biomédica sobre a bissexualidade humana. Em correspondência com Fliess, Freud realizou sua "autoanálise", desenvolveu as linhas gerais que conduziriam seu trabalho de forma definitiva – observação, associação livre, interpretação e elaboração –, e demonstrou acreditar cada vez mais no papel que os conflitos sexuais teriam na etiologia das neuroses, elaborando a hipótese de que a dissociação mental presente na histeria era provocada pela defesa psíquica e por reminiscências de um trauma sexual infantil.

Quando os *Estudos sobre a histeria* (Freud; Breuer, 1893-1895) foram publicados, Freud já estava em um processo progressivo de afastamento de Breuer, que privilegiava a causalidade fisiológica e se negava a acreditar completamente no papel da sedução, embora não negasse a importância da sexualidade na etiologia da neurose. Em 1896, Jacob faleceu e Freud se separou definitivamente de seu antigo mestre, começando a edificar a psicanálise. Compartilhando suas descobertas com Fliess, interessou-se pelo estudo dos sonhos – assunto que explorava em sua autoanálise – e, paralelamente, se dedicou a escutar suas pacientes. Em 1897, abandonou a teoria da sedução na qual trabalhara por dois anos, declarando não acreditar mais em suas neuróticas, mesmo que não duvidasse da realidade do que elas lhe contavam. A partir desse ponto, inaugurou uma maneira inédita de pensar a sexualidade humana, articulando-a com o conceito de inconsciente e entendendo os relatos de suas pacientes a partir da noção de fantasia.

Em 1900, quando *A interpretação dos sonhos* (Freud, 1900/2016a) foi publicada, o longo processo de gestação da psicanálise estava finalizado e seus princípios haviam sido estabelecidos e divulgados em uma obra que trata de temas fundamentais, como os sonhos, o complexo de Édipo, o recalque e a luta entre desejo e defesa. A partir da escuta das pacientes histéricas, Freud inaugurou uma disciplina inovadora, que contava com uma descrição sobre o sujeito humano e uma técnica de tratamento do sofrimento psíquico. Assumindo que os sintomas teriam uma etiologia sexual e desenvolvendo essa hipótese articulada ao conceito de inconsciente, após um longo período, o criador da psicanálise se consolidou como uma figura importante no amplo campo de estudos sobre a sexualidade que nessa época se desenvolvia nos países germânicos.

Ao iniciar o século XX, Freud estava definitivamente afastado de Fliess e encontraria novos colaboradores, ao lado de quem se dedicaria ao desenvolvimento da psicanálise. Inserindo-se nos debates sobre a sexualidade, não se eximiu de comentar os temas que na época preocupavam seus colegas sexólogos e psiquiatras e desenvolveu uma ampla literatura sobre a lesbianidade e a homossexualidade, apresentada em sua obra escrita. Nos dedicaremos agora a essas formulações, dividindo-as em dois períodos: no primeiro (1905-1908), trataremos da conceituação de sexualidade, circulando as ideais com as quais os primeiros psicanalistas tiveram contato ao integrarem a Sociedade Psicanalítica de Viena; e, no segundo (1908-1922), destacaremos as formulações que surgiram na época coberta pelo registro das Atas e que, predominantemente, tratam da etiologia da escolha de objeto homossexual.

Primeiras formulações sobre a sexualidade

No ano de 1905, Freud (1905a/2016b) publicou simultaneamente a primeira versão dos *Três ensaios sobre a teoria da sexualidade*, "O Caso Dora" e "O Chiste e sua relação com o inconsciente", consolidando o percurso iniciado em 1897 – época do abandono da teoria da sedução –, por meio do qual lançara as bases do *primeiro edifício teórico* da psicanálise. Debruçando-se simultaneamente sobre as problemáticas do inconsciente e da sexualidade, vinculadas pelo conceito de repressão, essa teorização delimitou o campo psicanalítico da época (Mezan, 2001, 2014), levando-o a um primeiro momento de maturidade, que articulava a metapsicologia, a teoria do desenvolvimento, a psicopatologia e a teoria da técnica, propondo uma visão inovadora da mente humana e um método de tratamento do sofrimento psíquico.

É nos *Três ensaios sobre a teoria da sexualidade* que Freud (1905a/2016b) realiza o seu primeiro estudo sobre a lesbianidade e a homossexualidade – denominadas como *inversão*, de acordo com a nosografia psiquiátrica utilizada na época –, apresentando uma primeira formulação completa sobre o tema da sexualidade. O texto, que apresenta cinco versões publicadas sucessivamente até

1925, sofreu uma série de modificações, acompanhando a transformação do pensamento freudiano. Por ora, nos atentaremos ao trabalho original de modo a circular com precisão as ideias com as quais os primeiros psicanalistas tiveram contato no momento de sua reunião.

Embora tenha sido considerado o ponto mais escandaloso da teoria freudiana, discutir a questão da sexualidade não era uma novidade em 1905. Conforme abordamos no Capítulo 2, desde a segunda metade do século XIX esse era um tema amplamente pesquisado pela psiquiatria, que criara inclusive uma disciplina específica para seu estudo: a sexologia. É com o reconhecimento desse campo que Freud abre a primeira parte de seu texto, citando as publicações de Krafft-Ebing, Ellis e Hirschfeld, entre outros autores com os quais ele virá a dialogar ao longo destes ensaios.

De partida, Freud (1905a/2016b) se opõe à opinião recorrentemente aceita acerca do instinto sexual,[5] segundo a qual:

> *Ele estaria ausente na infância, apareceria na época da puberdade, ligado ao processo de maturação desta, e se revelaria nas manifestações da irresistível atração que um sexo exerce sobre o outro; e sua meta seria a união sexual, ou, pelo menos, as ações que se acham no caminho para ela. (p. 21)*

Considerando essas ideias um retrato infiel da realidade, Freud discorda de três pontos fundamentais: a época do surgimento da

5 As Obras Completas de Freud da editora Companhia das Letras e a Edição Standard Brasileira das Obras Psicológicas Completas de Sigmund Freud da editora Imago traduziram os conceitos freudianos de *Trieb* e *Instinkt* pelo termo "instinto". O presente trabalho utilizará o termo pulsão ao se referir ao conceito de *Trieb*, respeitando a decisão dos tradutores nas citações literais.

pulsão sexual, sua natureza exclusivamente heterossexual e a sua limitação à genitalidade. Apresentando as noções de *objeto sexual*, ou seja, da pessoa ou coisa da qual vem a atração sexual, e de *meta sexual*, enquanto ato da pulsão que leva à satisfação, o autor se debruça sobre a investigação dos "desvios" observáveis em cada um desses aspectos, objetivando demonstrar as imprecisões das teorias sobre o tema difundidas pela psiquiatria oitocentista.

Embora o subcapítulo sobre os "desvios no tocante ao objeto sexual" (Freud, 1905a/2016b, p. 21) dedique uma pequena parte a outros temas, seu foco principal é a homossexualidade - tema que percorre transversalmente os *Três ensaios sobre a teoria da sexualidade*. Após traçar um breve quadro do comportamento dos homossexuais, no qual constata que este pode variar em grau, aceitação ou momento de surgimento, Freud refuta as considerações da maior parte dos médicos e dos militantes de sua época, cujas opiniões organizavam-se em três sistemas explanatórios: (1) a teoria da degeneração; (2) as teorias congênitas (inatas); e (3) a hipótese da homossexualidade como característica adquirida.

A ideia de que a inversão seria um indício de degeneração é questionada pela observação de que esse quadro existia em pessoas que não apresentavam desvios sérios da norma ou quadros de adoecimento psíquico correlatos, pelo fato de que uma parte significativa dos ditos invertidos são sujeitos de alto desenvolvimento intelectual - argumentos utilizados principalmente por Ellis e Hirschfeld - e pela constatação de que essa é uma prática encontrada em outras culturas, muitas vezes de maneira institucionalizada, como é o caso da pederastia na Grécia Antiga. As teorias inato-adquiridas, por sua vez, são rebatidas com base em sua imprecisão. As falhas na memória, principalmente no que concerne à primeira infância, assim como a variabilidade de acontecimentos externos e de suas consequências, assinalam a impossibilidade de localizar a origem do desejo homossexual em um determinado momento da vida, tornando impossível pressupor que um indivíduo nasça com a pulsão ligada a determinado objeto ou que as influências acidentais sejam suficientes para explicar uma suposta aquisição.

Posto isso, a argumentação conduz à hipótese de que há um laço contingente entre a pulsão sexual e o objeto, mas, antes de tecer alguma conclusão, Freud discute também a questão do hermafroditismo psíquico. Na medida em que não há correlação direta entre as características anatômicas, os comportamentos, a aparência de um sujeito e o objeto sexual ao qual sua libido se direciona, não se pode dizer que a homossexualidade é uma consequência do hermafroditismo, o que avança a hipótese de que esta teria relação com a predisposição bissexual de todos os seres humanos e com o desenvolvimento das pulsões.

Os esclarecimentos sobre a origem da homossexualidade não avançam além desse ponto e, embora esse material tenha sido acoplado posteriormente, fornecer teorias sobre a gênese da escolha de objeto homossexual não era o principal propósito da primeira versão dos *Três ensaios*. Enquanto as questões etiológicas são deixadas em aberto no ano de 1905, o estudo da inversão permite que Freud (1905a/2016b) chegue à principal conclusão da primeira parte do texto:

> *Chama a nossa atenção o fato de havermos concebido a ligação entre o instinto sexual e o objeto sexual como mais estreita do que é na realidade. O conhecimento obtido em casos considerados anormais nos diz que neles há apenas, entre instinto sexual e objeto sexual, uma soldagem, que arriscamos não enxergar devido à uniformidade da configuração normal, em que o instinto parece já trazer consigo o objeto. Assim,* somos

> levados a afrouxar a ligação entre instinto e objeto que há em nosso pensamento. É provável que o instinto sexual seja, de início, independente de seu objeto, e talvez não deva sequer sua origem aos atrativos dele. *(p. 38, grifo nosso)*

A consideração de que a ligação entre a pulsão e o objeto é da ordem de uma soldagem desmonta a hipótese de que a pulsão sexual teria um objeto predeterminado e se revelaria pela atração que um sexo exerce sobre o outro, o que faz com que para a psicanálise a escolha de objeto não seja algo natural ou essencialmente heterossexual, justamente por ser produto de uma construção libidinal, até esse ponto do texto considerada enigmática.

A partir do estudo dos "desvios relativos à meta sexual", Freud (1905a/2016b, p. 40) apresenta uma segunda conclusão: a pulsão sexual se constitui de vários componentes. Essa hipótese é respaldada pelo estudo das perversões – em que esses elementos não se unificaram ou foram novamente divididos – e permite interpretar o sintoma neurótico como resultado do recalque dos aspectos perversos da sexualidade, pois na "normalidade" os componentes dispersos da pulsão sexual seriam unificados sob a égide da genitalidade. Essa conclusão, conhecida pela formulação de que a neurose é o negativo da perversão, demonstra que a "normalidade" é apenas uma questão de grau, pois nas perversões estariam desmascarados os elementos constitucionais da pulsão sexual, comuns a todo o gênero humano. A sexualidade, por sua vez, se constituiria por elementos originalmente dispersos que seriam unificados a partir de um processo de desenvolvimento, podendo ter metas parciais de satisfação – não necessariamente restritas ao coito.

Avançando para o *Segundo Ensaio*, Freud (1905a/2016b, p. 73) se dedica à questão da sexualidade infantil, e a partir desse ponto o estudo da homossexualidade começa a revelar sua importância. Antes de explicitarmos como, é necessário apresentar sumariamente o conteúdo desse texto, que sofreu grandes modificações ao longo do desenvolvimento da psicanálise freudiana. A questão que ganha destaque nesse ponto é a época de surgimento da pulsão sexual, à medida que Freud (1905a/2016b) amplia a noção de sexualidade, passando a considerar como sexuais também todos os atos da vida infantil que geram prazer. A pulsão sexual não despertaria somente na puberdade, existindo desde o início da vida sob forma da sexualidade infantil, definida como autoerótica, dependente de uma função somática e marcada pelo predomínio de uma zona erógena, caracterização que se organiza em uma tese central: a vida sexual na infância seria autoerótica porque as pulsões parciais são fragmentárias, buscando satisfação de maneira independente.

Para Freud, a sexualidade existiria em todos os sujeitos humanos desde a infância e as fantasias e desejos de natureza erótica, embora recalcados, continuariam ativos no inconsciente, determinando ações, desejos e ideias. Mais do que isso, a criança teria uma disposição perverso-polimorfa, o que tornaria as suas atividades sexuais bastante próximas dos atos praticados pelos sujeitos ditos perversos, o que levou as perversões a serem compreendidas somente como a exacerbação desses traços infantis.

Com as transformações da puberdade – tema do *Terceiro Ensaio* – Freud (1905a/2016b, p. 121) postula que nessa época a pulsão encontraria um objeto sexual, seus elementos se unificariam, as zonas erógenas se subordinariam à genitalidade e a meta pulsional se tornaria o coito, levando a pulsão sexual a servir à função reprodutiva. Dessa maneira, seria tarefa na adolescência a seleção de um objeto que não seja autoerótico ou incestuoso, o que, como observa Mezan (2001), torna a ideia da contingência do objeto fundamental, pois "se o objeto estivesse predeterminado, toda a laboriosa trajetória da sexualidade infantil não teria sentido algum" (p. 137).

Retomando a questão da importância da homossexualidade e das perversões para as hipóteses avançadas nos *Três ensaios sobre a teoria da sexualidade*, podemos afirmar que as discussões sobre o objeto homossexual refutam a tese de que há uma ligação naturalmente heterossexual entre a pulsão e o objeto, fundamentando a hipótese de que o objeto é contingente à pulsão. A discussão das perversões contesta a tese de que a união dos sexos seria a única meta da pulsão sexual, demonstrando como esta possui múltiplos componentes, que determinam metas parciais e se unificam a partir do processo de desenvolvimento. Por sua vez, as observações da infância evidenciam que a sexualidade não surge apenas na puberdade, pois há uma sexualidade infantil autoerótica, na qual a criança obtém prazer a partir das zonas erógenas.

A hipótese de que a sexualidade para a psicanálise não possui objeto ou meta predeterminados e é infantil, pulsional e perverso-polimorfa impôs a Freud duas novas questões: o que determinaria o objeto da libido? Poderia este, de fato, ser qualquer um sem implicações para a teoria do desenvolvimento freudiana?

Como vimos, a sexualidade infantil empreende uma longa trajetória para que no momento da puberdade o sujeito possa abandonar os objetos incestuosos e autoeróticos, permitindo que a pulsão sexual encontre um objeto de satisfação que escape a esse duplo dilema. A escolha do objeto, portanto, seria determinada pela história da libido, que, segundo a premissa da bissexualidade, poderia se direcionar para qualquer um dos genitores. No entanto, admitir essa possibilidade e postular que existem traços homossexuais inconscientes em todos os sujeitos não significa que, a despeito da radicalidade da teoria sexual freudiana, não haja uma normatividade inerente às teses desenvolvidas nos *Três ensaios*, pois ao se encaminhar para o final do texto, Freud (1905a/2016b) afirma que "uma tarefa que surge na escolha do objeto é recair precisamente no sexo oposto" (p. 152).

Em 1905, a literatura freudiana postulava que o desenvolvimento da libido culminaria na subordinação do prazer à reprodução, e, ao denominar como perversas todas as práticas sexuais cuja finalidade não era reprodutiva, Freud reencontrou-se com as teorias evolucionistas da biologia e da psiquiatria, com as quais o início dos *Três ensaios* buscava romper, subordinando a radicalidade da teoria sexual à normatividade de sua época. Sem oferecer uma explicação aceitável para a questão do que determinava a escolha de objeto - inclusive pela ausência de um arcabouço conceitual que permitisse respondê-las -, Freud abriu um campo exploratório ao qual ele e os primeiros psicanalistas se dedicarão nos anos seguintes, valendo-se do estudo da etiologia da homossexualidade (masculina e feminina) - enquanto categoria nosográfica herdada da psiquiatria - para responder, entre outras questões, como a pulsão sexual se liga a um objeto.

O fato de não conseguir se desvencilhar completamente da forma como as dissidências sexuais eram vistas no final do século XIX não significa, contudo, que Freud não tinha uma visão crítica sobre a cultura de sua época, aspecto discutido de forma mais ampla em *A moral sexual "cultural" e o nervosismo moderno,* de 1908. Colocando o caráter social da repressão em foco, esse texto permite que compreendamos a dimensão política dos primórdios do movimento psicanalítico, a partir das relações entre sujeito, sociedade e adoecimento psíquico. O ponto central desse ensaio é chamar atenção para a influência danosa que a moral cultural - cujos imperativos na Europa da Modernidade eram a heterossexualidade, o casamento monogâmico, a repulsa pela masturbação e a abstinência sexual - exercia sobre os sujeitos humanos, na medida em que a civilização moderna se baseava na repressão das pulsões.

Estar de acordo com esses preceitos exigia dos indivíduos que renunciassem a uma parte significativa de sua vida sexual, o que produziria a neurose.

Essa tarefa seria mais árdua quanto mais distante a forma de satisfação dos sujeitos fosse das exigências da cultura, que se tornariam uma fonte de sofrimento. Como discorremos no Capítulo 1, a lesbianidade e a homossexualidade eram criminalizadas na Viena dos tempos de Freud, que se utiliza desses casos e das perversões para criticar os sacrifícios que a civilização impõe ao sujeito ao aceitar e validar somente as práticas sexuais que servem à reprodução:

> *Em muitíssimas pessoas, o mencionado desenvolvimento do instinto sexual – do autoerotismo ao amor objetal, com o objetivo da união dos genitais – não se efetuou de modo correto e suficientemente amplo, e desses transtornos no desenvolvimento resultam dois desvios nocivos da* sexualidade normal, isto é, proveitosa para a cultura. *(Freud, 1908a/2015b, p. 371, grifo nosso)*

Se, em 1905, Freud não esclareceu o que definia uma prática sexual como "normal", afirmando que a finalidade do desenvolvimento da libido é a subordinação do prazer à reprodução, o texto de 1908 subscreve a "normalidade" às exigências da moral sexual "cultural" do início do século XX. O limite entre a normalidade e a patologia não é natural ou biológico, mas imposto pela cultura, que restringia o livre exercício da sexualidade.

Embora considerasse que uma certa medida de repressão é necessária à civilização, Freud (1908a/2015b) avaliava que a moral sexual cultural de sua época caminhava para admitir apenas a reprodução legítima como meta sexual, alertando para os danos causados pela restrição das liberdades e pela elevação das exigências da cultura. A neurose, por sua vez, faria malograr essas imposições, uma vez que a repressão teria como contrapartida o aumento do nervosismo. Essa relação seria sempre de tensão, o que avança a conclusão de que "há, para a maioria das pessoas, um limite, além do qual sua constituição não pode acompanhar as exigências da civilização" (p 373).

Tomando como ponto de partida a constatação de que a impossibilidade de corresponder às exigências culturais causava o aumento do adoecimento psíquico, como era observado por médicos e cientistas do início do século XX, os caminhos para uma flexibilização da moral se tornaram um ponto importante para a psicanálise, que não lidava somente com a explicação do sofrimento humano, mas também com os caminhos para a sua diminuição. Essa consideração levou Freud a reivindicar uma maior liberdade dos costumes e das práticas sexuais, aspecto fundamental na organização dos primeiros psicanalistas, que, desde o início, tomaram a teoria freudiana como muito mais que uma disciplina médica. Acreditando que essa era uma descoberta capaz de causar um impacto social profundo e impulsionados por ideais reformistas, os jovens analistas fundaram um "movimento" e se colocaram como "discípulos" de Freud – ao invés de formarem uma associação e se considerarem alunos, por exemplo –, terminologia inscrita na história da psicanálise que elucida aspectos importantes de seus primórdios, conforme adverte Mezan (2014):

> *Um movimento não é um partido; sua ambição não é governar o Estado . . . mas contribuir com uma transformação da sociedade e dos indivíduos, transformação essa usualmente pensada como uma* emancipação *das amarras que tolhem o desenvolvimento de potencialidades pessoais ou sociais. A psicanálise, com suas concepções sobre a sexualidade e sobre o inconsciente,*

> *tinha e tem um propósito emancipador, na melhor tradição do Iluminismo: liberação do sofrimento psíquico, a medida em que isso for possível, mas também maior liberdade no referente à moral sexual em sentido amplo. A difusão do freudismo não era, portanto, apenas uma questão científica, mas, aos olhos de seus próprios protagonistas, uma questão política, e como tal necessitava de meios adequados para se realizar. (p. 216, grifo do autor)*

O aspecto político dos primórdios da psicanálise caminhou paralelamente à proliferação e difusão de inúmeras teorias etiológicas sobre a homossexualidade. Se, por um lado, Freud defendia que essa orientação sexual não deveria ser matéria dos tribunais – conforme pronunciara ao jornal vienense *Die Zeit* em 1903 (Freud, 1903 citado em Menahem, 2003) –, por outro, ele se dedicava a elucidar os seus aspectos constitutivos, assumindo, concomitantemente, que a homossexualidade e a lesbianidade poderiam ser explicadas, pois eram determinadas por um ou alguns mecanismos específicos, e que essa definição daria ferramentas para responder à problemática da escolha de objeto deixada em aberto em 1905. Percorrendo esse caminho, muitas vezes marcado pela herança da sexologia e por um imaginário sobre o que eram as lésbicas, os gays e os bissexuais de sua época, Freud se dedicou a essa questão durante as duas primeiras décadas do século XX, conforme estudaremos agora.

Em busca de uma etiologia

Diversas teorias sobre a origem da homossexualidade se encontram dispersas ao longo da obra freudiana. Predominantemente sobrepostos, esses modelos explicativos repousam na compreensão da sexualidade humana apresentada nos *Três ensaios sobre a teoria da sexualidade* - que postula a ausência de uma ligação *a priori* entre a pulsão e o objeto sexual - e foram propostos entre os anos de 1908 e 1922, momento em que o pensamento psicanalítico se dedicava às questões em torno do primeiro dualismo das pulsões, o desenvolvimento da libido, a escolha de objeto e o narcisismo.

Embora não tenha deixado de falar na homossexualidade até o fim de sua obra, é em "Sobre alguns mecanismos neuróticos no ciúme, na paranoia e na homossexualidade" que Freud (1922/2011b) propõe sua última leitura inovadora sobre a questão homossexual, constatação que nos conduz a propor um corte nesse momento, examinando o conjunto de teorias que compõe o hiato entre 1908 e 1922. Estabelecer essa data como limite do período que estudaremos implica o reconhecimento de alguns aspectos importantes.

Em primeiro lugar, significa identificar que a partir da conceituação da pulsão de morte, em 1920, as diversas modalidades do fenômeno da agressividade e as mazelas da civilização passaram a ocupar a posição de destaque no conjunto teórico freudiano, em detrimento dos conceitos que incorporavam a problemática homossexual. Em segundo lugar, empreende realçar a importância do texto "Sobre a psicogênese de um caso de homossexualidade feminina" (Freud, 1920a/2011a) - conhecido no meio psicanalítico como "O Caso da Jovem Homossexual" -, único momento da literatura freudiana em que um caso clínico apresenta a homossexualidade como aspecto central da análise, a partir de um pedido paterno de que a jovem paciente de Freud fosse convertida em heterossexual. Esse texto se destaca também por trazer uma primeira teorização mais complexa sobre a gênese da lesbianidade, que acrescenta elementos fundamentais às teorias sobre a feminilidade. Por fim, ressaltamos que os registros das "*Atas da Sociedade Psicanalítica de Viena*" se encerram em 1918, data que norteia o período que focaremos no presente trabalho.

No que concerne à etiologia da lesbianidade e da homossexualidade, duas concepções esboçadas em 1905 são transversais à obra de Freud (Quinet, 2013), tomando corpo ao longo de seus textos. A primeira tem como ponto de partida a afirmação de que a libido se desenvolveria do autoerotismo em direção ao amor objetal heterossexual, de forma que a homossexualidade seria uma parada no desenvolvimento da libido, que se fixaria em algum ponto mais próximo do autoerotismo – comportamento sexual precoce, em que o sujeito obtém excitação e satisfação nas zonas erógenas de seu próprio corpo, sem depender de nenhum objeto exterior (Laplanche; Pontalis, 2001). Essa descrição que provocou uma assimilação entre a homossexualidade e as perversões se faz presente no curso de toda a obra freudiana, como podemos ver na "Carta sobre homossexualidade", escrita em 1935 e endereçada a uma mãe americana preocupada com seu filho homossexual. "A homossexualidade certamente não é uma vantagem, tampouco é algo de que se envergonhar, não é nenhum vício, nenhuma degradação, não pode ser classificada como doença", disse Freud (1935/2019, p. 28), "nós a consideramos como uma variação da função sexual produzida por uma detenção no desenvolvimento sexual". Três anos mais tarde, o mesmo argumento é reiterado no *Compêndio de Psicanálise* (Freud, 1938/2018, p. 204) – um dos últimos textos da obra freudiana –, no qual a homossexualidade manifesta é descrita como um exemplo das inibições no desenvolvimento da libido, que se fixaria em uma etapa anterior à "organização completa", atingida na fase genital.

A segunda concepção transversal sobre a lesbianidade e a homossexualidade na obra de Freud confere relevância à clínica do desejo inconsciente. Ancorada na premissa da bissexualidade, essa hipótese parte da afirmação de que originalmente a libido pode se expressar de maneira hétero ou homossexual, dirigindo-se a qualquer um dos genitores da criança, segundo o modelo a família burguesa biparental heterossexual. Ou seja, a libido do sujeito se distribui entre ambos os sexos de maneira manifesta ou latente, sendo o mais comum que uma dessas duas orientações se sobreponha durante o processo de constituição do sujeito, mantendo a outra recalcada. De acordo com essa definição, as lésbicas e os homossexuais seriam as pessoas cuja libido manifesta se orienta para sujeitos do mesmo sexo, enquanto os impulsos em direção ao sexo oposto permaneceriam latentes, de maneira que inconscientemente a heterossexualidade sempre existiria na homossexualidade e vice-versa.

Ao longo da obra de Freud, os modelos do desenvolvimento da libido e da bissexualidade permanecerão subjacentes às diversas hipóteses etiológicas sobre a homossexualidade. Essas teorias são inúmeras e não se substituem, criando uma teia conceitual que derivou das problemática lançadas pela singularidade dos casos clínicos e se compôs com contribuições importantes dos primeiros psicanalistas. Antes de avançarmos nossa pesquisa em direção às teses propostas na Sociedade Psicanalítica de Viena, faz-se necessário que nos dediquemos sumariamente às teorias sobre a gênese da lesbianidade e da homossexualidade,[6] conforme apresentadas na obra de Freud entre os anos de 1908 e 1922.

O primeiro mecanismo causal da homossexualidade (masculina) que estudaremos começou a ser desenvolvido por Freud

6 A análise empreendida no presente capítulo será baseada nas cinco tentativas de sistematização da noção de homossexualidade na obra de Freud apresentadas por Jurandir Freire Costa (1995) em *A face e o verso: Estudos sobre o homoerotismo II* e nas doze teorias sobre a homossexualidade e a lesbianidade (dez no caso masculino e duas no que diz respeito às mulheres) elencadas por Antonio Quinet (2013) em "Homossexualidades em Freud".

(1908b/2015c) em *Sobre as teorias sexuais infantis* e está relacionado à primeira das três teorias discutidas no texto: a hipótese infantil de que todas as pessoas, inclusive as do sexo feminino, possuiriam um pênis. A partir das observações do Pequeno Hans (Freud, 1909/2015e, p. 131), um garoto de 5 anos de idade que, ao notar o órgão genital de sua irmã recém-nascida, afirmou, como forma de consolo, que este iria crescer, Freud foi levado a se questionar "por que esses jovens investigadores não constatam o que realmente veem", ou seja, a diferença sexual anatômica.

A hipótese desenvolvida é de que, na infância, o menino passaria por um período de supervalorização do pênis, sendo incapaz de imaginar alguém igual a si que não possua esse órgão. A hipótese infantil de que todos os humanos têm pênis se manteria mesmo quando o pequeno garoto se deparasse com o órgão genital feminino, comportando-se como Hans diante de sua irmã. Em observações posteriores, que ocorreriam quando o menino é confrontado com a ameaça de castração,[7] ele chegaria à conclusão de que o membro das meninas foi cortado, descobrindo também que a sua mãe não possui um pênis, como ele assumira em um período pregresso do seu desenvolvimento.

> *Se tal ideia da mulher com pênis é "fixada" no garoto, resistindo a todas as influências da vida posterior e*

7 O complexo de castração pode ser definido como o "complexo centrado na fantasia de castração, que proporciona uma resposta ao enigma que a diferença anatômica dos sexos (presença ou ausência de pênis) coloca para a criança. Essa diferença é atribuída à amputação do pênis na menina. A estrutura e os efeitos do complexo de castração são diferentes no menino e na menina. O menino teme a castração como realização de uma ameaça paterna em resposta às suas atividades sexuais, surgindo daí uma intensa angústia de castração. Na menina, a ausência do pênis é sentida como um dano sofrido que ela procura negar, compensar ou reparar" (Laplanche; Pontalis, 2001, p. 73).

> *tornando o adulto incapaz de renunciar ao pênis em seu objeto sexual, esse indivíduo, ainda com uma vida sexual normal em outros aspectos, deverá se tornar um homossexual, buscando seus objetos sexuais entre os homens que, por outras características somáticas e psíquicas, recordam-lhe a mulher. (Freud, 1908b/2015c, pp. 399-400)*

Vemos aqui como a homossexualidade é atrelada a uma dupla noção: (1) a incapacidade do homossexual de renunciar ao pênis como objeto sexual; e (2) a imagem da mulher enquanto mutilada, recordando a ameaça infantil de castração. Fundamentalmente, a hipótese desenvolvida por Freud nos anos de 1908 e 1909 é de que a *homossexualidade seria uma forma de fazer frente à (angústia de) castração, a partir da fixação na fantasia da mulher com pênis – personificada pelo homem de aparência afeminada.*

Enfatizando o papel da escolha de objeto do desejo como estratégia defensiva à castração e definindo os homens homossexuais como pessoas que, "devido à significação erógena do próprio genital, foram impedidas de renunciar a esta coincidência com a própria pessoa em seu objeto sexual" (Freud, 1909, p. 243), Freud operará uma mudança na forma como a homossexualidade era tratada em sua obra até 1908. Como constata Costa (1995), desse momento em diante a literatura freudiana abandonará a noção de *invertido* – formulação psiquiátrica derivada da ideia de Ulrichs da alma de mulher presa no corpo de homem e vice-versa –, passando a utilizar cada vez mais o termo *homossexual.*

Essa modificação não é meramente terminológica e marca uma primeira virada no retrato que a obra de Freud dará à homossexualidade. Em 1908, o homossexual não será mais interpretado como a figura que procura se relacionar com homens por possuir uma alma de mulher confinada em um corpo masculino, nem sequer como o sujeito que persevera em si a virilidade e busca em seus objetos atributos psíquicos ditos femininos – como Freud (1905a/2016b) interpretava as práticas homossexuais da Antiguidade Grega –, mas como o homem que, aterrorizado pela constatação de que a mulher é castrada, se defenderia dessa percepção não abrindo mão do pênis como objeto sexual.

O esquema proposto em "Sobre as teorias sexuais infantis" e demonstrado no caso do Pequeno Hans foi complexificado em *Uma recordação de infância de Leonardo da Vinci*, texto dedicado ao artista renascentista e publicado em 1910. Segundo o retrato de Freud (1910/2013a), Leonardo da Vinci (1452-1519) era uma figura misteriosa e pouco se sabe sobre sua infância. Filho ilegítimo do notário Piero da Vinci e da camponesa Caterina, supõe-se que ele foi criado na casa do pai até ingressar na oficina de Andrea del Verrocchio como aprendiz. Dotado de grande talento para as artes e a ciência, ele teria sido em um primeiro período de sua vida um amigo do prazer, cuja notável beleza e força física, assim como as roupas magníficas, o tornavam um homem que apreciava o viver e era considerado amável por todos, embora fosse, em certa medida, apático e indiferente. Tinha uma natureza pacífica, evitava brigas e rivalidades e não empregava agressividade para conquistar um espaço para si no meio artístico. Possuía, do ponto de vista de Freud (1910/2013a, p. 123), uma "feminina delicadeza de sentimentos": era gentil com todos, evitava comer carne por não achar justo o consumo de animais, costumava comprar pássaros no mercado para colocá-los em liberdade, condenava a guerra e considerava o ser humano a pior das feras selvagens. Em sua vida pessoal, apresentava certa "rejeição" à sexualidade e, exceto por um inquérito acerca de uma acusação por "práticas homossexuais" que se encerrou com sua absolvição, não há registros sobre seus relacionamentos afetivo-sexuais. Tornando-se mestre, rodeou-se de garotos adolescentes que tomou como alunos, chegando a nomear um deles como seu herdeiro. Apesar disso, preocupava-se pouco com o destino de suas obras, que ficaram em grande parte inacabadas.

É a partir da biografia de Leonardo da Vinci que Freud formulará uma segunda hipótese sobre a gênese da homossexualidade masculina, conduzida a partir da recordação infantil do artista de ser alimentado em seu berço por um abutre. A lembrança, interpreta Freud (1910/2013a), se trataria de uma fantasia remetida à infância que teria caráter passivo e corresponderia à ideia de uma felação, cuja origem seria a reminiscência do ato infantil de mamar no seio materno. A hipótese aqui avançada desloca o momento da gênese da homossexualidade na teoria freudiana. Até então postulada no momento da angústia de castração, em 1910 essa será situada em um período pregresso do desenvolvimento, fundando-se na relação entre o menino e a figura materna.

Segundo a interpretação freudiana, a fixação no prazer da amamentação, associada ao conhecimento de figuras mitológicas com pênis por meio da literatura, teria dado origem à fantasia do abutre. Resta responder, constata Freud (1910/2013a, p. 150), por que no caso de Leonardo essa reminiscência foi reelaborada como uma "fantasia homossexual passiva", relembrando que "a tradição efetivamente designa Leonardo como um homem de sentimentos homossexuais".[8]

8 Como ressalta Costa (1995, p. 210), Freud considerava Leonardo da Vinci homossexual em razão da forma como se relacionava com seus discípulos, mas essa definição era imprecisa. Por vezes, o autor afirmava ser indiferente se Leonardo tivera ou não relações sexuais com seus alunos, atribuindo maior importância ao direcionamento de seus sentimentos. Em outros momentos, considerava que sua homossexualidade fora sublimada. Por fim, o autor conclui que Leonardo era um neurótico obsessivo-compulsivo e "não fica claro se era um neurótico com sintomas homossexuais ou um homossexual com sintomas neuróticos".

A solução para esse enigma é conduzida a partir da análise da relação de Leonardo com a sua mãe, avançando uma nova hipótese sobre a gênese da homossexualidade masculina. Amparado nas investigações de Sadger, Stekel e Ferenczi,[9] Freud (1910/2013a) introduz a seguinte teoria etiológica:

> *Todos os nossos homens homossexuais tiveram, nos primeiros anos da infância (depois esquecidos), uma* intensa ligação erótica numa pessoa do sexo feminino, *geralmente a mãe, ligação essa provocada ou favorecida pela ternura excessiva da própria mãe e, além disso, sustentada pelo distanciamento do pai da vida da criança.... Após esse estágio preliminar ocorre uma transformação cujo mecanismo conhecemos, mas cujas forças impulsoras ainda ignoramos. O amor à mãe não pode prosseguir acompanhando o desenvolvimento consciente, sucumbe à repressão. O garoto reprime o amor à mãe pondo a si mesmo no lugar desta,* identificando-se com ela e tomando sua própria pessoa como modelo, *à semelhança do qual escolhe seus novos objetos amorosos. Assim, torna-se homossexual; mais precisamente, retorna ao autoerotismo, pois os garotos que o adolescente agora ama são apenas sucedâneos e reiterações de sua própria pessoa infantil, que ele ama tal como sua mãe o amou quando criança.*

9 As hipóteses desenvolvidas por Sadger e Stekel serão investigadas no Capítulo 6. O trabalho de Ferenczi não será tema de nossa pesquisa, na medida em que esse importante psicanalista não frequentou as reuniões da Sociedade Psicanalítica de Viena de forma permanente. A despeito disso, uma análise transversal das discussões sobre a homossexualidade – ou o homoerotismo, como ele se referia – e a feminilidade em sua obra e textos pré-psicanalíticos fazem um contraponto interessante ao pensamento freudiano e ao que os vienenses discutiam sobre o tema.

> *Dizemos que ele encontra seu objeto amoroso pela via do narcisismo. (pp. 165-167, grifo nosso)*

De acordo com essa hipótese, *a gênese da homossexualidade masculina estaria relacionada a uma intensa ligação erótica com a figura materna durante a infância, acrescida de uma ausência ou distanciamento do pai*, o que diminuiria a sua possibilidade de intervir na relação mãe-criança ou se ofertar como figura identificatória. Ao reprimir o amor pela mãe, o menino se identificaria com ela e ficaria fixado à sua imagem, permanecendo fiel a ela e passando a tomar sua própria pessoa como modelo na escolha de objeto, de maneira a amar jovens garotos, assim como sua pessoa infantil foi amada pela mãe.

Essa nova teorização – que, como veremos no Capítulo 6, surgiu nas reuniões dos primeiros psicanalistas – apoia-se na introdução de duas ideias posteriormente desenvolvidas por Freud, a identificação e a identificação pela via do narcisismo, "noções [que] permitiram que a lista de causas e razões da homossexualidade fosse enormemente ampliada sem riscos de inconsistências conceituais" (Costa, 1995, p. 214). Por uma primeira via, a formulação do Eu como um "precipitado dos investimentos objetais abandonados" (Freud, 1923a/2011c, p. 36) possibilitou a expansão das teorias sobre a gênese da homossexualidade a partir do conceito de identificação e da teorização sobre o complexo de Édipo. Por um segundo caminho, a conceituação de narcisismo – termo cunhado da psiquiatria e introduzido na psicanálise por Sadger – viabilizou a expansão do que foi proposto em *Uma recordação de infância de Leonardo da Vinci* na dimensão interna da obra freudiana.

Postulado o narcisismo como "um estágio, no desenvolvimento da libido, pelo qual se passa no caminho do autoerotismo ao amor objetal", Freud (1911/2010a, p. 80) denominou como narcisismo primário uma etapa primitiva do desenvolvimento na qual a criança elege a si mesma como objeto de investimento da libido, em um momento que precede a possibilidade de se voltar aos objetos externos. Advertindo que o narcisismo primário "eventualmente pode se expressar de maneira dominante" na escolha de objeto, Freud a subdivide em duas categorias: (1) por apoio, tomando como modelo de referência as figuras parentais; e (2) narcísica, baseada na relação do sujeito com sua própria pessoa. Dessa maneira, em 1914 *a homossexualidade é explicada como uma forte fixação da libido no tipo narcísico de escolha de objeto*, escolhido não "segundo o modelo da mãe, mas conforme o de sua própria pessoa" (1914b/2012a, p. 32).

Voltemos agora para o primeiro caminho, desenvolvido a partir da noção de identificação. Em paralelo ao modelo materno-infantil, Freud desenvolveu também uma explicação sobre a gênese da homossexualidade que tomava por referência a relação do menino com seu pai. Essa teoria articulou as noções de homossexualidade, passividade, feminilidade e sedução, como podemos ver em *História de uma neurose infantil (O Homem dos Lobos)* (Freud, 1918/2010e). Esse emblemático texto consiste no relato clínico da análise de Sergei Konstantinovitch Pankejeff (1887-1979), que fora paciente de Freud entre 1910 e 1914. Apesar de ter chegado para o tratamento na idade adulta, o ensaio se concentra na infância do paciente e na formação primária de sua neurose, interpretada a partir das recordações em análise.

Durante a primeira infância, precisamente aos 3 anos e 3 meses de idade, o paciente teria sido seduzido por sua irmã mais velha, ocasião diante da qual teria assumido uma posição passiva e reagido com recusa, pois a irmã não era agradável enquanto objeto sexual, na medida em que competia com o garoto pelo amor dos pais. Substituindo-a por sua babá (Nânia), evocada pela própria irmã na cena de sedução, o menino buscou conquistar seu novo objeto de desejo, dirigindo a ela seus impulsos ativos. Ao vê-lo se masturbar em sua frente, ou seja, diante da tentativa de sedução por parte do garoto, a Nânia o repreendeu e ameaçou, afirmando que as crianças que se masturbam ficam com uma ferida no lugar do genital. Essa sucessão de acontecimentos teria culminado em uma inibição do desenvolvimento sexual do garoto, que, quando começava a ser regido pela zona genital, regrediu para a organização pré-genital, operando uma mudança em seu objeto sexual das mulheres para o seu pai:

> *ele renovou assim a sua primeira e mais primordial eleição de objeto, que, em conformidade com o narcisismo do bebê, tinha se realizado pela via da identificação. Já ouvimos que o pai fora o seu modelo admirado, que, ao lhe perguntarem o que pretendia ser, ele costumava responder: "um homem como meu pai". Esse objeto de identificação da sua corrente ativa tornou-se então o objeto sexual de uma corrente passiva, na fase sádico-anal.... O pai era agora novamente seu objeto, a identificação era substituída pela escolha de objeto, correspondendo ao desenvolvimento mais elevado, e a transformação da postura ativa em passiva era resultado e indício da sedução que entretanto ocorrera. (Freud, 1918/2010e, p. 39)*

Esse quadro, somado à cena primária – observação do coito dos pais entendida pela criança como uma agressão sadomasoquista do pai à mãe –, teria potencializado no menino um "desejo de ser possuído sexualmente pelo pai, isto é, ser satisfeito do mesmo modo que a mãe" (Freud, 1918/2010e, p. 64), interpretado pelo esquema da passividade com finalidades masoquistas. Ao eleger o pai enquanto seu objeto de amor, o menino se identifica com a figura materna, pois a mãe é o objeto de desejo do pai, tal qual ele quer ser. Rearticulando as noções de identificação e escolha de objeto, a teoria etiológica sobre a homossexualidade proposta em 1918 avança a hipótese de que *o menino se identificaria com a mãe por um desejo de ocupar o lugar de objeto de amor do pai.*

Se, por um lado, as múltiplas possibilidades de identificação permitiram a expansão do complexo arcabouço de teorias causais sobre a homossexualidade que compõe a literatura freudiana, por outro, essa proposição impôs uma pergunta a todas as orientações do desejo. Afinal, se qualquer uma das figuras parentais poderia ser objeto de identificação da criança, o que de fato determinava esse processo? Para responder a essa questão, Freud reintroduz a noção de bissexualidade, postulando-a como um fator que determinaria o lado para o qual a escolha de objeto iria pender. Com o desenvolvimento do complexo de Édipo completo (positivo e negativo) apresentado em *O Eu e o Id* (Freud, 1923a/2011c), a articulação entre bissexualidade, escolha de objeto e identificação ficou mais clara, na medida em que foi proposta uma explicação mais generalista sobre a constituição das diversas modalidades do desejo. Retomaremos posteriormente essa teorização, mas antes necessitamos elucidar as teorias etiológicas propostas no período entre 1918 e 1922.

Em 1920, Freud publicou o ensaio intitulado "Sobre a psicogênese de um caso de homossexualidade feminina", conhecido na literatura psicanalítica como "O Caso da Jovem Homossexual". Reconhecendo que "a homossexualidade feminina, sem dúvida tão frequente quanto a masculina, embora menos ruidosa, tem sido não apenas ignorada pelas leis, mas também negligenciada pela pesquisa psicanalítica" (1920a/2011a, p. 115), Freud traz a lesbianidade pela primeira e única vez para o centro de um ensaio, dedicando-se a explorar também aspectos importantes sobre a sexualidade feminina em geral. O caso clínico trata da análise de Margarethe Csonka[10] (1900-1999), uma jovem pertencente à burguesia vienense, enviada aos cuidados de Freud por seus pais, que gostariam que ela fosse conduzida "de volta à normalidade" (Freud, 1920a/2011a, p. 117) após ter se envolvido amorosamente com uma mulher.

Segunda de uma prole de quatro irmãos, o último deles nascido quando ela tinha 16 anos, Margarethe envolvera-se amorosamente com uma baronesa,[11] relação que culminou em uma tentativa de suicídio por parte da jovem – enquanto passeava com a amada, ela cruzou com seu pai, que lhe dirigiu um olhar furioso, causando um desentendimento entre o casal, que levou Margarethe a se jogar no trilho do trem. Após se recuperar do acidente e se reconciliar com sua amada, a jovem foi encaminhada para análise, que se desenrolou de forma breve e foi encerrada pelo próprio analista. Em seu relato clínico, Freud (1920a/2011a) alerta o leitor para algumas dificuldades que atravessaram o caso, chamando a atenção para o fato de que a queixa tinha partido dos pais da jovem e para a complexidade de converter a organização sexual genital, na medida em que "não cabe à psicanálise resolver o problema da homossexualidade. Ela tem de contentar-se em desvendar os mecanismos psíquicos que levaram à decisão na escolha do objeto, e

---

10 Margarethe Csonka, chamada pelo pseudônimo de Sidonie Csillag, contribuiu com grande parte das narrativas de sua biografia escrita por Ines Rieder e Diana Voigt (Rieder; Voigt, 2008) e solicitou que as autoras ocultassem seu verdadeiro nome, revelado apenas em 2004, cinco anos após sua morte. Os meandros da vida de Margarethe serão retomados no Capítulo 7.

11 Leonie von Puttkamer (1981-1953) – conhecida no texto freudiano como a "dama da 'sociedade'" (Freud, 1920/2011a, p. 115) – era uma mulher oriunda da burguesa prussiana, que vivia sustentada financeiramente por homens, enquanto cultivava seu amor por mulheres no *demi-monde*, o mundo dos bares e espaços de sociabilidade feminina, abrigo da subcultura lésbica que começara a surgir em Berlim na virada do século XX.

em seguir os caminhos que vão deles às disposições instintuais" (p. 148).

Embora tenha contado sobre seu tratamento em entrevistas realizadas décadas mais tarde, não é possível precisar se ou o quanto Margarethe se beneficiou da análise com Freud, descrita por ela como um processo enfadonho. Freud, por sua vez, recolheu grandes contribuições do encontro com essa jovem, que o levou a propor novas hipóteses sobre a lesbianidade e a homossexualidade.

Margarethe Csonka se encaixava nos padrões de feminilidade de sua época e em termos de aparência pouco se diferenciava das outras tantas pacientes burguesas atendidas pela psicanálise. Nada em sua fisionomia ou em seus hábitos parecia lembrar as mulheres lésbicas desfeminilizadas descritas pela sexologia e, nas palavras de Freud, "não se notava qualquer desvio da compleição física feminina, e tampouco algum distúrbio menstrual" (1920a/2011a, p. 125) na analisanda. A despeito dessa constatação, de maneira pouco psicanalítica, por se amparar em impressões subjetivas e desconsiderar a forma como a paciente se percebia (O' Conner; Ryan, 1995), Freud insistiu em localizar traços de "masculinidade" no corpo e no comportamento da jovem garota, contatando que ela tinha "a elevada estatura do pai", "feições marcantes, em vez de suaves" e "uma natureza masculina" em "alguns de seus atributos intelectuais, como a agudeza da compreensão e a fria clareza do pensamento" (Freud, 1920a/2011a, p. 125), para, por fim, considerar essas observações pouco relevantes do ponto de vista científico, sem no entanto se eximir de registrá-las no caso clínico.

Sem renunciar à tentativa de localizar traços de uma suposta masculinidade na analisanda – mantendo a tríade psicanalítica lesbianidade-masculinidade-atividade –, Freud, por fim, os identificou em seu tipo de escolha de objeto, caracterizado pela humildade, a superestimação sexual, a renúncia a toda a satisfação narcísica e a preferência por amar a ser amado, consideradas características de um dito amor masculino e atribuído à Margarethe.

Posto isso, o texto prossegue com o objetivo de responder se o caso se trataria de uma "homossexualidade" inata ou adquirida e a dificuldade em responder a essa questão levou Freud (1920a/2011a) a vislumbrar a possibilidade de dissociar orientação sexual, características somáticas (sexo) e características psíquicas (gênero):

> *A bibliografia sobre a homossexualidade não costuma separar nitidamente a questão da escolha do objeto, por um lado, e a questão das características e da atitude sexual, por outro lado, como se a decisão quanto a um desses pontos estivesse ligada necessariamente ao outro. A experiência mostra o contrário, porém. Um homem de características predominantemente masculinas, e que também apresenta o tipo masculino na vida amorosa, pode, no entanto, ser invertido no tocante ao objeto, amar apenas homens, em vez de mulheres. Um homem em cujo caráter predominam obviamente traços femininos, que no amor chega a comportar-se como uma mulher, deveria, por essa atitude feminina, tomar um homem como objeto de amor; ele pode, entretanto, ser heterossexual, e não mostrar mais inversão, no que toca ao objeto, do que medianamente um indivíduo normal. O mesmo vale para as mulheres, também nelas as características sexuais psíquicas e a escolha do objeto não correspondem de maneira fixa. Portanto, o segredo da homossexualidade não é tão simples como normalmente se crê: "uma alma feminina, destinada a amar os homens, que infelizmente está num corpo de homem, ou uma alma masculina, atraída*

> *irresistivelmente pelas mulheres, mas aprisionada num corpo feminino". Na verdade, lidamos aí com três séries de características:*
>
> - *características sexuais somáticas (hermafroditismo físico)*
> - *característica sexual psíquica (atitude masculina/feminina)*
> - *tipo de escolha do objeto*
>
> *que, até certo grau, variam independentemente uma da outra, e que nos diferentes indivíduos se acham em permutações várias. (pp. 147-148)*

Se comparada com as teses psiquiátricas do final do século XIX, a compreensão da lesbianidade e da homossexualidade aqui postulada é inovadora, na medida em que tenta dissociar as características físicas, as características psíquicas e a escolha de objeto – podemos falar hoje em sexo, identidade de gênero e orientação sexual –, postulando que estas podem se permutar na singularidade de cada indivíduo ou, ao menos, possuir certa maleabilidade. O texto de 1920 apresenta também duas novas teorias etiológicas, uma válida para as mulheres e a outra para ambos os sexos.

A teoria sobre a gênese da lesbianidade deriva da constatação de que a analisanda se encontrava no momento de revivescência do complexo de Édipo na puberdade quando nasceu seu irmão mais novo, fato tomado como ponto nodal da interpretação. Supondo que a jovem desejava ter um filho de seu pai e teria se desapontado com ele diante do fato de que foi a mãe – sua rival no inconsciente – e não ela que o teve, Freud hipotetizou que esse acontecimento teria a levado a se retirar das relações com os homens e se voltar para as mulheres como objeto sexual. Esse processo regressivo ocorreria porque a mulher teria tendências homossexuais preexistentes derivadas de sua relação primária com a mãe, que, nesse caso, teriam sido favorecidas pelo forte "complexo de masculinidade" da garota – entendido como forma de negação da castração quando a menina se identificara com a mãe fálica ou com o pai, exagerando a sua masculinidade infantil, no que se refere à obtenção de prazer no clitóris e aos desejos ativos em direção à mãe (Freud, 1931/2017, 1933/2010g). Nesse sentido, em 1920, *a lesbianidade é entendida como resultado de um desapontamento da menina com a figura paterna, levando-a a regredir para o complexo de masculinidade e escolher mulheres como objeto de amor.*

Em "Feminilidade", conferência escrita em 1933, Freud (1933/2010g) se referenciaria a Helen Deutsch para acrescentar à sua obra mais uma teoria sobre a lesbianidade, postulando-a como *uma reprodução das relações entre mãe e filha características do momento pré-edípico.* A menina, antes da entrada no complexo de Édipo, passaria por um momento de forte ligação com a figura materna, que seria seu primeiro objeto de amor, antes de ceder lugar ao pai. No caso das mulheres lésbicas, Freud interpreta que essa relação amorosa seria reproduzida na vida adulta, remetendo à primeira ligação da menina durante a infância, da qual ela não teria conseguido se desvencilhar completamente – hipótese que não foi suficientemente desenvolvida na obra freudiana e que se situava nos meandros da discussão sobre a sexualidade feminina.[12]

A segunda teoria etiológica postulada em 1920 é descrita em uma nota de rodapé do texto e se ampara na consideração apresentada em *Totem e tabu* (Freud, 1912-1913/2012b) de que nos primórdios todas as mulheres pertenceriam ao pai e chefe da horda

---

12 A ligação entre a lesbianidade e o relacionamento da menina com a figura materna foi discutida pelos primeiros psicanalistas, como tematizaremos no Capítulo 7.

primitiva. De acordo com essa hipótese, a lesbianidade e a homossexualidade derivariam de um movimento de "pôr-se de lado" (Freud, 1920a/2011a, p. 31), ou seja, de *renunciar à competitividade com o genitor do mesmo sexo por medo ou consideração por ele.* Em benefício de uma mãe jovem e atraente, a menina – como é exemplificado em "Sobre a psicogênese de um caso de homossexualidade feminina" – deixaria para ela (ou para as mulheres que a substitui) todos os homens, voltando-se para pessoas do mesmo sexo de maneira a se retirar do caminho enquanto alguém responsável pelo desfavor materno. Da mesma forma, o menino renunciaria à competição com seu pai, se voltando para os homens de maneira a deixar todas as mulheres para ele e para as figuras que o substituem.

Uma rota parecida será tomada por Freud para propor a última teoria sobre a homossexualidade que abordaremos, apresentada em 1922, no texto "Sobre alguns mecanismos neuróticos no ciúme, na paranoia e na homossexualidade". Nesse ponto da obra freudiana, as questões da hostilidade e da agressividade foram colocadas em jogo no campo de discussões sobre a homossexualidade, fazendo com que a escolha de objeto homossexual fosse postulada como uma maneira de solução de conflito. O novo eixo de análise de Freud se volta para as relações fraternais, mais especificamente ao ciúme que o irmão mais novo sentiria do mais velho em relação à mãe. Em um primeiro momento, o menino dirigiria impulsos hostis e agressivos ao seu irmão que seriam, com o desenvolvimento, reprimidos,[13] originando *a homossexualidade, aqui entendida como a transformação por formação reativa de impulsos agressivos e hostis contra irmão rival em objetos de amor.*

---

13 Esta solução ao apego à mãe é a contrapartida do que Freud (1911/2010a; 1922/2011b) esboçaria como mecanismo da paranoia, quando a pessoa em primeiro lugar amada – geralmente do mesmo sexo – se tornaria para o sujeito um perseguidor odiado.

As diversas teorias explicativas sobre a gênese da homossexualidade – saída frente à angústia de castração, à fixação na figura materna, à fixação da libido no tipo narcísico, ao desejo de ser possuído pelo pai, à renúncia à competitividade com o pai e à transformação do objeto odiado em amado – e sobre etiologia da lesbianidade – desapontamento com a figura paterna e regressão ao complexo de masculinidade, renúncia à competitividade com a mãe e reprodução da relação mãe-filha – não podem ser sobrepostas e coexistem na obra freudiana. Esses modelos encontrariam uma explicação mais generalizada na ideia de complexo de Édipo, conforme esta seria desenvolvida a partir de 1923. Fundamentalmente, a problemática edípica coloca em jogo para a criança a interdição da relação incestuosa com a primeira figura de cuidado e o confronto com a lei, fazendo desse processo uma etapa fundamental na constituição do sujeito, no desenvolvimento da organização genital adulta, na estruturação da personalidade e na escolha do objeto.

Tomando como modelo a família burguesa tradicional na qual a mulher permanece no lar e cuida dos filhos enquanto o homem trabalha no mundo exterior, o complexo de Édipo (positivo e negativo) freudiano sumariza os desejos amorosos e hostis que a criança sente em relação aos seus genitores, sendo caracterizado em sua forma positiva pelo desejo de eliminar o genitor do mesmo sexo, a fim de substituí-lo junto à figura do sexo oposto e, sob sua forma negativa, pela hostilidade para com o genitor do sexo oposto e pelo amor à figura do mesmo sexo. Esse desenho avança a hipótese de que no caso da lesbianidade a menina priorizaria a mãe como objeto de investimento libidinal e o menino, no caso da homossexualidade, priorizaria o pai. Contudo, a constatação de que a criança teria relações ambivalentes com ambas as figuras parentais "torna muito difícil compreender as primitivas identificações e escolhas objetais" (1923a/2011c, p. 43), o que levou Freud a atribuir à bissexualidade o desenlace da situação edípica, de maneira que um dos dois possíveis direcionamentos da libido prevaleceria, definindo a figura que servirá de modelo na escolha de objeto.

Como vimos, diversas teorias etiológicas sobre a lesbianidade e a homossexualidade atravessam a obra de Freud. Precipitadas pela crença de que haveria explicações para a existência de lésbicas, gays e bissexuais e impulsionadas pelas tentativas de elucidar o problema da escolha de objeto, essas hipóteses se dispersam ao longo de quase duas décadas de literatura. Por conseguinte, ancoraram-se em diversos conceitos da teoria freudiana, sem que sua multiplicidade pudesse ser compreendia apenas pela expansão do arcabouço conceitual psicanalítico, pela singularidade dos casos clínicos ou pela forma como Freud absorveu o contexto social e epistemológico em que viveu. Sustentando a hipótese de que muitas dessas teorias foram propostas ou discutidas pelos primeiros psicanalistas e possuem uma complexidade maior do que consta na obra freudiana, exploraremos agora a forma como as dissidências sexuais foram tratadas e discutidas nas margens da historiografia oficial, a partir do material das *Atas da Sociedade Psicanalítica de Viena.*

Parte II

As dissidências sexuais nas *Atas da Sociedade Psicanalítica de Viena*

4. Os primeiros psicanalistas

Passado mais de um século, a invenção da psicanálise permanece sendo transmitida predominantemente como um mito de nascimento. Narrado em primeira mão por seu criador (Freud, 1914b/2012a, 1925a/2011e) e inscrito na historiografia oficial por Ernest Jones (1989), este relata Freud como um inventor solitário que, após um longo período de isolamento, quando suas ideias eram repudiadas pela comunidade médico-científica, despertou o interesse de alguns jovens educadores, escritores, médicos e intelectuais da burguesia, com os quais passou a se reunir. Esse primeiro grupo de homens teria elevado o criador da psicanálise ao lugar de pai e mestre, interessando-se em aprender, aplicar e difundir suas ideias. Comportando-se como uma "horda selvagem" (Roudinesco, 1989) atravessada por disputas e laços de filiação, esse grupo se via no papel de defender as ideias psicanalíticas de críticos externos e dissidentes internos, que teriam sucessivamente protagonizado rupturas explosivas.

Centrada na figura de Freud e na convicção de que as ideias fundamentais da psicanálise nascente estariam suficientemente sistematizadas e sumarizadas única e exclusivamente em sua obra teórica, essa perspectiva histórica tem consequências importantes na forma como a psicanálise é pesquisada e transmitida. Associada a fatores históricos, sociais, institucionais e políticos, um de seus efeitos é o esquecimento – ou, por vezes, o recalcamento (Cromberg, 2021) – de psicanalistas pioneiros,[1] que não foram somente transmissores do conhecimento freudiano ocupados de difundir suas teses, mas também autores criativos e inovadores, responsáveis pela invenção ou cocriação de conceitos fundamentais da metapsicologia.

Decerto, isso não destitui Freud do lugar de criador da disciplina. Quando seus alunos e colaboradores passaram a contribuir com a psicanálise, esta já possuía uma sistematização inicial, que incluía uma primeira elaboração formal das ideias de inconsciente e sexualidade e contribuiu para atrair os primeiros psicanalistas. Isso, contudo, não é motivo suficiente para ignorar as contribuições desse grupo heterogêneo, que se alimentou da cultura do *fin-de-siècle* e produziu uma extensa literatura, abordando a psicanálise de diversos pontos de vista, como a arte, a música, o teatro, a filosofia, a sociologia, a medicina, a psicopatologia, entre muitos outros.

São essas histórias que contaremos na Parte II deste livro, ao pesquisar os discursos dos primeiros psicanalistas sobre as dissidências sexuais. Histórias que ficaram à margem da historiografia oficial e foram pouco contadas ou debatidas. Histórias de pessoas

---

1 Nos últimos anos, os estudos sobre os primeiros psicanalistas ganharam espaço na literatura brasileira, contribuindo com a construção de uma nova narrativa sobre o início da psicanálise. Entre esse material, podemos citar os trabalhos de Renata Cromberg (2021) e de Marcelo Checchia (2017), sobre o pioneirismo de Sabina Spielrein e Otto Gross, respectivamente, assim como as coletâneas *A psicanálise e os lestes* e *Pequena biblioteca invulgar* organizadas por Paulo Sérgio de Souza Junior (2017, 2022).

que se perderam no tempo, algumas com nomes hoje desconhecidos, outras sobre as quais pouco se sabe como ou quanto colaboraram com a criação da psicanálise. Histórias da criação de teorias conhecidas e de outras que ficaram no passado e que neste livro serão contadas a partir das *Atas da Sociedade Psicanalítica de Viena*.

Para isso, é necessário que compreendamos como esses documentos se inserem na história da psicanálise, ou melhor, nas histórias da psicanálise, conhecendo quem foram os primeiros psicanalistas, autores que preenchem com teorias, hipóteses, discussões, análises e relatos as quase 1600 páginas desse documento histórico. Como forma de apresentá-los, começaremos introduzindo brevemente os homens e as mulheres que colaboraram com a psicanálise vienense, cujas histórias se intersecionam com o próprio surgimento do movimento psicanalítico. Posteriormente, explicaremos do que se trata e como se organizam os registros das Atas.

Conforme a historiografia "oficial" (Freud, 1914b/2012a; Jones, 1989), a reunião dos primeiros psicanalistas teve início em 1902, momento em que Freud (1914b/2012a, p. 265) estaria vivendo um período de "esplêndido isolamento". Após ter progressivamente se afastado de Fliess[2] – que fora, para ele, um precioso interlocutor até 1900 – e acreditando que *A interpretação dos sonhos* (Freud, 1900/2016a), publicada na virada do século, não tinha alcançado o sucesso por ele almejado, o fundador da psicanálise se narra e é narrado como um homem muito mais solitário e isolado do meio científico tradicional do que ele era aos 46 anos de idade. É certo que alguns intelectuais antissemitas de fato desprezavam-no, mas,

2 Embora Freud tenha progressivamente se afastado de Fliess a partir de 1900, a ruptura definitiva entre ambos ocorreu somente em 1904, em razão da querela em torno do plágio da noção de bissexualidade, que discutiremos no Capítulo 5.

nessa época, as publicações de Freud já eram aceitas com facilidade nos periódicos de divulgação científica, ele alcançara notoriedade no movimento de renovação da psicologia e da psiquiatria dinâmica do final do século XIX, escrevera importantes obras e havia sido recém-nomeado ao posto de professor-extraordinário da Universidade de Viena (Brome, 1969; Roudinesco, 2016).

Desejando não se limitar ao ensino universitário e acreditando que a psicanálise poderia ser, para além de um sistema de pensamento, também uma filosofia emancipatória, Freud seguiu uma sugestão de Wilhelm Stekel – que já havia se beneficiado dos efeitos de uma análise – e começou a reunir à sua volta um pequeno grupo de colaboradores, com o objetivo de discutir as ideias psicanalíticas. Além do próprio Stekel, convidou os médicos Max Kahane e Rudolf Reitler e o socialista Alfred Adler, fundando, ao lado desses quatro homens, a Sociedade Psicológica das Quartas-Feiras (*Psychologische Mittwochs-Gesellschaft*, PMG), o primeiro círculo de colaboradores do freudismo.

Em um clima intimista e cordial, os primeiros psicanalistas se encontravam semanalmente na Berggasse 19 – endereço da casa de Freud – após o jantar. Sentavam-se em torno de uma mesa oval, depositavam em uma urna o nome dos futuros oradores e escutavam em silêncio a apresentação da noite. Após uma pausa, durante a qual comiam biscoitos amanteigados e bebiam café, discutiam a conferência que haviam escutado e, em meio à fumaça de cigarros e charutos, falavam de teoria, de suas questões pessoais, das publicações recém-lançadas no meio acadêmico, da cultura vienense e dos fenômenos sociais. Em termos práticos, organizavam-se como uma "sociedade liberal moderna" (Roudinesco, 1989, p. 101), cuja regulamentação da época obrigava todos a se pronunciarem durante as reuniões e determinava que os novos membros deveriam ser aprovados por unanimidade.

Paulatinamente, o grupo das quartas-feiras se desenvolveu e seus integrantes passaram também a praticar a psicanálise e a publicar artigos científicos e livros teóricos. Em outubro de 1906, quando a pequena Sociedade já contava com dezessete colaboradores, entre os quais Paul Federn, Eduard Hitschmann, Hugo Heller, Isidor Sadger, Fritz Wittels e Max Graf, os primeiros psicanalistas decidiram contratar um secretário remunerado. Aos 26 anos de idade, o jovem autodidata Otto Rank se uniu ao grupo com a tarefa de registrar as reuniões, cuidar da lista de presença e regular as contribuições financeiras, passando a transcrever as conferências e discussões, material que deu origem às *Atas da Sociedade Psicanalítica de Viena*, objeto de pesquisa deste livro.[3]

Embora, nessa época, os encontros não contassem com mais de dez presentes, ao completar seu quinto ano de trabalho, em 9 de outubro de 1907, a Sociedade Psicológica das Quartas-Feiras já possuía vinte e um membros ativos[4] e Freud optou por sua dissolução e refundação, enviando uma carta que comunicava sua decisão a todos os colegas, na qual justificava que essas medidas "devem restabelecer a liberdade pessoal de cada um e permitir seu afastamento da Sociedade, sem que suas relações pessoais com os outros membros sejam comprometidas" (Checchia; Torres; Hoffmann, 2015, p. 309).[5] Tudo indica, segundo analisa Brome (1969), que a intenção de Freud ia além de conceder aos seus colaboradores

3 As Atas se iniciam em 10 de outubro de 1906 e não existem registros das discussões ocorridas entre 1902 e essa data.

4 Optamos por apresentar detalhes biográficos sobre cada um dos primeiros psicanalistas ao discutirmos suas contribuições ao longo dos próximos capítulos.

5 Referência ao primeiro volume das *Atas da Sociedade Psicanalítica de Viena* e o único traduzido para o português até o momento, sob organização de Marcelo Checchia, Ronaldo Torres e Waldo Hoffmann, publicado pela editora Scriptorium em São Paulo, no ano de 2015.

a liberdade pessoal de renunciar ao grupo e que, de maneira sutil, seu tom parecia ser uma primeira chamada à disciplina e à lealdade, antecipando o futuro do movimento psicanalítico nos anos seguintes a 1907, quando seria efetivamente dada largada ao processo de institucionalização da psicanálise. Com a fundação da Sociedade Psicanalítica de Viena (*Wiener Psychoanalytische Vereinigung*, WPV) – nome com o qual a Sociedade Psicológica das Quartas-feiras foi rebatizada –, estabeleceu-se um novo regimento, que serviu de modelo para as Sociedades de Psicanálise que surgiram em outros países a partir de então (Gay, 2012). Em 1908, a obrigatoriedade de fala para todos os membros foi revogada, o que se justificou pelo aumento do número de participantes, mas os dividiu entre aqueles que efetivamente produziam trabalhos e contribuições e os que compareciam às reuniões apenas como ouvintes (Roudinesco, 2016).

Entre 1907 e 1908, o movimento psicanalítico se expandiu significativamente e a Sociedade Psicanalítica de Viena passou a contar com 22 membros ativos, dos quais quase metade praticavam a psicanálise. No ano de 1908, os psicanalistas realizaram o seu primeiro Congresso, que ocorreu em Salzburgo, na Áustria, e contou com 42 presentes, provenientes de seis países. Em 1909, visando à transmissão de conhecimento, o grupo criou o seu primeiro periódico, o *Anuário de psicanálise* (*Jahrbuch für Psychoanalytische und Psychopathologische*) e, em setembro do mesmo ano, Freud foi convidado por Stanley Hall para ministrar cinco conferências na Clark University, nos Estados Unidos. Paralelamente, assistiu à entrada dos seus primeiros colaboradores estrangeiros, entre os quais estavam Max Eitingon, Karl Abraham, Sándor Ferenczi, Ernest Jones e Carl Gustav Jung. Enquanto os dois primeiros eram de Berlim, os demais provinham respectivamente de Budapeste, Londres e Zurique, e todos eles colaboraram com a difusão da psicanálise, fundando sociedades em seus países e, consequentemente, contribuindo com internacionalização do movimento psicanalítico.

Dois eventos significativos marcaram as reuniões no ano de 1910: a fundação da Associação Internacional de Psicanálise (*Internationale Psychoanalytische Vereinigung*, IPV), que em 1936 se tornaria a IPA (*International Psychoanalytical Association*); e a entrada das mulheres na Sociedade Psicanalítica de Viena. A primeira mudança ocorreu após o discurso de Ferenczi (1910/2011b) no Congresso de Nuremberg – o II Congresso Internacional de Psicanálise – e objetivava garantir a unidade e a coesão do movimento psicanalítico, de maneira que esse pudesse defender suas ideias centrais e teses comuns. O efeito, contudo, foi justamente o contrário e a criação da Associação Internacional provocou um desmembramento ainda maior do que se temia até então, antecipando rupturas que marcaram o movimento psicanalítico na década de 1910. Adler deixou o círculo freudiano em 1911, Stekel em 1912 e Jung em 1913.

Foi justamente na primeira reunião após o Congresso de Nuremberg, ocorrida em 6 de abril de 1910 (*ata 102*), que Paul Federn propôs a candidatura de Margarete Hilferding para votação. Até então, nenhuma mulher frequentara as reuniões da Sociedade Psicanalítica de Viena, exceto ocasionalmente como esposa, e as opiniões de alguns vienenses sobre as feminilidades e o feminismo indicavam que o assunto demandaria um debate, adiado por causa dos embargos institucionais relacionados à fundação da Associação Internacional. Nesse momento, os vienenses se mostravam bastante reticentes à proposta de Freud e Ferenczi e temiam perder seu papel de protagonistas do movimento psicanalítico. A situação foi resolvida com a eleição de Adler para a presidência da Sociedade Psicanalítica de Viena, com a criação de um periódico a ser dirigido por ele e Stekel – a *Revista central de psicanálise*

(*Zentralblatt für Psychoanalyse: medizinische Monatsschrift für Seelenkund*) –, e com a aprovação de um novo estatuto que estabeleceu duas importantes e significativas mudanças no regimento: a transferência das reuniões do grupo vienense da Berggasse 19 para o Colégio de Médicos de Viena e a alteração das regras admissionais, sendo deliberado que a candidatura deveria ser proposta por um membro ativo ou honorário, seria votada em segredo e deveria ser aceita pela maioria de três quartos do grupo.

Após essas decisões, a questão sobre a entrada de mulheres na Sociedade Psicanalítica de Viena pôde ser retomada em 13 de abril de 1910 (*ata 103*) e, em razão da ausência de consenso, Margarete Hilferding foi aceita apenas em 27 de abril de 1910 (*ata 105*), tornando-se a primeira mulher a ingressar em uma instituição de psicanálise na história do freudismo.[6] Daí em diante, outras mulheres puderam trilhar o mesmo caminho e pouco a pouco se juntaram ao grupo. São elas: Sabina Spielrein, em 1910, Tatiana Rosenthal, em 1911, e Hermine Hug-Hellmuth, em 1913, além de Lou-Andreas Salomé, que ocupou entre as primeiras psicanalistas um lugar privilegiado – quando se encontrou com Freud em 1911, ela já era reconhecida e foi para ele uma amiga e interlocutora importante. Presentes na historiografia das disciplinas psicopatológicas somente como pacientes e "casos", de 1910 em diante as mulheres encontraram no movimento psicanalítico um lugar no qual podiam trabalhar como analistas e intelectuais, discutir ideias sobre si e o mundo e votar de maneira igualitária aos homens.

---

6 Emma Eckstein (1865-1924) foi extraoficialmente a primeira psicanalista, embora não tenha integrado a Sociedade Psicanalítica de Viena. Poucos registros restam sobre ela, que, segundo Roudinesco (2009), foi analisada e depois supervisionada por Freud, tendo escrito artigos e atendido pacientes até 1905, quando adoeceu e se retirou de todas as suas atividades profissionais.

Em 1912, após a ruptura com Adler e na iminência da dissidência de Jung, Jones sugeriu a Freud a criação de um Comitê Secreto (*Ring*),[7] organização que agrupou os colaboradores tidos como mais fiéis ao freudismo - Abraham, Sachs, Ferenczi, Jones, Anton von Freund[8] e Eitingon[9] - e que marcou a história da psicanálise. Objetivando preservar a doutrina psicanalítica de desvirtuamentos, esses homens se organizaram de maneira horizontal, partilhando a soberania, ao mesmo tempo que ditavam as regras da política psicanalítica, o que incluiu decisões sobre a formação de analistas, a técnica, a inserção da psicanálise na União Soviética e a homossexualidade - na medida em que a partir dos anos 1920, e até o final da década de 1990, vigorou "um imperativo de proscrição" (Bulamah, 2016, p. 193) de candidatos homossexuais em todas as sociedades psicanalíticas vinculadas à IPA.[10]

Entre 1910 e 1914, a Sociedade Psicanalítica de Viena manteve uma média de quarenta integrantes e o número de mulheres aumentou esporadicamente. Em 1911 ocorreu o III Congresso da IPA, em Weimar; em 1912, a revista *Imago* foi criada; e em 1913 ocorreu o IV Congresso da IPA, em Munique, ocasião que consolidou a saída de Jung do movimento psicanalítico (Brome, 1969). No ano de 1914, quando irrompeu a Primeira Guerra Mundial, uma parcela significativa dos vienenses foi convocada pelo exército e os freudianos foram compelidos a "desistir de seus congressos, cessar suas atividades, suspender sua correspondência e suas produções

---

7 Após precipitar inúmeras querelas entre seus integrantes, o Comitê Secreto foi dissolvido em 1920.

8 O industrial húngaro Anton von Freund (1880-1920) permaneceu parte do grupo até sua morte, em 1920.

9 Eitingon se juntou ao Comitê Secreto no ano de 1919.

10 Esse tema é objeto de pesquisa de Lucas Bulamah (2016) no livro *História de uma regra não escrita: a proscrição da homossexualidade masculina no movimento psicanalítico*.

editoriais" (Roudinesco, 2016, p. 204). Durante os quatro anos de guerra, as reuniões da Sociedade Psicanalítica de Viena se mantiveram, mas os registros se tornam muito esparsos, pois Otto Rank foi convocado para servir. O reencontro dos primeiros psicanalistas ocorreu apenas no final desse período, no V Congresso da IPA, realizado em Budapeste no mês de setembro de 1918. É nesse ano também que se encerram os registros das *Atas da Sociedade Psicanalítica de Viena*, que não foram retomados por Rank.

O fato é que "sem o diálogo que manteve com essa primeira geração de discípulos, Freud jamais poderia ter alimentado sua obra, como fez reconstruindo-se incessantemente à luz das contribuições de cada um" (Roudinesco, 2016, p. 137), o que torna necessário que compreendamos com mais detalhes quem eram e como se organizaram os membros da Sociedade Psicanalítica de Viena, tarefa à qual nos dedicaremos agora. Fato é que talvez os primeiros psicanalistas não representassem exatamente o público que Freud almejou alcançar quando adiou a publicação de *A interpretação dos sonhos* para 1900, esperando que o livro tivesse uma grande repercussão no meio científico de sua época. Certamente, eles não pertenciam ao mundo acadêmico de Viena, pois em sua maioria haviam sido educados para profissões práticas (Roudinesco, 1989, 2016). Muitos deles eram médicos, como é o caso de Max Kahane, Rudolf Reitler, Paul Federn, Eduard Hitschmann, Maximilian Steiner, Isidor Sadger, Fritz Wittels, Margarete Hilferding e Sabina Spielrein, mas havia também críticos musicais, entre os quais estavam David Bach e Max Graf, advogados, como Victor Tausk e Hanns Sachs, o estudante de psicologia e literatura Theodor Reik, o aspirante a escritor Otto Rank e a filósofa Lou-Andreas Salomé.

Apesar de comporem um grupo heterogêneo, os primeiros psicanalistas tinham características em comum – aspecto que neste momento optamos por privilegiar com o objetivo de traçar um quadro geral dos membros do grupo vienense, cujas biografias exploraremos quando tratarmos de suas produções, nos próximos capítulos. Com exceção de Lou-Salomé, eles nasceram entre 1868 e 1881, eram em sua maioria judeus[11] e foram diretamente impactados pelo contexto em que cresceram. Em sua maioria, passaram a infância e a juventude na Áustria ou em países adjacentes da Europa Central e foram profundamente marcados pelos acontecimentos sociais e políticos de sua época.

Como vimos no Capítulo 1, na segunda metade do século XIX, a Áustria passou por mudanças políticas e sociais de grande impacto. Após duas décadas de luta, a Constituição de 1867 foi promulgada e começou a impulsionar uma agenda liberal reformista que ao ser rapidamente derrotada produziu uma assimilação da classe média aos valores da aristocracia. Segundo Rose (2019, p. 233), esses acontecimentos históricos contribuíram com a adesão ao freudismo e ao movimento psicanalítico. Influenciados pela efervescência cultural do *fin-de-siècle,* pelo antissemitismo que penetrava na cultura europeia e pelos valores da burguesia vienense – como o "compromisso com a tradição reformista do liberalismo", "a fé na ascensão social judaica através da educação e do avanço profissional" e a alta estima pela cultura estética –, esses homens e mulheres teriam sido nutridos por uma indignação moral, transformada em consciência científica no seio das reuniões da Sociedade Psicanalítica de Viena e, mais tarde, desdobrada na adesão ao freudismo como "causa".

No que concerne à relação dos primeiros psicanalistas com a obra de Freud, alguns pontos também devem ser elucidados. Conforme exploramos no Capítulo 4, a teoria psicanalítica já possuía uma primeira sistematização quando Freud reuniu seus primeiros seguidores e, como constata Hermann Nunberg (1959/2015, p.

---

11 No grupo que citamos, apenas Lou-Salomé e Reitler não eram judeus, sendo ele um católico convertido do judaísmo.

24), – responsável pela publicação das *Atas da Sociedade Psicanalítica de Viena* e membro da Sociedade Psicanalítica de Viena desde 1915 –, "certamente havia um abismo entre o saber de Freud e o saber dos outros". Por mais que tenham sido preciosos interlocutores para Freud, eventualmente os primeiros psicanalistas pareciam não ter um total conhecimento de suas obras, o que, de certa forma, contribuiu para colocar Freud no papel de mestre regulador do que era ou não psicanálise, levando-o muitas vezes a desconsiderar algumas hipóteses e teses que hoje podem ser revisitadas por sua importância teórico-clínica. Cumprindo esse papel, ele costumeiramente tomava a palavra nas reuniões para tecer longos comentários, em que enfatizava seu ponto de vista, corrigia o que considerava erros ou imprecisões conceituais e selecionava partes do conteúdo que avaliava como importantes para a teoria psicanalítica, além de apresentar seus novos textos, muitas vezes antes de serem publicados, o que nos permite acompanhar edições que precederam a versão final e algumas obras emblemáticas como, por exemplo, *O Homem dos Ratos* (Freud, 1909b/2013c) e *Uma recordação de infância de Leonardo da Vinci* (Freud, 1910).

Em meio a afirmações precipitadas e reações espontâneas às conferências, muitas vezes marcadas por uma teoria em debate e construção, podemos ver como o grupo pouco a pouco se tornou um núcleo importante de produções psicanalíticas. A partir da transcrição das reuniões, registradas com detalhe e precisão por Rank, é possível acompanhar o germinar e o desenvolvimento de conceitos importante para a psicanálise, entre os quais podemos citar a noção de bissexualidade, o conceito de narcisismo, o complexo de Édipo e a pulsão de morte. Além disso, enquanto pioneiros, os primeiros psicanalistas não eram profissionalmente treinados para a prática analítica – a regulamentação da formação em psicanálise pela Associação Internacional de Psicanálise ocorreu apenas em 1925 –, o que lhes permitia adotar uma postura extremamente criativa diante dos problemas teórico-clínicos da psicanálise e encontrar referências importantes na filosofia, na sociologia, na antropologia, na história da cultura e nas artes (Ruitenbeek, 1973), debatendo uma diversidade de assuntos surpreendente.

Assim, discutiam casos clínicos; analisavam obras recentes no campo da filosofia, da psiquiatria e das artes, como é o caso das sessões dedicadas à peça *O despertar da primavera: uma tragédia infantil* de Wedekind; debatiam questões sociais e morais, entre as quais a educação, a pedagogia, o casamento, o incesto, a monogamia e o aborto, assim como os doze debates sobre a masturbação realizados entre 1910 e 1912 e a conferência sobre "As bases do amor materno" de Hilferding; analisavam produções literárias ou clínicas sobre os grandes poetas e filósofos, entre os quais Nietzsche e Dostoiévski; e empreendiam autoanálises, confessando conflitos e sofrimentos que na época os assolavam.

Quando deixou Viena em 1938, por razão das perseguições nazistas, Freud confiou as atas das reuniões da Sociedade Psicanalítica de Viena a Paul Federn, que, ao emigrar para os Estados Unidos, levou consigo o material, evitando sua destruição e garantindo sua publicação. "A posse dos manuscritos significava para Federn uma grande responsabilidade – tanto perante Freud quanto perante a psicanálise", reflete Nunberg (1959/2015, p. 16), "falava deles com frequência e tinha-se a impressão de que ele se sentia na obrigação de publicá-los o mais cedo possível". O adoecimento e as dificuldades encontradas no exílio impediram a realização desse projeto a tempo. Ao morrer, em 1950, Federn disponibilizou em seu testamento os documentos, delegando a tarefa para Hermann Nunberg, que os redigiu e providenciou, junto a Ernst Federn – filho de Paul –, a sua publicação total, permitindo ao leitor acompanhar as reuniões como testemunha, com o mínimo possível de persuasão editorial.

Organizado em quatro volumes, o material registra as sessões realizadas na Sociedade Psicanalítica de Viena entre 1906 e 1918. A partir de 1910, os registros passaram a ser mais esparsos e sintéticos e, de 5 de janeiro de 1916 – quando Rank já havia deixado Viena para servir na Primeira Guerra Mundial – em diante, esses se tornaram bastante pontuais na maior parte das reuniões, tornando praticamente impossível inferir seu conteúdo. As reuniões ocorridas entre 1916 e 1918 foram redigidas por diferentes pessoas, não são numeradas, são excessivamente sintéticas e estão inclusas apenas na edição francesa do material. De 1918 a 1938, as questões científicas deixaram de ser transcritas e os registros – que provavelmente se limitam às listas de presença – não foram publicados.

Como podemos ver, as *Atas da Sociedade Psicanalítica de Viena* são muito mais do que um registro burocrático. Seu valor documental é de extrema importância para a história da psicanálise e permite a emergência de novos protagonistas e leituras dos conceitos, da clínica e do aspecto político da teoria, expandindo o horizonte psicanalítico para além da obra freudiana. Embora o acesso a esses documentos ainda seja difícil, a tarefa de trancrevê-los é essencial por possibilitar a exploração de fissuras presentes no texto de Freud, elucidando seus aspectos normativos, assim como dimensões potentes da teoria que não foram suficientemente exploradas pela literatura psicanalítica oficial. Procedermos agora para a análise do que esses documentos nos dizem a respeito da questão das dissidências sexuais na história da psicanálise, dando voz aos primeiros psicanalistas: "Primeiros, sem dúvida, pela data de seu envolvimento, o tamanho de sua contribuição, a profundidade das marcas que deixaram. Psicanalistas, obviamente, mesmo que não soubessem ou na época não quisessem ser" (Schneider, 1983, p. XV, tradução nossa).

5. A inserção da psicanálise nos debates sociais

Após termos apresentando os primeiros psicanalistas, chegou enfim o momento de devidamente explorarmos o conteúdo das *Atas da Sociedade Psicanalítica de Viena*. Considerando a abrangência das discussões sobre as dissidências sexuais no campo social do início do século XX, e com o objetivo de situar o grupo vienense nos debates que se alastravam pelos países germânicos, iniciaremos nosso percurso pelos registros das reuniões que exploram a inserção da psicanálise nos debates sobre questões sociais. Para tal, pesquisaremos a relação entre os vienenses e os ativistas de Berlim, as discussões sobre a educação sexual, os debates sobre a reforma sexual e as concepções que os primeiros psicanalistas tinham sobre lésbicas e gays enquanto sujeitos, elucidando as crenças imaginárias, o entendimento e a apreensão dos primeiros psicanalistas sobre esse tema, o que nos situará e possibilitará a compreensão dos posicionamentos políticos, teóricos e clínicos adotados pelo grupo até o ano de 1920.

Os analistas de Viena e os militantes de Berlim

Magnus Hirschfeld e Sigmund Freud encabeçaram movimentos de vanguarda nas sociedades de língua germânica do início do século XX: a ocupação de posições importantes para o grupo que reuniram; o almejo da expansão e do reconhecimento social de suas pautas e formulações; a defesa de ideias reformistas sobre a moral e os costumes; com um interesse particularmente intenso pelas questões da sexualidade. Assim, o "Einstein do sexo" e o "pai da psicanálise" possuíam muito em comum e estabeleceram uma relação de mútua colaboração ao longo da primeira década dos anos 1900.

Hirschfeld participou da fundação da Associação Psicanalítica de Berlim[1] em 27 de agosto de 1908, frequentava os encontros do grupo e acreditava que a invenção freudiana era uma ferramenta importante para cuidar das pessoas pertencentes aos *estados sexuais intermediários*. Fiel à hipótese de que a homossexualidade seria uma característica inata - ponto nodal também de sua argumentação política -, discordava das teses freudianas sobre o tema. Em uma época em que as instituições de psicanálise conviviam bem com divergências teóricas, Hirschfeld se tornou um intelectual bastante valorizado por Freud e foi a primeira pessoa abertamente gay a integrar o movimento psicanalítico, no qual era tolerado, pois era considerado um homem discreto, que aos olhos de seus colegas analistas mantinha uma conduta adequada para os homens da ciência de sua época (Bulamah, 2016).

Durante a primeira década do século XX, Freud manteve uma alta estima por Hirschfeld, colaborando com os seus trabalhos e enviando-lhe uma série de correspondências, em que trocavam

1 Organização que em 1910 se tornaria a Sociedade Psicanalítica de Berlim.

opiniões, reflexões e referências, embebidas em elogios mútuos. Um exemplo dessa amistosa relação pode ser vislumbrado quando, em janeiro de 1906, foi publicado um artigo atribuindo a ideia de bissexualidade a Wilhelm Fliess e acusando Otto Weininger e Hermann Swoboda[2] de terem lhe plagiado, por meio de informações fornecidas por Freud.

Muito mobilizado pela questão, ele escreveu uma primeira carta a Hirschfeld, expondo seu ponto de vista e solicitando-lhe apoio:

> *É uma difamação abominável que, entre outras coisas, também me envolve em uma suspeita absurda. Espero que você tenha a mesma impressão. Do ponto de vista objetivo, esta é uma questão de prioridade para a bissexualidade. Acredito que seus Anais [Anais dos Estados Sexuais Intermediários] seriam o local apropriado para desenvolver e realizar uma revisão e uma apresentação mais imparcial. (Freud, 1906/2007, p. 29, tradução nossa)*

Simultaneamente, Hirschfeld também lhe enviou uma carta, na qual tentava incitá-lo a expor seu ponto de vista. Freud então redigiu uma segunda correspondência, na qual afirmava não se

2 Esse episódio marcou a ruptura definitiva entre Freud e Fliess, que já estavam afastados desde 1900. Em 1903, quando Otto Weininger publicou a obra *Sexo e Caráter*, em que discutia o conceito de bissexualidade, Fliess afirmou que essa ideia lhe teria sido transmitida por seu amigo íntimo Hermann Swoboda (1873-1963), que teria tomado conhecimento dessa teoria no curso de uma análise que ele realizou com Freud em 1900. Em 1903, Weininger se suicidou e sua obra alcançou um enorme sucesso, tendo sido traduzida em dez línguas e chegado à vigésima oitava reimpressão. Swoboda, por sua vez, também redigiu uma obra sobre o assunto, dando início a um longo caso de roubo de ideias que em 1906 terminou nos tribunais.

considerar a pessoa mais adequada para realizar sua defesa pública, pois não desejava entrar em conflito com Fliess. Diante desse impasse, Hirschfeld optou por sair em defesa de Freud e publicou as correspondências nas "Comunicações do Comitê Científico Humanitário" de 1 de fevereiro de 1906 (WhK, 1906, pp. 29-31). Ademais, Hirschfeld encaminhava casos de pacientes homossexuais a psicanalistas, com destaque para Isidor Sadger e Karl Abraham, e em 1908 convidou os integrantes da Sociedade Psicanalítica de Viena para contribuírem com a nova versão de um questionário sobre os estados sexuais intermediários que vinha sendo utilizado por ele nos últimos anos e demandava atualizações, proposta que suscitou dois debates interessantes, ocorridos em 15 e 22 de abril de 1908 (*atas 47* e *48*).

O trabalho conjunto objetivava uma "melhor compreensão das pessoas com tendências anormais" (Checchia; Torres; Hoffmann, 2015, p. 543), grupo que incluía *homossexuais*, *andróginos*, *travestis* e *hermafroditas* – conforme a distinção de Hirschfeld. O estudo foi apresentado aos vienenses por Freud, que em um primeiro momento não conseguiu aprová-lo com consenso, uma vez que Stekel e Wittels se opuseram a trabalhar com Hirschfeld. Além disso, Isidor Sadger – analista já interessando pelo estudo da homossexualidade – sugeriu que a colaboração fosse anônima, o que parecia se justificar por um desejo de não associar diretamente a psicanálise aos militantes de Berlim. A moção de Sadger foi indeferida e, em 15 de abril de 1908, por ocasião do trabalho em parceria com Hirschfeld, o grupo de analistas vienenses foi a público pela primeira vez, apresentando-se como Sociedade Psicanalítica de Viena (*Wiener Psychoanalytische Vereinigung*, WPV).

Embora não tenha sido aceita com unanimidade, essa decisão é coerente com algumas outras atitudes de Freud perante a "questão homossexual" no início do século XX. Além da extrema confiança depositada em Hirschfeld diante da acusação de plágio levantada por Fliess, em 1903 Freud saiu em defesa de uma personalidade importante levada à justiça por homossexualidade, afirmando ao jornal vienense *Die Zeit* não considerar esse assunto como uma responsabilidade dos tribunais.

"Acredito firmemente que os homossexuais não devem ser tratados como pessoas doentes porque essa orientação sexual não é uma doença" afirmou Freud (1903 citado em Menahem, 2003, p. 14, tradução nossa), posicionando-se contra a criminalização das práticas lésbicas e homossexuais. Ao analisar a conduta de Freud, Menahem (2003) chama a atenção para o fato de ele ter dito 'acreditar firmemente', manifestando-se com base em uma convicção, que naquela época não era sustentada teoricamente. Em um momento no qual as pesquisas que discutiam a homossexualidade do ponto de vista da jovem psicanálise não haviam sido suficientemente desenvolvidas, tudo indicava que a compreensão psicanalítica das orientações sexuais não normativas demandava um estudo mais amplo sobre a pulsão sexual e a escolha de objeto, temas deixados em aberto na primeira versão dos *Três ensaios sobre a teoria da sexualidade*.

Nesse contexto, podemos compreender melhor o interesse dos psicanalistas vienenses em participar da elaboração do questionário. Evidentemente, não se tratava de mera simpatia por Hirschfeld ou sua causa e, embora uma relação amistosa existisse entre ele e Freud, a proposta de colaboração mútua ganhou relevância, pois o questionário foi considerado como uma ferramenta para estudar a pulsão sexual de maneira mais ampla, o que, nas palavras de Freud (Checchia; Torres; Hoffmann, 2015, p. 535), daria "uma boa ideia do que resta na memória do homem normal". Por um lado, Hirschfeld pretendia realizar um mapeamento dos *estados sexuais intermediários*, cuja finalidade era política, na medida em que ele acreditava que o conhecimento era uma ferramenta fundamental para garantir direitos para essa população. Por outro, os psicanalistas consideravam a sexualidade como um pilar indispensável de sua teoria, que no ano de 1908 ainda demandava uma série de investigações.

As divergências de ponto de vista objetivo não impediram que o projeto fosse levado adiante, embora esse episódio dê pistas importantes sobre a forma como as dissidências sexuais se tornaram objeto de interesse dos primeiros psicanalistas. Enquanto Hitschmann – responsável por preparar um questionário, a partir do modelo enviado por Hirschfeld – afirmava que este seria um "estudo estatístico da vida sexual de pessoas doentes e sãs", Freud vai além, sugerindo que "o aspecto homossexual deve ser mencionado apenas de passagem; aqueles que revelarem ser homossexuais receberão um segundo questionário" (Checchia; Torres; Hoffmann, 2015, pp. 537-538).

Os principais pontos de interesse para os vienenses remetiam aos fatores infantil, etiológico e orgânico, conforme registrado na *ata 47* (Checchia; Torres; Hoffmann, 2015, pp. 535-536):

> *I. Condições familiares;*
>
> *II. Desenvolvimento da sexualidade na infância e;*
>
> *III. após a puberdade*
>
> *Perguntar-se-ia sobre:*
>
> *Ad I. Pais e irmãos;*
>
> *Idade, posição na fratria;*
>
> *Mortes prematuras;*
>
> *Métodos de educação;*
>
> *Pessoas encarregadas da educação.*
>
> *Ad. II. Quando tem início suas memórias?*
>
> *Primeira memória?*

Quando suas memórias adquirem continuidade?

Quais maus hábitos ou defeitos infantis o senhor ou seus irmão tiveram?

Deve-se acentuar:

a) o dom de imitação;

b) a imaginação

c) o sono etc.

Por ora, nos limitaremos a uma descrição geral das perguntas elencadas pelos psicanalistas vienenses, ressaltando que a versão que discutiremos se difere significativamente do modelo final do questionário, publicado por Hirschfeld (1908) na revista *Zeitschrift für sexualwissenschaft* de dezembro de 1908. A versão final do trabalho incluiu um agradecimento aos psicanalistas de Berlim,[3] foi intitulada "questionário psicanalítico" e era composta por 127 questões divididas em quatro sessões: 1) Dados gerais; 2) Descendência; 3) Infância e juventude; e 4) Estado atual, categoria subdividida em três itens (A. Características e condições físicas; B. Qualidades e condições mentais; C. Pulsão genital), destinada a investigar o corpo, a fisiologia, as condições mentais e a sexualidade dos respondentes do questionário. As duas versões registradas nas atas – a primeira preparada por Hitschmann e a segunda enviada por Hirschfeld como modelo – não correspondem ao formato final do trabalho, mas nos interessam particularmente por explicitarem o interesse dos primeiros psicanalistas na lesbianidade e na homossexualidade.

---

3 Hirschfeld agradeceu as contribuições de Karl Abraham, Iwan Bloch, James Fraenkel, Otto Juliusburger, Heinrich Koerber, Carl Friederich Jordan, Max Tischler, Georg Tobias, F. Stein, L. S. A. von Roemer-Helder e Paul Bürger--Diether.

Os questionários se diferenciavam particularmente pela ênfase dada à questão homossexual, muito mais acentuada na versão de Hirschfeld. Para melhor compreensão do leitor, o trabalho de Hitschmann pode ser divido em seis temas de interesse:

- *Status físico*: tópico que abrangia perguntas sobre a fisionomia sexual, os órgãos genitais e as anomalias de formação, orientando que o paciente consultasse um médico para exame.
- *Antepassados*: item que abordava a história da família do paciente, incluindo profissão, número de filhos e doenças que afetaram os pais e avós. Também abarcava questões sobre a relação com as figuras parentais, o romance familiar (aversão, ternura e ciúmes), a presença de outras pessoas encarregadas da criação e a relação com os irmãos, caso existissem.
- *Primeira infância*: aspecto que buscava explorar as memórias do paciente, suas primeiras experiências sexuais, teorias sexuais infantis e lembranças de cenas de sedução, assim como o tipo de educação sexual que havia lhe sido dada, os amigos da escola e o amor pelos professores. Além disso, estavam inclusas também perguntas sobre a presença de erotismo anal, o hábito de chupar os dedos, as surras na primeira infância, a existência de enurese noturna ou masturbação e a presença de perversões, inversão, fetiche e exibicionismo.
- *Infância tardia*: parte que abordava a questão do recalcamento do incesto, da autoacusação de erotismo, da vergonha, do asco, do masoquismo, do sadismo e das mentiras. Perguntas sobre peculiaridades nos hábitos alimentares, beijo precoce, chiste e dom de imitação também estavam presentes.

- *Puberdade*: aspecto que tematizava o reconhecimento dos afetos despertados na época, da primeira excitação genital, assim como a idade da menarca (no caso das mulheres), a existência de práticas de masturbação e as fantasias subjacentes a estas, os devaneios, a presença de angústia ou aversão com relação à sexualidade, os sentimentos de depressão e existência de ideação suicida. O questionário inclui também perguntas sobre as relações afetivo-sexuais do paciente, entre as quais o primeiro beijo, o grau de desejo de tocar o parceiro, a idade da primeira relação sexual, o sentimento de culpa, compulsão sexual, fobia à sífilis, frigidez, anestesia, excitação frustrada, inversão ou neurose, assim como as características gerais dos relacionamentos amorosos e sexuais. Perguntas sobre a formação, o trabalho intelectual, as amizades e a educação sexual também integram o questionário.
- *Fase adulta*: considerada como a atualidade da vida do paciente, esse item aborda a relação conjugal, casamento, existência de filhos, assim como questões sobre a noite de núpcias, o uso de métodos de prevenção da gravidez, a potência e a presença de abstinência ou perversão.

Como podemos ver, uma ampla gama de perguntas a respeito da vida sexual dos seres humanos foi formulada pelos psicanalistas, sendo muitas delas relativas às hipóteses trabalhadas por eles sobre a sexualidade infantil, a vida pulsional, o papel das zonas erógenas, as transformações da puberdade e a importância da infância para a constituição do sujeito. A homossexualidade – denominada inversão –, por sua vez, é mencionada apenas de passagem em dois trechos do material:

> *Companheiros de jogos: d) defeitos infantis (chupar o dedo, erotismo anal etc.) *palmadas*. Enurese,*

> *masturbação (onde?) *roer as unhas, pavor, palmadas*. Perversões.* Inversão. *Fetiche. *Exibicionismo**
>
> . . .
>
> *IV. Puberdade: ...* Inversão *(comparar com o questionários de Hirschfeld) *neuroses?* (Checchia; Torres; Hoffmann, 2015, pp. 540-542, grifo nosso)*

A sugestão apresentada ao lado da pergunta sobre a homossexualidade na puberdade não pode ser compreendida detalhadamente, em razão do caráter fragmentário das notas dessa ata. Não sabemos se o objeto de comparação ao qual a anotação se dirige são as perguntas dos analistas, as respostas dos pacientes, ou mesmo se seria nesse ponto que o questionário específico sobre a homossexualidade seria inserido, seguindo a sugestão de Freud.

De qualquer maneira, o questionário psicanalítico era um verdadeiro mapeamento da lesbianidade e da homossexualidade, no qual as mais diversas perguntas sobre o histórico familiar, a infância, a aparência física, o comportamento e as crenças das pessoas sobre a sua sexualidade e gênero eram formuladas (Checchia; Torres; Hoffmann, 2015, pp. 543-554): "Tem conhecimento de casos de amor homossexual ou tendências similares em seus pais, avós ou outros membros da família?", "Gostava mais de brincar com meninos ou meninas? Gostava mais de brincadeiras de meninos, soldados, cavalos de bois, guerra de bola de neve, luta, ou preferia brincadeiras de meninas, como bonecas, cozinhar, fazer crochê e tricô?", "Qual é a característica do seu biotipo? Em especial, qual é a largura dos seus quadris?", "Agradam-lhe mais as ocupações femininas (cozinhar, limpar, trabalhos manuais) ou as masculinas (esporte, caça, tiro, luta)? Quais temas lhe interessam mais (por exemplo, política, moda, teatro, cavalos, flores etc.)? Lê e estuda muito? Quais leituras prefere (obras científicas, poesia, literatura etc.)?", "Qual é sua opinião sobre sua situação sexual? Acredita ser inocente ou culpado, natural ou antinatural, são ou doente?".

Apesar de as questões propostas por Hirschfeld serem marcadas por premissas essencialistas, que pressupõem a existência de uma natureza feminina ou masculina manifesta por meio de estereótipos e atreladas ao desejo afetivo-sexual, poder falar sobre essa temática no início do século XX era um ato político de extrema importância em lugares como a Alemanha e a Áustria, onde a homossexualidade e a lesbianidade – apenas no segundo caso – eram consideradas matéria dos tribunais. Nesse sentido, a decisão dos primeiros psicanalistas de assumirem o trabalho conjunto com Hirschfeld perante a opinião pública e o meio intelectual implicou certo progressismo em seu posicionamento. Ao aceitarem contribuir com a pesquisa dos militantes de Berlim sobre as dissidências sexuais, eles puderam também investigar suas próprias hipóteses sobre a sexualidade e a relação entre pulsão e objeto.

O ato de vir a público tratar da questão homossexual gerou repercussões negativas no próprio âmago do movimento psicanalítico, que em 1908 ainda não havia alcançado o ápice de sua institucionalização. Essa insatisfação com o posicionamento dos vienenses e dos analistas de Berlim foi comunicada por Jung, que não escondia sua homofobia:

> *O "questionário psicanalítico" é uma tragédia que agora pude ver com meus próprios olhos. Uma miscelânea absolutamente idiota que a Hirschfeld não concede o menor crédito. Acho imperdoável a profanação da palavra "psicanalítico". É de todo lamentável, para não dizer mais, que Abraham e Stein tenham compactuado com essa triste mistificação. Tenho uma grande vontade de protestar contra essa infame tapeação do*

> *público. Em Zurique todos estão escandalizados, e com razão. (Mcguire, 1993, p. 245)*

Mesmo tendo Jung em alta estima, o seu comentário não foi bem recebido por Freud, cuja resposta infelizmente não podemos acompanhar, em razão da falta de registos. Na correspondência seguinte, Jung (Mcguire, 1993, p. 248) aponta ter notado "um certo aborrecimento, causado sem dúvida pelo afeto que exprimi sobre o infeliz questionário", o que nos permite conjecturar que a crítica não foi bem recebida.

Durante a primeira década do século XX, o trabalho de Hirschfeld permaneceu no radar dos analistas vienenses que, eventualmente, publicavam textos nas revistas editadas por ele. Curiosamente, no mesmo ano em que Sadger se opusera a tornar pública a parceria entre Hirschfeld e a Sociedade Psicanalítica de Viena, o psicanalista escreveu dois artigos para os periódicos do grupo de ativistas de Berlim – o primeiro deles, intitulado "Fragmento da psicanálise de um homossexual", foi publicado no *Jahrbuch für sexuelle Zwischenstufen,* e o segundo, nomeado "A sensibilidade sexual contrária é curável?", saiu no *Zeitschrift für sexualwissenschaft.* O fato é que Hirschfeld era receptivo aos trabalhos dos psicanalistas e considerava – conforme escreve em uma nota do editor que segue o texto sadgeriano – que Freud e seus colaboradores "se esforçam há um certo tempo para agir terapeuticamente sobre a homossexualidade com os meios da psicanálise" (Sadger, 1908a, p. 424, tradução nossa).

Ao que tudo indica, a postura era mais ambivalente do lado de Freud, que indicava estar de acordo com a associação entre o movimento psicanalítico e a "questão homossexual" somente do ponto de vista científico, preocupando-se em ser diretamente associado às pautas militantes e à comunidade lésbica e homossexual, como podemos ver em uma carta endereçada a Jung, escrita em 25 de fevereiro de 1908:

> *O aparecimento desse texto*[4] *na nova Zeitschrift für sexualwissenschaft pode ser atribuído a uma atitude meio safada por parte dos editores. Pediram-me originalmente o artigo para o* Jahrbuch für sexuelle Zwischenstufen *e só vários meses depois me disseram que ele seria publicado na* Zeitschrift für sexualwissenschaft, *que estava então sendo fundada. Solicitei uma garantia de que esse novo órgão não ia ser uma crônica do W. H. Comitê, caso em que preferiria retirar minha contribuição, mas não recebi resposta. (Mcguire, 1993, p. 170)*

Ademais, reuniões nas quais as novidades da literatura científica europeia sobre a sexualidade eram resenhadas e comentadas ocorreram esporadicamente na primeira década do século XX. Entre esses trabalhos, podemos encontrar menções às obras de Havelock Ellis, Krafft-Ebing e Moll, além do próprio Hirschfeld. Como vimos, já em 1905 Freud havia tentado se diferenciar das teses psiquiátricas a respeito da homossexualidade, o que não impediu que nos anos seguintes os autores por ele citados permanecessem referência no assunto e que suas propostas fossem esporadicamente debatidas pelos primeiros psicanalistas. Poucos registros restam dessas discussões, que se resumem a menções esporádicas e notas fragmentárias.

As pesquisas dos analistas sobre o tema, por sua vez, também eram resenhadas e comentadas por esses autores, como é o caso

---

4 O texto referido por Freud (1908c/2015d) é "As fantasias histéricas e sua relação com a bissexualidade", publicado no *Zeitschrift für sexualwissenschaft* em 1908.

dos artigos "Fragmento da psicanálise de um homossexual" e "A sensibilidade sexual contrária é curável?", publicados por Sadger em 1908 e resenhados por Havelock Ellis (1909/2011a), que nessa época tinha o analista vienense em alta estima e o considerava o mais promissor entre os colaboradores de Freud. Da mesma maneira, podemos citar também um trabalho de Ludwig Lowënfeld sobre "A homossexualidade e o código penal" ("*Homossexualität und Strafgesetz*") que, segundo Freud, defendia as ideias psicanalítica sobre a questão homossexual (Checchia; Torres; Hoffmann, 2015; Nunberg; Federn, 1980[5]).

O que não deixa de ser digno de nota é o fato de que essas referências entram em declínio a partir de 1909, resumindo-se a breves e pontuais menções de 1911 em diante, conforme os analistas iam criando suas próprias hipóteses sobre a questão da homossexualidade e das perversões – assunto que retomaremos no Capítulo 6. Acompanhando o texto das Atas, podemos ver que Hirschfeld, por exemplo, foi citado pela última vez em 7 de dezembro de 1910 (*ata 122*), quando sua obra "*Die Transvestiten*" foi resenhada por Rank.

Publicado nesse mesmo ano, o texto de aproximadamente quatrocentas páginas consiste no primeiro estudo teórico-clínico sobre a questão da transexualidade, desmontando a assimilação desta pela homossexualidade, como era recorrente na psiquiatria hegemônica do final do século XIX. A diferenciação proposta por Hirschfeld não agradou os analistas vienenses, especialmente Rank, Sadger e Stekel, que, ao resenharem o texto – o primeiro em um encontro da Sociedade Psicanalítica de Viena e os demais em periódicos científicos –, concordaram que os impulsos homossexuais parciais também existiriam na transexualidade, mesmo

5 Referência ao segundo volume das *Atas da Sociedade Psicanalítica de Viena* publicado em espanhol, sob organização de Jorge Rodríguez. Editora *Nueva Vision*, Buenos Aires, 1980.

que de maneira inconsciente (Nunberg; Federn, 1974;[6] Nieder; Richter-Appelt, 2011). Freud, por sua vez, escreveu a Ferenczi expressando certo agrado pela obra, por considerar que Hirschfeld finalmente teria entendido a diferença entre inversão de objeto e de pessoa, ou seja, entre homossexualidade e componente feminino (Falzeder; Brabant; Giampieri, 1994).

Nas entrelinhas desse comentário, se traduz a expectativa de que Hirschfeld aderisse às teses psicanalíticas, preocupação que Freud já expressara a Abraham em 1909: "Espero que você gradualmente o convença da incorreção de suas assunções teóricas sobre a homossexualidade, se ele estiver suficientemente desimplicado" (Falzeder, 2002, p. 142). Como podemos ver, as expectativas de Freud não foram cumpridas e cada vez mais as discordâncias entre os analistas e o militante de Berlim se acentuaram.

O afastamento definitivo de Hirschfeld do movimento psicanalítico ocorreu após o Congresso de Weimar, em setembro de 1911, e teria sido precipitado por um comentário de Jung, sobre o qual não se tem registro. Em correspondência Freud comentou o assunto com ele, usando duras palavras e acentuando as diferenças teóricas que, a partir de então, se tornaram um afastamento definitivo:[7]

> *Em Berlim, Magnus Hirschfeld desertou de nossas fileiras. A perda não é grande, ele é um fraco indolente e*

6 Referência ao terceiro volume das *Atas da Sociedade Psicanalítica de Viena* publicado em inglês. Editora International Universities Press, Nova Iorque, 1974.

7 Embora Hirschfeld tenha se afastado do movimento psicanalítico no ano de 1911, em fevereiro de 1914 Freud escreveu a Ferenczi comunicando que recebera uma visita dele em sua residência (Falzeder; Brabant; Giampieri, 1994). Não encontramos registros sobre esse encontro, nem sobre o desenrolar das relações entre Hirschfeld e Freud depois do Congresso de Weimar, mas podemos presumir que no nível pessoal eles mantiveram certa comunicação.

> *nem sequer tem a capacidade de aprender. É claro que tomou, como pretexto, a observação feita pelo senhor no Congresso; não merece uma só lágrima! (Mcguire, 1993, p. 461)*

Perguntando-se sobre a mudança repentina no posicionamento de Freud, Bulamah (2016) acredita que Hirschfeld foi uma figura que sucumbiu ao processo de institucionalização da psicanálise. Com o ascender desse processo, sua homossexualidade enrustida e suas perspectivas teóricas discordantes se tornariam diferenças intoleráveis, mais tarde institucionalizadas pelo "imperativo de proscrição" (Bulamah, 2016, p. 193), que entre 1921 e 1999 bania as candidaturas de homossexuais que desejassem uma formação como psicanalistas das Sociedades de Psicanálise vinculadas à Associação Psicanalítica Internacional (IPA).

Definitivamente afastados de Magnus Hirschfeld, os primeiros psicanalistas se distanciaram de maneira categórica da interlocução com a militância LGBTQIAP+ de sua época e continuaram partilhando com elas apenas algumas aspirações reformistas, que questionavam a moral e a repressão da sexualidade. Com grande preocupação em relação às questões sociais, os analistas vienenses debatiam com frequência os caminhos possíveis para a diminuição do sofrimento psíquico, pensando intervenções que abarcavam não apenas a vida privada como ela chegava no consultório particular, mas também a sociedade mais ampla.

Para que uma educação sexual?

A educação sexual foi um tema que desde muito cedo ocupou os primeiros psicanalistas. Responsável por desvelar e afirmar a existência da sexualidade infantil, na primeira década do século XX

Freud começou a ser consultado por seus contemporâneos sobre a melhor maneira de educar os filhos (Kupfer, 2005), debate que incluía o esclarecimento sexual das crianças.

Deveria este ocorrer? Se sim, em que idade? Como fazê-lo? E, por fim, quem responsabilizar por essa tarefa? Em *O esclarecimento sexual das crianças* encontramos uma resposta categórica por parte de Freud (1907/2015a, p. 323) para a primeira pergunta, a qual rapidamente se tornaria um consenso entre o grupo vienense. Por mais que as questões práticas fossem passíveis de discussão, a educação sexual era, para Freud, uma tarefa necessária na infância, sendo considerado fundamental que a sexualidade fosse tratada como algo digno de conhecimento; portanto, era necessário saber que não se deveria ter de esperar até a puberdade ou colocar o assunto sob o selo da proibição.

O obscurecimento do tema para as crianças era uma grande preocupação para os primeiros psicanalistas quando eles realizaram um de seus principais debates sobre a educação sexual, em 12 de maio de 1909 (*ata 79*). Na ocasião, eles discutiram um material recém-lançado que orientava os pais a esse respeito e o qual não foi visto com bons olhos pelos vienenses, com destaque para as considerações de Maximilian Steiner (1874-1942), um médico especialista em infecções sexualmente transmissíveis e em doenças de pele, cujo nome é pouco conhecido na história da psicanálise:

> *Em relação à educação sexual, somente os pais devem ser levados em consideração e sua tarefa principal consiste em evitar as mentiras desnecessárias. Se é realmente preciso proporcionar informações às crianças, isso não deve ser feito de maneira forçada, mas sempre de forma adequada à sua capacidade de compreensão. Considerando as ideias distorcidas que muitos adultos*

> *têm sobre o coito, mesmo depois de ter tido relações sexuais, perdemos as esperanças de dar às crianças um conhecimento certeiro do processo, de maneira que não lhe cause nenhum prejuízo. (Nunberg; Federn, 1980, p. 213, tradução nossa)*

A resposta de Steiner é complementada pela afirmação de Graf – o pai do pequeno Hans – de que se deve ensinar as crianças a perguntar. Mas se, como constata Steiner, os próprios adultos parecem ter ideias distorcidas sobre a sexualidade, seria possível ensiná-los a responder? Como podemos ver, Freud (1907/2015a) insistia na necessidade de que as explicações dadas pelos mais velhos fossem verdadeiras, o que em 1907 já partia da constatação de que muitas vezes os adultos costumam esconder das crianças as respostas sobre a sexualidade, comportamento que ele atribuíra ao temor de despertá-la precocemente.

Essa problemática poderia ser resolvida com o esclarecimento da população sobre a sexualidade infantil, não fosse o fato de que, como constata Kupfer (2005), nesse momento Freud já formulava outra pergunta nas entrelinhas: "por que os pais ignoram a sexualidade infantil se eles próprios já foram crianças um dia?" (p. 47). A resposta deriva de duas constatações. A primeira, de que a sexualidade infantil seria recalcada, o que tornaria necessário não somente esclarecer os pais e educadores, mas fazê-los lembrar daquilo que por algum motivo foi esquecido. A segunda partiria da formulação das teorias sexuais infantis (Freud, 1908b/2015c), que seriam tomadas como parte do desenvolvimento psíquico, de maneira que a educação progressiva e sistemática sobre a sexualidade não seria possível sem que se esbarrasse mais uma vez nas problemáticas inconscientes.

"Resta, contudo, uma ética da verdade, um convite aos educadores para jamais esconder, caso isso lhes seja possível, isto é, caso sua própria 'posição inconsciente' não os impeça, a verdade sobre a sexualidade" (Kupfer, 2005, p. 50). No entanto, quando os primeiros psicanalistas discutem a questão da educação sexual, essa formulação ainda parece demasiado distante e, embora Graf, Adler e Rank já em 1907 tenham apontado para a impossibilidade de se realizar um esclarecimento completo e sistematizado das dúvidas infantis, na primeira década do século XX parecia ser o bastante transferir a resolução dessa problemática para o âmbito escolar, na ilusão de que este seria um lugar mais simples para dar cabo dessa tarefa necessária, mas tão difícil.

Dito isso, resta-nos perguntar: afinal, no que estariam pensando os primeiros psicanalistas quando defendiam uma educação sexual para as crianças? A necessidade de tratar da sexualidade como algo anterior à puberdade e digno de conhecimento poderia ser uma resposta suficiente para essa questão, mas, como podemos acompanhar na discussão realizada em 18 de dezembro de 1907 (*ata 34*), o esclarecimento sexual das crianças tem para os psicanalistas uma importância a mais. Debatendo as articulações entre a educação e os traumas infantis pela primeira vez – ao menos no material registrado –, os vienenses colocam uma questão que perpassou todos os debates sobre o assunto que ocorreram até 1913: o aspecto profilático da educação sexual.

Ocorresse na escola ou em casa, sob responsabilidade dos educadores ou dos pais, o mais importante para os primeiros psicanalistas parecia ser a ideia de que a educação sexual era uma maneira de prevenir o adoecimento psíquico, registro sob o qual eles situavam, mesmo que sem consenso, o trauma, a neurose e a homossexualidade, tomada como uma patologia. Fundamentalmente, o esclarecimento sexual era considerado como uma medida de prevenção das enfermidades neuróticas, conforme sintetiza Federn (Nunberg; Federn, 1974)[8] na reunião de 15 de dezembro de 1909 (*ata 90*):

> *O nosso julgamento na educação é necessariamente distorcido pelo fato de que estamos lidando com o adoecimento. Hoje, não temos respostas para uma série de perguntas detalhadas e podemos apenas supor que, em circunstâncias normais, a educação se contentará em ser exclusivamente uma educação sexual. A questão que se coloca é a seguinte: como proteger a criança ainda instável de suas próprias pulsões, em especial das pulsões parciais? (pp. 354-355, tradução nossa)*

"A prevenção é essencial na educação em geral, bem como na educação sexual. Também seria interessante ver como os casos de imoralidade se desenvolvem", completa Hitschmann (Nunberg; Federn, 1978, p. 356, tradução nossa), para quem o caráter profilático da educação sexual era um assunto de extrema importância. Essa pontuação seria feita por ele nas diversas ocasiões em que o tema era discutido, entre as quais podemos mencionar as reuniões de 12 de maio de 1909 (*ata 79*) e de 7 de maio de 1913 (*ata 200*).

A partir dessas considerações, podemos ver que a educação sexual passou a ser vista por alguns analistas como um campo importante para prevenir o adoecimento e a patologia, abarcando tudo o que fosse assim definido. Situada em um lugar transitório entre o crime, a doença e uma orientação do desejo, a depender de quem a estivesse pensando, a homossexualidade não ficou de fora

---

8 Referência ao segundo volume das *Atas da Sociedade Psicanalítica de Viena* publicado em francês, sob direção de J. B. Pontalis. Editora *Gallimard*, Paris, 1978.

desse debate, como podemos acompanhar na reunião de 10 de novembro de 1909 (*ata 86*), quando Sadger apresentou o caso de um homossexual por ele analisado, intitulado "Um caso de perversão multiforme".

Médico austríaco formado em Viena, Isidor Sadger (1867--1942) integrou a Sociedade Psicológica das Quartas-Feiras em 1906 e foi um dos primeiros analistas praticantes. "Verdadeiro grafômano, especialista em patografias dos escritores, obcecado pela homossexualidade, pela perversão, pelo fetichismo e pela hereditariedade" (Roudinesco; Plon, 1998, p. 681), Sadger foi entre os vienenses o autor que mais discutiu a questão da homossexualidade (masculina), tendo atendido diversos casos que perpassavam essa temática a partir de 1905, o que o levou a elaborar algumas das teses psicanalíticas mais conhecidas sobre o assunto. Adepto fanático do freudismo e muitas vezes excessivamente interpretativo, Sadger ficou conhecido também por seus posicionamentos misóginos e conservadores. Foi analista de Hermine Hug-Hellmuth e contribuiu ativamente com a psicanálise até a sua morte, em 1942.

Em "Um caso de perversão multiforme", Sadger discute a breve análise de um barão sueco de mais ou menos 30 anos de idade, encaminhado aos seus cuidados após se apaixonar por um jovem garçom de um café. Embora não se limite às causas educativas, ele aponta como as faltas na educação sexual teriam um peso muito grande no desenvolvimento das neuroses e das perversões, lançando a hipótese de que a educação dos meninos, quando realizada exclusivamente por mulheres, teria um papel importante na gênese da homossexualidade.

No debate que segue a apresentação, Adler considera que uma educação incompleta não possibilitaria que a criança aprendesse a distinguir entre pai ou mãe, o que, somado ao interesse pelo órgão sexual masculino (no caso dos meninos), seria condição para o aparecimento da homossexualidade. Federn, por sua vez, atenua o aspecto categórico da proposição de Sadger, argumentando que uma educação sexual insuficiente é apenas uma, entre outras condições, que causaram o adoecimento psíquico. Freud, por fim, pontua ser "lamentável que uma educação tão liberal quanto a desfrutada pelo paciente não tenha tido melhores resultados" (Nunberg; Federn, 1978, p. 306, tradução nossa) e concorda com a teoria sobre a gênese da homossexualidade elucidada por Sadger.[9]

Enquanto a tese de que a educação por mulheres se relacionaria com a homossexualidade masculina alcançou uma imensa repercussão entre os primeiros psicanalistas nos anos seguintes – assunto que discutiremos no Capítulo 6 –, o aspecto profilático da educação sexual, tida como um recurso para prevenir diversas patologias, permaneceu sendo o ponto mais importante desse tema para eles. Contudo, a forma como os vienenses aderiram a essas pautas divergia da forma como a reforma educacional era pensada por outros movimentos sociais, entre os quais destacamos o ativismo lésbico-feminista, cujas propostas – discutidas neste livro a partir de Anna Rüling – consideravam fundamental que as dissidências sexuais fossem discutidas nas escolas, de maneira a prevenir a heterossexualidade compulsória.

A essa ideia, somava-se a reinvindicação pela coeducação – que eliminaria a separação dos gêneros nas escolas –, o que, no entendimento da autora, permitiria que os jovens tivessem liberdade para escolher com quem se relacionar, se queriam se casar, sua ocupação e suas aptidões. Do ponto de vista dos psicanalistas, essas reformas não eram consideráveis, como Hitschmann enfatiza ao afirmar que é difícil fazer com que as crianças compreendam tudo, mencionando as perversões como exemplo (*ata 30*). Além

---

9 A teoria sadgeriana sobre a gênese da homossexualidade será discutida no Capítulo 6.

disso, Freud (*ata 114*) reitera a ideia, ao criticar as experiências de coeducação estado-unidenses, com menção à opinião de Stanley Hall[10] de que nessas condições "as meninas se desenvolvem mais rápido que os meninos, se sentem superiores a eles em tudo e perdem o respeito pelo sexo masculino" (Nunberg; Federn, 1974, p. 14, tradução nossa).

Anos mais tarde, quando já afastado da Sociedade Psicanalítica Viena, Stekel (1934/1956) – que assistiu às reuniões previamente mencionadas – tomaria uma posição ainda mais problemática com a publicação do livro *A educação dos pais*. Visando a garantir a reorganização das questões morais e sustentando a hipótese de que a neurose dos ascendentes poderia ser transmitida para os descendentes não apenas de forma hereditária, mas também pela via educacional, o autor objetiva por meio desse trabalho buscar as origens do adoecimento psíquico dos sujeitos na vida sexual de seus pais, estabelecendo as influências desse aspecto sobre a constituição das crianças.

A questão homossexual é discutida em um capítulo denominado "Os erros da educação que levam à homossexualidade", em que Stekel parte de uma visão patologizante para discutir como uma falsa educação poderia resultar em configurações não heterossexuais do desejo. A arguição sustenta a ideia de que as dissidências sexuais seriam causadas pela criação da criança em um ambiente prejudicial e, em contrapartida, defende que medidas educativas adequadas as evitariam, permitindo a sublimação das pulsões. Inúmeros são os aspectos problemáticos desse texto, entre os quais podemos destacar a indicação de que a educação seria uma ferramenta preventiva da lesbianidade e da homossexualidade, o

10 Stanley Hall (1844-1924) foi um psicólogo estadunidense, adepto do darwinismo e da pedagogia evolucionista e pioneiro na introdução da psicanálise nos Estados Unidos.

que não apenas define essas orientações sexuais como patologias, mas também convoca os pais, os educadores e, de maneira mais ampla, a sociedade, a reprimi-la.

Retomando os debates dos primeiros psicanalistas, resta-nos ressaltar que estes foram registrados pela última vez em 1913, na reunião de 7 de maio de 1913 (*ata 200*) (Nunberg; Federn, 1983).[11] Como vimos, a tarefa de educar se tornaria delicada, conforme a psicanálise se deparou com as problemáticas inconscientes do recalque e das teorias sexuais infantis. "A Psicanálise não serve como fundamento para uma pedagogia; não pode servir como princípio organizador de um sistema ou de uma metodologia educacional", conclui Kupfer (2005, p. 59), o que obviamente não significa que esta não possa contribuir com a educação, encontro que será sempre um desafio.

Das discussões sobre a educação sexual, persiste um alerta. Ao discutir esse tema, percebemos como as dissidências sexuais não eram pensadas pelos primeiros psicanalistas apenas como modalidades possíveis da escolha de objeto e do exercício dos prazeres e desejos. As inúmeras discussões sobre a educação em que a homossexualidade é mencionada indicam que, assim como as neuroses e perversões, esta era pensada como uma patologia que deveria ser prevenida, ideia que ressoará de forma significativa nos debates sobre a etiologia e a cura das dissidências sexuais que, em última instância e a despeito de certos posicionamentos progressistas, não deixavam de ser pensadas como uma doença.

Retornaremos adiante a esses temas, ressaltando que tais debates também nos deixam alguns convites: às crianças, que perguntem o que e quantas vezes for necessário; aos adultos, que

---

11 Referência ao quarto volume das *Atas da Sociedade Psicanalítica de Viena* publicado em francês, sob direção de J. B. Pontalis. Editora Gallimard, Paris, 1978.

transmitam a verdade sempre e enquanto possível; aos educadores, que compreendam a importância da primeira infância, etapa fundamental da constituição do sujeito; e, por fim, à sociedade, que reconheça a educação como um campo político de disputas no qual visões de mundo são disseminadas, podendo estas apontar para uma ética do desejo e da subversão dos padrões ou para a reprodução de perspectivas hegemônicas e da lógica dominante e normativa.

Não cabe a um médico apresentar-se com propostas de reforma?

Retomemos agora a questão da reforma sexual, tema de interesse dos primeiros psicanalistas, que, como vimos, teorizavam sobre as influências danosa da moral sobre os sujeitos e eram favoráveis a uma maior liberdade dos costumes. "A melhor maneira de neutralizar os traumas sexuais seria empreender uma reforma social que garantisse *certa* liberdade sexual" (Checchia; Torres; Hoffmann, 2015, p. 400, grifo nosso), afirma Freud na discussão sobre a educação sexual ocorrida em 18 de dezembro de 1907 (*ata 34*). Mas o que seria *certa* liberdade sexual? Como esta poderia ser garantida e quais eram os seus limites? Situando-nos no início do século XX, exploraremos agora se existiram e quais eram as pautas reformistas defendidas pelos primeiros psicanalistas, definindo quais costumes era considerados por eles como adoecedores e discutindo se havia soluções sociopolíticas encontradas para essas problemática ou se se tratava de um debate sustentado apenas no campo epistêmico.

Conforme observamos no Capítulo 3, em seu próprio surgimento a psicanálise já aparece enlaçada à problemática da moral. Ao afirmar que as tendências perversas e homossexuais subjazem ao inconsciente de todos os seres humanos, Freud (1905a/2016b, 1908) demonstra que estas não são tão aberrantes quanto a religião cristã e alguns segmentos da sexologia as consideravam até então. Ao ter em mente que a repressão excessiva pode ter efeitos negativos na vida psíquica do indivíduo, os psicanalistas aderiam à crítica aos efeitos de uma moralidade excessivamente restritiva, encarando o debate de alguns movimentos progressistas, como discutido previamente.

Somado a isso, a consideração de que a pulsão sexual objetivava, para além da reprodução, a obtenção de prazer contradiz os preceitos da dupla moralidade burguesa no final do século XIX, que, embora praticasse livremente sua sexualidade no ambiente privado, admitia somente o casamento heterossexual monogâmico e pregava a abstinência e a castidade (Santos; Ceccarelli, 2010). Se, como vimos, no âmbito teórico o freudismo tinha ressalvas aos excessos da moral "cultural", resta-nos questionar se os primeiros psicanalistas vislumbravam maneiras de operacionalizar mudanças nesse campo, ou seja, de viabilizar uma reforma sexual.

Três discussões realizadas na Sociedade Psicanalítica de Viena nos auxiliarão em nosso propósito. Estas ocorreram respectivamente em 18 de novembro de 1908 (*ata 59*), 16 de dezembro de 1908 (*ata 62*) e 23 de dezembro de 1908 (*ata 63*), poucos meses após a publicação do texto *A moral sexual "cultural" e o nervosismo moderno*. A primeira contou com a apresentação de Wittels e as demais, com a do professor convidado Ehrenfels, dois nomes que de partida suscitam questões.

Sobrinho de Isidor Sadger e formado em medicina, Fritz Wittels (1880-1950) se juntou ao círculo de psicanalistas vienenses em 1907. Conhecido por sua adesão radical ao freudismo e por suas opiniões polêmicas e misóginas, ele contribuiu com o jornal vienense *Die Fackel* entre os anos de 1907 e 1909 e redigiu para esse periódico diversos artigos sobre a legalização do aborto,[12] o tratamento das infecções sexualmente transmissíveis, a educação sexual e a liberdade no exercício da sexualidade (Rose, 2019). Bastante interessado nessas temáticas, Wittels publicou *O infortúnio sexual* no ano de 1909, livro no qual fazia amplas críticas à moral vigente na primeira década do século XX e defendia que os homens deveriam dar livre curso à sua sexualidade. Em 1910, escreveu um romance em que indiretamente tratava de Karl Kraus – fundador da revista previamente citada e seu analisando –, o que teve grandes repercussões. Bastante conhecido na sociedade vienense da virada do século XX, Kraus não poupava represálias à psicanálise e a criticou assiduamente após a publicação do romance de Wittels, que, em decorrência desse episódio, se desentendeu com Freud e se demitiu da Sociedade Psicanalítica de Viena. Mesmo tendo rompido com seu mestre, Wittels publicou em 1924 a primeira biografia sobre ele, o que gerou mais uma indisposição entre os dois. Apesar disso, no ano seguinte ele foi readmitido no círculo vienense com o apoio do próprio Freud e, mesmo com eventuais querelas, se manteve no grupo até 1928, quando emigrou para os Estados Unidos, continuando sua carreira na Sociedade Psicanalítica de Nova Iorque (*New York Psychoanalytic Society*, NYPS) até sua morte, em 1950.

O filósofo Christian Von Ehrenfels (1859-1932), por sua vez, nunca se juntou oficialmente ao movimento psicanalítico, mas a convite de Freud proferiu duas conferências na Sociedade Psicanalítica de Viena. Professor da Universidade de Praga desde 1896, ele foi um dos fundadores da psicologia da *Gestalt* e publicou em 1907 o livro *Ética sexual* (Kissinger, 2017). Adepto do darwinismo, Ehrenfels defendia amplamente a poligamia como alternativa à repressão da sexualidade masculina, que ele relacionava

---

12 Discutir a legalização do aborto, nesse caso, não remetia à luta pelo direito das mulheres, ponto que retomaremos adiante.

com a prevalência da violência doméstica, das infecções sexualmente transmissíveis e da prostituição – razões às quais ele atribuía o surgimento do movimento feminista. Assíduo partidário de uma nova moral sexual na civilização europeia, Ehrenfels acreditava na existência de uma "crise da masculinidade" e advogava por uma organização social que eliminaria o casamento monogâmico, proposta ancorada em uma filosofia masculinista, que defendia a manutenção da virilidade e a subordinação feminina. A despeito de serem muito questionáveis, suas ideias tiveram repercussão nas primeiras décadas do século XX, sendo bastante discutidas nos meios acadêmicos – o que inclui a referência à obra *Ética sexual* na primeira parte de *A moral sexual "cultural" e o nervosismo moderno* – e muito criticadas pelas feministas, cujas propostas se diferenciavam radicalmente do que Ehrenfels definia como reforma sexual (Dickinson, 2002), ancorada na manutenção e no acirramento dos ideais patriarcais.

Retomemos agora a apresentação de Wittels intitulada "A perversão sexual" (*ata 59* – 18 de novembro de 1908) (Nunberg; Federn, 1980), na qual, de partida, o autor coloca três questões: o que é a perversão? Seria ela uma enfermidade, tal como definido pela sexologia da época? Se sim, controlá-la? As perguntas não são simples, mas sigamos a construção argumentativa do autor, que, para definir as perversões – grupo no qual ele insere a lesbianidade e a homossexualidade, considerando-as doenças –, parte de três descrições distintas.

O primeiro ponto de vista, decorrente da opinião generalizada, definiria as perversões como uma forma de obter prazer, julgada anormal por convenção estatística, que definiria como *normais* as práticas sexuais mais usuais e recorrentes, ou seja, a relação heterossexual cuja principal finalidade seria a reprodução. No entanto, o fato de a masturbação – considerada como uma perversão na época – ser mais frequente do que o coito coloca essa hipótese em cheque e torna necessário analisar a perversão de outras perspectivas.

O segundo enfoque evocado por Wittels discute a perversão sob o prisma da ética, a partir das considerações dos teólogos e médicos. O argumento religioso, derivado da moral cristã, definia de maneira maniqueísta as práticas sexuais: a relação heterossexual monogâmica, quando ocorrida dentro do casamento, derivaria de Deus, enquanto as demais formas de exercício da sexualidade deveriam ser evitadas, por serem práticas associadas ao Diabo. Na perspectiva médica, todas as atividades sexuais que não fossem o coito seriam contrárias à reprodução, argumento objetado por Wittels, que alega que, se essa fosse a única questão envolvida na relação sexual, bastaria injetar o esperma no útero. Por fim, os naturalistas defenderiam que todas as atividades sexuais que não existem na natureza seriam aberrações e deveriam ser evitadas, perspectiva também questionável, afirma Wittels, na medida em que os comportamentos humanos ultrapassam a lógica da natureza.

Constatados esses três pontos de vista, o autor procede para suas próprias considerações e compreende que "o velho tronco reto da sexualidade se ramificou entre os homens para formar uma vasta copa que inclui não apenas as perversões, mas também tudo que se conhece como sublimação da pulsão sexual" (Nunberg; Federn, 1980, p. 58, tradução nossa). Esse argumento se baseia na hipótese de que, se há sublimação, haveria traços perversos detrás, argumento mais uma vez respaldado pela "homossexualidade dos grandes homens", como Leonardo da Vinci e Michelangelo.

De acordo com Wittels, não haveria uma medida capaz de estabelecer quais perversões seriam patológicas ou não, o que avança a conclusão de que "a única razão que permite qualificar uma pessoa como doente é seu sofrimento" (Nunberg; Federn, 1980, p. 59, tradução nossa). Dessa maneira, o autor define a perversão como uma perturbação do metabolismo psíquico, de maneira que a pessoa mentalmente saudável não estaria doente em razão de uma perversão e seriam patológicas apenas as perversões consideradas uma doença, incômodo ou sofrimento por quem as pratica – argumento que considera o sofrimento subjetivo, mas não leva em conta que este pode ser causado pela normatividade, pela violência e pela opressão social. Em termos nosográficos, essas poderiam ser subdividas entre as perversões praticadas individualmente ou de maneira conjunta, sendo o segundo grupo subdividido em perversões hetero e homossexuais.

A argumentação até aqui apresentada não era novidade para a teoria psicanalítica em 1908, conforme ressalta Freud durante a discussão, reiterando que os aspectos pontuados por Wittels não deveriam ser colocados como um enigma, na medida em que já haviam sido respondidos nos *Três ensaios sobre a teoria da sexualidade*. A separação entre a sexualidade e a reprodução, assim como as diferenças entre os comportamentos na natureza e na cultura, já haviam sido discutidas a partir da questão das dinâmicas do prazer e da distinção entre instinto e pulsão.

Apesar dessas considerações, a apresentação de Wittels procede para uma análise da legislação, tema que nos interessa. Adepto da teoria de Kraus, ele era a favor da liberação das práticas sexuais – em uma perspectiva misógina e exclusivamente masculina –, o que estava em desacordo com a tese psicanalítica de que a repressão possuía um aspecto regulatório importante para a cultura, tornando-se patológica apenas quando ultrapassa um *limiar*. "Nossa moral não tolera a perversidade e todos que praticam formas de perversão proibidas são considerados criminosos. Mas as proibições de que a perversidade é objeto não são sistemáticas" (Nunberg; Federn, 1980, p. 59, tradução nossa), considera Wittels questionando o papel do Estado na criminalização das práticas perversas, entre as quais se situava a lesbianidade – condenadas pelo parágrafo 129(b) do Código Penal do Império Austríaco – e a homossexualidade – conforme constava no parágrafo 175 do Código Penal do *Reich*.

> *Quanto ao aspecto legal, em primeiro lugar cabe questionar se perseguir as perversões serve aos interesses do Estado e, se assim for, se este pode fazê-lo e, especificamente, o que este deve perseguir. Acima de tudo, deve-se considerar que nada que duas pessoas que se amam façam juntas pode ser qualificado como perverso. Tudo que fazem com seus corpos é bom, sejam do mesmo sexo ou de sexos opostos, já que estamos nesse mundo para sermos felizes. De um ponto de vista mais elevado, tudo que fazem os amantes é ético. (Nietzsche: Aquilo que se faz por amor está sempre além do bem e do mal). (Nunberg; Federn, 1980, p. 59, tradução nossa)*

Partindo dessas afirmações, Wittels questiona a arbitrariedade da legislação que criminalizava algumas perversões, atentando-se especialmente à homossexualidade (masculina), cuja proibição não teria nenhuma razão aparente, na medida em que "há homossexuais extremamente felizes; além disso, tanto individualmente quanto em grupo (os Templários),[13] os homossexuais produziram grandes obras" (Nunberg; Federn, p. 61, tradução nossa). Como saída, ele reivindica a suspensão de toda legislação que proibia práticas da sexualidade, atitude que poderia garantir liberdade aos homens.

A discussão que segue a apresentação não foi muito acalorada, na medida em que grande parte do que foi exposto por Wittels era

---

13 Ordem militar de cavalaria existente durante a Idade Média, cujos membros foram acusados de práticas homossexuais.

consenso entre os psicanalistas da época. A dimensão legal da proibição de certas práticas sexuais é comentada por Freud, que tenta justificar o tratamento dado pelo Estado à questão das perversões:

> *O gozo do amor também é monopólio da sociedade e, assim como as penalidades previstas por infringir as leis tributárias são de um rigor desproporcional, estas também o são no caso das perversões, afinal não é possível controlar tudo de uma vez só. O Estado regulamenta a conduta de modo que o gozo do amor fique reservado ao matrimônio; para manter esse estado de coisas, a natureza de encarrega de rodear o coito de certos perigos. Mas se o homem trata de procurar prazer na vida conjugal, por vias perversas, o Estado lhe subtrai parte de suas forças e ninguém estará disposto a lhe conceder essa "isenção impositiva". (Nunberg; Federn, 1980, p. 63, tradução nossa)*

O assunto foi retomado em 16 de dezembro de 1908 (*ata 62*), um mês depois da apresentação acima discutida, quando Ehrenfels compareceu à Sociedade Psicanalítica de Viena e proferiu uma conferência sobre o conteúdo de *O infortúnio sexual*, livro escrito por Wittels. Publicado oficialmente no ano seguinte, a obra discutia as problemáticas da sexualidade e da moral e contava com seis capítulos, intitulados: I. A proibição do aborto; II. As doenças venéreas; III. A família; IV. Sobre a criança: o Eu infantil, a brutalidade emocional, problemas e preocupações, explorações, educação sexual; V. A mulher masculina, mulheres assassinas, mulheres médicas; VI. A mulher-menina (Nunberg; Federn, 1980).

Durante a conferência, Ehrenfels analisa a proposta de Wittels e questiona os caminhos para eliminar toda a pressão social (legal e moral) que dificultava ou censurava a atividade sexual, permitindo que esta fosse regida apenas pelo desejo. Como vimos, o psicanalista defendia uma vivência plena da sexualidade por via da *libertinagem*, ou seja, da abstração dos princípios morais, considerada como uma maneira de evitar os danos da repressão sexual, a partir da suspensão de todos os métodos que condenavam a sexualidade – o que incluía a defesa do aborto e da desestigmatização das infecções sexualmente transmissíveis, baseado na crença de que o medo da gravidez e do adoecimento eram aspectos que inibiam a liberdade sexual masculina e não por considerar o primeiro um direito das mulheres e o segundo uma questão de saúde pública.

Sabemos, do ponto de vista psicanalítico, a inviabilidade das propostas apresentadas, pois o pensamento freudiano não se funda na oposição entre o indivíduo e cultura, mas nas relações que estes estabelecem e que são importantes para operacionalizar o recalque, "considerado um processo psíquico universal, na medida em que estaria na origem da constituição do inconsciente como campo separado do resto do psiquismo" (Laplanche; Pontalis, 2001, p. 430). Embora não entre nessa questão, pontuada por Freud durante a discussão da conferência, o próprio Wittels (Nunberg; Federn, 1980, p. 84) constata as objeções à sua proposta, afirmando que "esse estado de coisas [por ele proposto] seria insustentável, mesmo que pudesse ser alcançado na realidade, já que em última instância levaria à destruição de toda a sociedade humana". Apesar da utopia apresentada em seu livro, o autor afirma pleitear somente uma pequena mudança no estado das coisas que, em sua visão, não poderiam permanecer como estavam no início do século XX.

Durante a conferência, Ehrenfels apresenta seu ponto de vista sobre a reforma sexual, que se desdobrou em uma segunda apresentação, ocorrida em 23 de dezembro de 1908 (*ata 63*) e intitulada "Programa de reforma da procriação". Na ocasião, o orador discutiu suas propostas para eliminar a monogamia, que serão aqui comentadas sucintamente, pois o argumento do autor é bastante datado e problemático em inúmeros aspectos, interessando-nos apenas por tratar de ideias que circulavam entre o círculo vienense na época investigada por este livro.

Influenciado pelo darwinismo social, teoria racista que a partir das ideias de Charles Darwin concebia a existência de culturas humanas superiores e legitimava o racismo, a desigualdade social e o colonialismo, Ehrenfels defendia ideias eugenistas para regulamentar a procriação. Como saída para uma moralidade repressiva, ele argumentava em favor de uma sociedade na qual a poligamia fosse permitida aos homens, enquanto as mulheres deveriam formar associações entre si com a finalidade de proteger a família e assegurar a realização das tarefas domésticas. Caberia aos homens sustentar financeiramente essas comunidades, conforme seus filhos vivessem nelas.

Não há necessidade de detalhar os inúmeros aspectos questionáveis do pensamento de Ehrenfels, que, além de ser racista e colonialista, se fundava em ideias patriarcais, não considerava o desejo feminino, tratava a sexualidade e a reprodução como equivalentes, estimulava a heterossexualidade compulsória, valorizava a virilidade como ideal masculino e ditava regras de comportamento e operacionalização dos corpos das mulheres. A discussão que sucedeu a conferência sinalizou alguns desses aspectos, embora caiba reiterar que, mesmo para a época, as ideias discutidas foram pouco criticadas.

De maneira geral, os primeiros psicanalistas pontuaram que a proposta de Ehrenfels não era factível e esboçaram algumas críticas à redução das mulheres a meras "máquinas de reprodução" confinadas ao lar. Conhecido pelo humor sagaz e pelo interesse na temática da "frigidez feminina", Hitschmann (Nunberg; Federn, 1980, p. 98, tradução nossa) denominou a proposta como uma "filosofia completamente masculina", dizendo-se desagradado pelo fato de Ehrenfels "não levar em conta a vontade e o bem-estar das mulheres".

O próprio Wittels, que na reunião anterior havia sido duramente criticado por afirmar que o trabalho intelectual das mulheres teria uma qualidade inferior ao dos homens[14] – da mesma forma que fizera na conferência de 15 de maio de 1907 (*ata 24*) –, apresenta severas críticas à configuração social defendida pelo conferencista, apontando que as mulheres se oporiam a essa reforma e que a pulsão tem como meta o prazer e não necessariamente a reprodução. Adler, que era um analista marxista, acentua de maneira mais radical os aspectos do trabalho por ele considerados como questionáveis:

> *Cabe assinalar que Ehrenfels parece ignorar o significado de uma visão de mundo "niveladora"* [Weltanschauung nivellistische]. *Não existe uma tendência dominante para um nivelamento geral em um sentido tão amplo: apenas se deseja realizar a transformação das condições preconizadas pela doutrina marxista, não com base em uma ideologia, mas em estreita relação com a realidade material, fixando como objetivo a conquista de direitos iguais para todos. Foi a existência da escravização sexual em nossa ordem social que deu origem a nossas deliberações. Tal escravização seria reduzida a proporções toleráveis se a doutrina fosse justa e se pudéssemos restringir o modo de vida capitalista. (Nunberg; Federn, 1980, p. 97, tradução nossa)*

---

14 Wittels tratou desse tema em diversas conferências, que analisaremos no Capítulo 7.

Freud, por sua vez, aponta para um ponto nodal do pensamento psicanalítico, cuja utopia de Ehrenfels objetivava reformar: a família. Afinal de contas, é da observação das configurações familiares da burguesia europeia que Freud se nutre para compor seu edifício teórico, fazendo dela uma coletividade humana central em sua teoria.

Nesse ponto, a discussão sobre a conferência de Ehrenfels se encerra e podemos observar como, a despeito de terem se perguntado sobre as reinvindicações feministas e discutido temas como a descriminalização das dissidências sexuais e a atenuação da moral sexual vigente no início do século XX, os primeiros psicanalistas – salvo algumas exceções como Adler – defendiam predominantemente ideais reformistas. Acreditavam, portanto, na possibilidade de transformar as estruturas sociais por meio de mudanças graduais nas instituições do Estado.

Essa posição política se diferenciava do pensamento revolucionário, defensor da necessidade de uma mudança no poder político e na organização estrutural da sociedade. A esse respeito, cabe ressaltar que os posicionamentos revolucionários não eram muito benquistos por Freud, cujas opiniões eram contraditórias também em relação ao reformismo. Criador de uma teoria epistemologicamente transformadora, ele também defendia a ideia de que os analistas eram médicos e deveriam permanecer ocupando essa posição; ao final do texto *A moral sexual "cultural" e o nervosismo moderno,* Freud (1908a/2015b, p. 389) adverte que "certamente não cabe a um médico apresentar-se com propostas de reforma", e reitera: "mas achei que podia enfatizar a urgência de tais reformas".

Suas posições ambíguas, contudo, não se encerram nesse texto escrito. A despeito da revolta dos membros da Sociedade Psicanalítica de Viena com algumas posições defendidas por Ehrenfels em sua primeira conferência no grupo vienense, Freud o convidou para voltar para falar na semana seguinte, cabendo enfim questionar por que Freud cedeu tanto espaço para um reformista higienista e fez a ele um segundo convite. Para que possamos explorar essa pergunta, retrocederemos um pouco no tempo para discutir o episódio de segregação e esquecimento que envolveu a passagem do revolucionário Otto Gross (1877-1920) pelo movimento psicanalítico.

Brilhante e inovador em suas ideias, Otto[15] nasceu em um vilarejo no sudeste da Áustria e era filho de Adelaide Maria Eleonara Gross e Hans Gustav Adolf Gross, que se tornaria pai da criminologia moderna e seria um importante defensor da teoria da degenerescência. Criança cheia de caprichos e adolescente calmo e estudioso, Otto Gross se formou em medicina no ano de 1899 e trabalhou por seis meses como médico de navios de bordo, onde desenvolveu um forte vício em ópio, morfina e cocaína. Nos anos de 1901 e 1902, foi médico assistente em clínicas neurológicas na Áustria e na Alemanha e se dedicou à pesquisa, trabalho que teve que interromper para tratar de sua adição, internando-se voluntariamente no Burghölzli – hospital psiquiátrico da Universidade de Zurique, onde conheceu Eugen Bleuler (1857-1939) e Jung. Ao fim do tratamento, voltou a se dedicar às suas atividades científicas, ainda situadas na área da anatomia e da fisiologia. Em 1903, casou-se com Frida Emilie Marie Sofie Schloffer,[16] ao lado de quem descobriu o anarquismo, o comunismo, o amor livre e a

15 Para a construção desta breve biografia, utilizamos como referência o texto "Otto Gross: um psicanalista anarquista (biografia resumida)" escrito por Marcelo Checchia (2017). Sobre a vida e obra de Otto Gross, ver também: *Por uma psicanálise revolucionária* (Checchia; Souza; Lima, 2017), "Otto Gross: um caso de segregação e esquecimento na história da psicanálise" (Checchia, 2018) e "O patriarcado entre Sigmund Freud e Otto Gross" (Checchia, 2020).

16 Frida era amiga íntima das irmãs pioneiras do feminismo alemão Else (1874-1973) e Frieda (1879-1956) Von Richthofen e de Marianne Weber (1870-1954), esposa do sociólogo Max Weber (1864-1920).

libertação sexual, ao visitar uma comunidade localizada em Ascona, na Suíça, no ano de 1905. Nesse meio-tempo, Gross conhecera também Freud e se aprofundara na psicanálise, passando por uma profunda transformação em seu pensamento, na medida em que encontrara na disciplina freudiana "uma excelente fundamentação para a revolução social anarquista" (Checchia, 2017, p. 25). Assim, Otto passa a defender o fim da repressão das manifestações da sexualidade e da submissão das mulheres ao poder masculino e patriarcal. Em 1906, mudou-se para Munique, passou a integrar os círculos intelectuais do bairro boêmio de Schwabing, e, no ano seguinte, nasceu seu primeiro filho. Nessa época, Gross começou a trabalhar com o psiquiatra alemão Emil Kraepelin (1856-1926), publicou o livro *O fator de ideogenidade freudiano e a sua significação na insanidade maníaco-depressiva de Kraepelin* – citado por Freud como uma boa referência nas reuniões da Sociedade Psicanalítica de Viena (*atas 73* e *170*) – e se tornou um importante psicanalista em Munique.

> *Já na primeira década do século XX Gross tinha um papel relevante para a psicanálise. Defendia Freud nos congressos médicos, publicava textos de divulgação da psicanálise apresentando ao mesmo tempo uma produção original e tinha um número grande de pacientes e seguidores, contribuindo assim para a expansão e internacionalização da psicanálise. (Checchia, 2020, p. 244)*

Contudo, a posição favorável e prestigiosa que Gross paulatinamente foi ocupando no movimento psicanalítico desde 1902 mudou drasticamente entre 1908 e 1909, quando ele passou a ser considerado um risco. Nessa época, Freud já se preocupava com os destinos da disciplina que criara e Gross era, ao lado de Jung, um dos possíveis herdeiros de seu legado, a despeito da preocupação de que os "escândalos" derivados de seu comportamento prejudicassem a causa psicanalítica. Contudo, quando Gross apresentou, durante o Congresso de Salzburgo (Primeiro Congresso Internacional de Psicanálise), a proposta de que a psicanálise tivesse uma ação revolucionária, Freud afirmou aos presentes que os analistas eram médicos e assim deveriam continuar sendo. Ou seja, as proposições inovadoras e aspirações de Otto Gross – que defendia que a psicanálise poderia ajudar na formação intelectual do revolucionário e na revolução sexual[17] e matriarcal, devendo ser "estendida à luta social, à luta contra todas as instituições que disseminam e enraízam o patriarcado na cultura" (Checchia, 2020, p. 241) – não eram bem-vistas por um Freud mais preocupado com a política interna e a difusão da psicanálise.

O fato é que, "evidentemente, Freud foi um cientista revolucionário e sua obra, que não escamoteia as questões políticas, permanece revolucionária, mas ele se posicionava contra essa forma específica de engajamento político da psicanálise" (Checchia, 2018, p. 2). Embora em sua vida privada Freud apoiasse algumas importantes mudanças sociais – por exemplo, a descriminalização da lesbianidade e da homossexualidade – e seja o autor de uma teoria que fundamentava epistemologicamente a necessidade de transformações no mundo, em sua vida pública ele muitas vezes optou por não se posicionar sobre esses temas. Assim, discutir reformas na moral e nos costumes parecia mais plausível em duas condições: enquanto médicos, no meio acadêmico, preservando o estatuto científico da psicanálise; ou no segredo da Berggasse 19.

17 Gross (1913/2017, 1920/2017) também tematiza questões importantes sobre o tema da homossexualidade nos textos "Observações para uma nova ética" e "Três ensaios sobre o conflito interno", escritos respectivamente em 1913 e 1920. Esses artigos, que muito nos interessam, oferecem um importante contraponto ao que era discutido na Sociedade Psicanalítica de Viena, se configurando como um tema de grande interesse para futuras pesquisas.

Diante disso, surgiu um efeito paradoxal, pois ao mesmo tempo que a psicanálise se transformava em uma disciplina epistemologicamente revolucionária, com uma teoria de forte cunho sociopolítico, as forças institucionais estabelecidas com a difusão do movimento psicanalítico fortaleceram uma diretriz imposta primeiro ao círculo vienense, permitindo o engajamento político da psicanálise, desde que os psicanalistas não ousassem protagonizar movimentos de transformação social e mantivessem uma certa distância segura dessas causas. Se isso se desenrolou dessa maneira, podemos dizer que Freud não era desfavorável à crítica social e à transformação política, mas, por ocupar a posição de mestre da instituição psicanalítica, prezava por não misturar a disciplina teórica com a militância política. Não à toa, ele se mostrou contente com o trabalho colaborativo com o Comitê Científico Humanitário em torno do "questionário psicanalítico" e, pouco tempo depois, se desagradou com a possibilidade de o artigo "As fantasias histéricas e sua relação com a bissexualidade" ser publicado na *Zeitschrift für sexualwissenschaft*, revista na época recém-lançada pelo grupo de Hirschfeld. Isso faz surgir uma questão: o que diferencia um trabalho do outro? Ora, fundamentalmente, o questionário era entendido por Freud como uma pesquisa científica, que traria uma importante contribuição ao campo da sexologia, enquanto publicar na *Zeitschrift für sexualwissenschaft* causava-lhe repúdio, justamente porque ele considerava a revista uma vitrine excessivamente militante dos membros do Comitê Científico Humanitário.

Penso que essas considerações são relevantes para explicar alguns posicionamentos contraditórios de Freud, entre os quais os convites a Ehrenfels. A esse respeito, cabe retomar que esse episódio ocorreu no mesmo ano da publicação de *A moral sexual 'cultural' e o nervosismo moderno*, texto em que Freud (1908a/2015b) dedica duas páginas para discutir o livro *Ética sexual* [Sexualethik], publicado pelo convidado e utilizado para fundamentar a hipótese de que a moral sexual cultural causaria males ao humano, entre os quais a neurose. Sabemos que Freud escolhia cautelosamente as obras que referenciava em seus trabalhos escritos e Ehrenfels não era um ativista político – de suas pautas contraditórias, diga-se de passagem –, mas um acadêmico de prestígio. Provavelmente, Freud não desejava acessá-lo em razão dos ideais políticos que ele defendia, tanto que em nenhum momento dos dois encontros as discordâncias pungentes e o mal-estar causado pela fala do convidado parecem ter sido abafados. O convite, contudo, sinaliza um interesse acadêmico nos trabalhos do autor, cujas teses dialogavam com as questões sobre a cultura com as quais Freud estava às voltas na época.

Isso permite reiterar a hipótese de que ele apoiava o engajamento político da psicanálise no campo epistêmico, em que na época Ehrenfels era uma figura notória, e conseguia sustentar discordâncias teóricas muito mais do que divergências com as diretrizes institucionais da psicanálise, o que se expressa particularmente nas tensões ocorridas com analistas envolvidos com movimentos políticos. Não à toa, Freud rompeu com colegas que abertamente defendiam o engajamento social da psicanálise e eram envolvidos com a militância. Esse é o caso, por exemplo, do anarquista Otto Gross, que progressivamente se tornou um transtorno aos olhos de Freud e, quando foi internado no Burghölzli em 1908, protagonizou um dos episódios mais trágicos da história do movimento psicanalítico, que culminou em sua exclusão e no esquecimento de sua importante existência e obra.[18]

---

18 Em 1908, pouco antes da internação de Gross no Burghölzli, Hans Gross procurara Freud e, preocupado com o comportamento excêntrico e liberal de Otto, solicitou que ele o atendesse, o diagnosticasse e o internasse, dando ao pai a tutela do filho, que, aos seus olhos, era um "degenerado". Em maio de 1908, ao encaminhar Gross para o hospital em que Jung trabalhava, Freud solicitou que se procedesse a uma desintoxicação até outubro, quando ele o

Embora não fosse um revolucionário, Hirschfeld também sucumbiu ao processo de institucionalização da psicanálise (Bulamah, 2016), em uma época em que as divergências teóricas com as hipóteses psicanalíticas e sua homossexualidade enrustida tornaram-se intoleráveis, muito provavelmente associadas à projeção política que suas pautas progressivamente alcançaram, em uma época em que ele se tornou o protagonista e maior representante do recém-nascido ativismo LGBTQIAP+. Situação ainda mais impactante aconteceu com Alfred Adler, um analista abertamente marxista, defensor de importantes críticas sociais e, entre os vienenses, um dos autores que melhor compreendiam as reivindicações feministas e o lugar de opressão ocupado pelas mulheres no patriarcado. Enquanto os rachas com Gross e Hirschfeld conseguiram ser abafados e esquecidos pela historiografia oficial,[19] a rup-

---

atenderia. Jung, por sua vez, descumpriu o combinado e começou uma espécie de análise mútua com Gross, mas, em um momento em que tentava lidar com sua paixão extraconjugal por Sabina Spielrein, não aguentou ficar muito tempo por perto desse psicanalista defensor do amor livre. Em meio a esse imbróglio, Gross tentou entrar em contato com Freud para solicitar a indicação de um novo hospital, mas, antes disso, acabou por fugir da internação. Para se justificar, Jung mudou o diagnóstico inicial de neurose obsessiva para demência precoce, situação na qual Freud optou por não intervir. Gross passou a viver como foragido, ainda praticando e escrevendo sobre psicanálise. Em 1913, seu pai obteve sua tutela e ele foi compulsoriamente internado em um hospital austríaco, o que preconizou um movimento por sua liberação em diversos países europeus, sobre o qual as associações psicanalíticas se calaram. Ao ser solto, Gross foi submetido a um último tratamento com Stekel – na época já dissidente da Sociedade Psicanalítica de Viena –, enquanto Freud permaneceu em silêncio, mesmo que acompanhasse sua obra de longe. Marginalizado, ele permaneceu escrevendo, produzindo e se envolvendo em projetos até 1920, quando morreu de uma pneumonia, provavelmente relacionada a uma crise de abstinência. O nome de Otto Gross foi, por sua vez, apagado de diversas publicações psicanalíticas, entre as quais o relatório do Congresso de Salzburgo (Checchia, 2017, 2018, 2020).

19 Uma outra ruptura importante no movimento psicanalítico ocorreu em 1913 entre Freud e Jung, querela que se diferencia das abordadas acima, pois Jung

tura com Adler foi histriônica e culminou na saída de um número significativo de membros da Sociedade Psicanalítica de Viena, que, exceto por Lou-Salomé, foram proibidos de frequentar simultaneamente as reuniões dos dois grupos.

O fato é que, embora Gross, Hirschfeld e Adler discordassem de algumas hipóteses freudianas elementares, essas divergências não eram maiores – e, na realidade, muitas vezes eram menores – do que as que existiam entre Freud e outros membros do movimento psicanalítico. Contudo, o que os três tinham em comum era o fato de serem médicos que não refutaram discutir coletivamente propostas reformistas ou revolucionárias. Diferente deles, a maior parte dos membros da Sociedade Psicanalítica de Viena seguiam o imperativo institucional de debater a proposta de transformação social e dos costumes apenas no sigilo dos círculos de psicanálise. Sem abertamente levantar bandeiras políticas, os analistas que permaneceram no circuito psicanalítico adequavam-se à proposta de Freud (1930/2010h, pp. 82-83), segundo a qual é lícito esperar que pouco a pouco introduziremos mudanças na sociedade que melhor satisfaçam nossas necessidades, "mas talvez nos familiarizemos igualmente com a ideia de que há dificuldades inerentes à cultura, que não cederão a tentativas de reforma". Talvez seja essa a "*certa* liberdade" que os primeiros psicanalistas podiam almejar questionando a civilização, *certa* não apenas porque na primeira década do século XX o caminho das mudanças sociais e das conquistas de direitos era longo, mas também porque, no seio da própria psicanálise em vias de institucionalização, essa se tornaria uma batalha cada vez mais cerceada por limites, à qual sucumbiram muitos que ousaram contestá-los.

---

alinhava-se a Freud, e era mais radical do que ele em suas posições sobre o engajamento político da psicanálise.

"O homossexual" e "a homossexualidade" para os psicanalistas

Para que possamos prosseguir com nosso tema, algumas perguntas parecem se impor. Até aqui, analisamos como a questão das dissidências sexuais circulava na Sociedade Psicanalítica de Viena sob um prisma social, que abarcava os trabalhos com os ativistas de Berlim aliados a Magnus Hirschfeld, assim como as discussões sobre a educação e a reforma sexual. Contudo, se agora rumamos da dimensão coletiva para a singular, na qual abarcaremos as teorias etiológicas e a prática clínica, uma pausa interpela nosso caminho. Já sabemos que o tema da homossexualidade (masculina) se fazia presente nas discussões registradas nas *Atas da Sociedade Psicanalítica de Viena* e estudamos a criação de um *personagem homossexual* pela ótica da psiquiatra. Mas, afinal, por que a homossexualidade era considerada um assunto de interesse da psicanálise nascente? O que os psicanalistas imaginavam sobre "a homossexualidade"? E, por fim, como a noção médico-psiquiátrica de homossexualidade ressoava entre os psicanalistas?

Como vimos no Capítulo 3, a homossexualidade – então denominada inversão – se inseriu entre os temas de interesse da psicanálise nos *Três ensaios sobre a teoria da sexualidade*, em um momento em que Freud (1905a/2016b) apresentava sua própria concepção sobre a pulsão sexual, segundo a qual essa surge na infância, não se dirige a um objeto predeterminado biologicamente e possui modalidades variáveis de satisfação, ligadas ao funcionamento das zonas erógenas e, portanto, não limitadas aos genitais. Sem oferecer nenhuma resposta suficiente sobre o que determina a escolha do objeto, Freud afirma que, no início da vida, a libido pode se dirigir para qualquer um dos genitores, o que avança a hipótese de que a homossexualidade teria relação com a natureza bissexual de todos os seres humanos. Esse contexto torna necessário nos determos mais atentamente para a definição freudiana da bissexualidade originária, pois esse é um conceito-chave para compreender a noção de *traços homossexuais*, bastante presente nos discursos dos primeiros psicanalistas.

A bissexualidade, conceito que ao lado da libido e da pulsão figura em um lugar importante da doutrina psicanalítica sobre a sexualidade, já era um termo que circulava no campo da sexologia – tanto do ponto de vista do desejo que poderia se orientar para homens e mulheres, quanto relacionado às concepções de feminino e masculino, noção misturada à androginia e ao hermafroditismo – quando Freud, sob influência de Fliess, elaborou uma acepção própria para essa noção. Enquanto Fliess considerava a bissexualidade sob o prisma biológico, cabe a Freud a ideia de uma bissexualidade psicológica, definida por Coutinho Jorge (2008, p. 35) como a "oposição entre a heterossexualidade e a homossexualidade, presente para cada sujeito em sua escolha de objeto", que implica que a distribuição da libido se dá entre homens e mulheres de forma manifesta ou latente, sendo o mais comum que uma das duas orientações libidinais se sobreponha, mantendo a outra recalcada.

Essa noção, que percorre toda a obra freudiana desde a *A interpretação dos sonhos* (Freud, 1900/2016a) até o *Compêndio de Psicanálise* (Freud, 1938/2018), é considerada pelo próprio Freud como um ponto nodal da explicação sobre a homossexualidade fornecida nos *Três ensaios sobre a teoria da sexualidade* – mesmo que nenhuma conclusão seja avançada na primeira versão do texto –, como ele explicitara a Fliess na carta de 23 de julho de 1904 (Masson):

> *No momento, estou concluindo os "Três Ensaios sobre a Teoria da Sexualidade", onde evito o tópico da*

> *bissexualidade tanto quanto possível. Há dois pontos em que não posso fazê-lo: na explicação da inversão sexual — nesse ponto, vou até onde permite a literatura (Krafft-Ebing e predecessores, Kiernan, Chevalier e os outros) — e ao mencionar a corrente homossexual nos neuróticos. (Freud, 1986, p. 465)*

Na passagem do texto colocada em questão na correspondência, Freud (1905a/2016b) ressalta que a existência da intersexualidade – na época denominada hermafroditismo – era um fenômeno que poderia facilitar a compreensão dos processos que ocorrem no desenvolvimento de todos os seres humanos. "Um certo grau de hermafroditismo anatômico faz parte da norma" (p. 29), assinala o autor, reiterando que a ideia de uma predisposição bissexual transpassa a anatomia e, simultaneamente, não resolve a problemática da homossexualidade. Afirmação que se justifica na medida em que não haveria uma correspondência direta entre esta e os sinais psíquicos e somáticos do hermafroditismo e, de forma correlata, "as características secundárias e terciárias de um sexo aparecem frequentemente no outro, produzindo insinuações de androginia, sem que o objeto sexual se apresente modificado como pede a inversão" (p. 30).

Avançando no texto, vemos se desenhar a ideia de que a bissexualidade seria fundamental para "podermos chegar à compreensão das manifestações sexuais que realmente se observam no homem e na mulher" (Freud, 1905a/2016b, p. 140), tornando importante que explicitemos o que Freud compreendia por masculinidade e feminilidade. Uma longa nota de rodapé, acrescentada em 1915, permite nos aproximarmos dos conceitos de masculino e feminino na perspectiva freudiana, sendo estes definidos em três níveis distintos:

- O primeiro nível, considerado o mais relevante para a psicanálise, remete às propriedades da pulsão, cuja meta pode se realizar de modo ativo ou passivo, noções correlatas à masculinidade e a feminilidade, respectivamente.
- O segundo nível é delimitado a partir da biologia, de modo que a presença de óvulos-vagina ou espermatozoides-pênis definiria a masculinidade e a feminilidade, a partir da diferença anatômica entre os sexos.
- O último nível é o sociológico, que partiria da observação do papel desempenhado por homens e mulheres na sociedade.

Para a psicanálise freudiana, a definição de feminilidade e masculinidade, embora pouco clara, perpassa a orientação libidinal, a anatomia e o campo social, tese que aponta para uma dificuldade de definição dessas categorias, não apenas porque quando uma forma de disposição da libido é recalcada seu conteúdo persevera no inconsciente, mas também porque, como Freud (1905a/2016b) explicita:

> *no caso do ser humano, nem no sentido psicológico nem no biológico se acha uma pura masculinidade ou feminilidade. Cada pessoa apresenta, isto sim, uma mescla da característica biológica de seu sexo com traços biológicos do outro sexo, e uma combinação de atividade e passividade, tanto na medida em que esses traços de caráter psíquicos dependam dos biológicos como em que sejam independentes. (p. 139)*

Ou seja, em todos os seres humanos, os traços da disposição sexual recalcada se manifestam tanto no nível da atividade-passividade, como nas demais características do sujeito. Mais do que isso, Freud (1905b/2016c) sustenta a hipótese de que os conteúdos associados à disposição bissexual teriam um papel fundamental na formação dos sintomas neuróticos, hipótese comentada de forma breve no posfácio da *Análise fragmentária de uma histeria (O caso Dora)* (Freud, 1905b/2016c) e retomada em "As fantasias histéricas e sua relação com a bissexualidade" (Freud, 1908c/2015d).

O objetivo do último texto é discutir a relação entre a fantasia e as formações sintomáticas na histeria, de maneira que Freud (1908c/2015d) apresenta nove fórmulas que descreveriam a natureza dos sintomas histéricos. Entre os múltiplos aspectos que os sobredeterminam, o autor enfatiza que em alguns casos "a solução do sintoma requer duas fantasias sexuais, uma delas de caráter masculino, a outra, feminino, de modo que uma dessas fantasias se origina de um impulso homossexual" (pp. 346-347). Fundamentalmente, a hipótese aqui sustentada é que, além da fórmula universal do sintoma - aqui entendida como a formação de compromisso entre a libido e a repressão -, em alguns casos esse pode corresponder à união de duas fantasias libidinais de caráter oposto, sendo expressão simultaneamente de fantasias inconscientes femininas e masculinas. Freud (1908c/2015d) reitera também que em outros casos "os sintomas da heterossexualidade e da homossexualidade podem ser claramente diferenciados" (p. 347), enfatizando a significação bissexual dos sintomas histéricos.

Retomando a discussão sobre o par masculino-feminino, faz-se necessário apontar um problema nessas formulações. As hipóteses psicanalíticas sobre a masculinidade e a feminilidade se sustentam fundamentalmente na distinção entre atividade e passividade, contudo, o limite entre os três níveis de definição desse par (psicanalítico, biológico e social) não é claramente estabelecido ou descrito e, a despeito dessa dificuldade, em muitos momentos Freud atenuou o papel das características anatômicas, argumentando que elas não seriam determinantes para a operação do recalque. Em outras palavras, pertencer ao sexo masculino não significava *a priori* que as moções pulsionais femininas seriam recalcadas e vice-versa, ideia que, de acordo com Freud, estaria presente na concepção de Fliess.

No entendimento freudiano, a conceituação de bissexualidade do autor sexualizava o recalque, determinando a primazia da constituição biológica bissexual sobre esse mecanismo, cuja força motora seria a anatomia (Jorge, 2008). Isso não impede, no entanto, a alusão a essa ideia na obra freudiana, como podemos ver ao final de *Uma recordação de infância de Leonardo da Vinci*, quando Freud (1910/2013a) remete indiretamente à relação entre bilateralidade e bissexualidade na qual acreditava Fliess, afirmando que

> *a pesquisa biológica moderna tende a explicar os traços principais da constituição orgânica de um indivíduo pela mistura de predisposições masculinas e femininas, com base em substâncias [químicas]; a beleza física de Leonardo e seu canhotismo poderiam dar algum apoio a essa abordagem. (p. 217)*

As diversas ressalvas em torno da questão da bissexualidade, principalmente na conciliação com o aspecto biológico dessa problemática, levam Laplanche e Pontalis (2001) a afirmar que Freud não definiu sua posição sobre essa questão ao longo de sua obra. As inúmeras oscilações parecem derivar da dificuldade do autor de se descolar totalmente da biologia, como ressalta no *Compêndio de psicanálise* (Freud, 1938/2018), no qual afirma que "o fato biológico da dualidade do sexo surge à nossa frente como um grande enigma", alegando que "nenhum indivíduo se limita aos modos de reação de um único sexo, mas sempre deixa algum espaço para aqueles do sexo oposto" (p. 247).

Embora a bissexualidade fosse tomada como um aspecto importante na definição da homossexualidade apresentada nos *Três ensaios sobre a teoria da sexualidade*, essa noção aparece desmontada no *Manuscrito inédito de 1931*, no qual Freud (1931/2017) acentua que a predominância da masculinidade nas mulheres ou da feminilidade nos homens não determina o direcionamento da libido durante a escolha objetal, que aparece atrelada às experiências infantis, em um momento no qual as hipóteses do narcisismo e do complexo de Édipo já haviam integrado a rede conceitual da psicanálise. Dessa maneira, o autor ressalta que todos os indivíduos são bissexuais, sendo compostos por elementos de feminilidade e masculinidade, aqui assimilados novamente a passividade (ser amado, submeter-se aos outros, sofrer uma dor infligida) e a atividade (amar, ter poder sobre os outros, subjugar o mundo externo e alterá-lo de acordo com o desejo), reiterando que a biologia não define qual das tendências psicológicas será recalcada.

"Um indivíduo muito masculino, mesmo preservando toda a sua masculinidade, pode se tornar homossexual, não trocando, para tanto, o seu caráter sexual, mas somente o do seu objeto", afirma Freud (1931/2017, pp. 43-45), enfatizando que "nas pessoas, tomadas individualmente, encontram-se realizadas, em uma proporção relativa, todas as possíveis gradações". Isso significaria que tendências femininas e masculinas poderiam ser observadas em todos os sujeitos humanos, sendo passíveis de serem encontradas nas mais diversas combinações.

Observa-se, no entanto, que essa problemática não é inteiramente resolvida ao final da obra freudiana, de maneira que as definições de feminilidade e masculinidade – desenvolvidas a partir da predisposição bissexual – não são apresentadas com clareza do ponto de vista psicanalítico, biológico ou social. Se em 1938 – época da qual datam os últimos textos de Freud – essas noções não estavam elaboradas com clareza, podemos inferir que elas se apresentavam em um estado rudimentar, na época cobertas pelos registros das *Atas da Sociedade Psicanalítica de Viena*. Dessa maneira, a ideia das tendências masculinas e femininas era empregada das mais diversas formas pelos primeiros psicanalistas, e não se encontravam necessariamente atreladas ao par ativo-passivo, assim como sofriam influências importantes da cultura. Ao lado dessas noções, circulava também a ideia da existência de *tendências* e *traços homossexuais*, entendidos como manifestações do feminino nos homens ou do masculino nas mulheres, aspecto que contribuiu para a criação de um imaginário psicanalítico difuso, multiforme e com fortes marcas sociais e médico-psiquiátricas sobre *o homossexual*.

Iremos nos dedicar agora a compreender essas articulações, discutindo em um primeiro momento as formulações sobre os traços e as tendências homossexuais, para então avançarmos nossa compreensão do que os primeiros psicanalistas observavam sobre lésbicas e gays de sua época, entendimento que transpassava a ideia de uma orientação do desejo, abarcando definições sobre toda a personalidade dessas pessoas. A partir dos registros dos encontros dos primeiros psicanalistas, podemos observar como a ideia freudiana da bissexualidade originária – em sua formulação de 1905 – e a hipótese de que a homossexualidade recalcada seria um aspecto fundamental na formação das neuroses foram abraçadas pelos vienenses, que tomaram essas teorizações como pontos capitais em seu trabalho interpretativo.

Seguindo à risca a formulação freudiana de que "a disposição bissexual que supomos nos seres humanos pode ser vista com particular clareza nos psiconeuróticos, mediante a psicanálise" (Freud, 1908c/2015d, p. 348), os primeiros psicanalistas mencionavam com frequência essa ideia ao longo das conferências e debates que ocorriam na Sociedade Psicanalítica de Viena – articulada às menções à *raiz homossexual* das neuroses, ao componente homossexual da pulsão e às tendências homossexuais. Considerando a forma difusa como essas noções eram empregadas pelos vienenses, traremos alguns exemplos dessas menções esquematizados em dois grupos a partir do contexto em que elas foram empregadas.

Um primeiro grupo é formado pelas *patografias*, análise psíquica de grandes personalidades a partir de suas produções artísticas e intelectuais. Bastante comum entre os primeiros psicanalistas, esse gênero costumava discutir a interface autor e obra e objetivava responder como a identidade dos artistas poderia influenciar ou transparecer em suas criações.[20] Nessas ocasiões, as menções às tendências homossexuais eram bastante frequentes, como pode ser observado na reunião de 14 de outubro de 1908 (*ata 54b*), quando Stekel proferiu uma conferência sobre as relações entre a neurose do poeta e dramaturgo austríaco Franz Grillparzer (1791-1872) e a sua obra *O sonho de uma vida: fantasia dramática em quatro atos*:

> *Grillparzer é vítima de uma luta constante entre o amor sexual e a aversão e se vê influenciado por suas poderosas correntes: a homossexual e a heterossexual. Seu primeiro amor foi uma prima, Marie Rizi: Mirza [personagem apaixonada pelo protagonista da obra] é uma contração desse nome. O componente homossexual de Grillparzer se expressa em sua relação com Altmütter, a quem chamava de "querido Karl". (Nunberg; Federn, 1980, p. 15, tradução nossa)*

Acentuar as tendências homossexuais no comportamento de Grillparzer é um dos aspectos importantes da análise de Stekel, embora as notas de rodapé escritas por Nunberg enfatizem que os dados biográficos mencionados pelo autor são deturpados. De forma geral, as inclinações especulativas eram comuns durante as

---

20 O gênero aqui apresentado se aproxima do procedimento utilizado por Freud (1910/2013a) em *Uma recordação de infância de Leonardo da Vinci*.

reuniões que tematizavam pessoas conhecidas no meio acadêmico ou artístico, de maneira que a metodologia de trabalho com esses casos muitas vezes se misturava com informações fornecidas por conhecidos, fofocas ou suposições.

Esse é o caso, por exemplo, das conferências de primeiro de abril e 28 de outubro de 1908 (*atas 45* e *56*), quando foram discutidas as obras *Genealogia da moral* e *Ecce homo*, escritas por Friedrich Nietzsche (1844-1900), respectivamente nos anos de 1887 e 1888. Em ambas as discussões, sua obra filosófica foi utilizada como caminho para entender a personalidade do autor, debate em meio ao qual Freud e Federn conjecturaram como Nietzsche teria contraído sífilis – doença considerada a causa do grave estado mental em que ele entrou em 1889. A especulação, cuja fonte seriam informações fornecidas por terceiros, recai na orientação sexual do filósofo, assunto considerado de menor relevância somente por Adler, que ressalta que "suas tendências homossexuais e sua relação com o pai não têm nenhuma importância, já que são coisas completamente normais: é apenas uma questão de grau" (Nunberg; Federn, 1980, p. 38, tradução nossa).

Um outro exemplo, em que a investigação sobre a bissexualidade parece mais clara, é a conferência de A. Deutsch – médico e fisioterapeuta, bastante próximo de Federn – sobre Walter Calé (1881-1904), um estudante de Berlim que destruiu muitas de suas obras por considerá-las sem importância e que se tornou conhecido pela publicação póstuma de seus poemas, fragmentos, diários e novelas. No rastro do suicídio do jovem, os primeiros analistas dedicam a sessão de 8 de maio de 1907 (*ata 23*) para discutir o assunto, hipotetizando sobre o que poderia ter precipitado esse ato.

Na ocasião, A. Deutsch apresenta uma pequena interpretação sobre o desenvolvimento sexual de Calé:

> *O amor desse menino precoce e carente se dirigia provavelmente à mãe e depois se transferiu para a irmã; é questionável, mas não improvável, que o ato incestuoso tenha se concretizado. O conflito proveniente dessa tendência não pôde se resolver; ele não encontrou refúgio no amor de outra mulher, tampouco encontro a salvação no amor homossexual: assim, cometeu suicídio. (Checchia; Torres; Hoffmann, 2015, pp. 293-294).*

Seguindo a mesma linha de raciocínio, Rank conclui que o suicídio poderia ser compreendido como o fracasso pela busca do objeto sexual. Tanto as tendências homossexuais que remontariam ao seu pai, quanto as heterossexuais, dirigidas à sua mãe e irmã, teriam sido vias que não o permitiram escapar do dilema do incesto, impedindo que a libido encontrasse outros objetos de satisfação. Apesar do conflito ser situado nessa direção, as considerações sobre esse caso não são julgadas conclusivas.

Fato é que os sinais da disposição bissexual em artistas, poetas e intelectuais eram um tema recorrente nas patografias, de forma que os primeiros psicanalistas buscavam traços e marcas dessa tendência nas obras, nos comportamentos ou mesmo em informações pessoais desses sujeitos. Embora a distinção entre homossexualidade – enquanto orientação do investimento da libido – e componentes homossexuais da pulsão já estivesse posta teoricamente, a ênfase das patografias nesse aspecto não era desprovida de sentido.

A ideia de que muitas dessas pessoas seriam homossexuais era tema na literatura científica da época, como vimos com Havelock Ellis e Magnus Hirschfeld, autores que davam ênfase aos "grandes homens" para quem a homossexualidade – quando exercida dentro dos parâmetros morais da época – teria sido não apenas uma orientação do desejo, mas também uma inspiração.

Contudo, o que essas teses sustentam é a ausência de distinção entre a personalidade pública e privada desses sujeitos, embasada a partir da convicção de que seus desejos, afetos e erotismo sempre e invariavelmente transpareceriam em suas produções artísticas, pois, como era enfatizado pela literatura médico-psiquiátrica, esses seriam aspectos que transpareceriam e seriam denunciados por todos – ou ao menos quase todos – os traços de personalidade dessas pessoas. Esse argumento é retomado pelo próprio Freud nos *Três ensaios sobre a teoria da sexualidade*, motivo que, associado à concepção patriarcal de que a sensibilidade seria essencialmente uma característica feminina, justificava o fato de a disposição bissexual e a homossexualidade – manifesta ou latente – serem aspectos reiteradamente retomados quando a personalidade dos artistas, poetas e intelectuais era investigada. As considerações de Wittels durante a reunião de 5 de maio de 1909 parecem confirmar essa hipótese:

> *Se na atualidade os analistas escrevem patografias, deveriam fazê-lo do ponto de vista científico. Acima de tudo, e aplicando meios indutivos, devem ser estabelecidos certos princípios gerais da patografia. Teríamos de fazer uma lista das coisas que são comuns a todos os poetas, a fim de poupar o trabalho de repetir continuamente fatos que já são conhecidos faz tempo (por exemplo, hábitos femininos ou certas perversões, como a homossexualidade, que, considerando as descobertas de Freud, não nos surpreende se encontrada nos poetas). Inclusive, poderíamos dizer que as perversões que o poeta não pratica devem encontrar expressão em seus escritos. (Nunberg; Federn, 1980, p. 206, tradução nossa)*

Por ora, deixaremos esse assunto de lado para que possamos investigar o segundo contexto em que a bissexualidade era mencionada nas reuniões dos primeiros analistas: as *discussões de caso*. Quando os analistas apresentavam e discutiam os casos que atendiam, a disposição bissexual dos sintomas neuróticos era um assunto costumeiramente retomado, o que incluía uma especial atenção dirigida às tendências homossexuais (femininas e masculinas) das pulsões, como podemos ver nas seguintes vinhetas clínicas.

> *[Ata 94 – 19 de janeiro de 1910 – Adler] Em um dos casos evocados por Stekel, a dúvida do paciente se remetia manifestamente à questão de saber se ele devia se comportar como homem ou mulher. Nós podemos sempre remeter a origem da dúvida, ou o que nós encontramos, a essa única base; isso também se aplica às manifestações normais que nós costumamos tratar de forma diferente. Nós bem sabemos que todas as neuroses, e não só a neurose obsessiva, podem ser reduzidas à situação infantil. Assim como podemos seguir o caminho que leva da dúvida à compulsão, podemos seguir o caminho da dúvida para a angústia. Na compulsão, o caráter masculino aparece; na dúvida, o caráter feminino. A oscilação entre dois objetos de amor tem uma significação homossexual; é a oscilação entre o homem e a mulher. (Nunberg; Federn, 1978, p. 393, tradução nossa)*

> *[Ata 117 – 02 de novembro de 1910] Tausk reporta o caso – interessante em alguns aspectos – de um jovem cuja escolha profissional deveria ser classificada como uma sublimação de inclinações anticulturais. O homem em questão é um pintor aflito por tendências exibicionistas e homossexuais que tinha medo de expor em suas*

> *pinturas, apesar de seu trabalho demonstrar talento. Pela análise, ele foi trazido a expor suas pinturas - sublimar as tendências inibitórias de seu exibicionismo e utilizar seus sentimentos homossexuais a serviço da moda feminina. (Nunberg; Federn, 1974, p. 47, tradução nossa)*

A partir desses casos, selecionados entre muitos outros, podemos constatar que a hipótese da disposição bissexual e de suas manifestações na neurose foi acatada pelos primeiros psicanalistas, que concordavam que tendências homossexuais poderiam ser encontradas em todos os neuróticos e se relacionariam com a presença dos dois genitores - considerando o modelo da família burguesa biparental e heterossexual - na vida infantil do sujeito. Um certo consenso existia sobre o papel da homossexualidade na etiologia das neuroses, a qual remontaria ao desenvolvimento da pulsão sexual e avançaria a conclusão de que os sonhos, as fantasias e os sintomas neuróticos possuiriam componentes homossexuais inconscientes.

As divergências nesse sentido se situavam mais no âmbito da interpretação dos casos e do papel atribuído a essas tendências na análise de cada sujeito do que propriamente nos aspectos teóricos da proposição freudiana. Entre os primeiros psicanalistas, Alfred Adler foi o único que não aderiu à hipótese da disposição bissexual conforme formulada por Freud, apresentando uma leitura própria sobre essa noção, a partir da ideia de hermafroditismo psíquico. Apresentada aos vienenses na conferência de 23 de janeiro de 1910 (*ata 98*) e posteriormente desenvolvida, essa teorização se fundava na psicologia da civilização, ou seja, na dimensão social, e considerava que as significações de feminino e masculino não poderiam ser analisadas a partir da biologia ou de concepções subjetivas. De acordo com Adler, a associação entre o feminino, a passividade e a inferioridade, assim como entre o masculino, a atividade e a assertividade, deveriam ser analisadas a partir das posições que as mulheres e homens ocupavam na sociedade patriarcal.

Desde a infância, as crianças seriam ensinadas a significar tudo que é inferior como feminino ou não viril, tentando superar esse dilema por via do protesto masculino ou, em outras palavras, pela compensação dessa sensação de inferioridade. O malogro desse processo teria como consequência o adoecimento neurótico, derivado de um conflito entre o feminino e o masculino, que seria consequência de uma espécie de reinvindicação do sujeito de sair de uma posição de inferioridade – dita feminina – para um lugar de superioridade, ocupado majoritariamente pelos homens.

O que é relevante para o tema deste capítulo é que as hipóteses de Adler relativizavam e abalavam as associações freudianas entre atividade-masculinidade e passividade-feminilidade, não por categorizá-las como impertinentes, mas por interpretá-las consequência de construções históricas, dimensão que Freud não privilegiava ao debater o tema. E justamente essas teses defendidas por Adler acirraram os desentendimentos entre ele e Freud, tomando diversas sessões entre fevereiro de 1910 e outubro de 1911, quando eles romperam definitivamente. Retomando esse assunto, abordado na seção anterior, cabe acrescentar que Adler não apenas era o analista vienense que melhor compreendia as reivindicações feministas e a dimensão política do sofrimento das mulheres, mas também foi quem criou hipóteses importantes sobre a feminilidade e a masculinidade, considerando-as em sua dimensão social e desnaturalizando algumas associações essencialistas defendidas por Freud e pelos primeiros psicanalistas em vários pontos de suas obras. Fato é que esse tema, conforme pode ser acompanhado nas *Atas*, acirrou e elevou as tensões entre Freud e Adler, culminando em um episódio no qual, mais uma vez, a discussão de hipótese epistemológicas não conseguiu disfarçar a existência de divergências patentes na leitura sociopolítica.

Retomemos agora a pergunta sobre o imaginário psicanalítico acerca *da homossexualidade*, partindo da complexa distinção, cuja consequência foi justamente a indefinição, das diferenças entre os componentes (feminino/masculino) da pulsão e a escolha de objeto. Como podemos ver em uma conferência proferida por Stekel em 1 de maio de 1912 (*ata 171*), havia entre os primeiros psicanalistas uma certa ânsia por definir o que seria a homossexualidade – tratada aqui sempre no singular –, demanda encorajada por Freud, que nessa reunião ponderou que "Uma definição mais estrita do conceito de homossexualidade teria uma grande vantagem em seu trabalho", considerando que "a diferenciação entre o comportamento do sujeito e o objeto que ele exige não está clara" (Nunberg; Federn, 1983, p. 123, tradução nossa).[21]

Essa solicitação aponta para questões importantes. Como discutiremos mais atentamente no Capítulo 8, os termos *homossexual*, *homossexualidade*, e *traços* ou *tendências homossexuais*, eram empregados pelos primeiros psicanalistas sem que houvesse uma definição ou discriminação do que significavam essas palavras do ponto de vista psicanalítico. Consequentemente a isso, a maior parte das vezes que esses termos eram empregados, eles se referenciavam à *homossexualidade* como categoria psicopatológica inventada pela psiquiatria do século XIX, o que produziu duas consequências nas produções psicanalíticas sobre o tema. Em primeiro lugar, acreditava-se que as dissidências sexuais se manifestariam e se denunciariam em todos os traços de personalidade, corporeidade e constituição de um sujeito, sendo o fator

21 Esta distinção ganharia mais clareza após a publicação do texto "O homoerotismo: nosologia da homossexualidade masculina", escrito por Ferenczi (1914/2011c).

subjacente de todos os seus gostos, hábitos, gestos e condutas. Secundariamente, essa crença – associada às indefinições acerca da teoria da bissexualidade – provocou uma importante assimilação entre lesbianidade-masculinidade e homossexualidade-feminilidade nas discussões do círculo vienense.

Assim, comentários sobre as profissões, vestimentas, atitudes e características dos homossexuais eram costumeiramente proferidos e acreditava-se que esses aspectos eram uma particularidade da personalidade de todo esse grupo de pessoas. Nesse ponto, os pensamentos dos primeiros psicanalistas pouco se diferenciavam das descrições da sexologia, como pudemos ver nas patografias, que empreendiam rigorosas buscas por *atitudes femininas* ou *sinais* de homossexualidade nas obras de intelectuais, artistas e poetas. Tomando o âmbito profissional como um campo no qual a homossexualidade poderia se manifestar, eles consideravam algumas profissões como "tipicamente homossexuais" (Checchia; Torres; Hofffmann, 2015, p. 187), muitas vezes de forma bastante caricata.

Entre esses exemplos, Sadger cita os enfermeiros (*ata 12*), Freud os professores (*ata 104*) e Stekel os atendentes de casas de banho, os padeiros e os pedagogos (*ata 117*), considerando essas escolhas profissionais como algo típico desses sujeitos, determinadas, sobretudo, por sua orientação sexual. No mesmo sentido, Tausk menciona quatro estudantes de medicina lésbicas que ele conhecia, julgando que o objetivo delas com essa profissão seria o de "se manterem informadas sobre assuntos sexuais" (Nunberg; Federn, 1974, p. 54, tradução nossa). Esse comentário se deu em meio a uma discussão intitulada "Escolha profissional e neurose", que ocorreu em 8 de novembro de 1910 (*ata 118*) e, diante da afirmação de Tausk, Hilferding, a única psicanalista até então, intervém e contesta sua argumentação, ponderando sobre a posição das mulheres nas sociedades ocidentais, suas possibilidades de escolha e apontando a problemática de afirmar que as mulheres médicas seriam sempre lésbicas.[22] Essa foi a única ocasião em que foram registradas contestações às afirmações universais que os psicanalistas faziam sobre lésbicas e homossexuais. Comentários sobre as vestimentas desses sujeitos também não deixaram de ser proferidos, como quando Hitschmann (*ata 133*) avalia que os homossexuais teriam o hábito de utilizar gravatas curtas, consideradas por ele como femininas. No mesmo sentido, Federn (*ata 135*) afirmaria que os "verdadeiros homossexuais" usariam espartilhos como peça de roupa.

Embora esses comentários sejam fragmentários, eles sinalizam como a distinção freudiana entre as tendências femininas e masculinas derivadas da disposição bissexual, e a lesbianidade ou a homossexualidade como escolha de objeto, não era muito clara entre os primeiros psicanalistas, em razão das limitações do seu tempo histórico e de seus preconceitos, que muitas vezes lhes impediam de ir além dessas considerações. Isso torna evidente que, a despeito de seu cerne inovador, as indefinições em torno da hipótese da bissexualidade por vezes serviram como ferramenta teórica para justificar amplas e problemáticas especulações sobre a personalidade de pessoas de orientação sexual não normativa, tornando-as objeto de extensivas pesquisas e estudos.

Assumir a não conformidade com os estereótipos de gênero como particularidade e evidência das dissidências sexuais não apenas apagava a existência de manifestações subversivas das feminilidades e masculinidades da época, pois essas eram sempre atreladas à categoria psicopatológica da *homossexualidade* mesmo quando vividas por pessoas heterossexuais, mas contribuiu também com a criação de um estereótipo do *homossexual*, fazendo dele um sujeito de natureza específica ou, nas palavras de Foucault (1976/2018, p. 47), um "personagem". Para os primeiros psicanalistas, o desejo

22 Retomaremos este assunto no Capítulo 7.

por pessoas do mesmo gênero transpareceria em toda a personalidade desses sujeitos, determinando as suas obras e produções artísticas, as suas escolhas e hábitos, as suas vestimentas e gestos, ou seja, tudo que eram ou faziam.

No rastro da psiquiatria oitocentista e apropriando-se de suas nomenclaturas e categorizações, os primeiros psicanalistas empenhavam-se em definir *a homossexualidade* e *o homossexual* como uma coisa ou outra, em uma tendência homogeneizante que apagava a particularidade de desejos, sofrimentos, vivências e corporeidades de cada uma dessas pessoas. Perdendo de vista a singularidade da vida psíquica – característica universal dos seres humanos que a psicanálise desde Freud reivindica ser seu terreno por excelência – e a radicalidade da definição freudiana de sexualidade, eles priorizavam visões essencialistas e estereotipadas sobre as dissidências sexuais, que ao serem estampadas com marcadores específicos foram aproximadas da patologia, com seus sinais e sintomas. Não é de se surpreender, então, que os primeiros psicanalistas tenham se dedicado a investigar e localizar as particularidades constitutivas da *homossexualidade*, pois a crença na existência de sua natureza específica respaldava psicanaliticamente a hipótese de que essa natureza derivaria de uma etiologia. Foi o que Freud e os primeiros psicanalistas não cessaram de se dedicar a pesquisar e debater em diversas reuniões, ao longo dos muitos anos em que se encontraram para discutir psicanálise.

6. As teorias etiológicas sobre a homossexualidade

A psicanálise freudiana havia recém-chegado a um primeiro momento de maturidade, quando o grupo de analistas vienenses começou a se reunir, fazendo com que entre os anos de 1902 e 1907 a teoria psicanalítica aumentasse seu número de praticantes, alcançasse territórios jamais imaginados e ocupasse espaços de escuta clínica que extrapolavam as paredes do consultório particular. Isso significa que no início do século XX havia muito a ser pensado, debatido e criado pelos primeiros psicanalistas. Não apenas pelas questões metapsicológicas deixadas em aberto nos textos de Freud, mas também porque existiam cada vez mais pessoas atendendo em espaços clínicos e geográficos novos. Assim, as problemáticas despertadas pela singularidade dos casos clínicos e pelas especificidades sociopolíticas de cada região tornaram necessária a ampliação da rede conceitual psicanalítica e de seus instrumentos de trabalho com o psiquismo.

As dissidências sexuais não escaparam desse cenário. Com a chegada de cada vez mais pacientes homossexuais aos divãs – impulsionada também, mas não só, pelas indicações de Magnus

Hirschfeld – e a necessidade de elucidação do problema em torno da escolha de objeto, a questão da constituição da *homossexualidade* parecia instigar. Deveria haver um mecanismo geral que a explicasse ou, talvez, dois, três, inúmeros. Perdendo de vista a singularidade dos casos clínicos, proliferavam-se entre os primeiros psicanalistas teorias etiológicas, que explicariam como ou por que uma pessoa se tornaria homossexual.

Exploraremos agora as teses sobre a etiologia da homossexualidade debatidas na Sociedade Psicanalítica de Viena. Antes de discorrer sobre esse tema, é necessário criticar a hipótese de que existe uma ou algumas teorias capazes de explicar as dissidências sexuais. Rever essas teses é, no entanto, necessário para compreendermos as diretrizes teóricas e clínicas que historicamente foram centrais para pensar as questões LGBTQIAP+ na psicanálise e que, portanto, respaldam grande parte das posições e posturas cis-heteronormativas dos psicanalistas. Em geral, as discussões registradas nas *Atas* se amparavam em casos clínicos e ocorreram anteriormente à teorização sobre os mesmos temas na obra de Freud.

Para facilitar a exposição, utilizaremos três modelos explicativos que tomaram frente nos debates – teoria materno-infantil, teoria paterno-infantil e complexo de Édipo –, buscando enfatizar os pontos de transição entre cada um deles, sem perder de vista o aspecto esquemático dessa divisão. Particularmente, serão discutidos os trabalhos de Isidor Sadger (1867-1942), autor que se destaca entre os primeiros psicanalistas como pioneiro nos estudos sobre a homossexualidade e precursor das teses mais importantes a esse respeito presentes na literatura freudiana e que, ao longo das *Atas*, teceu contribuições que serviram de fundamento para as discussões teóricas e clínicas sobre esse tema.

Isidor Sadger e a teoria materno-infantil

"As análises de três homossexuais declarados, passíveis de punição na esfera penal, revelaram a existência de uma relação muito precoce com a mulher, que mais tarde foi reprimida" (Checchia; Torres; Hoffmann, 2015, p. 352), afirmou Freud em 6 de novembro de 1907 (*ata 28/2*), indicando que a hipótese de que a gênese da homossexualidade estaria ligada à relação da criança com a figura materna surgiu muito cedo na Sociedade Psicanalítica de Viena. Entre os psicanalistas vienenses, foi Isidor Sadger (1867-1942) quem mais se dedicou a essa teoria, sendo suas principais teses sobre o assunto apresentadas nos textos: "Fragmento da psicanálise de um homossexual" (Sadger, 1908a),[1] "A sensibilidade sexual contrária *é* curável?" (Sadger, 1908b)[2] e "Sobre a etiologia da sensibilidade sexual contrária" (Sadger, 1909).[3]

Integrante da Sociedade Psicanalítica de Viena desde 1906, Sadger pesquisou amplamente a questão da sexualidade, atendendo muitos pacientes homossexuais e propondo algumas das hipóteses sobre o tema mais discutidas entre os primeiros psicanalistas, as quais foram incluídas e referenciadas nos textos de Freud e recorrentemente retomadas pelos vienenses durante todo o período coberto pelas *Atas*. Conforme conta em seus textos, Sadger (1908a, 1908b) começou a se interessar pelo tema da homossexualidade

---

1 Este artigo foi publicado com o título original "Fragment der Psychoanalyse eines Homosexuellen" no *Jahrbuch für sexuelle Zwischenstufen* (número 9, pp. 339-424).

2 Este artigo foi publicado com o título original "Ist die konträre Sexualempfindung heilbar?" no *Zeitschrift für sexualwissenschaft* (volume 1, número 12, pp. 712-720).

3 Este artigo foi publicado com o título original *"Zur Aetiologie der konträren Sexualempfindung"* no *Medizinische Klinik* (ano 5, número 2, pp. 53-56) e traduzido para o português com o título "Sobre a etiologia da sensibilidade sexual contrária" na *Lacuna: Uma Revista de Psicanálise* (número 10, p. 12, 2020).

a partir do trabalho com o método freudiano de análise da histeria e da neurose obsessiva. Diante de dificuldades de eliminar e curar os sintomas histéricos e obsessivos a partir da elucidação de sua gênese heterossexual, por sugestão do próprio Freud, ele teria passado a explorar os desejos e fantasias homossexuais inconscientes desses pacientes, descoberta que teria se revelado fundamental para a eliminação dos sintomas. Sadger, que, até então, conhecia a homossexualidade apenas da literatura e a subestimava em número, passou a explorar as raízes homossexuais dos sintomas neuróticos e, ao ser mencionado em uma nota nas Comunicações do Comitê Científico Humanitário de dezembro de 1905, na qual constavam seu nome, endereço e um convite para homossexuais entrarem em contato com ele sobre um trabalho científico (WhK, 1905, p. 23), começou a receber diversas visitas e cartas dessas pessoas, acolhendo algumas delas em análise. A partir de então, ele inaugurou uma extensa contribuição teórico-clínica sobre a homossexualidade, sumarizada em três conferências (*atas 85, 86 e 92*) ocorridas na Sociedade Psicanalítica de Viena entre 3 de novembro de 1909 e 5 de janeiro de 1910 e intituladas "Um caso de perversão multiforme".

A apresentação, que rendeu uma longa discussão, partiu do caso clínico de um barão sueco de 32 anos de idade que se apaixonara pelo garçom de um café. Descendente de uma família com muitos traços de degeneração, o paciente descrevia sua mãe como uma mulher orgulhosa de sua origem aristocrática, intolerante e pouco inteligente, que o tinha considerado seu filho favorito até os quinze anos de idade, quando uma frieza acometeu a relação entre eles, precipitada pelo ódio que o jovem sentia pela vigilância materna sobre seu comportamento masturbatório. Seu pai, por sua vez, sofria de depressão melancólica e estados de ausência e teria sido um homem muito admirado pelo paciente em sua infância, mas de quem ele se afastara na idade adulta, em razão de divergências políticas e por se sentir muito criticado e comparado. Uma babá, que quando ele tinha 6 ou 7 anos de idade manipulara seus genitais, também teria sido uma figura bastante importante na vida do paciente, assim como um tio arqueólogo, que lhe influenciara a seguir a mesma profissão. No que diz respeito à sua vida amorosa, o barão mantivera algumas relações com mulheres, principalmente prostitutas, gostava de garotas mais novas do que ele, amava rapazes heterossexuais de 17-18 anos que tinham um olhar brilhante e "feminino" e costumava se interessar também, embora um pouco menos, por homens de 25-30 anos com uma natureza sexual vigorosa e uma forte predileção por mulheres.

Fundamentalmente, a interpretação do caso se centra na intensa relação entre o paciente e sua mãe durante a infância e no seu interesse pelo olhar de jovens rapazes, elementos considerados de primeira importância para entender o "fenômeno que está em primeiro plano, o da homossexualidade" (Nunberg; Federn, 1978, p. 287, tradução nossa). Com o intuito de compreender as hipóteses desenvolvidas por Sadger, faremos uma pausa para retomar alguns elementos elucidados por ele nos artigos "Fragmento da psicanálise de um homossexual" e "Sobre a etiologia da sensibilidade sexual contrária", publicados respectivamente em 1908 e 1909.

Em "Questões neuropsiquiátricas à luz da psicanálise",[4] Sadger menciona o termo narcisismo pela primeira vez na literatura psicanalítica, cunhando-o a partir da análise de dois casos clínicos. Esse conceito – remetido ao mito de Narciso, que se apaixonou por sua própria imagem – se originou na literatura médico-psiquiátrica[5] e foi posteriormente apropriado pela psicanálise, a partir

4 Este texto de Sadger é discutido por Padovan (2017) no artigo "As origens médico-psiquiátricas do conceito psicanalítico de narcisismo".

5 A primeira referência psiquiátrica ao narcisismo é atribuída ao psicólogo francês Alfred Binet (1857-1911) em 1888. Dez anos mais tarde, Havelock

dos trabalhos de Havelock Ellis e Paul Näcke[6] (Padovan, 2017). Em 1908, Sadger entende o narcisismo como o amor dirigido por uma pessoa a si mesma, que seria a reprodução do amor dado a ela quando criança pela mãe. Segundo a descrição sadgeriana (*ata 144*), o sujeito reuniria "o papel de ambas as pessoas [aquele que o acaricia e aquele que é acariciado] em seu próprio corpo" (Nunberg; Federn, 1974, p. 271, tradução nossa), formulação que repousa na noção de identificação. Embora não fosse um conceito novo na literatura psicanalítica, Sadger se refere à identificação de uma maneira diferente do que Freud (1900/2016a) fizera até então, postulando-a como um acontecimento fundamental da vida infantil de todos os sujeitos. Para ele, as fantasias homossexuais que marcariam a escolha objetal narcísica repousariam na identificação da criança com sua mãe, de forma que, a partir do narcisismo, o sujeito possa tomar a si mesmo como objeto de investimento, cujo modelo é o amor materno.

Como podemos ver, cabe a Sadger a primeira associação entre a homossexualidade e a relação da criança com a figura materna,[7] discussão que seria aprofundada por ele no artigo "Sobre a etiologia da sensibilidade sexual contrária" (Sadger, 1909). Ao ressaltar que a etiologia de um quadro psicopatológico nunca é única, o autor retoma a hipótese da bissexualidade originária para explicar em detalhes a relação entre o sujeito que se constitui homossexual

---

Ellis descreveria esse conceito como uma exacerbação do autoerotismo. Paul Näcke, por sua vez, introduziria o termo em alemão, acentuando sua característica patológica. Na primeira década do século XX a noção de narcisismo passaria a constar também na *Psychopathia sexualis*, integrando a catalogação psiquiátrica de Krafft-Ebing.

6 Paul Näcke (1851-1913) foi um psiquiatra e criminologista. Em 1899, ele escreveu o ensaio "Estudo crítico do problema da sexualidade normal e patológica", empregando o termo narcisismo para tratar de uma forma patológica do exercício da sexualidade na qual o sujeito amaria a si mesmo.

7 Esta teoria seria introduzida na obra de Freud em 1910.

e as figuras femininas, tema avançado a partir do caso clínico um jovem de 21 anos de idade encaminhado para análise em razão de suas inclinações homossexuais e de seus anseios masoquistas.

Durante os seis meses de análise, Sadger se dedicou a elucidar a partir das recordações do paciente as suas inclinações amorosas. Inicialmente o analisando atribuía a sua homossexualidade ao contato quase exclusivo com meninos durante sua infância e afirmava ter se sentido atraído por uma mulher apenas uma vez durante a primeira infância. Contudo, Sadger avança a hipóteses de que a vida afetiva do paciente foi povoada por uma série descontínua de relações com homens e mulheres, incluindo sua mãe como primeira figura de amor. Na puberdade, o jovem teria se tornado interessado em rapazes entre 14 e 20 anos que não possuíssem barba, figuras remetidas a dois primos cerca de dez anos mais velhos e um barão por quem se apaixonara durante a infância, todas pessoas violentas que possuíam um sorriso hostil e gozador. Esses apaixonamentos na puberdade teriam sido precipitados por um progressivo afastamento das figuras femininas que marcaram sua infância, entre as quais uma babá aos 2 anos de idade, uma garota de sua idade um pouco mais tarde, uma empregada, a irmã, três ou quatro meninas da escola e sua mãe.

Ora, se na vida sexual infantil do paciente havia uma proliferação de figuras de ambos os sexos, Sadger se pergunta o que teria provocado a acentuada inclinação para um sexo e o afastamento em relação ao outro, interpretando que nesse caso paradigmático o ódio pelas mulheres foi precipitado por um afastamento da mãe, associado à aproximação de um homem que, provavelmente de forma inconsciente, ocupou o lugar de meninas ou mulheres com traços e características masculinas. Contudo, para compreender por que o jovem se afastou de sua mãe, Sadger afirma ser necessário considerar alguns eventos da história infantil do paciente.

Entre os 3 e os 6 anos, ele tem uma vaga impressão de ter se tornado mais agressivo, atitude repreendida pela mãe. Esse evento coincidiu com a gravidez da mãe, quando ela ficou com o ventre grande e desfigurado, o que causou uma forte impressão no garoto, enfurecido por ver sua mãe receber uma filha de seu rival viril (o pai). Na época do parto, o menino passou a dormir na mesma cama do pai, o que se tornou fonte de diversas fantasias homossexuais. Essa série de acontecimentos infantis foi reatualizada aos 15 anos de idade, quando uma hidropisia (retenção anormal de líquido nos tecidos corporais) deixou a mãe desfigurada, modificando seu corpo de forma semelhante ao que ocorrera na gravidez. Acrescida em importância pela decepção infantil, a hidropisia teve um efeito poderoso, levando o menino a se afastar da mãe desfigurada – e de todas as mulheres –, e escolher homens como objeto de amor, segundo o modelo do pai, dos primos e do barão.

A partir da premissa da bissexualidade originária e da mistura entre traços femininos e masculinos nos ascendentes – aqui interpretados como a ternura excessiva do pai e o hábito da mãe de ocasionalmente usar roupas do marido –, o autor compreende que as experiências com objetos sexuais femininos seriam fundamentais para a criação de um ideal homossexual, de forma que, segundo Sadger (1909/2020), por trás do desejo homossexual

> *não estão apenas os homens, como fora até agora geralmente aceito, mas também as mulheres, especialmente aquelas com características e comportamentos masculinos, cujos exemplos mais correntes são parentes próximas: mãe e irmã. Considerando este achado, que poderá ser corroborado por análises posteriores e que o Professor Freud também pôde confirmar em suas experiências, permito-me aqui fazer de maneira categórica a seguinte precisão: não é o homem que o homossexual*

> *ama e almeja, mas o homem e a mulher tomados juntos em uma única figura* [Gestalt]. *É somente porque o elemento heterossexual será posteriormente suprimido* [unterdrückt] *que surge a aparência de uma inversão pura.... E, ao realizar análises de pessoas aparentemente invertidas, deparamo-nos regularmente com uma mulher amada por trás do homem amado – como em um palimpsesto, que após remoção da camada mais superficial, revela o escrito original com grande clareza. (p. 12)*

A teoria materno-infantil sobre a homossexualidade, articulada às noções de bissexualidade e identificação, foi retomada e desenvolvida nas reuniões da Sociedade Psicanalítica de Viena previamente mencionadas. No caso clínico do barão sueco, Sadger interpreta que o interesse pelos testículos das figuras por quem ele se sentia atraído estava remetido às manipulações em seus próprios genitais, realizadas por sua mãe e uma babá durante a infância, figuras com quem o menino viria a se identificar, pois, segundo Sadger, "como homossexual, ele se identifica com a sua mãe [ou a figura que a substitui], como mulher que procura a satisfação do seu amante" (Nunberg; Federn, 1978, p. 299, tradução nossa). Dito isso, o autor prossegue para uma observação geral sobre a homossexualidade, na qual enfatiza a hipótese de que essa seria precedida por um evento importante capaz de eliminar a mãe:

> *A homossexualidade aparece com mais força, em regra geral, na época da puberdade, o mais cedo no décimo ou décimo primeiro ano de vida. Seu surgimento pressupõe um evento importante suscetível de eliminar a mãe. Esse evento pode tomar diversas formas: em*

> *Kleist,*[8] *foi a morte de sua mãe; em um outro caso, uma doença que desfigurou a mãe; em um terceiro caso, uma catástrofe financeira que levou a uma retirada [temporária] do amor materno. Neste caso em questão, é o comportamento inapropriado da mãe em relação à masturbação. . . . Para quem se voltaram os indivíduos em questão após a eliminação da mãe? Isto depende muito das circunstâncias exteriores. Em regra geral, eles se voltam para os camaradas um pouco mais velhos, por quem eles podem ser esclarecidos e introduzidos aos mistérios da sexualidade; ou bem eles se voltam para um menino um pouco mais jovem, que eles podem esclarecer e com quem podem desempenhar o papel da mãe. É raro que eles se voltem para o pai ou para um homem de certa idade. (Nunberg; Federn, 1978, p. 301, tradução nossa)*

Em sua teorização, Sadger avança a hipótese de que a homossexualidade se estabeleceria na infância e despertaria na puberdade, estando relacionada a um afastamento do menino de sua mãe que precederia a identificação com ela, levando-o a se voltar para garotos mais novos com quem desempenharia o papel que outrora a figura materna desempenhara com ele ou para rapazes um pouco mais velhos, que lhe esclareceriam sobre a sexualidade. Nesse ponto, Sadger retoma a hipótese do narcisismo e do autoerotismo, afirmando que "um papel importante do autoerotismo sob forma

8 Referência à discussão realizada em 5 de maio de 1909 (*ata 78*), em que Sadger apresentou a patografia do poeta, dramaturgo e romancista alemão Heinrich von Kleist (1777-1811), que era supostamente homossexual. A conferência de Sadger não foi registrada nas atas por ter sido publicada no ano seguinte. Ver: "*Henrich von Kleist: eine pathographisch-psychologische Studie*", Bergmann, Wiesbaden, 1910.

de narcisismo" (Nunberg; Federn, 1978, p. 301, tradução nossa) seria observável nesses casos, nos quais é possível reconhecer nos objetos de desejo tanto traços das pessoas amadas quanto traços do próprio sujeito. A homossexualidade seria, de acordo com a hipótese sadgeriana, um dos desfechos da identificação do menino com a mãe, que surgiria após o recalcamento do amor da criança pela figura materna. "A busca da mãe em satisfazer o seu amante, busca que tomaria o próprio sujeito como objeto, constituiria então uma fantasia narcísica", resume Padovan (2017), "desta forma, as escolhas de objeto homossexuais feitas futuramente por estes sujeitos poderiam ser explicadas com base nesta fantasia, seja na busca de objetos do mesmo sexo que apresentem traços da mãe sedutora, seja na busca por objetos do mesmo sexo capazes de representar o próprio sujeito como objeto de amor da mãe" (p. 642).

A apresentação da hipótese de Sadger na Sociedade Psicanalítica de Viena foi seguida por uma discussão calorosa. Adler pontuou não ser possível esclarecer por que o menino recusaria todas as mulheres. Eitingon argumentou que o narcisismo não pode ser considerado como uma atividade sexual autoerótica, afirmação da qual Federn discordou, por considerar que um autoerotismo intenso pode ser um dos motivos que causariam a homossexualidade. Ele, por sua vez, questionou a tese sadgeriana por considerar que, no caso em questão, não estaria claro por que o desapego da figura materna teria tanta importância, pois "a defesa contra o incesto não pode ser a causa da homossexualidade em um homem em que o desejo de incesto permaneceu atual" (Nunberg; Federn, 1978, p. 305, tradução nossa). Essa não foi a primeira ocasião em que Federn criticou a teoria materno-infantil elaborada por Sadger. Na reunião de 5 de maio de 1909 (*ata 78*), que se centrou na patografia do poeta, dramaturgo e romancista alemão Heinrich von Kleist (1777-1811), Federn já problematizara a relação entre a homossexualidade e o apego à figura materna, tecendo duras críticas a essa hipótese e considerando que, por mais que pudesse haver algo de verdadeiro nela, os elementos elencados por Sadger não poderiam ser considerados aspectos decisivos e muito menos o único fator presenta na gênese da homossexualidade.

Freud, por sua vez, concordou em grande parte com a exposição de Sadger, ponderando que "a ideia de que [o processo pelo qual] torna-se homossexual coincide com o recalcamento da mãe é justa, [e que] isso acontece através da identificação com a mãe" (Nunberg; Federn, 1978, p. 306, tradução nossa). Em 26 de maio de 1909 (*ata 81*), ocasião em que foi discutido o ensaio "Um tipo especial de escolha de objeto feita pelo homem (Contribuições à psicologia do amor I)" (Freud, 1910b/2013b), Freud já se reportara à tese sadgeriana afirmando que:

> *Um menino que até a entrada na puberdade havia se sentido fortemente apegado à mãe e não tinha amigos, de pronto sentiu ódio e ciúmes de outros meninos porque a mãe amada, certa vez, havia elogiado outro jovem em sua presença. Na puberdade, a mãe é recalcada no inconsciente, recalque que tem lugar por intermédio de sua identificação com ela: dali ele também se sente atraídos pelos meninos. Se, no processo final produzido na consciência, uma parte é recalcada no inconsciente, então também tem lugar uma troca em outra parte [também] consciente; ao mesmo tempo da mesma forma reprime o ciúmes dos meninos e o transforma em amor. (Nunberg; Federn, 1974, p. 240, tradução nossa)*

No que se refere ao narcisismo, Freud considerou a hipótese de Sadger válida, postulando que esse "não é um fenômeno isolado, mas um estágio necessário na passagem do autoerotismo ao amor objetal" (Nunberg; Federn, 1978, p. 307, tradução nossa). Considerando o amor por si mesmo como um momento indispensável da constituição do sujeito, o autor apontou que o homem tem dois objetos sexuais primários – a mãe (ou a figura que a substitui) e o próprio sujeito – e a sua vida posterior dependerá de em qual deles o indivíduo permanecerá fixado. Idealmente, seria importante se desprender de ambos os objetos de investimento, o que seria possibilitado pela intervenção paterna.

A tese de Sadger que relacionava homossexualidade, identificação e narcisismo teve importante adesão dos primeiros psicanalistas. A hipótese não apenas ganhou simpatia de Freud, responsável por sua difusão ao incorporá-la em sua obra teórica, mas foi também a teoria que tomou frente – entre outras analisadas adiante – nos debates do círculo freudiano, tendo sido a explicação sobre a homossexualidade mais usada, desdobrada e discutida na época.

Sumariamente, a tese sadgeriana afirmava que *a partir da busca por pessoas do mesmo sexo que possuíssem algum traço materno ou que representassem o próprio sujeito enquanto objeto da mãe, o desejo homossexual seria um resultado do recalque do amor da criança pela figura materna, com quem ela se identificaria, procurando objetos com quem reproduziria essa relação por vias narcísicas.* Conferindo relevância à dimensão inconsciente dos discursos dos pacientes sobre si e sua sexualidade – em oposição clara à postura médico-psiquiátrica e seus métodos –, Sadger parte da premissa de que, se há uma disposição bissexual em todos os seres humanos e a homossexualidade nunca está ausente na heterossexualidade, o contrário também deve ser verdadeiro, o que sustenta a hipótese de que o objeto de amor homossexual seria constituído por uma mescla de traços oriundos de figuras amadas pelo sujeito durante a primeira infância, entre as quais haveria também mulheres.

Essa tese postulou uma nova questão. Sabemos que ao escrever os *Três ensaios sobre a teoria da sexualidade* em 1905, Freud (1905a/2016b) definiu o autoerotismo como uma fase do desenvolvimento da libido anterior ao amor objetal, compreendendo a homossexualidade como uma parada no desenvolvimento da libido que se fixaria em algum ponto mais próximo do autoerotismo. No entanto, a definição de narcisismo tornou necessário responder como essa noção se articulava ao autoerotismo e, como consequência, à homossexualidade.

Em "Observações psicanalíticas sobre um caso de paranoia relatado em autobiografia (O caso Schreber)", Freud (1911/2010a) descreveu o narcisismo como um estágio na passagem do autoerotismo ao amor objetal, mas, a despeito disso, esse termo permaneceu sendo empregado de múltiplas formas entre os primeiros psicanalistas até meados dos anos 1920 (Padovan; Müller, 2016). É para esse aspecto que Rank chama a atenção na conferência "Autoerotismo e narcisismo" (*ata 198*)[9] proferida por Sadger em 23 de abril de 1913:

> *Rank lamenta não apenas a ausência de uma explicação do narcisismo, que ainda não é possível fornecer, mas mais ainda a omissão de uma descrição do que nós entendemos por narcisismo. Onde estão os limites*

9 O registro dessa conferência é muito fragmentário, de maneira que não podemos extrair o conteúdo da fala de Sadger resumida no seguinte parágrafo (Nunberg; Federn, 1983, p. 220, tradução nossa): "Baseado em um material clínico detalhado, o orador colocou em evidência o fato que, na formação do narcisismo, a admiração da mãe ou do cuidador tem um papel decisivo; outros fatores também desempenham um papel: um desenvolvimento excessivo do autoerotismo na puberdade, assim como um subdesenvolvimento dos órgão genitais e das pulsões sexuais, acompanhado de uma preponderância de outros componentes sexuais (homossexualidade)".

> *do patológico? Onde está a passagem da etiologia geral (segundo Sadger, admiração por parte da mãe) para uma etiologia específica? (Nunberg; Federn, 1983, p. 221, tradução nossa)*

Nessa época, Rank (1911/2016) já publicara o ensaio "Uma contribuição sobre o narcisismo", em que discutia as relações entre narcisismo e lesbianidade[10] e defendia que, embora repousassem na fixação infantil na figura materna, essas duas noções se diferenciariam pois

> *o Narcisismo, que surge de forma clara apenas na puberdade, influencia a escolha de objeto dirigindo-a antes para a própria pessoa, ao passo que a homossexualidade, igualmente manifesta de forma decisiva na puberdade, define o sexo do objeto amoroso a ser escolhido. (p. 2)*

O que prevalece, no primeiro caso, é que o objeto sexual fornece ao sujeito uma imagem de si, permitindo que esse o ame tal qual a mãe o amou, enquanto no segundo, predominaria o sexo do objeto de desejo e seus traços que, de maneira geral, se refeririam a uma ou algumas figuras de amor infantil do sujeito. Na reunião de 11 de março de 1914 (*ata 225*), Tausk complementaria essa ideia, afirmando que o que está em jogo na homossexualidade é a dissolução da relação incestuosa com a figura materna, que poderia se dar por duas vias: "1) voltar-se para o homem; e 2) repetir constantemente como sintoma o relacionamento que ele [o menino] teve com a mãe, o que de qualquer maneira o coloca em contato consigo mesmo" (Nunberg; Federn, 1983, p. 281, tradução nossa).

---

10 Retomaremos esse texto no Capítulo 7.

No entanto, até que as definições de narcisismo primário e secundário fossem apresentadas na obra de Freud (1914a/2010d), o que permitiu articular a conceituação do narcisismo como uma etapa do desenvolvimento da libido que definiria também uma modalidade de escolha objetal – sobre a qual se pensava ser uma maneira de expressão dominante na homossexualidade, em que o objeto de desejo teria como modelo o próprio sujeito –, as noções de narcisismo, autoerotismo e homossexualidade passaram por múltiplas articulações no seio da Sociedade Psicanalítica de Viena. Ora o autoerotismo era assimilado ao narcisismo e entendido como causa da homossexualidade, tal qual postulara Federn (*ata 86* – 10 de novembro de 1909), ora a homossexualidade era entendida como uma estadia prolongada no estágio do narcisismo, como definiu Freud em 12 de outubro de 1910 (*ata 114*). Além disso, por vezes o narcisismo era compreendido como um fenômeno normal do desenvolvimento, sendo a etapa de passagem entre o autoerotismo e o amor objetal, que se tornaria patológica apenas em casos de fixação, hipótese avançada por Freud (*atas 86* e *198* – 10 de novembro de 1909 e 23 de abril de 1913).

No que se refere à teoria sadgeriana sobre a homossexualidade, dois pontos despertaram questões entre os primeiros psicanalistas. Em primeiro lugar, a ideia de que um evento poderia eliminar a figura materna parecia não ser suficiente para explicar por que o sujeito se retiraria do investimento em todas as mulheres, voltando-se aos homens – ponto levantado por Adler. Secundariamente, postular que a homossexualidade seria originada pela relação entre a mãe e a criança tornava necessário explicar o que ocorreria que impediria o pai de intervir nessa dupla, ou mesmo qual seria seu papel, considerando a natureza bissexual de todos os seres humanos, conforme sinalizado por Sadger (1909/2020).

Esses temas seriam retomados em 1º de dezembro de 1909 (*ata 89*), quando Freud apresentou uma conferência sobre Leonardo da Vinci, cujas ideias seriam formalizadas no ensaio sobre o artista publicado no ano seguinte (Freud, 1910). De acordo com a interpretação freudiana, a fixação de Leonardo na figura materna teria operado quando ele era ainda muito jovem, de maneira que o recalque desse amor precipitou sua homossexualidade, tal como explicitara Sadger. "O fato de que uma criança cresce entre pessoas de apenas um sexo é, nós sabemos agora, uma das causas que mais contribuem para a formação da homossexualidade" (Nunberg; Federn, 1978, p. 337, tradução nossa), afirma Freud, recuperando esta hipótese que ele já avançara durante a discussão de "Um caso de perversão multiforme" e que remetia à ideia de que a ausência de um dos genitores culminaria na homossexualidade, a qual estava presente em sua obra desde 1905 e que ele já mencionara nas reuniões dos primeiros psicanalistas em 16 de maio de 1907 (*ata 26*).

Ao passar os primeiros cinco anos da vida morando com sua mãe, Leonardo teria vivido com ela um amor breve, porém intenso, o que produziu concomitantemente a identificação e o recalque. Essa operação é interpretada como um mecanismo geral da homossexualidade que figuraria ao lado da hipótese da mulher com pênis – entendimento da homossexualidade como forma de fazer frente à castração, tal qual ele elucidara em 1908 – e que levaria os meninos a se tornam femininos como sua mãe, livrando-se dela ao amar jovens garotos da maneira como seu próprio Eu fora amado na infância.

A partir dessas considerações, podemos ver que Sadger e Freud levantavam três motivos que precipitariam a eliminação da mãe, cuja consequência poderia ser a identificação com ela: a ocorrência de um evento capaz de eliminá-la, como a morte e a doença; os ciúmes de jovens garotos elogiados pela mãe; e a não intervenção do pai na relação mãe-criança. Com o recalque do amor pela mãe e por intermédio do narcisismo, entendido como o amor pelo próprio sujeito, o garoto procuraria a si mesmo em seus objetos sexuais que, assim como ele, seriam do sexo masculino – o que justifica a retirada do investimento em todas as mulheres (Nunberg; Federn, 1978).[11]

No entanto, como o próprio Sadger (1909/2020) reiterou em "Sobre a etiologia da sensibilidade sexual contrária", todos os seres humanos possuiriam uma disposição bissexual, de forma que, na infância, a libido se distribuiria entre figuras do sexo feminino e masculino – o que inclui a mãe e o pai, mas não se resume a eles – até que, na puberdade, uma dessas orientações fosse recalcada, tornando a outra manifesta na escolha de objeto. Enquanto a não interdição do pai na relação da mãe com a criança era relacionada à ausência paterna durante a primeira infância, a ausência materna parecia culminar no mesmo desfecho, pois, na ausência da mãe, a criança também se identificaria com ela, enquanto objeto de amor perdido. Ou seja, de acordo com a hipótese materno-infantil, por uma rota ou por outra, a ausência de um dos genitores, ou de pessoas de um dos sexos que os substituiriam, culminaria na escolha de objeto homossexual.

Mas, dado o fato de que homossexualidade ocorria em todas as configurações familiares e classes sociais, somado à proliferação de casos clínicos singulares que não se encaixavam em uma teoria etiológica específica e predeterminada, os primeiros psicanalistas – não conseguindo enxergar que nem uma, nem duas, nem infinitas teses poderiam explicar a homossexualidade, que não deveria ser objeto de explicações causalistas – foram convocados a expandir seus arcabouços teóricos sobre o tema. A pista seguida para a construção de um novo modelo pôde ser facilmente encontrada no texto sadgeriano de 1909, no qual se supunha que a eliminação da mãe na puberdade provocaria a retomada de relações infantis

11 A conclusão citada foi apresentada por Freud em 23 de fevereiro de 1910 (*ata 98*).

com o pai ou outras figuras masculinas. Aos olhos dos primeiros psicanalistas, tornava-se cada vez mais plausível explorar as consequências etiológicas da relação da criança com o pai e outras figuras masculinas. Sem abandonar a teoria materno-infantil, cuja importância e prevalência não se modificou, os primeiros psicanalistas passaram a se dedicar a explicar a homossexualidade a partir de uma teoria paterno-infantil. Utilizando o mesmo diagrama, mudaram apenas os elementos que o compunham.

A teoria paterno-infantil

Por meio dos trabalhos de catalogação dos psiquiatras oitocentistas, dos casos clínicos e das pesquisas realizadas pelo grupo de Magnus Hirschfeld – cujo objetivo era justamente o de melhor compreender os *estados sexuais intermediários*, esclarecendo seu aspecto inato e sua diversidade –, os primeiros psicanalistas começaram a perceber que a homossexualidade não podia ser explicada por uma etiologia específica. Sem abandonar a teoria materno-infantil sadgeriana, a partir de 1910 os analistas vienenses voltaram sua atenção para pesquisar o papel do pai e de outras figuras masculinas na gênese da escolha de objeto homossexual, perseguindo um alerta de Freud na reunião de 23 de fevereiro de 1910 (*ata 98*), segundo o qual é necessário considerar que "há mais de um caminho que leva à homossexualidade" (Nunberg; Federn, 1978, p. 422, tradução nossa).

Vários comentários dispersos ao longo das Atas explicitam o esforço dos primeiros psicanalistas de desdobrar esses caminhos, tarefa que em um primeiro momento focou a intervenção paterna na relação mãe-criança – entendida como fator que impediria a fixação na figura materna e a posterior identificação – e buscou explorar o que ocorreria com o pai, que o impediria de viabilizar a separação entre o menino e a mãe. Em 26 de janeiro de 1910 (*ata 95*), durante uma apresentação de Hitschmann sobre um caso de neurose obsessiva em que o paciente falava com frieza de sua mãe e tinha "tendências homossexuais", Federn chamou atenção para um aspecto que se tornaria essencial para esta problemática, pontuando que:

> *O que foi dito da frigidez de um dos pais [pai ou mãe] é importante. A proporção da inclinação homo e heterossexual no ser humano depende certamente, constituição à parte, da pessoa em sua volta que despertou (nele) uma maior sensualidade. (Nunberg; Federn, 1978, p. 399, tradução nossa)*

Ao tomar a palavra, Freud ressaltou a hipótese federniana, afirmando que a observação sobre "a influência do genitor mais terno (ou mais frio) é importante" (Nunberg; Federn, 1978, p. 402, tradução nossa) e que, "nesse sentido, podemos dizer diretamente que o pai é importante para a prevenção da homossexualidade". Além disso, o autor pontuou que a hipótese sobre a ausência de um dos genitores seria a exacerbação do cenário no qual uma das figuras parentais é mais fria e a outra mais terna, ideia retomada em 23 de fevereiro de 1910 (*ata 98*), quando Sadger trouxe uma nova dimensão para essa tese, considerando que "As análises de homossexuais revelam quase sempre que o paciente é filho de uma mulher 'ativa' e de um homem fraco e reservado" (Nunberg; Federn, 1978, p. 420, tradução nossa).

Fazendo a devida ressalva ao comentário de que a homossexualidade poderia ser prevenida – assunto ao qual nos dedicaremos no Capítulo 8 –, podemos observar que a discussão buscava solucionar o problema em torno da figura paterna, que começou a crescer em importância nas discussões sobre homossexualidade na Sociedade Psicanalítica de Viena. Em Sadger, prevalecem duas hipóteses: a primeira, de que um pai "fraco" não conseguiria intervir na relação da mãe com a criança, que, por sua vez, tomaria a figura materna como objeto de amor e, posteriormente, modelo de identificação; e a segunda, de acordo com a qual a eliminação da mãe poderia suscitar um afastamento de todas as mulheres e uma retomada das relações infantis com as figuras masculinas. Em Federn e Freud, a tese é de que a frieza e a ternura (sensualidade) dos genitores fariam a balança da escolha de objeto pender para um lado ou para o outro, de maneira que a criança se voltaria para o genitor que lhe dirigiu mais amor.

Nessa época, concomitantemente à exploração das teses sadgerianas e à tentativa de solucionar os meandros da teoria materno-infantil que ainda despertavam perguntas, o mecanismo apresentado por Federn e Freud ganhou cada vez mais relevância. Como podemos ver no caso de Hitschmann – apresentado na ocasião em que os autores teceram esses comentários –, a ternura paterna e a frieza materna passaram a ser considerados aspectos que despertam "tendências homossexuais" em alguns pacientes. Apontando para um aspecto semelhante, Adler (*ata 112*) contestava "a tese segundo a qual a homossexualidade sempre se origina do amor pela mãe" (Nunberg; Federn, 1978, p. 563, tradução nossa), levantando a possibilidade de uma fixação na figura paterna (*ata 86*) ter papel na gênese da homossexualidade. Além disso, Hilferding (*ata 126*) chamou a atenção para o exame do papel do pai, pontuando a importância de se investigar "em que condições o pai se torna o objeto sexual da criança (atitude homossexual); [e] em que modalidades ocorre o afastamento da criança de seu primeiro objeto" (Nunberg; Federn, 1974, p. 116, tradução nossa).

Ou seja, tornava-se consenso entre os primeiros psicanalistas que a homossexualidade não poderia ter uma gênese única e invariável – a fixação infantil na figura materna. Fosse em razão da frieza da mãe que poderia levar a criança a se ligar a um pai mais terno, fosse porque a libido se distribui entre ambos os sexos durante a primeira infância, era necessário pensar a homossexualidade sob novas perspectivas. Nesse contexto, os vienenses começaram a discutir as relações entre homossexualidade e masculinidade, o que os levou a pesquisar a relação paterno-infantil.

Em 11 de maio de 1910 (*ata 107*), durante uma conferência proferida por Isidor Sadger, intitulada "A asma brônquica é uma neurose sexual?", esse tema começou a ser aprofundado. Na ocasião, o orador apresentou o caso clínico de um "jovem homem de 23 anos com tendências homossexuais e uma série de sintomas histéricos" (Nunberg; Federn, 1978, p. 507, tradução nossa), com destaque para os ataques de asma. Durante a análise, o paciente retratava seu pai como uma pessoa extremamente terna, cujas carícias lhe causavam grande prazer. Ao discutir o caso, o analista tentou demonstrar como os ataques de asma do jovem remontavam a experiências sexuais infantis, interpretando o sintoma como produto do recalcamento do prazer vivido pela criança junto de seu pai, que se materializava nos ataques de asma quando ele era estimulado de forma semelhante por outro homem.

O debate sobre esse aspecto do caso se centrou entre Sadger e Freud, que teceu um comentário importante:

> *A comunicação de Sadger é incompleta em dois pontos. Sadger certamente destacou o primeiro. Se o paciente escolheu como objeto de amor meninos de 11-13 anos, ou seja, ele mesmo nessa idade, a análise deveria nos elucidar por que ele escolheu precisamente nessa idade, o que lhe ocorreu naquela época e quais satisfações foram produzidas. Em segundo lugar, se coloca a questão*

> *de saber se o paciente se tornou homossexual pelo mecanismo proposto por Sadger (fixação precoce na mulher, seguida do recalque, identificação com a mulher e escolha objetal narcísica) e qual o papel dos carinhos do pai nesse desenvolvimento. Nesse caso,* é mais plausível admitir que foram os carinhos do pai que lhe fizeram homossexual. Essas lacunas na análise justificam a questão de saber se estamos diante de um novo tipo de homossexualidade. *(Nunberg; Federn, 1978, p. 513, tradução nossa, grifo nosso)*

O que Freud aponta é, justamente, como a teoria materno-infantil era um modelo etiológico insuficiente e demasiadamente restrito para explicar a forma como se constituem personalidades diversas. Contudo, estando ainda muito restrito ao modelo da família burguesa biparental, sua pergunta centra-se na questão de como a tese sadgeriana poderia ser pensada nos casos em que a criança é mais próxima de seu pai durante a infância. Em resposta a esse questionamento, Sadger afirmou que:

> *recentemente experienciou que o pai desempenha um grande papel [na etiologia da homossexualidade]. Frequentemente, o pai é mais afetuoso (se comporta como a mãe), enquanto a mãe é mais fria. Isso está relacionado ao fato de que todos os homossexuais têm além do tipo de Eu ["Ichtypus"], um tipo de pai, que é, no entanto, muitas vezes recalcado mais tarde, como resultado da rivalidade da qual a mãe é objeto. (Nunberg; Federn, 1978, p. 515, tradução nossa, grifo nosso)*

Em seu argumento, Sadger defende que o modelo interpretativo para os casos em que o pai é a pessoa mais afetuosa com a criança era apenas uma inversão do modelo etiológico materno-infantil criado por ele, ou seja, o pai que se comportaria de maneira terna faria as vezes da mãe na relação com a criança, hipótese da qual Freud prontamente discordou, apontando que:

> *Seria necessário distinguir dois tipos: 1) aqueles que tomam a si mesmo como objeto de amor e 2) aqueles que escolhem o pai. É provável que a gênese não seja a mesma em cada caso. Entre os extremos do pai mais amoroso e da mãe mais amorosa, há uma contradição; a relação deve ser elucidada, eles não podem simplesmente ser complementares. Os casos isolados nos mostram que a presença do pai "em carne e osso" não é necessária. Há pessoas que crescem sem o pai e se tornam homossexuais. Em todo caso, a questão das causas da homossexualidade na infância é muito complicada. (Nunberg; Federn, 1978, pp. 515-516, tradução nossa)*

Hitschmann, por sua vez, enfatizou o comentário de Freud ao afirmar que "o fato de que ele [Sadger] encontrou os dois fatores etiológicos em um único e mesmo caso constitui uma grave contradição" (Nunberg; Federn, 1978, p. 516, tradução nossa). Como pudemos ver, nessa ocasião Freud e Hitschmann apontaram os problemas conceituais que interrogavam a teoria materno-infantil. Diante das impossibilidades encontradas nas tentativas de espelhamento do que até então era pensado sobre a relação mãe-menino – amor, recalque, identificação e escolha de objeto por vias narcísicas –, os primeiros psicanalistas voltaram-se para duas novas hipóteses sobre as relações entre homens e suas possíveis consequências na gênese da homossexualidade.

A primeira delas, mencionada por Stekel na discussão clínica sobre o jovem de 23 anos, fez referência a Freud e retomou o mecanismo proposto por Sadger no artigo de 1909 – sem referi-lo diretamente –, incluindo um novo elemento na equação: a agressividade e o ódio. Esses afetos eram explorados por Freud desde 1908 (*atas 52* e *81*), a partir da hipótese de que o menino poderia sentir ciúmes de amigos ou irmãos vistos como queridos pela mãe, dirigindo-lhes impulsos agressivos que seriam reprimidos e transformados por formação reativa em amor – conforme seria postulado em sua obra escrita apenas em 1922, no texto "Sobre alguns mecanismos neuróticos no ciúme, na paranoia e na homossexualidade". Avançando essa hipótese inicial, entre 1909 e 1910, Sadger, Stekel e Adler incluíram um novo aspecto no diagrama ao postularem que a agressividade e o ódio poderiam ser dirigidos à mãe, levando o garoto a abandonar a relação com ela enquanto objeto de amor e se voltar ao pai – tese que seria sofisticada com as discussões sobre o complexo de Édipo, que retomaremos adiante.

A segunda nova hipótese sobre o papel do pai na homossexualidade – e que, em certa medida, é complementar à primeira – foi proposta por Victor Tausk em uma conferência intitulada "Uma contribuição à psicologia do masoquismo", ocorrida na Sociedade Psicanalítica de Viena em 10 de maio de 1911 (*ata 142*). Advogado, psiquiatra e psicanalista, Victor Tausk (1979-1919) nasceu em Zilina, na Eslováquia, e passou sua infância na Croácia. Filho de um pai tirânico e uma mãe masoquista, ele casou-se com Martha Frisch-Tausk, com quem teve dois filhos. Após se divorciar, Tausk se mudou para Berlim, onde tentou carreira na literatura e foi atingido por uma doença pulmonar, passando a viver em Viena após a sua recuperação. Integrou o grupo de psicanalistas em 1908, cursou medicina e se tornou uma das figuras mais brilhantes do círculo freudiano. Serviu na Primeira Guerra Mundial, foi analisando de Helen Deutsch, teve um romance com Lou-Salomé e manteve com Freud uma relação ambivalente, permeada de querelas.[12] Em 1919, oito dias antes de se casar novamente, Tausk se suicidou.

A apresentação de Tausk na Sociedade Psicanalítica de Viena se centrou na análise de um caso clínico, a partir do qual o autor avançou suas conclusões. O paciente atendido por ele era um homem que fingia ser pouco inteligente e escondia o que sabia, inclusive sobre sua sexualidade, cujas manifestações se tornaram conscientes para ele aos cinco anos de idade. Até encaminhar-se para o tratamento, o paciente nunca havia tido uma relação sexual, satisfazendo-se com fantasias masturbatórias masoquistas, nas quais sua mãe tinha um papel de destaque. Segundo relato, ele tinha uma boa relação com a figura materna até os seus nove anos, quando ela se atraiu por seu tutor e passou a suspeitar dele, além de lhe bater e odiar. Ele, por sua vez, sentira-se bastante desapontado com sua mãe e, após um conflito severo que durou aproximadamente três anos, afastou-se dela, voltando-se para o pai, antes uma figura que lhe despertava ódio e medo.

De acordo com o que foi construído em análise, grande parte de suas fantasias[13] masoquistas – nas quais belas damas nunca ativamente se aproximavam ou faziam algo com ele – remetiam à ambivalência experimentada junto à mãe. Contudo, Tausk afirma que o masoquismo do paciente surgiu antes da separação entre ele e sua mãe, o que sustenta a hipótese de que a relação com ela não é a raiz do comportamento masoquista do paciente, servindo somente como fonte de conteúdo para as suas fantasias.

---

12 A delicada relação entre Freud e Tausk foi bastante explorada por Paul Roazen (1995), no livro *Irmão animal: a história de Freud e Tausk.*

13 Sumariamente, Laplanche e Pontalis (2001) definem a fantasia como um "roteiro imaginário em que o sujeito está presente e que representa, de modo mais ou menos deformado pelos processos defensivos, a realização de um desejo e, em última análise, de um desejo inconsciente" (p. 169).

Seguindo com sua apresentação, Tausk questiona "Como que o paciente obtém prazer com maus-tratos?" (Nunberg; Federn, 1974, p. 254, tradução nossa), elencando duas hipóteses que buscam elucidar a problemática do masoquismo. A primeira relaciona-se com o fato de que o paciente costumava morder os lábios e as mãos quando sentia raiva, episódios nos quais ele teria criado a impressão de que sentir dor que lhe causaria prazer, a partir da ab-reação dos impulsos sádicos. O fato de que na fantasia a dor é infringida pela mulher teria relação com a culpa e a punição, relativos aos sentimentos incestuosos por sua mãe.

A segunda hipótese, fundamental para a problemática que aqui tratamos, se relacionava aos sintomas erótico-anais apresentados pelo paciente, que estariam ligados ao seu sentimento de inferioridade. Considerando o fato de que o coito não era valorizado por ele pois lhe lembrava a pederastia passiva, Tausk afirma que todas as fantasias masoquistas do paciente eram também fantasias anais, pois as nádegas e o pênis eram para ele a mesma coisa. De acordo com o conferencista, a fantasia de castração do paciente remetia à ideia de que uma vagina seria cortada em seu corpo para substituir seu pênis, de modo que "na fantasia o paciente era tratado como uma mulher" (Nunberg; Federn, 1974, p. 254, tradução nossa) – isso é, passivamente – o que seria adicionado a toda a extensão do complexo homossexual, entendido por Tausk como identificação e amor pelo pai.

Ou seja, a hipótese tauskiana enfatiza o papel da figura paterna na etiologia da homossexualidade, postulando que:

> *no fim das contas, todas as características más atribuídas em sua fantasia às mulheres pertencem a seu pai. As pessoas que maltratam o paciente personificam os medos, segundo as características de seu pai, e estes são*

> *atribuídos a uma mulher que, sem dúvida, é sua mãe. É por isso que, mesmo assim, ele obtém prazer sexual com as mulheres e o papel paterno pode ser o daquele que castiga (sentimento de culpa). A mãe lhe proporciona prazer sexual na forma peculiar de maus-tratos e é nisso que o pai, que deve punir a agressão direta contra a mãe, prevalece. Aqui também se ramifica um caminho para a homossexualidade. O objeto por meio do qual a gratificação foi obtida não era, nem se tornou, conscientemente o homem; e, no entanto, o que satisfaz o ânus só pode ser o pênis. O paciente é homossexual por erotismo anal; o portador do instrumento de gratificação, no entanto, permaneceu absolutamente desconhecido para ele. (Nunberg; Federn, 1974, pp. 254-255, tradução nossa)*

Sumariamente, Tausk confere relevância à identificação e ao amor pelo pai na história libidinal de seu paciente, interpretando que os seus objetos sexuais remeteriam a uma combinação de representantes maternos e paternos diante dos quais o paciente se posicionaria passivamente. Ou seja, diferentemente da teoria materno-infantil, na qual o sujeito amaria ativamente outros homens como eles foram outrora amados, a teoria de Tausk correlaciona diretamente a homossexualidade ao erotismo anal e à passividade, deslocando a ênfase teórica do âmbito do objeto – pessoa de quem emana o desejo afetivo-sexual – para o campo da meta pulsional, enquanto forma de obter satisfação.

Naturalizando a associação entre homossexualidade, passividade, erotismo anal e feminilidade – como fazia a psiquiatria oitocentista –, Tausk afirma que o paciente ocupa uma posição passiva na fantasia sexual, satisfazendo-se tal qual uma mulher. Ou seja, a posição masoquista ocupada pelo paciente na fantasia é interpretada na conferência como uma insígnia da feminilidade, o que retoma duas associações problemáticas: a primeira, entre feminilidade e passividade; e a segunda, entre homossexualidade e feminilidade. Ora, tudo indica que a interpretação do caso foi atravessada por convicções misóginas e homofóbicas, pois, à medida que Tausk avança a hipótese de que a castração do paciente está em jogo – pois, no tocante à fantasia, "o homem que não deveria ser homem, se torna uma mulher" (Nunberg; Federn, 1974, p. 255, tradução nossa) –, poderíamos inferir que suas questões são muito mais com a masculinidade do que com a feminilidade, como interpretaram os primeiros psicanalistas.

Provavelmente, por estarem muito atravessados pela heteronormatividade e por suas construções imaginárias do que é ser gay, os vienenses perdiam de vista o essencial da teoria da sexualidade freudiana, ou seja, o caráter perverso-polimorfo da pulsão, cuja meta e objeto não são predeterminados. Sem enxergar a diversidade de experiências possíveis com a homossexualidade, a equivalência entre o homem masoquista passivo e a mulher penetrada repetia visões heteronormativas sobre a relação sexual, entendida como a penetração do pênis na vagina, na qual a mulher está submissa tal qual o homem que obtém prazer pelo ânus – sempre e invariavelmente entendido como homossexual e associado às mulheres, independentemente de como funcionassem suas dinâmicas de prazer.

Retomando a questão das relações menino-pai, o modelo aqui apresentado fortalece o papel da figura paterna enquanto aquela para quem o menino se volta diante de um desapontamento com a mãe, por mais que ele possa despertar ódio ou medo. Essa formulação, que associaria masoquismo, passividade e homossexualidade, seria sofisticada a partir do texto "História de uma neurose infantil", no qual Freud (1918/2010e) postularia a identificação com a mãe e o desejo de ocupar o lugar enquanto objeto de amor do pai como um mecanismo da gênese da homossexualidade. Essa tese encontrou uma de suas gêneses, provavelmente, nas discussões de Tausk, que, embora fossem bastante incompletas e normativas em diversos aspectos, tentavam explorar o papel do pai na etiologia da homossexualidade, trazendo para a discussão dos primeiros psicanalistas a temática da passividade com finalidades masoquistas que, posteriormente, ganharia um lugar na teoria freudiana.

A discussão que seguiu a apresentação de Tausk focou prioritariamente o pioneirismo de suas ideias, pois tanto Federn quanto Adler já haviam avançado hipóteses semelhantes às apresentadas na conferência, as quais não foram referenciadas na ocasião – prática bastante comum na Sociedade Psicanalítica de Viena, na qual as teorias apresentadas pelos primeiros analistas se retroalimentavam, formando teias conceituais em que a autoria de muitas ideias não era devidamente reconhecidas.[14] Federn discutiu o tema em 9 de março de 1910 (*ata 100*), ocasião em que apresentou a conferência "As condições infantis do masoquismo"[15] e postulou que as

---

14 Um exemplo radical desse cenário é apresentado por Renata Cromberg (2014), autora de uma importante pesquisa sobre o esquecimento de Sabina Spielrein (1885-1942), psicanalista a quem se atribui a introdução do conceito de pulsão de morte na rede conceitual psicanalítica. Em 1911, ela escreveu o ensaio "A destruição como origem do devir" (Spielrein, 1912/2014) e apresentou a conferência "Sobre a transformação" (*ata 152*, 29 de novembro de 1911) na Sociedade Psicanalítica de Viena, antecipando o percurso que culminaria na publicação de "Além do princípio do prazer", texto em que Freud (1920b/2010f) avançaria essa hipótese. Apesar de seu pioneirismo, Spielrein foi citada apenas em uma nota de rodapé do texto freudiano de 1920, de maneira que sua autoria foi esquecida na história da psicanálise e suas contribuições permaneceram pouco conhecidas e citadas até o início do século XXI.

15 A conferência de Federn não foi registrada nas *Atas da Sociedade Psicanalítica de Viena*. As ideias apresentadas pelo autor foram elaboradas em "Contribuições à análise do sadismo masculino" ("Die Quellen des männlichen Sadismus") e "As fontes libidinais do masoquismo" ("Die libidinösen Quellen des Masochismus"), ensaios publicados no periódico *Internationale Zeitschrift für*

condições externas – questões de superioridade e inferioridade – levariam as crianças pertencentes a famílias sádicas a transformarem sua agressividade em masoquismo.

As contribuições de Adler, por sua vez, remetiam à análise sociológica da relação entre feminilidade e passividade, advertindo que na sociedade patriarcal o feminino seria sempre associado ao passivo e julgado como inferior, e que desde a infância tal construção seria transmitida às crianças, que buscariam compensar essa inferioridade, o que tornava possível a precipitação do masoquismo. Embora o autor não tenha tomado a palavra na ocasião em que Tausk apresentou sua conferência, ele foi referenciado por Hitschmann, Federn e Freud, assim como por Grüner[16] e Furtmüller,[17] psicanalistas que se uniram ao grupo adleriano quando ele rompeu com a Sociedade Psicanalítica de Viena em 1911.

Resumidamente, em sua conferência Tausk retoma a questão do erotismo anal para discutir as tendências homossexuais de seu paciente e, apesar das inúmeras problemáticas conceituais, a apresentação elucida dois aspectos no que se refere à ligação do menino com a figura paterna, que ganharam destaque entre os primeiros

---

Psychoanalyse (*Revista Internacional de Psicanálise*), respectivamente em 1913 e 1914.

16 Franz Grüner (1887-1916/1917) foi um advogado muito interessado nas artes e na literatura. Integrou a Sociedade Psicanalítica de Viena entre 1910 e 1911, quando renunciou junto com o grupo de Adler. Lutou na Primeira Guerra Mundial, quando morreu servindo o exército austríaco.

17 Carl Furtmüller (1880-1951) foi um educador que integrou a Sociedade Psicanalítica de Viena em 1909. Amigo íntimo de Adler, que o introduziu ao grupo vienense, ele frequentou as reuniões da Sociedade Psicanalítica de Viena até 1911, quando seguiu o grupo adleriano e tornou-se um dos principais colaboradores na criação da psicologia individual. Membro do Partido Social-Democrata Austríaco, ele serviu na Primeira Guerra Mundial por quatro anos e, após esse período, ajudou a arquitetar a reforma educacional que ocorreu na Áustria.

psicanalistas: (1) a hipótese de que a relação menino-pai teria se intensificado a partir do desapontamento com a mãe – desenvolvida por Sadger (1909/2020); e (2) a interpretação de que essa relação seria colocada em jogo no desejo masoquista do paciente, em que ele era maltratado como outrora fora enquanto objeto do pai. Essas considerações se somariam aos apontamentos de Freud sobre a ternura paterna e às considerações de Stekel que postulavam a aproximação com o pai como resultado de um afastamento agressivo da mãe.

Apesar de suas ressonâncias nas discussões do círculo vienense, nenhuma dessas hipóteses foi avançada suficientemente a ponto de ser formalizada em uma tese paterno-infantil até o texto freudiano de 1918, publicado em uma época na qual as reuniões dos primeiros psicanalistas já não eram mais registradas. Isso não significa que grande parte do que foi postulado na obra de Freud já não havia sido antecipado de forma bastante complexa durante as reuniões dos primeiros psicanalistas. Enquanto a tese materno-infantil proposta por Sadger alcançou maior relevância, a teoria paterno-infantil foi muito explorada, mas não teve nenhuma elaboração conclusiva. Essas duas teorias coexistiram nos debates dos analistas vienenses até 1913, quando a discussão da etiologia da homossexualidade se cruzou com a conceituação do complexo de Édipo. A partir desse momento, os primeiros psicanalistas preteriram os debates sobre a etiologia da homossexualidade da forma como faziam até então – criando uma ou algumas histórias, que não deixavam de ser ficções imaginárias – e passaram a discutir um diagrama geral, que explicaria a constituição do sujeito na hetero ou na homossexualidade, articulando as noções de escolha do objeto e identificação.

Uma teoria para a família burguesa

Na Sociedade Psicanalítica de Viena, as menções ao complexo de Édipo são tão antigas quanto o próprio registro das reuniões dos primeiros psicanalistas. Desde a ata de número *1*, datada de 10 de outubro de 1907, o assunto foi discutido pelos membros da Sociedade Psicológica das Quartas-feiras e, já nessa época, parte dos vienenses se interessavam por essa teoria que, alguns anos mais tarde, se tornaria central para a psicanálise.

Intitulada "O drama do incesto e suas complicações", a conferência registrada na *ata 1* foi proferida por Rank e não foi transcrita, pois seria publicada em livro.[18] Como indica o título, tratava fundamentalmente da questão do incesto, explorando essa temática na literatura, revisão que incluía a tragédia do Édipo-Rei escrita por Sófocles. Apesar da primeira menção à problemática edípica nas reuniões das quartas-feiras ter sido feita por Rank, o complexo de Édipo – termo que seria utilizado na obra freudiana apenas em 1910[19] (Freud, 1910b/2013b) – já havia sido tematizado por Freud anos antes da conferência em questão, tendo sido explicitamente[20] descrito pela primeira vez em 15 de outubro de 1897, em uma carta que ele escreveu para Fliess a respeito de sua autoanálise:

---

18 Intitulado *O motivo do incesto na poesia e nas lendas: fundamentos de uma psicologia da criação poética* (*Grundzüge einer Psychologie des dichterischen Schaffens*), o livro foi publicado em Viena no ano de 1912 pela editora Deuticke. A segunda edição corrigida foi publicada em 1926 e em 1974 a editora Wissenschaftliche Buchgessellschaft, de Darmstadt, publicou uma reprodução do texto (Checchia; Torres; Hoffmann, 2015).

19 A problemática edípica é referenciada por Freud (1900/2016a) desde *A interpretação dos sonhos*.

20 Anteriormente, o germe inicial da teoria do complexo de Édipo foi mencionado por Freud no *Rascunho N*, anexado à Carta 64, enviada para Fliess em 31 de maio de 1897.

> *Descobri, também em meu próprio caso, o fenômeno de me apaixonar por mamãe e ter ciúmes de papai, e agora o considero um acontecimento universal do início da infância.... Se assim for, podemos entender o poder de atração do Oedipus Rex, a despeito de todas as objeções que a razão levanta contra a pressuposição do destino; e podemos entender porque o "teatro da fatalidade" estava destinado a fracassar tão lastimavelmente... Cada pessoa da plateia foi, um dia, um Édipo em potencial na fantasia, e cada uma recua, horrorizada, diante da realização de sonho ali transplantada para a realidade, com toda a carga de recalcamento que separa seu estado infantil do estado atual. (Masson, 1986, p. 273)*

Debatido desde o início das reuniões do grupo vienenses, a ideia do complexo de Édipo não era consenso entre os primeiros psicanalistas. Apesar de não ser de interesse do nosso trabalho explorar a exposição de Rank em detalhes, ressaltamos que o complexo de Édipo era um assunto conhecido há bastante tempo entre os primeiros psicanalistas,[21] quando, no ano de 1914, eles decidiram dedicar quatro sessões integrais à discussão dessa teoria, ocorridas em 25 de fevereiro (*ata 223*), 18 de março (*ata 226*), 8 de abril (*ata 228*) e 20 de maio (*ata 232*). Segundo afirmam Nunberg e Federn (1983), os primeiros psicanalistas tinham a intenção de publicar esses debates[22] – o que não ocorreu –, e com eles objetiva-

---

21 Além dos documentos citados, diversas outras sessões da Sociedade Psicanalítica de Viena mencionam a teoria do complexo de Édipo. Não nos referiremos a esses documentos por seu conteúdo transcender o escopo deste livro, mas indicamos para o leitor que esse assunto pode ser encontrado nas atas de número 93, 106, 126, 134, 137, 139, 146, 158 e 200.

22 Tudo indica que os primeiros psicanalistas objetivavam publicar os debates sobre o complexo de Édipo da mesma forma que fizeram anteriormente com

vam provar aos céticos a existência do complexo de Édipo. Ainda a respeito desses documentos, é importante relembrar que as *Atas da Sociedade Psicanalítica de Viena* se tornaram bastante sintéticas a partir de 1910, de maneira que o simpósio sobre o complexo de Édipo foi registrado parcialmente. Exceto pela apresentação de Freud, as demais conferências que ocorreram não estão transcritas nos documentos, que contam somente com o debate entre os presentes.

Antes que nos dediquemos ao estudo desse material, faz-se necessário explorarmos brevemente uma conferência de Freud sobre o complexo de Édipo que ocorreu na Sociedade Psicanalítica de Viena em 30 de outubro de 1912 (*ata 176*). Essa discussão nos auxilia a compreender como os primeiros psicanalistas pensavam essa teoria no início da segunda década do século XX, suprindo algumas lacunas deixadas pelas atas das "Discussões sobre o complexo de Édipo infantil". A apresentação feita por Freud foi intitulada "Comunicação clínica acompanhada de algumas observações controversas", nome que evoca a pergunta: qual era a controvérsia postulada já no título da conferência?

Ainda no rastro da ruptura com Adler, ocorrida em 1911, Freud utiliza de sua fala para discutir a problemática edípica em contraponto à tese adleriana do protesto masculino, à luz da qual a psicologia individual interpretava o conflito psíquico. A partir da descrição do caso clínico de uma mulher de 23 anos, cujo percurso analítico teria desvelado "que, na infância, ela queria ser menina e agora quer ser homem" (Nunberg; Federn, 1983, p. 134, tradução nossa), e de um fragmento da análise de uma paciente que tinha quatro irmãs e adoecera ao descobrir que não poderia realizar o desejo de ter um filho de seu pai, invejando a mãe por poder fazê-lo,

---

os doze debates sobre a masturbação. Ver: "O debate sobre a masturbação" (Freud, 1912c/2010i).

Freud tenta elucidar alguns pontos importantes sobre o complexo de castração nas mulheres e sobre o complexo de Édipo em geral.

> *Nas meninas, o complexo de castração também desempenha um papel, na medida em que elas já são, por assim dizer, castradas ao vir ao mundo mundo. É assim que nas meninas se desenvolve a inveja do pênis em vez do medo de perdê-lo (nos meninos) e é característico que esses movimentos estejam sempre ligados a atividades sexuais. . . . As relações desses movimentos com o complexo de Édipo parecem ser tais que essas condições provavelmente existem em toda parte, mas não se tornam patogênicas até serem adicionadas ao complexo central. Nos meninos, a hostilidade para com o pai toma a ameaça da castração como pretexto (independentemente de ter sido realmente pronunciado ou simplesmente fantasiado). Na filha, o ódio da mãe deriva sua justificativa do desejo pelo pênis; a mãe é culpada do fato de que a criança nasceu como filha. Também devemos nos perguntar que uso a criança faz do complexo de castração. O garoto se torna tímido e recalcitrante; a garota se sente injustamente tratada e fica com raiva. (Nunberg; Federn, 1983, pp. 134-135, tradução nossa)*

Como entende Freud nesse momento, os meninos temeriam a perda do pênis, enquanto as meninas são pensadas como castradas por princípio, interpretando a ausência do pênis como um dano, que as deixaria se sentindo lesadas e ocasionaria a inveja do pênis, ou seja, o desejo de possuir um pênis como o dos meninos, o que as levaria a negar, compensar ou buscar reparar a diferença anatômica. Sem articular com profundidade a relação entre os complexos de castração e de Édipo – posteriormente discutidos em detalhes na obra freudiana –, Freud postula que a ausência do pênis levaria a menina a odiar a mãe, por via do entendimento de que ela não lhe deu este desejado órgão, enquanto nos meninos a ameaça de castração provocaria o ódio e a rivalidade com o pai, em razão do medo de ser castrado.

Essa explicação demonstra como a escolha de objeto heterossexual ocorre, sendo precipitada pelo ódio ao genitor do mesmo sexo. As meninas odiariam a mãe que não lhes deu o pênis, enquanto os meninos odiariam o pai que ameaça castrá-los, o que provocaria o afastamento do genitor do mesmo sexo, fazendo a escolha de objeto pender para o genitor do sexo oposto. Posteriormente, Freud (1923a/2011c) postularia que durante o complexo de Édipo a criança amaria e odiaria ambos os genitores. Mas em 1912 essa hipótese ainda não havia sido desenvolvida, como exemplifica a crítica de Tausk a uma apresentação[23] de Weiss[24] ocorrida em 7 de maio de 1913 (*ata 200*), na qual o analista considerou que "O complexo de Édipo foi apresentado de um ponto de vista muito unilateral", chamando a atenção para o fato de que "a criança também se liga, com uma parte de sua libido, à figura parental do mesmo sexo" (Nunberg; Federn, 1983, p. 225, tradução nossa).

---

23 A fala de Weiss, intitulada "Educação e neurose", não foi transcrita. Esta foi a quarta e última apresentação de uma série de conferências temáticas sobre "Neurose e Sociedade" que ocorreram na Sociedade Psicanalítica de Viena em 26 de fevereiro de 1913 (*ata 191* – conferencista: Federn), 12 de março de 1913 (*ata 193* – conferencista Tausk) e 16 de abril de 1913 (*ata 197* – conferencista Hitschmann).

24 Poucos são os registros biográficos sobre Karl Weiss, médico vienense que ingressou na Sociedade Psicanalítica de Viena em 7 de março de 1912. Sabe-se apenas que ele emigrou para a Inglaterra em 1938, onde morreu. Ele publicou apenas um pequeno número de curtos trabalhos em psicanálise.

Com a tomada dessas conceituações como contexto, retomaremos agora as quatro discussões sobre o complexo de Édipo, buscando compreender as formulações dos primeiros psicanalistas que se valiam desse conceito para entender o desejo homossexual e as problemáticas que envolveram esse tema em 1914. Coube a Freud o discurso de abertura do ciclo de debates, ocorrido em 25 de fevereiro de 1914 *(ata 223)*. De saída, o conferencista afirma que o debate tinha por finalidade demonstrar a universalidade do complexo de Édipo aos adversários da psicanálise, que afirmavam que esse não existia ou era apenas uma forma de expressão dos adultos e dos neuróticos. "Cabe à discussão examinar criticamente as contribuições, em particular questionando se os fatos podem ser explicados, no sentido de Adler, pela vontade de poder ou se, pela concepção de Zurique, a relação que não é mais sexual é representada nesses fatos" (Nunberg; Federn, 1983, p. 266, tradução nossa), pontua Freud, indicando que o debate ocorria no rastro de sua ruptura com Adler e Jung e objetivava reafirmar sua concepção sobre o complexo de Édipo e a sexualidade perante ambos os autores.

Segundo o registro das Atas, foi Hitschmann o analista que mais se dedicou a explorar a questão da homossexualidade ao longo do ciclo de debates. Médico e psicanalista vienense, Eduard Hitschmann (1871-1957) foi introduzido ao círculo freudiano por Federn, em 1905. Interessado pelas figuras reconhecidas nos campos da arte, da literatura, da filosofia e da política, ele se dedicou ao estudo destes "grandes homens", contribuindo com a inauguração da psicanálise aplicada, método de trabalho que veio a substituir as patografias. Bastante dedicado à psicanálise, Hitschmann escreveu diversas biografias psicanalíticas sobre figuras célebres, publicou em 1911 uma obra que sistematizava o pensamento de Freud e em 1922 se tornou o diretor da primeira clínica psicanalítica aberta em Viena. Emigrou para a Inglaterra em 1938, mudando-se para os Estados Unidos em 1940, onde se tornou um importante membro da Associação Psicanalítica de Boston (*Boston Psychoanalytic Society*). Fiel ao pensamento freudiano clássico, exerceu a psicanálise até a sua morte, em 1957.

Após a fala de abertura de Freud, que pontuou as críticas à teoria do complexo de Édipo, Hitschmann foi o primeiro analista a tomar a palavra e se dedicou a justificar por que ele considerava necessário aprofundar os conhecimentos sobre a problemática edípica. "No início, apenas um diagrama resumido era fornecido; esse diagrama representa o caso teórico ideal, que nem sempre é possível encontrar na prática em sua forma integral: esquece-se a parte reprimida e os movimentos ambivalentes" (Nunberg; Federn, 1983, p. 266, tradução nossa) pontuou Hitschmann, postulando uma diferença fundamental entre a narrativa psicanalítica do Édipo – descrito como uma historinha imaginária de cunho teatral – e a forma como este se manifesta na singularidade da constituição de cada sujeito, em que as relações são múltiplas, podem ser ambivalentes e se conjugar de diversas formas. Seguindo seu raciocínio, o analista ressaltou o fato de que, "até agora, nós prestamos pouca atenção ao complexo de Édipo invertido" (p. 266, tradução nossa), forma como a problemática edípica passou a ser nomeada, quando tratada fora dos destinos da heterossexualidade.

"A distorção da imagem nítida também depende da personalidade dos pais" (Nunberg; Federn, 1983, p. 266, tradução nossa), reiterou Hitschmann, levantando a hipótese de que as subjetividades dos genitores e as múltiplas configurações familiares poderiam modificar o curso heteronormativo que se pressupunha ser natural no complexo de Édipo, ou seja, a rivalização com o genitor do sexo oposto e o amor pelo genitor do mesmo sexo. "Muita coisa depende da questão de saber se é o pai ou a mãe quem é terno, quem inflige a punição e como" (Nunberg; Federn, 1983, p. 268, tradução nossa), afirma Hitschmann, recuperando a questão da ternura parental, discutida desde 1910 por Freud e Federn, e postulando-a como fator que determinaria para que lado pende a escolha de objeto. De acordo com essa hipótese, a criança poderia direcionar sua libido para o genitor mais terno, independentemente de seu sexo e, da mesma maneira, seria possível que ela se afastasse daquele que lhe pune de alguma forma.

Tudo indica que Hitschmann estava bastante interessado na discussão sobre o complexo de Édipo, de forma que os registros relatam que o analista realizou três apresentações sobre esse tema na reunião de 25 de fevereiro de 1914 (*ata 223*), as quais infelizmente não foram registradas. A essas se soma uma "Exposição sobre o complexo de Édipo invertido – negativo", realizada em 20 de maio de 1913 (*ata 232*), sumarizada nas seguintes linhas:

> *Caso de um homossexual masculino que viveu em sua infância uma cena etiologicamente importante na qual sua mãe lhe bateu. Sonhos contém o desejo de que sua mãe morresse. Ideia de que o desfloramento das mulheres está ligado à dor nos homens. (Nunberg; Federn, 1983, p. 297, tradução nossa)*

Fundamentalmente, o complexo de Édipo invertido, cujo nome não abandonou a nosografia psiquiátrica do início do século XX, era descrito em espelhamento ao modelo heterossexual e normativo, caracterizando-se, aos olhos dos primeiros psicanalistas, pela hostilidade e rivalidade com o genitor do sexo oposto e pelo desejo amoroso pelo genitor do mesmo sexo. Posto isso, vemos que Hitschmann explora os motivos etiológicos que culminariam nessa configuração edípica, perdendo-se em suas críticas sobre o aspecto generalista de certas teses ao recair na tentativa de criar mais um modelo geral para explicar a homossexualidade.

Dedicando-se, mais uma vez, a essa problemática, os primeiros psicanalistas agregaram hipóteses exploradas anteriormente – ausência de uma das figuras parentais; ternura e frieza dos genitores; e afastamento por punição ou desapontamento –, fazendo delas motivos possíveis que poderiam precipitar uma "inversão" do complexo de Édipo. Nesse sentido, Freud (*ata 232*) enfatiza a influência que a presença ou ausência de uma das figuras parentais teria para a criança durante a infância, recuperando a antiga tese de que "filhos que não têm um dos pais (não importa qual) se tornam homossexuais em geral (a fraqueza relativa de um dos pais produz o mesmo resultado)" (Nunberg; Federn, 1983, p. 297, tradução nossa). Voltando ao modelo sadgeriano, podemos conjecturar que a hipótese aqui levantada é a de que, na ausência da triangulação edípica, a criança ficaria fixada na figura do genitor que está presente, o que precipitaria a identificação com ele e as escolhas objetais narcísicas, mas não fica claro se era isso que Freud tinha em mente ao fazer essa consideração.

Federn (*ata 223*), por sua vez, reiterou o argumento de Freud, confirmando a partir de suas observações a hipótese de que "a presença ou ausência de um dos pais muda continuamente o comportamento [da criança]" (Nunberg; Federn, 1983, p. 270, tradução nossa), e juntou-se a Hitschmann ao dar importância ao comportamento dos pais. De acordo com a hipótese federniana, "se existe uma grande diferença entre o calor do amor do pai e da mãe, isso leva diretamente à homossexualidade" (Nunberg; Federn, 1983, pp. 260-270, tradução nossa), retomando a hipótese de que um pai mais terno faria com que o menino voltasse seus desejos amorosos para ele. Ao tomar a palavra, Sadger faz uma observação no mesmo sentido, com a menção a suas pesquisas sobre a homossexualidade e a afirmação, a partir delas, de que os homens que se tornam homossexuais eram mais mimados – ou seja, mais amados – pelo pai do que pela mãe.

A esse respeito, Tausk (*ata 232*) menciona "três homossexuais, entre os quais apenas dois tinham uma mãe enérgica e um pai doce; no terceiro caso, a constelação era inversa. Algumas memórias de infância não foram investidas até depois da qualidade que elas têm atualmente" (Nunberg; Federn, 1983, p. 297, tradução nossa). Embora Freud tenha respondido a essa consideração de Tausk com uma observação a respeito do caráter falseado das lembranças encobridoras – que são selecionadas para uma finalidade definitiva e deformadas –, a consideração tauskiana mais uma vez traz luz a uma hipótese que ao longo das reuniões da Sociedade Psicanalítica de Viena foi tangenciada de diversas formas. Porém, esta permaneceu um ponto cego para os primeiros psicanalistas: os caminhos da escolha de objeto se desenrolam de maneira singular em cada sujeito. Isso ocorre porque a sexualidade é inconsciente e perverso-polimorfa, e a satisfação pode ser atingida com uma multiplicidade de metas e objetos, o que significa que não há uma ou alguma teoria que possa explicar ou justificar a etiologia da homossexualidade.

Muitas dessas hipóteses foram desenvolvidas a partir das premissas de que a sexualidade existe desde a infância e os pacientes não sabem tudo sobre si, uma vez que há sempre elementos inconscientes em seus discursos. Em decorrência, essas concepções pioneiras e psicanaliticamente radicais – em particular por se oporem ao discurso médico-psiquiátrico – muitas vezes perdiam seu valor, pois os primeiros psicanalistas não conseguiam se despir de suas crenças imaginárias sobre as dissidências sexuais. Ao ser tratada pela categoria homogênea da *homossexualidade*, a diversidade sexual era tomada pelos vienenses como uma natureza subjetiva específica, invariavelmente justificada por uma ou algumas teorias etiológicas particularmente homofóbicas, por associarem o desejo por pessoas do mesmo gênero a uma falha constitutiva, a um infantilismo da sexualidade, à feminilidade – sempre tomada como um atributo inferiorizante – e ao erotismo anal.

Mais do que isso, a própria pergunta sobre a gênese da homossexualidade já se revela enviesada por princípio, pois ela parte da ficção de que uma ou algumas teorias são capazes de explicar e justificar a etiologia do amor, do desejo e do erotismo – que, em última instância, são sempre singulares. Ao tematizar a homossexualidade masculina por muitos anos, os primeiros psicanalistas não puderam se desvencilhar de diversas concepções heteronormativas, mesmo que na superfície tenham conseguido avançar suas questões para além das ressonâncias psiquiátricas. Justamente por isso, os membros da Sociedade Psicanalítica de Viena encontraram extremas dificuldades ao tratar do delicado tema da lesbianidade, na medida em que a feminilidade não era um assunto simples para esse grupo predominantemente masculino, o que torna necessário que dediquemos um capítulo para discutir exclusivamente essa temática.

7. A lesbianidade no discurso dos primeiros psicanalistas

"A grande pergunta que não foi nunca respondida e que eu não fui capaz ainda de responder, apesar de meus trinta anos de pesquisa sobre a alma feminina é – O que quer uma mulher?" (Bertin, 1989, p. 250) questionou Freud em 1925, época em que as temáticas da feminilidade e da sexualidade da mulher se mostravam um enigma para a psicanálise, um assunto sobre o qual se havia estudado muito, mas sabia-se pouco (Freud, 1926). A interlocutora a quem ele se dirigia era Marie Bonaparte,[1] psicanalista da segunda geração, à época sua analisanda e futura amiga íntima.

Ao questioná-la, Freud parecia reconhecer os impasses despertados por esse tema em sua obra e mirar na possibilidade de que as psicanalistas avançassem a resolução da problemática da feminilidade. Em 1910, enfim havia se tornado possível que as mulheres ocupassem as fileiras da Sociedade Psicanalítica de Viena e começassem a falar enquanto teóricas, o que provocou um deslocamento

1 Sobre Marie Bonaparte, ver a biografia *A última Bonaparte*, escrita por Célia Bertin (1989), a partir do acesso aos arquivos de sua família.

na posição ocupada por elas na história da psicanálise, em que até então figuravam enquanto pacientes, cujo corpo se punha a falar por meio do adoecimento histérico (Roudinesco, 2009). Escutando no segredo do consultório médico a vida privada das mulheres da burguesia vienense, Freud e Breuer (1893-1895/2016) puderam desenvolver uma nova teoria da subjetividade, fazendo da histeria "a matriz clínica do primeiro sistema freudiano" e a principal referência psicopatológica para o modelo psicológico construído por Freud entre 1892 e 1905 (Mezan, 2014, p. 102).

Isso quer dizer que em 1902, quando os homens das quartas-feiras começaram a se reunir na Berggasse 19, muito se discutia sobre a vida psíquica e social das mulheres e o registro das Atas fornecem um verdadeiro testemunho de "como a teoria psicanalítica era construída e ao mesmo tempo se tornava uma ferramenta para justificar os pressupostos dos lugares de poder de onde falavam os médicos que compunham as primeiras reuniões" (Martins; Moreira, 2020, p. 98). Em outras palavras, muito do que se discutia sobre as mulheres nos encontros da Sociedade Psicanalítica de Viena partia do ponto de vista masculino a respeito da sexualidade, dos conflitos e das motivações políticas e sociais femininas, apresentando severas marcas do ambiente patriarcal – entendido aqui enquanto forma de organização social baseada na superioridade masculina – em que a psicanálise estava inserida no momento histórico de sua invenção.

Contudo, neste capítulo não trataremos das mulheres faladas pelos primeiros psicanalistas, mas justamente daquelas situadas à margem do discurso da psicanálise, sobre quem pouco se dizia, levando-as a serem situadas pela historiografia oficial em um lugar de "secretismo, desconforto e ambiguidade" (Vyrgioti, 2020, p. 119): as lésbicas. É certo que para discutir as especificidades dos discursos dos primeiros psicanalistas sobre a existência e o desejo lésbicos, aqui nomeados por lesbianidade, faz-se necessário que recorramos ao que era dito a respeito do feminino. Como era precisamente apontado pelas pioneiras do feminismo-lésbico alemão e austríaco, entre as quais destacamos Anna Rüling (1904/1997), as questões sobre as mulheres e as temáticas homossexuais eram assuntos interseccionais à questão lésbica (Faderman; Eriksson, 1980). Posto isso, ao investigarmos as especificidades dos discursos dos primeiros psicanalistas sobre a lesbianidade, procuraremos nos posicionar nesses atravessamentos, situando o conteúdo das Atas em um panorama histórico e evidenciando os efeitos da violência patriarcal e homofóbica - ou seja, da lesbofobia - nos discursos sobre essas mulheres.

Reconhecendo a dificuldade de Freud e seus contemporâneos de entenderem *o que quer uma mulher* heterossexual e o enigma que representava a sexualidade, os desejos, as reinvindicações e os sintomas das mulheres heterossexuais, assim como as problemáticas impostas pela questão da homossexualidade masculina, podemos antecipar o impasse que os primeiros psicanalistas enfrentavam ao tratar da subjetividade lésbica. Em 1993, ao escreverem *Wild desires and mistaken identities: lesbianism and psychoanalysis*,[2] um dos mais importantes livros sobre lesbianidade e psicanálise, O'Conner e Ryan (1995) enfatizaram as dificuldades dos psicanalistas de discorrerem sobre a lesbianidade de uma maneira que não fosse heteronormativa e que implicasse no real conhecimento da diversidade da sexualidade e das histórias das mulheres lésbicas, assim como compreendesse as vicissitudes e a complexidade da identidade lésbica e levasse em conta as forças sociais e a opressão que de diversas maneira dificultam o desejo afetivo-sexual das lésbicas e homossexuais.

2 Em tradução livre para o português: "Desejos selvagens e identidades equivocadas: lesbianismo e psicanálise".

Este capítulo, portanto, discutirá as especificidades dos discursos dos primeiros psicanalistas sobre a lesbianidade, considerando os cruzamentos dessa questão com os temas da feminilidade e da homossexualidade. Em particular, buscaremos elucidar as dificuldades dos homens das quartas-feiras em tratar da subjetividade lésbica, explicitando as marcas de silenciamento e ambiguidade que permearam o tratamento dessa questão. Em primeiro lugar, investigaremos o discurso dos primeiros psicanalistas sobre as mulheres e, para tal, discorreremos sobre a relação dos primeiros psicanalistas com o imaginário que cercava essa temática na virada do século XIX. Também discutiremos como se deu a produção de conhecimento teórico sobre as mulheres nas reuniões da Sociedade Psicanalítica de Viena e discorreremos sobre a entrada das primeiras psicanalistas no círculo freudiano. A seguir, investigaremos os discursos dos primeiros psicanalistas sobre lesbianidade no registro das Atas, abordando esse tema dos pontos de vista teórico e social, de maneira a compreender as problemáticas explicitadas pela pesquisa da lesbianidade, tanto em sua especificidade quanto em relação a questões acerca da feminilidade e da homossexualidade. Por fim, trataremos em detalhes a história de Margarethe Csonka, protagonista do caso apresentado em "Sobre a psicogênese de um caso de homossexualidade feminina" (Freud, 1920/2011a), realizando a partir de sua narrativa um trabalho de recuperação e reconstrução da memória da mulher que, há um século, ocupa um lugar central nas discussões psicanalíticas sobre a lesbianidade.

O que quer uma mulher heterossexual?

No Capítulo 1, vimos como Viena do final do século XIX era um terreno de amplas contradições para as mulheres, escancaradas na oposição entre seus desejos e o lugar por elas ocupado na sociedade e pelo contraste entre as vidas das mulheres proletárias e burguesas. Insatisfeitas com seu lugar de opressão na estrutura de poder patriarcal, para muitas mulheres esse sentimento tornou-se revolta, corporificada nas convulsões histéricas e politizada nas organizações feministas, que lutavam por direitos igualitários em uma sociedade profundamente desigual e misógina.

Paulatinamente, as reinvindicações feministas começaram a ecoar na sociedade austríaca, gerando amplas reações por parte dos setores mais conservadores. Ao retratar a época em que viveu Dora – paciente de Freud (1905b/2016c) em *Análise fragmentária de uma histeria (O caso Dora)* –, Hannah S. Decker (1991) analisa como a literatura e as artes refletiam o antifeminismo, representando as mulheres como pessoas eróticas, sexualizadas e dominadas pelos instintos. Alertando para o suposto perigo de que, caso escapassem à lei civilizatória masculina, as mulheres se tornariam criaturas selvagens e de natureza sexual aflorada, as revistas populares da segunda metade do século XIX costumeiramente as retratavam a partir da figura mitológica das ninfas, criaturas femininas passivamente sexuais que tentavam os homens – ideia que se tornou uma categoria psicopatológica na década de 1860, quando o diagnóstico de *ninfomania* foi acrescentado aos manuais psiquiátricos e o interesse feminino "anormal" por prazer ou gratificação sexual passou a ser considerado uma síndrome degenerativa.

Chamando atenção para o fato de que costumeiramente figuravam, ao lado das ninfas, sátiros e faunos desenhados de forma similar às caricaturas dos homens judeus, estereotipados como animais, Decker relembra que a sociedade austríaca da segunda metade do século XIX era profundamente antissemita, existindo uma ligação fundamental entre a misoginia e o antissemitismo. Isso se dava porque "era consenso geral de que as mulheres eram inferiores e os antissemitas proclamavam insistentemente que a prova da deficiência dos judeus repousava em sua exibição de traços comumente associados à mulher" (1991, p. 40, tradução nossa). Cabe lembrar que a maior parte das mulheres atendidas pelos primeiros psicanalistas eram, assim como eles, judias, de maneira que sua imagem era frequentemente vítima de profunda degradação.

De grande interesse é o fato de que Decker (1991) elege o *Die Fackel* (*A tocha*), jornal vienense criado por Karl Kraus, como exemplo da representação das mulheres judias que circulavam na classe média e na burguesia vienense, na medida em que esse importante periódico era difundido particularmente entre os judeus, que compartilhavam seu desagrado por aqueles que aparentavam sua judeidade ou que se apegavam à causa judaica.

> *Kraus não esperava que uma mulher tomasse decisões racionais, pensasse de forma lógica ou sequer fosse verdadeira. Ele supunha que ela agiria de forma desonesta, quando subornada com roupas e sapatos. E como ele considerava que ela estava em um casamento arranjado e, portanto, na posição lamentável de estar em algum lugar entre "um animal de carga e um objeto sexual", ele não esperava que ela fosse fiel ao marido.... A mulher que escrevia para o público perdia sua atração sexual e a mulher que lutava pela igualdade entre homens e mulheres representava a "perversão" da feminilidade. (Decker, 1991, p. 201, tradução nossa)*

O ponto de vista de Kraus era bastante popular entre os homens de sua época, como o filósofo Otto Weininger, autor de *Sexo e Caráter*, obra cujos argumentos misóginos defendiam que todas as mulheres eram prostitutas e se resumiam à sua sexualidade, por meio da qual contaminavam os homens. "Karl Kraus e Otto Weininger comparavam a judeidade a uma essência feminina responsável pela decadência da civilização patriarcal" (Roudinesco, 2016, p. 245) e o material escrito por eles serve de exemplo do quão a sociedade do final do século XIX era misógina. O livro de Weininger atingiu sucesso mundial e o *Die Fackel* era um periódico de grande circulação, lido também por Freud e pelos primeiros psicanalistas e para o qual Fritz Wittels redigiu diversos artigos entre 1907 e 1909. Fato é que a similaridade com algumas teses misóginas desses autores pode ser encontrada em diversas reuniões em que os primeiros psicanalistas se propuseram a discutir temáticas que concernem às mulheres, como veremos a seguir.

Em 10 de abril de 1907 (*ata 19*), Wittels apresentou um texto sobre Tatjana Leontiev, revolucionária russa que havia tentado assassinar um alto funcionário do governo czarista (Durnovo), mas assassinou um inocente (Müller) por engano. A intenção do conferencista era expor as motivações psíquicas do ato cometido por Leontiev, problemática explorada a partir da comparação com outras mulheres revolucionárias, como Joanna D'Arc. Afirmando sentir uma "antipatia pessoal por Leontiev e por todas as histéricas" (Checchia; Torres; Hoffmann, 2015, pp. 256-260), Wittels interpretou o revólver empunhado por ela como um símbolo fálico e considerou os argumentos utilizados para justificar a morte de Müller como paranoicos, enfatizando que "a sexualidade está presente em tudo que a mulher faz e sente".

Adler, que em 1897 casara-se com Raissa Epstein – uma jovem ideologicamente alinhada com o pensamento de esquerda e que era íntima das fileiras da *intelligentsia* russa –, e, por intermédio dela, convivera com León Trotsky (1879-1940), teceu um comentário interessante. Considerando a interpretação "inaplicável no caso de Leontiev", ele ressaltou que "quem está familiarizado com as circunstâncias não pode ser levado a extrair tais conclusões", demonstrando os excessos interpretativos de Wittels a partir de dois fatos: (1) o revólver era, naquela época, a arma mais moderna e confiável; e (2) na Rússia todos achavam que Müller era Durnovo. Freud, por sua vez, considerou que o conferencista expôs de maneira correta a psicologia dos autores do atentado, postulando que "é o erotismo reprimido que põe a arma na mão dessas mulheres" e considerando que a objeção de Adler à questão do simbolismo da arma não se sustentava (Checchia; Torres; Hoffmann, 2015, pp. 256-259). Ao analisar a discussão da conferência sobre Tatjana Leontiev, Martins e Moreira (2020) tecem um comentário preciso ao afirmar que o debate dos primeiros psicanalistas escancara como "a reivindicação política das mulheres pode ser deslegitimada e desautorizada pelas explicações que tentam demonstrar a sexualidade como origem do conflito" (p. 93), alertando como a psicanálise muitas vezes se valeu do diagnóstico de histeria para patologizar desejos e aspirações das mulheres.

Em 15 de maio de 1907 (*ata 24*) foi discutido o artigo "As mulheres médicas", escrito por Wittels e publicado no *Die Fackel.*[3] O registro das Atas fornece ao leitor um breve resumo do conteúdo do trabalho, em que o autor argumenta que "a mulher estuda medicina a fim de sobrepujar as outras mulheres", defende a tese segundo a qual "quanto mais histérica for, tanto melhor será seu desempenho como estudante, pois a histérica é capaz de desviar sua pulsão do objeto sexual" e reitera que a mulher "quando começa a exercer a profissão torna-se um perigo para os outros" (Checchia; Torres; Hoffmann, 2015, p. 299), pois não tem a confiança das pacientes, não é benquista pelas enfermeiras e não pode examinar um homem sem que ele tenha pensamentos de cunho sexual. Wittels também afirma que a existência de mulheres médicas é um absurdo, na medida em que as mulheres jamais poderiam

3 O artigo "As mulheres médicas", escrito por Wittels, foi publicado sob o pseudônimo "Avicenna" no volume 9, n. 225 do *Die Fackel* (*A tocha*) de 3 de maio de 1907.

entender o psicológico masculino ou ter cargos superiores aos dos homens, defendendo, resumidamente, que "o desejo feminino de estudar medicina e de lutar pela igualdade se funda na histeria" (Checchia; Torres; Hoffmann, 2015, p. 299).

O texto gerou grande repercussão entre os psicanalistas, que, no geral, discordaram de Wittels, embora parecessem não compreender a importância que o trabalho e a universidade tinham para as mulheres de sua época. Um dos comentários mais interessantes da reunião partiu de Federn, que ponderou:

> *A questão do trabalho e da busca de satisfação na vida também merecem atenção quando analisamos o estudo realizado por mulheres. . . . Como contraponto à visão unilateral de Wittels, Federn menciona a perversidade lasciva de muitos médicos e a exploração sexual a que muitas mulheres são submetidas por médicos homens. É inadmissível censurar justo as mulheres afirmando que, ao estudar medicina, são livre curso a sua sexualidade. É uma posição pudica. (Checchia; Torres; Hoffmann, 2015, p. 300)*

Marcando uma posição mais conservadora, Graf afirmou que "no que diz respeito à profissão de médica, em particular, a mulher nunca poderá realizar algo importante como o homem, pois carece de influência pessoal, do poder sugestivo que, além do conhecimento, é indispensável à boa formação do médico" (Checchia; Torres; Hoffmann, 2015, p. 300). Hitschmann considerou que, "quando as acusa de histeria, Wittels emprega esse conceito de modo injustificado e amplo" (p. 301). Freud, por sua vez, censurou a "falta de delicadeza" da fala de Wittels, ponderando que "a mulher, a quem a civilização impôs o fardo mais pesado (sobretudo o da procriação), deve ser julgada com tolerância e generosidade nos aspectos em que ficou atrasada em relação ao homem" (p. 303) e, contraditoriamente, afirmando que "é correto que as mulheres não ganharão nada com os estudos e que seu destino também não mudará para melhor com ele. As mulheres também não se comparam ao homem no tocante à sublimação da sexualidade" (p. 304).

Em 5 e 12 de fevereiro de 1908 (*atas 39* e *40*), a questão do trabalho feminino voltou para a pauta de reunião dos primeiros psicanalistas em razão de uma conferência de Hitschmann intitulada "Introdução à anestesia sexual". Na ocasião, Adler mencionaria o fato de que "as mulheres ainda estão começando a ter uma vida independente, longe da família, e a desenvolver seu caráter; essas aspirações se opõem, em certa medida, a que se entreguem ao coito (*aufgehen*). Isso talvez explique a frequência particular da anestesia em nossos tempos" (Checchia; Torres; Hoffmann, 2015, p. 445). Em 11 de março de 1908 (*ata 44*), Wittels voltou a falar sobre as mulheres em uma conferência intitulada "A posição natural da mulher", durante a qual discorreu sobre a passagem do estado de natureza para a cultura e, mais uma vez, com uma leitura naturalizada dos papéis sociais, demonstrou não compreender e menosprezar os direitos que as mulheres de sua época pleiteavam, ao afirmar que em suas reinvindicações elas "lamentam não terem nascido homens e buscam tornar-se um (movimento feminista)" e avaliar que "as pessoas não apreciam essas aspirações insensatas e absurdas; nem as próprias mulheres" (Checchia; Torres; Hoffmann, 2015, p. 503).

Nessa ocasião, Wittels entrou em confronto direto com Adler, que, compreendendo que os modos de produção de uma sociedade determinam suas relações políticas, sociais e culturais – de maneira que no capitalismo a mulher também é uma propriedade privada –, observou:

> *Enquanto todos supõem que a repartição atual dos papéis dos homens e das mulheres é imutável, os socialistas propõem que o quadro da família já se encontra hoje abalado e se abalará cada vez mais. As mulheres não tolerarão que a maternidade as impeça de exercer uma profissão: ou ela constituirá um entrave para algumas, ou deixará de ser um peso. . . . A discussão do matriarcado foi demasiado sucinta: este foi suplantado pelo patriarcado mediante o direito de sucessão. Os estudos de Marx descrevem como, sob o domínio da propriedade, tudo se converte em domínio. A mulher se torna uma propriedade e esta é a origem de seu destino. Por essa razão, deve-se começar por abolir a mulher como propriedade. (Checchia; Torres; Hoffmann, 2015, p. 506)*

Em resposta, Wittels polemizou com Adler, chamando-o de contraditório e argumentando que "é impossível ser freudiano e social-democrata ao mesmo tempo" (Checchia; Torres; Hoffmann, 2015, p. 508). Em resumo, concordamos com a análise de Martins e Moreira (2020) sobre "o ambiente discursivo patriarcal que rodeava os primórdios da psicanálise" (p. 86) no período entre 1907 e 1910 (*atas 1-102*), ou seja, antes da entrada das mulheres no movimento psicanalítico. De acordo com elas, o conteúdo das Atas nessa época é profundamente marcado pela crença na superioridade masculina de origem anatômica e pela interpretação da sexualidade feminina a partir do ideal de corpo masculino. Alertando para o problema de as concepções sobre a sexualidade feminina terem sido, nesse período, sempre discutidas a partir de uma visão masculina, as autoras reiteram o risco de que essas problemáticas fossem compreendidas apenas do ponto de vista sexual, recalcando a dimensão política e social do sintoma histérico.

Com o início da década de 1910, esse cenário pôde, aos poucos, começar a se modificar a partir da entrada das mulheres no círculo freudiano, processo que, como adverte Cromberg (2010),, "remete a reconhecimento e pertencimento institucional" (p. 36), ou seja, a quando elas puderam fazer sua entrada no movimento psicanalítico. Tendo em vista o fato de que uma parcela significativa dos primeiros psicanalistas não entendia as reivindicações feministas no que se refere ao trabalho e à educação – e, como homens de sua época, eram apreensivos a esse respeito –, é evidente que a aceitação das mulheres no círculo vienense se deveu indiretamente às primeiras conquistas do movimento feminista e não foi imune de querelas no âmbito interno da instituição psicanalítica.

Em 6 de abril de 1910 (*ata 102*), em meio a um período de importantes mudanças institucionais, Federn propôs aos membros da Sociedade Psicanalítica de Viena a candidatura de Margarete Hilferding, a primeira psicanalista. Nessa data, o grupo vienense realizava sua primeira reunião após o Congresso de Nuremberg, ou seja, estavam às voltas com a questão da fundação da Associação Internacional de Psicanálise, proposta à qual eram bastante reticentes, pois temiam perder seu lugar de protagonistas do movimento psicanalítico. A negociação com Freud – que tentava convencê-los – se encerrou com a eleição de Adler como presidente do grupo vienense e como diretor, ao lado de Stekel, de um novo periódico, publicado pela Sociedade Psicanalítica de Viena. Decidida essa questão, a admissão de mulheres pôde ser discutida na reunião de 13 de abril de 1910 (*ata 103*) e ocorreu, como ressalta Vianna (1991), em meio a duas importantes e significativas deliberações, conforme mencionado no Capítulo 4: a mudança nas regras admissionais e a mudança do local das reuniões para o Colégio de Médicos de Viena.

Em uma primeira tentativa de consenso sobre a candidatura de Hilferding, "Sadger se declarou contrário à admissão de mulheres por princípio", Adler se posicionou "a favor da admissão das mulheres médicas, bem como de mulheres seriamente interessadas em colaborar", e Freud "considerou como uma inconsistência grave a decisão de excluir as mulheres por princípio" (Nunberg; Federn, 1978, p. 466, tradução nossa). Na votação, três dos onze presentes foram contrários à admissão de mulheres – ou seja, mais do que o um quarto necessário para que uma candidatura fosse indeferida –, o que fez com que o nome de Hilferding fosse reenviado para a pauta. Em 27 de abril de 1910 (*ata 105*), a questão foi retomada e Sadger propôs a leitura de uma carta de Wittels – que podemos supor que se tratava de algum tipo de retaliação à aprovação de mulheres na Sociedade Psicanalítica de Viena –, o que Adler não autorizou, sob argumento de que a votação deveria ser secreta, acordando que o voto registrado na correspondência fosse contabilizado. Nessa mesma data, Margarete Hilferding foi aceita, tornando-se a primeira membra da Sociedade Psicanalítica de Viena, com doze votos favoráveis, dois contrários[4] e uma abstenção.

Nascida na Áustria em 1871, Margarete Hilferding (1871-1939) era filha de judeus austríacos e teve sua infância e adolescência marcadas pelos temas políticos do patriotismo, do socialismo e da nação judaica. Graduada em 1898 em pedagogia – profissão que na época era possível para as mulheres –, na passagem para o ano de 1899 se matriculou na Faculdade de Filosofia da Universidade de Viena, transferindo-se para medicina no início de 1901, curso no qual se formou em 1903. No ano seguinte, casou-se com Rudolf Hilferding, que conheceu na militância política do Partido Social-Democrata Austríaco (*Sozialdemokratische Partei Österreichs*,

4 Como a votação era secreta, não é possível saber de quem foram os votos contrários à entrada de Hilferding; mas, a partir de posicionamentos anteriores e dos registros da reunião, Cromberg (2010) conjectura que esses foram de Sadger e Wittels, hipótese com a qual concordamos.

SPÖ), e, por ocasião, também se tornou próxima de Alfred Adler e Paul Federn. Entre 4 de maio de 1910 e 11 de outubro de 1911, frequentou 29 reuniões da Sociedade Psicanalítica de Viena, se demitindo após a ruptura entre Freud e Adler e a proibição de que os analistas frequentassem as reuniões dos dois grupos. Desse ponto em diante, colaborou ativamente com o trabalho adleriano. Desenvolveu atividades ligadas à educação e à sociedade e continuou interessada nas pesquisas sobre as mulheres e a feminilidade, do ponto de vista da psicologia individual. Colaborou com atividades militantes e organizações de comunidades de trabalhadores durante a ascensão do fascismo, e foi morta ao lado de seus dois filhos em um campo de concentração, no ano de 1939 (Vianna, 1991).[5] Embora a presença de Hilferding no movimento psicanalítico tenha sido breve, sua aceitação foi prerrogativa para que outras mulheres pudessem se juntar ao grupo vienense, como ocorreu com Sabina Spielrein e Tatiana Rosenthal em 1911 e Hermine Hug-Hellmuth em 1913. Sua presença foi também muito importante para que algumas ideias e fantasias sobre as mulheres e a sexualidade feminina, até então bastante difundidas entre os homens das quartas-feiras, pudessem começar a ser contestadas pela primeira mulher que ousou ocupar um acento na instituição psicanalítica, até então reduzida a um círculo de homens.

Em 11 de janeiro de 1911 (*ata 126*), perante uma plateia exclusivamente masculina, Hilferding apresentou a conferência "Sobre as bases do amor materno" e falou, pela primeira vez, a respeito da relação mãe-bebê do ponto de vista de alguém que já havia parido e experienciava a maternidade. Segundo o registro, Hilferding iniciou sua conferência afirmando que "É um fenômeno frequente

5 Sobre a vida, a obra e documentos de Margarete Hilferding ver o capítulo "Sobre as bases do amor materno. Vida e obra de Margarete Hilferding", escrito por Helena Besserman Vianna (1991).

que as mães, que muito ansiavam para o nascimento, sintam-se bastante desapontadas com a chegada da criança e não tenham nenhum sentimento real de amor materno" (Nunberg; Federn, 1974, p. 113, tradução nossa). Ponderando que esse fato não se deve a fenômenos fisiológicos, mas psíquicos, a conferencista empreende uma análise das manifestações da ausência de amor da mãe pelo bebê – recusa da mãe em cuidar do bebê, intenção de mandar a criança embora ou hostilidade para com a criança – para fazer uma afirmação surpreende do ponto de vista de uma plateia masculina no início do século XX: "o amor materno não é inato" (Nunberg; Federn, 1974, p. 114, tradução nossa).

Com a utilização do arcabouço teórico da psicanálise de sua época, Hilferding analisa a erotização existente na relação mãe-bebê e o período em que a criança é tomada como objeto sexual materno, tentando construir uma metapsicologia da gravidez e do puerpério. Ao afirmar que, ao menos no caso do primeiro filho, o amor da mãe pela criança é produto da maternagem do bebê, Hilferding contestou a concepção patriarcal de que existe amor materno inato, ousando abalar as crenças psicanalíticas sobre a natureza feminina, segundo as quais ser mulher é indissociável de ser ou se tornar mãe.

A apresentação de Hilferding rendeu uma longa discussão sobre o papel do pai, a amamentação e a relação entre o amor mãe-bebê e o lugar dela enquanto filha. Ao se valer de concepções psicanalíticas para defender a inexistência do instinto materno, Hilferding provocou indignação entre os presentes e a afirmação no final da conferência de que "em certo sentido, foi malcompreendida" (Nunberg; Federn, 1974, p. 125, tradução nossa) indica como a plateia masculina teve dificuldades de escutá-la, não somente por ela ser mulher, mas pelo caráter das ideias que ousou defender.

Se Hilferding foi pioneira ao ingressar no movimento psicanalítico e apresentar a primeira das seis conferências[6] proferidas por mulheres registradas nas Atas, coube à Sabina Spielrein[7] o lugar de "primeira mulher do movimento psicanalítico a seguir de fato uma carreira" (Roudinesco, 2016, p. 174): ingressou na Sociedade Psicanalítica de Viena em 11 de outubro de 1911 (*ata 146*), publicou diversos artigos, foi a pioneira introdutora do conceito de pulsão de morte na rede conceitual psicanalítica e colaborou com a implementação da psicanálise na União Soviética entre 1923-1927. Quando o stalinismo levou o movimento psicanalítico russo a uma progressiva dissolução, no final da década de 1920, Spielrein continuou praticando a psicanálise clandestinamente até morrer vítima do nazismo, em 1942 (Cromberg, 2017).

Se, por um lado, a entrada na Sociedade Psicanalítica de Viena permitiu às mulheres o pertencimento institucional, o trabalho e até mesmo o voto – quando as mulheres austríacas ainda não tinham conquistado esse direito –, por outro, ocupar um ambiente majoritariamente masculino não era fácil para as primeiras psicanalista. Ao ingressarem no círculo freudiano, elas se depararam com um ambiente onde a produção de saber, inclusive sobre

6 Além de "As bases do amor materno", o registro das Atas conta com outras cinco conferências apresentadas por mulheres, duas delas proferidas por Sabina Spielrein – "Sobre a transformação" (*ata 152* – 29 de novembro de 1911) e "Exposição sobre a masturbação" *[Oitavo debate sobre a masturbação]"* (*ata 167* – 20 de março de 1912) – e as outras três por Hermine Hug-Hellmuth – "Alguns trabalhos de Stanley Hall e de sua escola examinados do ponto de vista psicanalítico" (*ata 208* – 29 de outubro de 1913), "Jogos infantis" (*ata 221* – 11 de fevereiro de 1914) e "Sobre o destino amoroso de três lésbicas" (*ata s/n – 8 de novembro de 1916*).

7 Em *Sabina Spielrein: de Jung a Freud*, Sabine Richebächer (2012) narra a fascinante biografia dessa pioneira psicanalista. Os dois primeiros volumes da obra teórica de Sabina Spielrein foram publicados em português por Renata Cromberg (2021) em *Sabina Spielrein: uma pioneira da psicanálise.*

as mulheres e a sexualidade feminina, era feita e autorizada por homens, enfrentando todas as dificuldades inerentes à posição minoritária em que elas viviam dentro e fora do movimento psicanalítico. Sem dúvidas, pioneiras, essas mulheres abriram caminho para que, a partir dos anos 1920, as mulheres – entre as quais destacamos Helene Deutsch, Hilda Doolittle, Ruth Mack-Brunswick, Joan Riviere, além das ilustres Marie Bonaparte e Lou-Andreas Salomé – pudessem se tornar protagonistas das discussões do movimento psicanalítico, particularmente no que se refere às questões da feminilidade e da análise de crianças.

Para concluir, cabe relembrar o percurso que nos trouxe até aqui. Iniciamos esta seção questionando o discurso dos primeiros psicanalistas sobre as mulheres heterossexuais e podemos concluir, sem surpresas, que a psicanálise possui marcas profundas do ambiente patriarcal em que surgiu, as quais se refletem nas concepções teóricas sobre a mulher e a sexualidade feminina. Durante as duas primeiras décadas do século XX, a despeito da presença de mulheres no movimento psicanalítico, esse saber foi produzido majoritariamente por homens, partindo de um ponto de vista masculino e, muitas vezes, misógino.

Consideramos que, durante quase toda a primeira metade do século XX, o desenvolvimento das concepções psicanalíticas sobre a lesbianidade se deu no contexto dos estudos sobre a feminilidade (O'Connor; Ryan, 1995). Assim, como vimos, os debates sobre a homossexualidade apresentavam importantes marcas históricas do tempo em que aconteceram, o que nos leva a avançar a hipótese de que trabalhar com a lesbianidade era um desafio imenso para os integrantes da Sociedade Psicanalítica de Viena. Nas múltiplas direções em que o pensamento sobre a lesbianidade foi desenvolvido pelos primeiros psicanalistas, deparamo-nos com importantes intersecções nas compreensões sobre a feminilidade e a homossexualidade, conforme nos dedicaremos agora a explorar.

As teorias etiológicas sobre a lesbianidade

Sob a perspectiva de que os debates sobre a sexualidade feminina se expandiram apenas nas décadas de 1920 e 1930, podemos conduzir uma pesquisa a respeito do discurso dos primeiros psicanalistas sobre a lesbianidade. A partir do registro das *Atas da Sociedade Psicanalítica de Viena* – ou seja, entre os anos de 1906 e 1918 –, percebemos que a realização de tal estudo significa trabalhar com um material escasso e fragmentário. Ocupando um lugar às margens do debate sobre a feminilidade ou a homossexualidade, a subjetividade lésbica não era um assunto completamente ignorado pelo contexto em que nasceu a psicanálise e, como vimos no Capítulo 2, enquanto os psiquiatras se dedicaram a compreender a lesbianidade enquanto uma patologia sexual, as lésbicas feministas pautavam essa discussão perante os movimentos homossexual e sufragista. Contudo, em uma época em as questões acerca da sexualidade da mulher ainda estavam germinando na teoria psicanalítica, falar sobre as relações lésbicas representava um passo grande demais para o que parecia possível aos primeiros psicanalistas.

Em algumas ocasiões, homens e mulheres eram incluídos quando se debatia a *homossexualidade* ou a *inversão sexual*, mas, ao contrário do caso masculino, a psicanálise nascente se dedicou pouco ao tema da lesbianidade, no que ela tinha de específico. Em 1911, Rank (1911/2016, p. 2) lamentou faltar "a experiência e a explicação psicanalíticas para a compreensão da tendência à inversão na mulher" e, uma década mais tarde, Freud (1920a/2011a) voltou a mencionar como a lesbianidade estava sendo "negligenciada pela pesquisa psicanalítica" (p. 115) na abertura de "Sobre a psicogênese de um caso de homossexualidade feminina". Perante os escassos debates a esse respeito na literatura das primeiras décadas da psicanálise, os conteúdos e as hipóteses debatidos nas Atas, por mais que sejam escassos e fragmentários, representam uma rara exceção e nos permitem traçar, em linhas gerais, o que os vienenses pensavam sobre a subjetividade lésbica – por mais que pouco se dedicassem a publicar a respeito. De tal maneira, podemos acompanhar o surgimento das linhas gerais de pensamento, que, posteriormente, se desenvolveriam nas leituras psicanalíticas sobre a lesbianidade.

Na reunião de 17 de fevereiro de 1909 *(ata 69)*, Sadger apresentou uma conferência intitulada "Das memórias de uma jovem garota", trazendo para o debate o caso de uma mulher de 23 anos de idade que sofria de uma histeria grave, cujos sintomas eram ataques de vômito e náusea. Conforme o relato do orador, a jovem pertencia a uma família com muitos casos de adoecimento psíquico – a mãe era uma histérica grave, o irmão mais velho sofria de paranoia, uma de suas irmãs tinha demência precoce e a outra estava na borda da psicose – e "seus vômitos haviam começado por razões homossexuais", quando a analisanda, que era telefonista, se apaixonou por uma colega de trabalho. Constatando que "a paciente havia tido inúmeras aventuras e relações amorosas" homo e heterossexuais, mudando constantemente de relacionamento, Sadger interpreta o caso a partir da relação da jovem com a figura materna. De acordo com essa hipótese, os vômitos da jovem teriam origem na "imitação" ou no "recalque" do amor de sua mãe, que ela não pôde voltar a encontrar com nenhum parceiro ou parceira. Segundo o conferencista, isso fazia todas as suas relações malograrem, suposição reiterada pela observação de que seus únicos relacionamentos que tiveram certa duração ocorreram com homens que pareciam a mãe de alguma maneira, particularmente na crueldade (Nunberg; Federn, 1980, pp. 149-150, tradução nossa).

Em "Fragmento da psicanálise de um homossexual", Sadger (1908a) menciona esse caso brevemente, ressaltando reiteradamente que a analisanda teria fortes características femininas e que nada em suas formas corporais ou expressões de caráter se aproximariam do tipo masculino. A despeito disso e sem dar explicações, o autor afirma que a análise revelou que "a dita doce garota, esse tipo aparentemente extremamente feminino, era basicamente muito mais um homem e sempre se sentiu assim" (Sadger, 1908a, p. 343, tradução nossa), sem definir do que se tratava "ser" ou "se sentir" um homem e sequer justificando essa consideração do ponto de vista teórico, assunto que retomaremos adiante.

Durante a discussão, Federn teceu um longo comentário, pontuando que:

> *A paciente . . . havia sido incapaz de passar da etapa da masturbação masculina do clitóris para a excitabilidade vaginal. Outro feito notável é que a paciente, apesar de ter praticado toda espécie de jogos sexuais com seu irmão . . .* não demonstrou quase nenhum interesse pelo pênis. *(Nunberg; Federn, 1980, p. 150, tradução nossa, grifo nosso)*

Hitschmann também enfatizou esse aspecto, afirmando estranhar o fato de a analisanda demonstrar tão pouco interesse pelo pênis. Freud, por sua vez, teceu um longo comentário, centrado na ideia de que a forma de a paciente se relacionar representaria uma "tendência infantil generalizada", apresentada pela fusão, em seu relato, do "autoerotismo comum da (primeira) infância com o amor objetal dos anos posteriores". Afirmando que a paciente "com toda justificativa poderia se qualificada de perverso-polimorfa", Freud se dedica a responder como esse quadro poderia coexistir com a manifestação da histeria, ponderando que a solução para o problema poderia estar na homossexualidade (Nunberg; Federn, 1980, p. 152, tradução nossa). A explicação avançada por Freud é a de que as neuroses poderiam se originar na supressão de uma tendência pulsional homossexual e que, talvez, a paciente teria sua heterossexualidade desinibida e livre, estando "sujeita às mesmas restrições que afetam qualquer mulher comum em relação à sua heterossexualidade", do ponto de vista de sua "homossexualidade" (Nunberg; Federn, 1980, p. 153, tradução nossa). Por restrições, Freud se refere ao fato de que grande parte das mulheres de sua época não exploravam a própria sexualidade, ficando restritas à relação afetivo-sexual com um único homem ou a apenas um componente da pulsão sexual, análise que não aborda a problemática do ponto de vista social, naturalizando a inibição da sexualidade feminina e interpretando-a como um fenômeno psíquico.

O restante da discussão se centrou exclusivamente na psicologia dos "Don Juan e das Messalinas",[8] de forma que os aspectos específicos da sexualidade lésbica, ou mesmo da sexualidade da mulher, ficaram em segundo plano. O comentário de Stekel na abertura do debate indica que Sadger havia abordado as figuras de Don Juan e Messalina em sua fala, o que nos leva a concluir que o assunto não surgiu espontaneamente e se referia a algum aspecto da conferência que não foi registrado na Ata. A despeito disso, chama atenção como o debate do caso de uma mulher acabou por se centrar nos aspectos da vida sexual masculina e como o comportamento liberal da analisanda, no que se refere à sexualidade, pareceu ser argumento para pejorativamente assimilá-la às prostitutas. Além da comparação com Messalina, Sadger afirmou que

8 De origem espanhola, a lenda de Don Juan data do século XVII e conta a história de um jovem aristocrata sedutor, que conquistava as mulheres com promessas de amor e casamento, deixando-as sempre de coração partido. Símbolo da libertinagem, essa figura literária se popularizou na cultura europeia, encontrando diversas representações na arte e na literatura. Por sua vez, Messalina foi uma influente imperatriz romana que se tornou conhecida por sua reputação sexual, enquanto adúltera, promíscua e insaciável sexualmente. A maneira pela qual a sua história foi transmitida é marcada por um viés político contra ela e a posição de poder que ocupava, tendo sua figura se perpetuado na arte e na literatura e seu nome se tornado sinônimo de "prostituta".

a jovem "talvez revele a natureza de uma prostituta nata", Federn comparou os aspectos de sua vida sexual ao de "todas as prostitutas" e Freud abriu sua fala afirmando considerar o caso "repulsivo".

No que se refere à lesbianidade, duas hipóteses que seriam posteriormente desenvolvidas na psicanálise são introduzidas nessa discussão: a relação da escolha de objeto lésbico com a fixação na figura materna, citada por Sadger; e a menção à ausência de interesse pelo pênis, em sua relação com a ideia de uma sexualidade imatura ou infantil, apontada por Federn, Hitschmann e Freud. Analisaremos, agora, cada uma dessas maneiras de compreender a lesbianidade do ponto de vista psicanalítico.

A hipótese de que a *lesbianidade teria relação com a fixação infantil na figura materna* se assemelha em muitos aspectos à teoria sadgeriana sobre a gênese da homossexualidade, discutida no Capítulo 6. Tal hipótese foi favorecida pois, na primeira década do século XX, a teoria psicanalítica ainda estava distante de avançar as formulações sobre o período pré-edipiano, de maneira que o fato de que o primeiro objeto de investimento da mulher é uma mulher não chega a ser problematizado pelas hipóteses avançadas nessa época (Padovan; Müller, 2016). Em "Uma contribuição sobre o narcisismo", Rank (1911/2016, p. 2) transpõe a tese materno-infantil à lesbianidade – denominada "inversão na mulher" – a partir do conceito de narcisismo. Para tal, o autor apresenta o relato clínico da análise de uma jovem que, segundo ele, não podia ser considerada como "particularmente neurótica ou manifestamente invertida", mas cuja análise de um sonho pôde demonstrar a sua tendência homossexual latente.

O artigo de Rank (1911/2016) objetivava, fundamentalmente, demonstrar como o narcisismo feminino pode estar na base de uma paixão pelo próprio corpo – cuja consequência seria a vaidade – e de uma tendência à "inversão", manifesta ou latente. O sonho da paciente, relatado em detalhes, é interpretado como uma manifestação do desejo inconsciente e remetido ao conflito da analisanda entre ter uma posição social autônoma e se casar. Esse dilema teria sido traduzido para a sonhadora em uma pergunta – "deveria ela deixar sua cidade atual e, lançando-se à própria sorte, dirigir-se a uma cidade em particular na região central da Alemanha pela qual ela teria especial adoração?" –, sendo o impulso de se mudar compreendido por Rank (1911/2016, p. 2) como uma esperança de encontrar, na nova cidade, um jovem rapaz (designado W.) que ela conhecera anos antes e que a havia idolatrado.

Segundo a descrição do caso, ao se ocupar com pensamentos matrimoniais ligados a W., a jovem se preocupava com a ideia de ele ter se casado e, se sim, demonstrava curiosidade a respeito da aparência de sua atual esposa. Essa problemática aparece em sonho, no qual ela recebe três cartas do amado, a última com uma série de fotografias, entre as quais localiza a imagem da mulher de W., considerando-a muito feia e apaziguando-se ao concluir que "com uma mulher assim, acho que ele pensaria sempre em mim mesmo". Em seguida, ela encontra um segundo retrato, de uma mulher que considera muito bonita e cujo penteado, olhos e forma do rosto lembraram-lhe de si mesma, levando-a a mergulhar apaixonadamente na imagem. Ao sonhar, a curiosidade em relação a quem "teria ocupado seu lugar" é tranquilizada quando a analisanda se depara com a imagem da esposa de W., que a leva a pensar que "ele teria se casado com outra apenas por motivos materiais, com uma mulher inclusive menos bela, sendo que a admiração pelo seu retrato não teria diminuído" (Rank, 1911/2016, p. 2).

Segundo a interpretação de Rank (1911/2016, p. 2), o conteúdo do sonho remeteria à relação infantil da jovem com as suas figuras parentais, em que a "condição para o amor [*Liebesbedingung*]" teria relação com a exigência de superar a mãe em beleza, desbancando-a diante do pai e triunfando sobre ela – o que no caso do sonho teria ocorrido quando a garota se depara com a imagem da esposa de W., sobre a qual ela teria triunfado inconscientemente. Em seguida, o autor avança a hipótese de que essa seria a condição de um tipo de escolha de objeto para as mulheres – tal qual Freud (19010b/2013b) elucidara para os homens em "Um tipo especial de escolha de objeto feita pelo homem (Contribuições à psicologia do amor I)" –, o que predisporia as mulheres ao narcisismo. Ao se "desapontar em suas esperanças" (Rank, 1911/2016, p. 2), ou seja, na medida em que a libido não se satisfaz nessas condições, ela se transfiguraria em narcisismo, encontrando, no caso da jovem analisanda, satisfação substitutiva em seu sonho (Padovan; Müller, 2016), em que a fotografia da mulher feia representaria a figura materna e o retrato admirado pela jovem representaria a imagem narcísica que ela construiu de si mesma, ao mesmo tempo que condensaria ela e a mãe em uma única figura.

O fato de ela não se reconhecer na fotografia, em um primeiro momento, é atribuído pelo autor a dois motivos: a ação do mecanismo da censura, que a impede de tomar conhecimento da paixão demasiado obscena por si mesma; e por esta representar um fino traço do fundamento narcisista da paixão homossexual, pois ela se apaixonou por um retrato feminino que se parece com ela, a ponto de confundir-se. Hipotetizando sobre a existência de uma dependência entre interesses homossexuais e narcisistas, que para a jovem transpareceria em seu costume de ver retratos de mulheres, comparando-as com si mesma – como fizera no sonho – Rank (1911/2016, p. 2) interpreta que a jovem, em primeiro lugar bissexual, passara por um período intenso, ainda que breve, de fixação na mãe, que fora posteriormente reprimido. Estabelecendo-se permanentemente no inconsciente, mesmo após o despertar de interesses heterossexuais manifestos, este teria retornado na forma de narcisismo para encontrar satisfação substitutiva, de forma que, "havendo uma mescla de elementos narcisistas e homossexuais, seu desejo seria reorientado em direção a pessoas que apresentassem uma imagem de si e que, ao mesmo tempo, evocassem a intensa relação vivida junto da mãe" (Padovan; Müller, 2016, p. 2).

Posto isso, Rank (1911/2016) avança uma tese geral sobre a lesbianidade, que transcreveremos:

> *Partindo então de nosso caso de homossexualidade latente, assim como de outros casos análogos e oriundos da literatura, teríamos enfim as condições para comprovar* [belegen] *a existência de um grupo de uranianas* [Urninden] *caracterizado pela fixação da tendência à inversão* [Fixierung der Inversionsneigung] *e pela sua escolha primária de objeto amoroso, esta marcada pelo intenso recalque de uma forte fixação primária na mãe e pela identificação com ela estabelecida. Levando em conta a tendência narcísica (rejuvenescimento), tal fixação resultaria na escolha de objetos sexuais que teriam a própria mãe como modelo, revelando assim exatamente o mesmo mecanismo reconhecido por Freud e por Sadger em um determinado grupo de homens invertidos. (p. 2)*

Em outras palavras, segundo Rank, a lesbianidade teria sua gênese no *recalque da forte fixação da menina à figura materna enquanto objeto primário de investimento, que precipitaria a identificação e resultaria na escolha por um objeto amoroso do mesmo sexo, segundo o modelo da mãe.* No narcisismo – como é o caso da jovem sonhadora –, o que estaria em jogo na eleição de um objeto de amor seria a imagem da própria pessoa, mas nele, assim como na lesbianidade, os elementos narcisistas e homossexuais apareceriam mesclados. Assim, remeteriam à fixação na mãe, ou, mais precisamente, às primeiras experiências de satisfação da criança junto dela. Ainda que não fiquem claras as razões que diferenciariam a lesbianidade da escolha de objeto narcísica que, na interpretação do caso, é justificada pela trama edípica, a transposição de Rank do modelo materno-infantil de Sadger para o caso das mulheres significou uma primeira elaboração no que se refere à literatura psicanalítica sobre a lesbianidade.

A hipótese de que o desejo lésbico teria relação com a ligação da menina com sua mãe permaneceu sendo uma das mais sólidas teses sobre a lesbianidade durante as primeiras décadas da psicanálise, sendo trabalhada, com as devidas reformulações, por Freud (1920a/2011a, 1933/2010g) e, posteriormente, Helene Deutsch.[9] Como vimos, essa interpretação foi evocada por Sadger em "Das memórias de uma jovem garota", quando o autor atribuiu o malogro das relações amorosas de sua analisanda à impossibilidade de ela encontrar um parceiro amoroso que a amasse tal como sua mãe. Tal interpretação é centrada na fixação infantil no amor pela figura materna que, nesse caso, não teria encontrado um objeto de amor capaz de substituí-lo de forma duradoura. A despeito dessa hipótese não ter sido desenvolvida ou aprofundada nas reuniões da Sociedade Psicanalítica de Viena, a teoria materno-infantil frequentemente servia como pano de fundo para as discussões

9 Helene Deutsch (1884-1982) foi uma importante analista da segunda geração e pioneira nos estudos sobre a sexualidade feminina. Nascida na Polônia e descendente de uma família da burguesia judaica assimilada, em 1907 mudou-se para Viena, onde começou a estudar medicina, especializando-se em psiquiatria a partir de 1914. No ano de 1918, quando já assistira a alguns seminários de Victor Tausk, começou a acompanhar as reuniões da Sociedade Psicanalítica de Viena, da qual se tornou membro em 13 de março do mesmo ano. Tendo sido analisada por Freud durante um breve período, prosseguiu sua carreira enquanto analista, desenvolvendo importantes teses sobre a feminilidade. Exilou-se nos Estados Unidos em 1935, continuando sua carreira na Sociedade Psicanalítica de Boston (*Boston Psychoanalytic Society*, BoPS).

ocorridas entre os primeiros psicanalistas no que se refere às relações entre mulheres, como veremos nas hipóteses a seguir.

A associação entre a lesbianidade e a repulsa do pênis apareceu muito cedo nas reuniões da Sociedade Psicanalítica de Viena, tendo sido introduzida pela primeira vez por Federn em 27 de novembro de 1907 (*ata 31*), quando Stekel proferiu a conferência "Dois casos de histeria de angústia", apresentando o relato da análise de uma célebre cantora de concertos que, repentinamente, perdera sua voz. Interpretando o caso como uma neurose profissional, o analista afirmou que os motivos psíquicos que ocasionaram seu sintoma estavam relacionados à continuação do exercício de sua profissão, ressaltando que o momento em que lhe faltou voz pela primeira vez era significativo do ponto de vista psíquico. Embora o caso não tenha sido aprofundado além desse ponto, os comentários no debate nos permitem acrescentar alguns detalhes: a cantora disputava um amado (P.) com sua rival (Oda), de quem gostaria de se vingar; ela afirmava ter sentimentos maternais com os homens; Oda lhe lembrava sua mãe; e a analisanda teria relações heterossexuais, mas sua libido era considerada restrita.

Ao comentar o caso apresentado por Stekel, Federn afirmou reconhecer "imediatamente que *a paciente é lésbica em sua fantasia segundo a qual já teria sido um rapaz*" e, embora não fique claro o que justifica essa consideração, ou seja, se o analista se refere à posição da cantora diante do objeto, do seu comportamento, da sua aparência física ou da sua história, o mesmo é reiterado por Sadger, que considerou que "Por trás do seu amor pelo músico P. está seu amor homossexual: ela o chama de mãe; com ele, ela pode fazer o papel de homem" e interpretou seu medo de entrar em lugares frequentados por mulheres como "uma tendência (respectivamente uma aversão) homossexual" (Checchia; Torres; Hoffmann, 2015, pp. 370-372, grifo nosso). Independentemente dos motivos, o que é aqui colocado é a existência de uma associação, na concepção dos analistas, entre a lesbianidade e a masculinidade.

Voltaremos a esse ponto posteriormente, mas antes faz-se necessário destacar a continuidade do comentário de Federn, que utiliza "um caso profundamente analisado por ele" para avançar a hipótese de que "*as lésbicas tiveram, em sua infância, uma experiência repulsiva do pênis*" (Checchia; Torres; Hoffmann, 2015, p. 370, grifo nosso). A ideia de que a lesbianidade teria relação com a repulsa e a ausência de interesse pelo pênis foi retomada em algumas ocasiões por Federn, um analista com vasta experiência clínica, mas ele não chegou a aprofundar ou debater o assunto nas reuniões da Sociedade Psicanalítica de Viena. Em 12 de fevereiro de 1908 (*ata 40*), durante a "Discussão sobre a anestesia sexual", Federn mencionou que "os fortes impulsos sádicos ou lésbicos também podem causar anestesia" (Checchia; Torres; Hoffmann, 2015, p. 447), ou seja, evitação da relação sexual heterossexual, que muitas vezes era associada à permanência da excitabilidade do clitóris após a puberdade. Em 17 de fevereiro de 1909 *(ata 69)*, como vimos, o analista afirmara que a paciente de Sadger "não demonstrou quase nenhum interesse pelo pênis" (Nunberg; Federn, 1980, p. 150, tradução nossa), comentando também que ela não passara "da etapa da masturbação masculina do clitóris para a excitabilidade vaginal", hipótese reiterada por Hitschmann e por Freud, e este último considerara que as manifestações da sexualidade da analisanda apresentavam uma "tendência infantil generalizada" (Nunberg; Federn, 1980, p. 152, tradução nossa).

A ideia da *ausência de interesse pelo pênis, em sua relação com a manifestação de uma sexualidade imatura ou infantil*, apontada por Federn, Hitschmann e Freud, é uma hipótese sobre a lesbianidade que, embora não tenha sido aprofundada pelos primeiros psicanalistas, foi recuperada por Freud (1920a/2011a) em "Sobre a psicogênese de um caso de homossexualidade feminina". Para que possamos explorar essa concepção, cabe retomar o fato de que a obra freudiana postula que o processo de desenvolvimento nas meninas dependeria da transferência da excitabilidade da zona erógena do clitóris – diretriz da sexualidade infantil feminina – para a vagina (Freud, 1905a/2016b), da superação da inveja do pênis (Freud, 1923b/2011d, 1925b/2011f, 1933/2010g) – com eventual substituição do desejo de ter um pênis pelo desejo de ter um filho ou de usufruir do pênis no coito – e da substituição do apego pré-edipiano à figura materna pelo amor edípico em relação à figura paterna (Freud, 1931/2017, 1933/2010g).

Nos trechos mencionados nas Atas, podemos ver como o desejo lésbico – na fantasia ou não – é correlacionado a uma experiência de repúdio ou ausência de interesse pelo pênis e a um certo infantilismo geral da sexualidade – aqui representado pela ausência de excitabilidade vaginal. Em outras palavras, as discussões sobre a lesbianidade privilegiam o tratamento do repúdio ao homem (ou ao pênis) – definido por O' Connor e Ryan (1995) enquanto declínio, recusa ou afastamento – do que do interesse afetivo-sexual pela mulher. A consequência desse raciocínio é que "a possibilidade de uma mulher escolher outra mulher como objeto de amor, sem repudiar o homem, a feminilidade e a maternidade, é excluída e somos deixados com a homossexualidade feminina, inevitavelmente, como uma escolha negativa e reativa, baseada na exclusão do homem" (O'Connor; Ryan, 1995, p. 42, tradução nossa). Desejar uma mulher é, no ponto de vista dos primeiros psicanalistas, algo diretamente atrelado a recusar o homem, a se manter ligado à figura materna, a repulsar o pênis ou a não migrar do erotismo clintoniano para a vagina. Ou seja, a apresentar dificuldades na efetivação do que, naqueles tempos, a psicanálise entendia como desenvolvimento psicossexual da feminilidade, de maneira que, para a teoria psicanalítica nascente, tornar-se mulher equivaleria a tornar-se uma mulher heterossexual. A consequência desse raciocínio é, justamente, considerar a sexualidade lésbica como uma sexualidade imatura, o que não apenas sufoca a possibilidade de se pensar a multiplicidade de fenômenos que pertencem ao campo sexual, como impede que as relações lésbicas sejam positivadas (O'Connor; Ryan, 1995) ou mesmo entendidas em sua especificidade, como algo que se refere ao desejo e aos afetos *entre mulheres*, que ultrapasse as discussões falocêntricas, em torno do homem ou do pênis, enquanto objetos de repúdio.

Se as lésbicas, em seu desenvolvimento psicossexual, eram consideradas como mulheres de sexualidade era em seus trejeitos, aparências, comportamentos e afetos que os primeiros psicanalistas buscavam traços que pudessem remeter à masculinidade – da mesma maneira que a homossexualidade era relacionada à feminilidade, como vimos no Capítulo 5. Nas conferências comentadas acima, podemos observar como o desejo ou a fantasia lésbica sempre acabavam por, de alguma forma, ser remetidos ao homem, na interpretação de uma fantasia lésbica enquanto desejo de ser um rapaz, como mencionara Federn nos comentários de "Dois casos de histeria de angústia" (27 de novembro de 1907 - *ata 31*). Fosse também por meio da ideia de que uma mulher, ao posicionar-se de determinada maneira perante o objeto masculino, poderia "fazer o papel de homem" (Checchia; Torres; Hoffmann, 2015, p. 372), como afirmara Sadger na mesma ocasião. Ou, ainda, pela dificuldade de compreender quais eram as ideias associadas à masculinidade nessa época, ou seja, o que a masculinidade poderia representar para as meninas e mulheres no início do século XX.

Fato é que a associação da lesbianidade à masculinidade era bastante comum entre vienenses, tanto pela consideração de que as mulheres lésbicas possuiriam uma sexualidade imatura em que se apegariam a uma suposta masculinidade infantil, quanto pela naturalização dos papéis e características atribuídos às mulheres e aos homens. Tais fatores baseavam a conclusão de que as mulheres que, de alguma forma, arriscavam transgredir o lugar que lhes era atribuído na sociedade patriarcal e as imposições sociais dirigidas a elas só poderiam ser homens. E, como pressupunham os princípios heteronormativos, seriam "lésbicas", mesmo que mulheres sequer lhes interessasse enquanto objeto de amor. Exploraremos agora algumas Atas em que essa temática é tratada.

Na reunião de 19 de outubro de 1910 (*ata 115*), Adler proferiu a conferência "Uma pequena contribuição ao tema da mentira histérica", apresentando o caso clínico de uma garota de 20 anos encaminhada para a análise por enurese e pelo hábito de se lambuzar nas próprias fezes [*feces smearing*], em quem "todas as categorias do protesto masculino estavam inteiramente presentes" e se revelavam em um sonho recorrente, no qual ela estaria tendo uma relação sexual com um homem deitado embaixo dela. O sonho, considerado "típico de uma atitude masculina", expressaria, do ponto de vista adleriano, a força-motriz da vida da analisanda, ou seja, seu desejo de "estar por cima" [*to be 'on top'*] e a enurese foi interpretada como símbolo da 'tendência masculina' que apareceria justamente quando a jovem se sentiria 'colocada para baixo'" (Nunberg; Federn, 1974, p. 18, tradução nossa).

No que se refere ao histórico familiar, Adler destacou que toda a vida da jovem teria sido preenchida por brigas com sua mãe e ela se esforçaria para suplantar o lugar ocupado por seu irmão mais velho, enquanto preferido da mãe, e para desempenhar o papel de pai, por quem sentimentos sexuais não vieram à tona.

> *Em uma idade precoce, ela já tinha a inclinação a mentir*[10] [to "smearing"] [anschmieren] . . . *e produziu a*

10 O termo utilizado no texto original em alemão é *anschmieren*, que significa "lambuzar" ou "mentir/subornar/enganar" e foi traduzido, na edição em inglês, por *smearing*. Na medida em que o termo em inglês abarca apenas o

> *fantasia sexual de que "lambuzar"* [to smear] [anschmieren] *uma garota com pomada significava ter relações sexuais com ela. Ela particularmente gostava de enganar* [anzuschmieren]*... jovens garotos e sua atitude masculina tem a ver com as mentiras* [the anschmieren] *das meninas. (Nunberg; Federn, 1974, p. 18, tradução nossa)*

O tratamento ainda estava em curso na época em que o caso foi apresentado por Adler, que relatou que as "mentiras" da analisanda se repetiriam com o analista, por exemplo, quando ela tentara enganá-lo, afirmando que o sonho relatado não teria, de fato, acontecido. O debate, fundamentalmente, abordou as formulações de Adler sobre o protesto masculino, em uma época na qual já se acentuavam as divergências entre ele e Freud, sem que se questionasse o que Adler queria dizer, por exemplo, ao se referir a uma tendência ou atitude masculina em sua analisanda. Stekel considerou a analisanda de Adler como "um caso de infantilismo: ela queria ser limpa pela mãe, como era em sua infância, e sua teimosia denuncia, apenas, seu enorme amor por ela" (Nunberg; Federn, 1974, p. 22, tradução nossa) e Freud afirmou que a jovem se tratava de um caso em que "a perversão histérica está misturada com um caráter malformado".

Em 26 de janeiro de 1910 (*ata 95*), durante uma conferência de Hitschmann denominada "Apresentação de casos relacionados à neurose obsessiva", Steiner afirmou que "não há dúvidas de que o desejo de ser um homem desempenha um papel em todas

primeiro significado da palavra, cabe ressaltar a existência de uma relação, no texto original, entre o termo aqui utilizado enquanto sinônimo de "mentir" e a palavra utilizada para descrever o sintoma da jovem de se "lambuzar" em suas fezes [*feces-smearing*].

as mulheres. É também compreensível que certos homens experienciam um desejo análogo de mudar de sexo" (Nunberg; Federn, 1978, tradução nossa). Essa ideia não foi desenvolvida na ocasião, mas podemos observar como a concepção de que as mulheres desejariam ser homens é retomada em algumas reuniões dos primeiros psicanalistas, sem ser desenvolvida, aprofundada ou discutida. Em 4 de dezembro de 1912 (*ata 181*), durante uma sessão de discussão de relatos clínicos, Federn apresentou o seguinte caso:

> *Uma menina que se sentia muito à vontade em seu papel feminino e em quem a inveja do pênis havia se formado de maneira autêntica. A criança, que em todos os outros aspectos está facilmente pronta para a renúncia, não se entrega a esse ponto e declara que ainda pode se tornar um menino. A inferioridade, no sentido de Adler, provavelmente tem algum significado, mas não é o aspecto primário. (Nunberg; Federn, 1978, p. 155, tradução nossa)*

Raciocínio semelhante no que se refere à relação da menina com o masculino é empregado pelo autor em 18 de março de 1914 (*ata 226*), durante a segunda "Discussão sobre o complexo de Édipo infantil", em que ele relatou o caso de "uma menina que exprimia desde cedo o desejo de seu um menino e que fizera isso desde os 2 anos de idade, quando viu os órgão genitais de seu irmão: ela declarou que também queria tê-lo. Mas ela não tardou a se reconciliar com seu *papel feminino*, quando sucedeu a identificação com a mãe grávida" (Nunberg; Federn, 1978, p. 266, tradução nossa, grifo nosso).

Ao abordar as ideias aqui mencionadas, os primeiros psicanalistas pareciam não conseguir avançar a pergunta do porquê, fosse caso a caso ou de maneira geral, as meninas desejariam, de forma manifesta - como nos casos de Federn - ou latente - como com a analisanda de Adler -, ser um menino, ou desempenhar um "papel masculino". Muito pelo contrário, o assunto da indefinição da "masculinidade" do ponto de vista psicanalítico era tratado de maneira naturalizada - como vimos no Capítulo 5. Por um lado, tal abordagem dificultava a compreensão do que eram as "atitudes" ou "tendências" masculinas observadas nas mulheres e, por outro, postulava que todas as mulheres que de alguma forma recusavam ou transcendiam uma feminilidade pensada dentro dos padrões de opressão do regime patriarcal do início do século XX só poderiam ser homens presos em corpos femininos, perseverando a ideia de que alguns comportamentos mais libertários eram propriedades masculinas e, se uma mulher aspirava por eles, ela só poderia, em última instância, ser uma lésbica, ou seja, mulher masculina.

Um exemplo importante, nesse sentido, pode ser encontrado na conferência de 8 de novembro de 1910 (*ata 118*) quando, em meio ao debate intitulado "Escolha profissional e neurose", Tausk relatou "sobre quatro estudantes do sexo feminino que são homossexuais e vieram para a medicina a fim de se manterem informadas sobre assuntos sexuais" (Nunberg; Federn, 1974, p. 54, tradução nossa). Diante desse comentário, Hilferding - a única psicanalista até então - intervém e contesta a argumentação, fazendo um comentário preciso ao apontar como as afirmações generalistas de Tausk eram problemáticas, justamente por não levarem em consideração o lugar que as mulheres ocupavam na sociedade vienense:

> *[Hilferding] gostaria de mencionar que hoje em dia nem o acesso a uma profissão nem a escolha específica de uma são livres, muito menos no caso das mulheres; para ela, de fato, apenas a medicina e a filosofia são possiblidades. Casos de homossexualidade tão*

> *numerosos como Tausk alegou parecem improváveis para ela. É mais provável que o observador abordou esse assunto com uma opinião preconcebida. (Nunberg; Federn, 1974, p. 56, tradução nossa)*

Como vimos no Capítulo 2, afirmações como a de Tausk eram bastante comuns nos países germânicos, pois, em uma época em que as mulheres avançavam suas primeiras conquistas no que se refere à educação e à empregabilidade, os antifeministas se apropriaram dos diagnósticos de *lesbianismo* e *inversão sexual*, utilizando-os para deslegitimar as reinvindicações femininas e garantir seus privilégios. Para tanto, afirmavam que apenas as mulheres masculinas queriam educação e emprego, provocando uma assimilação entre as feministas e as lésbicas. As investigações da sexologia sobre os trejeitos, aspectos corporais, hábitos, comportamentos e gestos que indicariam a lesbianidade em uma mulher favoreceram esse cenário. Às mulheres que fugiam dos padrões sociais, das normas de gênero e não performavam feminilidade eram atribuídos diagnósticos de anomalia e degeneração.

Ao considerar o desejo de entrar na universidade e ser independente, o interesse pelas ciências, o hábito de usar calças, beber ou fumar, a voz grossa, as habilidades esportivas, as brincadeiras infantis e os gostos como indicativos de uma condição patológica, os psiquiatras não conseguiam desnaturalizar suas concepções enrijecidas dos papéis masculinos e femininos. As próprias ativistas lésbicas do início do século XX aderiram a essas descrições, que, por mais que fossem problemáticas, lhes dava uma identidade que permitiu que elas se articulassem politicamente e criassem uma subcultura. Essa herança contextual, por sua vez, foi transmitida aos primeiros psicanalistas, tomando seus próprios rumos no seio da teoria psicanalítica.

Podemos dizer, portanto, que os vienenses não conseguiam se dar conta de que os homens nutriam muitos privilégios e que as mulheres almejavam melhores condições econômicas e sociais. Assim, acabavam por apenas interpretar qualquer sinal de subversão do lugar social da mulher - inclusive relacionando-se com uma mulher e não com um homem - como indicativo de uma masculinidade psíquica. Além disso, chama a atenção como não tinha nada de psicanalítico na forma como os supostos sinais de masculinidade eram identificadas nas pacientes. Isso se dava na medida em que muitas vezes os primeiros psicanalistas desconsideravam as experiências que as analisandas tinham de si e eram excessivamente subjetivos (O'Connor; Ryan, 1995), utilizando de suas próprias impressões e concepções que, como evidencia o debate entre Tausk e Hilferding, poderiam ser muito equivocadas.

Posto isso, fica evidente como a dimensão política dos comportamentos transgressivos das mulheres, fossem elas lésbicas ou não, acabava por ser patologizada e diagnosticada como histeria ou *lesbianismo*. Mais do que isso, a investigação dos discursos dos primeiros psicanalistas sobre a lesbianidade reitera o argumento sustentado no Capítulo 5, de que o ponto de vista psicanalítico reproduziria estereótipos da lesbianidade e da homossexualidade, que remetiam aos comportamentos esperados de homens e mulheres no início do século XX. A partir disso, assumia-se que a orientação do desejo transpareceria em toda a personalidade de um homem homossexual ou de uma mulher lésbica. Essa constatação avança a conclusão de que a ideia de que não haveria correlação direta entre as características anatômicas, os comportamentos, a aparência de um sujeito e o objeto sexual ao qual sua libido se destina, presente desde os *Três ensaios sobre a teoria da sexualidade* (Freud, 1905a/2016b), não tinha um lugar sólido entre os psicanalistas vienenses, o que se refletiria em suas hipóteses e considerações.

No caso das mulheres lésbicas, a questão torna-se mais grave na medida em que Freud (1920a/2011a, 1931/2017, 1933/2010g) irá, a partir da década de 1920, formular a noção de *complexo de masculinidade*, entendido como forma de reação à castração feminina, em que a menina exageraria sua masculinidade infantil, mantendo viva até uma época tardia a "esperança de voltar a ter um pênis" e a "fantasia de apesar de tudo ser um homem" (Freud, 1931/2017, p. 378). Posto isso, a lesbianidade passou a ser considerada como uma realização extrema do complexo de masculinidade, de maneira que, conforme analisa Worthington (2011), a associação entre masculinidade e lesbianidade não se iniciou com a psicanálise, mas perseverou de maneira consistente na maior parte das publicações psicanalíticas do século XX.

A análise do discurso dos primeiros psicanalistas sobre a lesbianidade é um exemplo preciso do que Rich (1982) considera um apagamento da existência histórica das lésbicas e das experiências de identificações entre mulheres. Seja concebendo a sexualidade lésbica como uma sexualidade imatura e associada à masculinidade, seja compreendendo-a enquanto espelho da homossexualidade masculina, podemos ver como a teoria psicanalítica em seus primórdios sempre discutia a lesbianidade a partir de um referencial masculino, fosse esse o homem, o pênis ou a homossexualidade. Nesse sentido, a problemática da lesbianidade denuncia as marcas profundas do patriarcado na literatura psicanalítica, explicitando como os vienenses não conseguiam pensar a experiência lésbica para além de seus imaginários e fantasias sobre as mulheres e suas formas de desejar e se relacionar. Ao assimilar a lesbianidade às problemáticas da homossexualidade e da feminilidade (heterossexual), as especificidades da subjetividade e a possibilidade de que uma mulher escolhesse outra enquanto objeto de amor acabaram por ser recalcadas pelos primórdios da teoria psicanalítica, situando o amor entre duas mulheres em um lugar inenarrável e invisível para a psicanálise.

Margarethe Csonka à margem da "jovem homossexual"

Até o momento, exploramos o modo como os primeiros psicanalistas tratavam da lesbianidade, evidenciando como esse assunto se situou sempre em um lugar marginal nos discursos teórico-clínicos dos primórdios da psicanálise. Nesta seção, recuperaremos a história e a memória da primeira paciente que se relacionava com mulheres a se tornar amplamente conhecida pela literatura psicanalítica, narrando aspectos importantes de sua biografia, que transcendem o relato clínico publicado por Freud (1920a/2011a). Recuperar a história da analisanda de "Sobre a psicogênese de um caso de homossexualidade feminina" não significa, neste momento, discutir os meandros teóricos desse texto, como já fizemos no Capítulo 3. Também não requer debater como esse artigo foi amplamente negligenciado pela literatura psicanalítica, exceto por algumas publicações da escola francesa e da literatura *queer* (Allouch, 2005; Azevedo, 2013; O'Connor; Ryan, 1995; Lesser; Schoenberg, 1999; Worthington, 2011), embora reconheçamos esse fato. Tampouco quer dizer trabalhar com as questões metodológicas em torno de sua análise, o que será tema do Capítulo 8. Significa compreender de que maneira suas experiências e sua vida interrogam as conclusões precipitadas pelo texto freudiano e colaboram para que esse seja, até hoje, considerado um caso "inacabado e ambivalente" (Vyrgioti, 2020, p. 131) sobre uma mulher que permanece desconhecida ao leitor e a quem sequer foi atribuído um nome fictício (De Lauretis, 1999).

É nesse ponto que se inicia nossa tarefa, pois, para contarmos essa história, é necessário decidir como chamar essa mulher. Esse assunto não deveria suscitar grandes problemas, não fosse o fato de que, diferentemente de outros casos clínicos como, por exemplo, os de Anna O., Katharina e Dora, Freud (1920a/2011a, p. 115) se limitou a chamá-la de "a garota" [*das Mädchen*] e a literatura pós-freudiana a tornou conhecida por "a jovem homossexual". É certo que não nos referiremos a ela de nenhuma das duas formas, pois, por um lado, "não nomear alguém é recusá-lo uma subjetividade completa" (O'Connor; Ryan, 1995, p. 30, tradução nossa) e tem o efeito de criar distanciamento, e, por outro, identificá-la por sua suposta orientação sexual significa compreender toda sua personalidade a partir dessa marca.

Curiosamente, com o início do século XX, dois novos nomes surgem para se referir a ela. O pseudônimo que não lhe fora atribuído em 1920 é criado oito décadas mais tarde, quando Ines Rieder e Diane Voigt (Rieder; Voigt, 2008) publicaram a primeira biografia a seu respeito e, atendendo a pedidos da própria biografada, que colaborara com grande parte do relato, optaram por chamá-la de Sidonie Csillag, ocultando sua verdadeira identidade, a de parentes e a de amigos próximos. Em 2004, cinco anos após a sua morte, ousou-se pela primeira vez dizer seu nome, tendo sido revelado que a menina que no início do século XX fizera uma análise na Berggasse 19 se chamava Margarethe Csonka-Trautenegg. É por motivos históricos que optamos por nos referir a ela por seu verdadeiro nome, dado o fato de que aqui nos propomos a contar sua história de um ponto de vista biográfico e essa escolha permite que as pesquisas e a documentação a seu respeito continuem se ampliando, o que inclui o arquivo sobre Margareth Csonka depositado na Biblioteca do Congresso dos Estados Unidos, em Washington.

Passemos então para um breve relato de sua história, escrito a partir de sua biografia, no Brasil publicada sob o controverso título *Desejos secretos: a história de Sidonie C., a paciente homossexual de Freud.* Margarethe Csonka nasceu no ano de 1900 em Lviv, na época uma cidade pertencente à Galícia. Descendente de uma família da burguesia austríaca convertida ao catolicismo, era a segunda filha do casal Arpard e Emma[11] Csonka. Batizada na Igreja católica, desde cedo esforçou-se para negar e esconder sua origem judaica e, embora não tenha recebido nenhuma formação religiosa, confrontara-se com o cotidiano cristão na escola e evitava ser associada ao judaísmo por seus colegas e amigos. Em 1902, sua família se mudou para Viena e, seguindo a configuração tradicional das famílias de classe alta locais no início do século XX, enquanto seu pai prosperava financeiramente nos negócios de extração e comercialização de parafina, sua mãe cuidava da administração do lar, educando as crianças de maneira severa – sendo elas Margarethe, seu irmão mais velho, Heinrich,[12] que havia nascido 11 meses antes dela, e os dois irmãos mais novos, Paul, nascido em 1905, e Ernst,[13] nascido em 1917.

Desde a infância, Margarethe invejava os irmãos, por observar que o fato de eles serem meninos dava-lhes uma liberdade por ela almejada, pois eles podiam sair sozinhos e frequentar cafés e teatros, programas que só eram autorizados para ela na companhia da família ou dos irmãos. Enquanto uma mulher burguesa, teve o privilégio de estudar. Fez aulas particulares no primeiro ano escolar e,

---

11 A maior parte dos nomes de amigos e parentes de Margarethe registrados em sua biografia são fictícios e, infelizmente, parte deles ainda não foi revelado. Optamos por, sempre que possível, utilizar os nomes verdadeiros, assinalando quando mencionarmos uma pessoa por seu pseudônimo, como é o caso de *Emma*.

12 Nome fictício.

13 Nome fictício.

em seguida, frequentou a escola primária de Strohgasse, perto de sua casa. Cursou também por um ano a escola Schwarzwald e, enfim, ingressou no Liceu da Associação para Atividades Femininas, onde concluiu o ensino secundário. Por pensar que o trabalho não era para mulheres de sua classe social e parecendo não desejar terminar sua formação ou fazer um curso universitário, aos 17 anos de idade Margarethe tinha bastante tempo livre, que despendia entre o convívio com as amigas e o lar.

Foi nessa época, em meio aos seus passeios por Viena, que se apaixonou por Leonie von Puttkamer (1981-1953),[14] ao vê-la passeando de braços dados com uma amiga. Ao contrário do que consta no texto freudiano, no qual Leonie é descrita como uma "dama 'da sociedade'" (Freud, 1920/2011a, p. 115), ou melhor, como uma *cocotte* – palavra sem paralelo no português que significa algo próximo a uma prostituta de luxo, em referência às prostitutas de alta classe na França durante o Segundo Império e a *Belle Époque* –, ela era uma mulher oriunda da burguesia prussiana, que se relacionava com homens por sobrevivência e sustento financeiro, enquanto cultivava seu amor por mulheres no *demi-monde*, o mundo dos bares e espaços de sociabilidade feminina, abrigo da subcultura lésbica que começara a surgir em Berlim na virada do século XX.

Ao final de 1916, enquanto a escassez atingia o maior número de vienenses desde a morte do imperador Francisco José – evento que desencadearia a queda do Império Austro-Húngaro –, Margarethe se ocupava em seguir Leonie por toda parte, ensaiando uma aproximação, que, quando enfim ocorreu, transformou-se em uma rotina de passeios de braços dados por cafés e mercados de Viena. Apesar do cuidado para não se cruzar com Arpard, que já escutara boatos maliciosos sobre as duas, um dia o encontro ocorreu e,

14 Nome fictício.

aterrorizada, Margarethe se desvencilhou do braço da amada e desapareceu esbaforida. Ao se dar conta de que seu pai sequer havia percebido a sua presença e a da amada, envergonhou-se e correu de volta ao encontro de Leonie, que, enfurecida, rompeu a relação com ela, afirmando que queria ser poupada de "manifestações de amor pela metade" (Rieder; Voigt, 2008, p. 29). Sentindo-se sem saída e profundamente angustiada, temendo a severidade paterna e a perda da amada, Margarethe tentou se suicidar saltando no trilho do trem e se machucou gravemente.

Durante sua recuperação, beneficiou-se do bom humor do pai e logo passou a pensar em um jeito de recuperar Leonie, que, ao saber do ocorrido, retomou relações com ela. Curada, Margarethe voltou à rotina de passeios com a amada e passou a visitá-la também em sua casa. Com o fim da Primeira Guerra Mundial, em 1918, e o retorno do filho mais velho dos campos de batalha, Arpard pôde, enfim, voltar a dirigir sua atenção para a filha e, informado por Emma das constantes visitas de Margarethe à casa de Leonie, decidiu encaminhá-la aos cuidados de Sigmund Freud, confiando-lhe "a tarefa de trazer sua filha de volta à normalidade" (Freud, 1920/2011a, p. 117).

Durante a análise,[15] que durou alguns meses, Margarethe se aproveitava do caminho entre a Berggasse 19 e sua casa para ver a amada, enquanto se empenhava em "demonstrar os efeitos do tratamento e representar seu papel" (Rieder; Voigt, 2008, p. 67) aos olhos do pai, inventando sonhos e histórias para o analista, e contando para ele, em meias palavras, que voltara a se encontrar com Leonie, para quem se queixava de sua análise. Após as férias de verão, Freud (1920a/2011a) optou por encerrar o tratamento:

---

15 A análise de Margarethe Csonka será discutida com mais detalhes no Capítulo 8.

> *Interrompi a análise, tão logo percebi a atitude da garota em relação ao pai, e recomendei que prosseguisse a tentativa terapêutica com uma médica, se a ela dava importância. Enquanto isso, a garota prometeu ao pai deixar de ver a "dama", pelo menos, e não sei se a minha recomendação, cujos motivos são óbvios, será efetivamente seguida. (p. 139)*

Enquanto Freud valeu-se do caso para propor importantes reformulações em sua teoria, interpretando a lesbianidade de Margarethe a partir da relação primária com a mãe, da decepção com o pai e do complexo de masculinidade, ela pareceu ter ignorado seus conselhos, e não deixou de se encontrar com Leonie ou procurou outra análise. A tentativa de suicídio, que poderia ter sido, de fato, uma indicação de que ela não estava bem e uma questão a ser trabalhada (Vyrgioti, 2020), é praticamente ignorada pelo relato do caso e voltou a se repetir poucos anos mais tarde.

Encerrado o tratamento analítico, continuou sua rotina com Leonie, sentindo um imenso prazer voyeurista em observar a amada e estar próxima dela, sem encontrar no relacionamento nenhuma satisfação física. Em dezembro de 1922, quando a baronesa partiu para Berlim, Margarethe se viu profundamente angustiada e tentou se suicidar ingerindo uma dose de veneno. Durante todo o ano de 1923, trocou cartas com Leonie, escutando suas histórias e respondendo-lhe de maneira evasiva e incoerente. Nesse meio-tempo, começou a ser cortejada por Klaus Bäckström,[16] cujo pedido de noivado aceitou após rever Leonie em março de 1923 e entender que demoraria muito para voltar a encontrá-la. Logo em seguida, perdeu o contato com a amada e, ao lado do pai e das amigas, acompanhou os preparativos do casamento. Embora tudo

16 Nome fictício.

– inclusive Klaus – lhe parecesse indiferente, acreditava ser "possível combinar muito bem uma fachada convencional socialmente aceitável com uma vida de estilo próprio e particular" (Rieder; Voigt, 2008, p. 154).

Em 16 de março de 1924, recebeu um telefonema de Leonie, que desejava lhe informar seu retorno para Viena. Na época casada com Albert Gessmann,[17] com quem mantinha um relacionamento marcado por ciúmes e idas e vindas, a baronesa se reencontrou com Margarethe, que foi acometida de grande felicidade ao ver a amada. Duas semanas depois, Gessmann acusou Leonie de tentar envenená-lo e, durante o processo, Margarethe amparou a amada, ajudando-lhe a encontrar um advogado, um lugar para morar e a se desfazer de tudo que pudesse provar as suas relações lésbicas. Como era previsto, com o desenrolar dos depoimentos que compunham o processo, as relações da baronesa com mulheres entraram em evidência e ela passou a ser acusada não apenas de tentativa de assassinato, mas também de atentado ao pudor, dado o fato de que o Parágrafo 129(b) criminalizava as relações lésbicas na Áustria. Leonie foi presa e Margarethe, chamada para depor, o que desagradou profundamente seus pais. Provado que Leonie não tentou assassinar seu marido, a segunda acusação procedeu e ela foi submetida a um exame médico-psiquiátrico. Já em liberdade, acusou Gessmann de difamação e o processo se tornou um beco sem saída, na medida em que a maior parte das relações de Leonie com mulheres teria ocorrido na Alemanha, onde não eram consideradas crime. Em 7 de outubro de 1924, o processo foi interrompido por falta de provas.

Dois meses antes, em 4 de agosto, Margarethe escrevera para Leonie pela última vez e, passando-se por seu pai, pediu para a baronesa não entrar mais em contato com ela. Havia decidido colocar

---

17 Nome fictício.

um fim nessa história e prosseguir em seus planos de casamento, mesmo que ele lhe interessasse muito menos do que a baronesa ou Fritz Weidenberg,[18] amigo de Klaus que ela conhecera e por quem nutria uma certa paixão. Com a aproximação do casamento, tornou-se cada vez mais evidente para Margarethe que Klaus não lhe fazia feliz e que ela sentia profunda indiferença por ele, apesar de ter chegado a beijá-lo. Angustiada com os preparativos da cerimônia, tentou suicídio pela terceira vez, atirando em seu próprio peito. Ainda no hospital, rompeu o noivado com Klaus e, ao se recuperar, se reencontrou com Fritz, sonhando com um casamento que não ocorreu, pois em março de 1926 ele faleceu devido a uma infecção sexualmente transmissível.

Um tempo depois de ter perdido Leonie, Klaus e Fritz, Margarethe decidiu passar uma temporada em Praga, na casa de Marianne Kraus – sua amiga de adolescência e sobrinha de Karl Kraus. Longe dos pais e de Viena, começou um relacionamento com Marianne, tendo com ela sua primeira relação sexual. Em 1927, conheceu o barão Eduard von Trautenegg, um militar divorciado que frequentava o lugar onde ela fazia aulas de equitação. Considerando-o um homem bastante atraente, alimentando a esperança de que a intimidade com ele pudesse ser melhor do que com Klaus e cansada de se sentir marginalizada e "ameaçada por seu amor secreto por mulheres e por ser judia" (Rieder; Voigt, 2008, p. 186), entregou-se a um relacionamento com ele. Mesmo que não encontrasse satisfação física com mulheres ou homens, Margarethe conhecia a paixão e o desejo e sabia que não sentia nada disso por Eduard. Apesar disso, em 18 de maio de 1930, casou-se com ele em uma cerimônia íntima e familiar e se mudou para um apartamento com o novo marido. Em 1931, Arpard faleceu e, com o passar dos anos, Eduard se revelou mais interessado no dinheiro da família

18 Nome fictício.

Csonka do que em sua esposa. Em 1934, insatisfeita com seu casamento, Margarethe se apaixonou por Wjera Fechheimer,[19] uma mulher casada, que passara a cortejar, mas com quem o relacionamento se limitou a uma amizade e um beijo.

No ano de 1935, a situação política europeia se acirrou. Embora negasse sua origem, de acordo com as leis raciais, votadas em Nunberg naquele ano, Margarethe era completamente judia e a proclamação do *Anschluss* – anexação da Áustria pela Alemanha nazista –, em 1938, colocava-a cada vez mais em perigo. Considerando que Eduard, por ser casado com uma judia, não poderia conseguir nenhum posto militar no Terceiro *Reich*, anulou oficialmente seu casamento com ele para que ele pudesse obter um cargo e, ao constatar que o marido se tornava cada vez mais antissemita, se aproveitou da situação para terminar o relacionamento, perdendo para ele sua fortuna. Nessa época, Heinrich morava em Paris, tornara-se cidadão francês e dispunha de muito dinheiro, pois era proprietário de uma fábrica. Ocupando o lugar de chefe da família, decidiu que os Csonka deveriam silenciosamente fugir da Áustria. Paul, que era músico e estava em turnê pelos Estados Unidos, e Ernst, que na época servia o Exército, mas estava na iminência de ser afastado, acabaram por decidir se exilar em Cuba, e Emma partiu para Paris em 16 de fevereiro de 1939, com o objetivo de encontrar o filho mais velho.

Embora fosse constantemente lembrada pelos irmãos de sua origem judaica e aconselhada a se exilar, Margarethe se negava a deixar Viena ou a se identificar com os judeus. Acompanhou a mãe na viagem para o exílio e, na volta, aproveitou para visitar Wjera em Munique. Decidida a não se preocupar com a situação política, em um misto de desdém e ingenuidade, tentava manter uma rotina e se convencer de uma normalidade que não mais existia.

---

19 Nome fictício.

Irritou-se quando foi obrigada a entregar suas joias, em 21 de fevereiro de 1939, e preocupou-se ao saber, pelo relato de amigos, que homens gays estavam sendo perseguidos, espancados e processados em Berlim e Viena, pois, "na situação de lésbica e judia – mesmo não declarada –, poderia ser a próxima" (Rieder; Voigt, 2008, p. 257). Acompanhou o início da Segunda Guerra Mundial, em 1 de setembro de 1939, e, no início de 1940, enfim decidiu emigrar para Cuba, onde encontraria os irmãos.

Apenas Eduard acompanhou Margarethe até a estação em 12 de agosto de 1940, quando ela enfim deixou Viena. Sua rota em direção a Cuba contava com uma breve estadia em Berlim, onde Margarethe decidiu procurar por Leonie. Depois de quase duas décadas, as duas mulheres se reencontraram e, enfim, ultrapassaram as linhas do relacionamento outrora voyeurista, passando juntas uma noite de amor. Em 16 de agosto, Margarethe partiu de Berlim e se despediu de Leonie pela última vez. Depois de cinco meses de viagem e praticamente uma volta ao mundo, chegou à Cuba em 27 de dezembro de 1940, onde reencontrou seus irmãos, que a esperavam no píer do porto de Havana.

Em sua nova cidade, Margarethe pôde voltar a desfrutar de passeios e encontrou uma rotina ao lado dos irmãos e de uma nova amiga. Paul passara a trabalhar no Conservatório Nacional de Havana e Ernst trabalhava com negócios na área de lapidação de diamantes, enquanto ela ocupava seus dias pintando, sem se preocupar com o fato de que a situação financeira da família não era mais a mesma. Envolveu-se com Gisela,[20] uma imigrante judia da Alemanha, embora a relação das duas mulheres nunca tenha ultrapassado o flerte, e, por meio dela, conheceu Marie-Louise,[21] filha de uma francesa e de um diplomata cubano, com quem

20 Nome fictício.

21 Nome fictício.

desenvolveu um relacionamento que, para sua surpresa, acabou por ser a relação mais satisfatória e calorosa – inclusive do ponto de vista sexual – de sua vida. Por encontrar-se endividada e ter esgotado sua herança, aos 45 anos de idade começou a trabalhar, primeiro auxiliando Ernst na empresa de lapidação de diamantes e, depois, como babá do filho do administrador de uma grande plantação de cana-de-açúcar, mudando-se para sua fazenda no interior de Cuba, em julho de 1945.

Dois meses depois, em 2 de setembro de 1945, a Segunda Guerra Mundial terminou e, no início de junho de 1947, Margarethe foi despedida de seu trabalho na fazenda, em um momento em que já estava decidida a retornar para Viena. Com a finalidade de juntar dinheiro para a passagem, mudou-se para os Estados Unidos, onde reencontrou Marie-Louise, que havia se casado com um homem. Passou a trabalhar na casa de uma senhora judia em Nova Iorque e, em 1949, partiu para a França, onde reencontrou Heinrich, sua mãe e uma Europa traumatizada pela guerra. De volta a Viena, mudou-se para a casa de Ellen Ferstel,[22] sua antiga melhor amiga, reviu Eduard, por quem sentia uma profunda repugnância, e mais uma vez encontrou Wjera, passando dez dias ao seu lado, período no qual as duas mulheres se envolveram profundamente, tanto do ponto de vista afetivo quanto sexual. Apesar da distância entre Munique – onde vivia Wjera – e Viena, esforçaram-se para se encontrar e estar juntas sempre que possível e mantiveram uma relação intensa até agosto de 1950, quando Wjera exigiu um compromisso firme e estável, sobre o qual Margarethe não conseguiu se decidir, o que culminou na ruptura do relacionamento entre as duas mulheres, que nunca mais se encontraram.

Após esse episódio, ela se mudou da casa de Ellen, que pouco tempo depois faleceu. Profundamente triste pela morte da amiga

---

22 Nome fictício.

e sentindo falta da Viena de sua juventude, começou a pintar quadros para vender, enquanto trabalhava como preceptora do filho do embaixador francês. Em 1960, foi convidada por Ruth Ferstel[23] – filha de Ellen, que se casara com um embaixador holandês – a acompanhar e ajudar a família durante uma missão de três anos em Bangkok, na Tailândia. Margarethe prontamente aceitou o convite e apreciou tanto sua nova vida que optou por não voltar para a Europa junto de Ruth e seu marido, passando a trabalhar como dama de companhia de um casal de embaixadores franceses. Em 1964, foi obrigada a retornar, pois Emma estava muito doente. Margarethe se mudou então para Algeciras, na Espanha – onde moravam Emma, Heinrich e sua esposa – e passou a cuidar da mãe, que morreu no início de 1966. Sem vontade de retornar para Viena, mudou-se para a Flórida com Ernest em junho do mesmo ano. Pouco depois, foi morar em Nova Iorque, onde trabalhou como governanta por três anos. Em 1969, voltou para Algeciras e, ao final de 1970, estava novamente vivendo em Viena. Em meados de 1971 foi convidada a acompanhar uma família em uma missão de dois anos no Brasil, onde cuidaria do filho do casal, e se mudou para o Rio de Janeiro em 1972. Apaixonou-se, nesse meio-tempo, por Monique,[24] uma mulher que conhecera no final de 1970 e que não correspondia a suas investidas amorosas ou se interessava por ela.

No final de junho de 1973, optou por voltar para a Europa e instalou-se em Viena. Em 1980, passou a viver em um lar para mulheres, retomando sua rotina de almoços na casa de amigos, partidas de *bridge* e excursões ocasionais. Na década de 1990, conheceu Ines Rieder e Diana Voigt e se dispôs a lhes contar sua história, recordando-se de sua juventude em Viena, de Leonie e de Freud, alegrando-se com sarcasmo ao lembrar que, "em seu caso, sua lábia

23 Nome fictício.

24 Nome fictício.

e seus esforços tinham sido inúteis" (Rieder; Voigt, 2008, p. 415). Discutiu também o amor físico, com o qual dizia nunca ter tido muito prazer ou satisfação, os lugares onde morou, as tentativas de suicídio, o trauma da guerra, seus amores e perdas e, na escuta das duas mulheres, parece ter encontrado um lugar para dar palavra aos seus desejos, as paixões, a angústia, o erotismo, as inquietações, as contradições e os conflitos que marcaram sua vida. Aos 96 anos, visitou um bar que outrora pertenceria ao *demi-monde* e admirou-se com a pluralidade do mundo LGBTQIAP+ que ali encontrou. Acompanhada das entrevistadoras, foi ao cinema, frequentou restaurantes, e sonhava em conhecer o Peru. Adoeceu no fim de abril de 1999 e, pouco tempo depois, veio a falecer, deixando registrado em sua biografia o testemunho de sua vida.

O contraste entre a biografia da centenária Margareth Csonka e as poucas mais de trinta páginas que lhe são dedicadas na obra de Freud (1920a/2011a) é alarmante. Não poderia ser diferente, dado o fato de que, em psicanálise, o cruzamento entre os relatos clínicos e as narrativas dos pacientes é sempre marcado por desencontros. Isso é ilustrado em inúmeros exemplos, entre os quais podemos citar a coletânea de entrevistas com Sergei Pankejeff ("O Homem dos Lobos") publicadas em *Conversas com o homem dos lobos: uma psicanálise e suas consequências* (Obholzer, 1993) e o mais controverso *Como Freud trabalhava* (Roazen, 1999). Contudo, como alerta Costa (2019), a história clínica é, justamente, o registro de uma experiência atravessada pela transferência, apresentada nos textos apenas sob a forma de fragmentos, com o objetivo de transmitir ou fazer avançar algum aspecto da teoria. É certo, portanto, que uma entrevista ou biografia e um relato clínico trazem narrativas diferentes, mas isso não nos impede de tecer duas considerações a partir do cruzamento do texto freudiano com a biografia apresentada.

A primeira se refere aos questionamentos que a história de vida de Margarethe Csonka impõe ao relato de Freud. O fato é que, como pontua Ambra (2019, p. 57), o texto de "Sobre a psicogênese de um caso de homossexualidade feminina" (Freud, 1920/2011a) "difere sensivelmente de outros casos clínicos [presentes na obra freudiana] na medida em que não há propriamente a instauração de um tratamento, nem uma demanda de análise, mas sim uma queixa do pai". Sabemos que, ao encerrar essa análise, Freud recomendara que Margarethe procurasse uma analista mulher e deixasse de se encontrar com Leonie, mas o que chama a atenção é, justamente, o fato de que, nesse caso, o tratamento sequer ultrapassou as entrevistas iniciais e permaneceu ligado ao pedido paterno, não permitindo que a analisanda desse voz para muitas questões de fato possíveis de serem trabalhadas em uma análise.

Nesse sentido, o relato autobiográfico de Margarethe surpreende pelos destinos de sua vida, que em muito diferem de qualquer expectativa gerada pelo texto freudiano. O conflito entre o desejo e as expectativas sociais, a dificuldade de sentir prazer corporal e as sucessivas tentativas de suicídio são alguns entre muitos temas que não parecem gerar questão no tratamento de Margarethe com Freud, mas que deveriam. Afinal, ela chegou até Freud em razão de uma tentativa de suicídio que quase não é discutida no relato clínico. Curiosamente, após deixar de frequentar a Berggasse 19, ela nunca mais procurou uma análise, e foi somente ao lado de duas mulheres que estavam interessadas em sua vida e seus amores – cabe aqui a curiosidade de que Margarethe foi encontrada por Ines Rieder e Diana Voigt em meio a uma pesquisa sobre a lésbicas em Viena, que, de início, em nada se relacionava com a psicanálise – que Margarethe pôde, ao final de sua vida, encontrar um lugar para dar palavra ao seu desejo e à sua história, posicionando-se enquanto sujeito do discurso. Esse processo parece ter permitido a ela algo semelhante ao que, na virada do século XIX, ocorreu com as lésbicas da Alemanha e da Áustria que puderam tomar conhecimento, por via da sexologia, de mulheres como elas. Ou seja, ao encontrar suas entrevistadoras e com elas reconstruir sua história, provavelmente Margarethe pôde cavar para si um lugar discursivo e no tecido social, transcendendo o isolamento e a falta de identificação com uma identidade,[25] que dificultavam, principalmente na época em que ela viveu, a legitimação e a validação do seu desejo por mulheres.

A segunda consideração se refere ao lugar de secretismo ocupado pelo desejo lésbico na literatura psicanalítica, que se apresenta não apenas na teoria, mas também nas narrativas históricas obscuras sobre as figuras lésbicas da psicanálise (Vyrgioti, 2020). O próprio título da versão brasileira da biografia de Margarethe Csonka – "Desejos secretos" – revela como a lesbianidade é um tabu e cabe perguntar, afinal, para quem os seus relacionamentos lésbicos eram um segredo. Não para seus pais ou amigos, que tinham conhecimento deles desde cedo, nem para a autobiografada, que narra suas próprias paixões, e sequer para os conhecidos em geral, pois Margarethe não hesitava, dentro dos limites do tempo em que viveu, em circular com as amadas, cortejá-las e estar junto delas publicamente. A despeito disso, curiosamente, o título da biografia indica que há algo nos desejos por mulheres de Margarethe sobre o qual não se poderia falar sem um certo secretismo, vergonha ou desconforto. E é justamente isso que favorece o apagamento da existência lésbica dos registros, tradições e memórias psicanalíticas, contribuindo não apenas com a exclusão da

25 Como pontua Porchat (2019), a identidade permite que o sujeito reconheça ou seja reconhecido em seu desejo, entre pares e no seu lugar social. No início do século XX, a identificação identitária era fundamental para legitimar o desejo e a luta política das mulheres lésbicas, mesmo que, por vezes, a identidade criada tivesse profundas marcas do pensamento médico-psiquiátrico e do contexto social e epistemológico de patologização e misoginia.

lesbianidade como uma experiência possível, mas também garantindo a manutenção da estrutura patriarcal sobre a qual repousa a teoria.

Recuperar a biografia de Margarethe Csonka significa, portanto, uma tentativa de retirar a lesbianidade de um lugar de marginalidade, conferindo uma narrativa que não silencia os desejos da única paciente de Freud que se relacionava com mulheres citada em um relato clínico, e contribuindo com a nomeação das lésbicas que integram as histórias da psicanálise. É certo, faz-se necessário reiterar, que muitas outras histórias devem ser incluídas nessa narrativa. Como exemplo, podemos citar as pacientes de Freud que, embora poucos saibam, se relacionavam também com mulheres, como é o caso da poetisa Hilda Doolittle (1886-1961) – autora de um romance autobiográfico sobre a sua bissexualidade –, analisada entre 1933 e 1934. Assim como Anna Freud e Dorothy Burlingham – pacientes de Freud sobre quem discutiremos adiante – e, possivelmente, muitas outras mulheres atendidas na Berggasse 19 que, de forma heteronormativa, assume-se que eram heterossexuais, pouco sabendo sobre seus relacionamentos para além dos breves relatos clínicos publicados na literatura freudiana.

Ainda se tratando de pacientes, cabe mencionar as analisandas lésbicas citadas nas Atas, até agora desconhecidas, e o Caso Rosa K., descrito por Ferenczi (1902/1994) em "A homossexualidade feminina". Esse texto, anterior ao encontro de Ferenczi com Freud,[26] narra o atendimento de uma mulher que costumava trajar roupas masculinas e demonstra uma interessante alternativa de

26 Independentemente de esse artigo pertencer aos chamados escritos pré-psicanalíticos de Ferenczi, em "Apontamentos ferenczianos para a atualidade da psicanálise", Peron (2020) demonstra como, desde o início de sua obra, Ferenczi "fornece acréscimos e contraposições a Freud" (p. 256), de maneira que consideramos aqui que o Caso Rosa K. deve ser incluído como parte das histórias da psicanálise.

tratamento para pessoas lésbicas e homossexuais no início do século XX. Assim, o analista pede a ela que escreva sua autobiografia "demonstrando uma convocação do potencial do sujeito em sua autoria e no reconhecimento da legitimidade de sua história, a ser narrada e compartilhada" (Peron, 2020, p. 264), história essa que muito provavelmente é a da primeira mulher lésbica – ou não heterossexual – a cruzar o caminho da psicanálise.

No campo da instituição psicanalítica, há ainda outras narrativas que permanecem à margem da historiografia oficial. Talvez a mais emblemática delas seja o relacionamento da filha caçula de Freud, Anna Freud (1895-1982), com a psicanalista americana Dorothy Burlingham (1891-1979), que foi também analisanda de seu pai. As duas mulheres tiveram uma longa e íntima relação, iniciada quando Dorothy se mudou para Viena em 1925 e confiou à Anna a análise de dois de seus quatro filhos. Logo, elas desenvolveram um relacionamento intenso. Viajavam juntas, telefonavam-se tarde da noite, compraram uma chácara e foram vizinhas, tanto na Berggasse 19 quanto em Londres, para onde se mudaram ao deixar Viena por causa da Segunda Guerra Mundial. Ao longo dos anos, dividiram o trabalho, a vida e o lar. Juntas fundaram e geriram a *Hampstead War Nursery*[27] e coparentaram os filhos de Dorothy, que Anna continuou considerando e tratando como sua família, inclusive após a morte de sua parceira em 1979.

Durante o tempo em que se relacionaram, rumores sobre o envolvimento das duas mulheres não ser apenas uma amizade circulavam entre as pessoas que conviviam com elas, dentro e fora da instituição psicanalítica. Contudo, o que chama atenção é o fato de a historiografia oficial permanecer tratando como um boato maldoso ou fofoca (Vyrgioti, 2020) a possibilidade de Anna e Dorothy

---

27 Casa de acolhimento, fundada na Inglaterra em 1940, que abrigava crianças sem-teto ou órfãs em razão da Segunda Guerra Mundial.

serem lésbicas ou bissexuais e terem tido um relacionamento amoroso, agindo como se essas fossem acusações das quais a psicanálise precisaria se defender. Este é o caso, por exemplo, da biografia de Anna Freud escrita por Young-Bruehl (2008), na qual a relação das duas mulheres é interpretada como uma forma de satisfazer os desejos de maternidade de Anna e de manter sua posição de herdeira assexual do legado de seu pai.

Em sua vida pública, como dissemos, Anna Freud viveu cercada de boatos sobre sua orientação sexual, enquanto defendia que a homossexualidade era uma doença e, portanto, homossexuais não deveriam praticar a psicanálise. Embora não saibamos o que se passou entre Anna e Dorothy na vida privada ou até que ponto chegou sua intimidade física, pois não há nenhum documento historiográfico sobre o tema – e, provavelmente, não teremos mais informações enquanto as correspondências entre as duas mulheres permanecem no arquivo privado do Museu Freud de Londres, sem franquia aos pesquisadores –, analisando a biografia de Anna (Young-Bruehl, 2008; Roudinesco, 2016) podemos afirmar que, junto à Dorothy, ela viveu de maneira muito mais próxima e condizente com os modos de vida lésbicos do que com as saídas da feminilidade postuladas pelo texto freudiano, o que provoca a questão colocada por Vyrgioti (2020):

> *A quem pertence a vergonha pela homossexualidade de Anna Freud – se não a toda a tradição psicanalítica, freudiana, e à fantasia de qual seria a implicação para a disciplina se se descobrisse que a filha de Freud poderia ter sido uma lésbica (não assumida)? (p. 120)*

Encerrando este capítulo, constatamos como a existência lésbica, enquanto relacionamento e experiências de identificação entre mulheres, ocupa um lugar de invisibilidade desde os primórdios da psicanálise. Para os primeiros psicanalistas, que escreviam quando sequer as problemáticas sobre a sexualidade feminina haviam sido avançadas e as mulheres ainda conquistavam seus primeiros direitos, é certo que esse assunto era extremamente difícil de ser pensado, tornando necessário que os vienenses recorressem aos referenciais de que dispunham na época, tanto dentro da psicanálise – e aqui podemos situar as ainda rudimentares hipóteses sobre a feminilidade e as teorias sobre a homossexualidade – quanto em outros campos de saber – com destaque para a literatura médico-psiquiátrica.

Ao considerarem a existência de um – e não muitos e múltiplos – *homossexual* ou de uma *lésbica*, cuja orientação sexual determinaria toda a personalidade, os primeiros psicanalistas acreditavam que o desejo dessas pessoas possuiria uma particularidade constitutiva, o que deu origem a uma série de teorias etiológicas a esse respeito que fundamentaram a prática clínica com essas populações, como exploraremos a seguir. Contudo, a lesbianidade não era um assunto somente tratado como intrínseco às questões sobre a feminilidade e a homossexualidade, pois o lugar marginal ocupado por ela na historiografia da psicanálise não é o de um tema secundário, mas de um *indizível* (Rich, 1979), ou seja, de algo que não é e não pode ser dito, nomeado, representado ou transmitido. Não à toa, ainda hoje a maior parte dos psicanalistas não dispõe de uma gramática para tratar as lésbicas e seus desejos, valendo-se de categorias datadas como a de "uma homossexual" ou de "homossexualidade feminina". Sendo relegadas ao secretismo e à vergonha, as experiências lésbicas acabam por não serem pensadas em sua singularidade, o que garante, ao se adotar um referencial masculino, a manutenção da lógica fálica e patriarcal que as relações *de* e *entre mulheres* tem a potência de questionar e revolucionar.

8. A clínica psicanalítica com pessoas lésbicas e gays no início do século XX

Após um longo percurso, finalmente chegamos ao último aspecto das *Atas da Sociedade Psicanalítica de Viena* que será discutido neste livro. Trilhando um caminho permeado por contradições entre a normatividade e a inventividade dos primeiros psicanalistas resta-nos agora discutir o assunto mais controverso do qual trataremos: as análises de pacientes lésbicas e homossexuais no início do século XX.

Independentemente do tema deste livro, tratar da prática psicanalítica em um trabalho de historiografia da psicanálise é delicado, pois corremos o risco de transformar a discussão em um juízo do valor ou da eficácia da técnica da psicanálise em seus primórdios. Por outro lado, nos isentarmos de discorrer sobre esse aspecto induz a um erro muito mais grave, justificado por dois motivos. Em primeiro lugar, como aponta Mezan (2001) em *Freud: a trama dos conceitos*, "a psicanálise é antes de mais nada uma *prática*" (p. 236, grifo do autor), o que torna essencial que tratemos dessa dimensão em um estudo sobre os primeiros psicanalistas. Em segundo lugar, devemos retomar o fato de que ao longo de quase todo o século

XX um segmento significativo da psiquiatria e da psicanálise entendia a lesbianidade e a homossexualidade como patologias, posicionamento que se reflete não somente na teoria, mas também no manejo do tratamento dessa população, tornando necessário que retornemos à origem das discussões sobre a prática clínica, quando a psicanálise ainda era uma "jovem ciência" (Freud, 1933/2010g).

Já sabemos que casos de mulheres lésbicas e de homens gays eram frequentemente discutidos nas conferências da Sociedade Psicanalítica de Viena, servindo de base para a investigação de uma ampla gama de teorias etiológicas sobre o assunto e para a exploração de importantes conceitos psicanalíticos, como a identificação, a escolha de objeto, o narcisismo e o complexo de Édipo. A despeito disso, ainda se faz necessário que respondamos o que os primeiros psicanalistas debatiam sobre o trabalho clínico com esse público, como este ocorria e quais fundamentos norteavam essas análises. Essas não são perguntas simples e as deixamos para o final do trabalho com as Atas justamente por considerarmos necessário ter explorado devidamente os múltiplos contextos que influenciavam os primeiros psicanalistas. Prosseguimos de forma que esse passo insira uma última camada em nossa pesquisa, nos ajudando a compreender a visão dos psicanalistas vienenses sobre a homossexualidade e a lesbianidade e, mais do que isso, sobre as pessoas com esta orientação do desejo.

Para tal, partiremos de um breve esboço do desenvolvimento do método psicanalítico em Freud e veremos como os casos clínicos passaram a ser discutidos na Sociedade Psicanalítica de Viena, conforme os membros do grupo local se tornaram analistas. A seguir, examinaremos os fundamentos da prática clínica com o público lésbico e homossexual a partir de dois eixos. O primeiro utilizará o registo das Atas e pretende explorar como os relatos clínicos evidenciam as heranças do contexto social e epistemológico nas discussões sobre a lesbianidade e a homossexualidade ocorridas na Sociedade Psicanalítica de Viena. O segundo se baseará em casos clínicos publicados para evidenciar como os primeiros psicanalistas, particularmente Sadger e Freud, trabalhavam com o público lésbico e homossexual, o que escutavam e como pensavam o tratamento desses casos.

Alguns comentários sobre o método psicanalítico em Freud: 1890-1915

Sabemos que a única regra fundamental da psicanálise deixada por Freud é o uso da associação livre, e que todos os demais pressupostos da técnica psicanalítica são apenas recomendações que permitem que cada analista tenha certa liberdade para criar seu estilo de trabalho. Isso era verdadeiro desde os primórdios da psicanálise, de maneira que, ao acompanharmos os casos clínicos apresentados na Sociedade Psicanalítica de Viena, podemos ver como os analistas não trabalhavam de maneira uniforme. Nosso objetivo aqui não é discutir a apropriação de cada um dos vienenses sobre as regras técnicas apresentadas por Freud (1912a/2010b, 1913/2010d) em "Recomendações ao médico que prática a psicanálise" e em "O início do tratamento". O relevante para nós é entender os fundamentos do trabalho com as dissidências sexuais e, para isso, faz-se necessário que construamos um breve esboço do desenvolvimento do método psicanalítico proposto por Freud entre os anos de 1890 e 1915.

Ao discutir a prática da psicanálise, denominaremos o período entre 1912 e 1915 como "ciclo da técnica" (Jorge, 2017, p. 64), ressaltando o fato de que é esse o momento em que Freud executa uma "apresentação ordenada e problematizada dos fundamentos do método analítico", explanando sobre a regra fundamental da psicanálise, a associação livre, e sua contrapartida, a atenção flutuante; os conceitos de resistência e transferência; as questões da recordação e da repetição; as entrevistas preliminares; o divã; e o pagamento. A fundação da Associação Internacional de Psicanálise em 1910 desencadeou um substancial crescimento do número de sociedades de psicanálise europeias, tornando cada vez mais imprescindível a publicação de um material que discutisse a condução da análise, o que levou Freud a escrever sobre esse tema, que ele havia mapeado entre 1890 e 1915.

Durante esse período, Freud se dedicou às problemáticas do inconsciente e da fantasia, valendo-se da sua experiência clínica para explorar os fundamentos do método psicanalítico, cujas origens podem ser encontradas no artigo "Tratamento psíquico (ou mental)", de 1890. Nesse texto, Freud (1905b/1996) dá relevância ao uso das palavras no "tratamento da alma", constatando que

> *as palavras são o mediador mais importante da influência que um homem pretende exercer sobre o outro; as palavras são um bom meio de provocar modificações anímicas naquele a quem são dirigidas e por isso não soa enigmático afirmar que a magia das palavras pode eliminar os sintomas patológicos (p. 283),*[1]

formulações que posteriormente se desdobraram nas ideias de associação livre e transferência, respectivamente. Enquanto a associação livre se tornará a regra fundamental da psicanálise, a transferência figurará ao lado da resistência como os conceitos-chave da prática analítica.

---

1 Em 1955, Saul Rosenzweig, da Washington University de St. Louis, descobriu que a primeira edição deste artigo foi publicada em 1890 e que a data de 1905, sistematicamente atribuída a ele, se refere à sua terceira edição (Strachey, 1966/1989).

Em *Estudos sobre a histeria*, Freud e Breuer (1893-1895/2016) realizaram uma primeira descrição dos fenômenos da resistências, definindo-os como todos os atos e palavras do analisando que se opõem ao progresso da análise e ao acesso ao inconsciente, por exemplo, as faltas e atrasos para as sessões. Sua origem "deve ser buscada na repulsa da pessoa a tomar conhecimento daquilo que reprimiu" (Laplanche; Pontalis, 2001; Mezan, 2001, p. 237), pois a resistência é compreendida por Freud como uma manifestação do recalque – operação que mantém no inconsciente as representações ligadas à pulsão que não podem ser satisfeitas, pois ameaçam gerar desprazer.

Posto que o conflito psíquico é uma noção central na teoria das neuroses desde 1893, o entendimento do sintoma neurótico como o compromisso entre dois grupos de representação que agem em oposição data do início da obra freudiana. A partir de 1912, com a reformulação da teoria das neuroses, a explicação da resistência como produto do recalque será ampliada, e para compreender essa modificação, primeiro recorreremos à descrição do sintoma neurótico feita por Freud (1917/2014) na 23ª das "Conferências introdutórias à psicanálise":

> *os sintomas neuróticos resultam de um conflito que surge em torno de uma nova maneira de satisfação da libido. As duas forças que divergiram tornam a se encontrar no sintoma, reconciliam-se, por assim dizer, mediante compromisso da formação do sintoma. Por isso o sintoma é tão resistente; ele é sustentado por ambos os lados. Sabemos também que uma das partes do conflito é a libido insatisfeita, rechaçada pela realidade, que agora tem de buscar outros caminhos para sua satisfação. (p. 476)*

O sintoma representa um duplo ganho para o neurótico: seu benefício primário é o de evitar o desprazer gerado pelo conflito psíquico e seu benefício secundário advém das vantagens ou dos ganhos que o paciente obtém de seu sintoma. Ou seja, constata-se que o sujeito se satisfaz por meio de sua doença, conclusão que levou Freud a reavaliar o papel da resistência no tratamento analítico. Assim, avançou a conclusão de que esta não é apenas um produto do recalque, mas uma operação reforçada por tudo aquilo que contribui para aumentar a vantagem obtida pela doença, funcionando como um obstáculo à cura (Mezan, 2001).

Essas considerações, acrescidas do desenvolvimento das noções de associação livre e fantasia, modificaram a finalidade do tratamento analítico, a respeito do qual Freud discorreu em 1904:

> *A tarefa que o método psicanalítico se esforça em realizar pode ser expressa de formas diversas, que, no entanto, se equivalem na essência. Pode ser colocada assim: a tarefa do tratamento é remover as amnésias. Quando todas as lacunas da recordação são preenchidas, todos os produtos misteriosos da vida psíquica são elucidados, torna-se impossível o prosseguimento ou mesmo a renovação da doença. Essa precondição pode ser formulada de outra maneira: todas as repressões devem ser desfeitas; o estado psíquico é, então, o mesmo daquele em que todas as amnésias são preenchidas. Há esta outra formulação, mais ampla: a questão é tornar o inconsciente acessível à consciência, o que sucede pela superação das resistências. (Freud, 1904/2016d, p. 327)*

Ao analisar o trecho acima, Mezan (2001) elucida três fórmulas gradativas sobre a tarefa da psicanálise: (1) preencher as lacunas da memória a partir das interpretações e construções do analista, tarefa que se revela insuficiente para a remoção do sintoma; (2) desfazer as resistências e tornar consciente o material recalcado, trabalho que cabe prioritariamente ao analisando, enquanto o analista desvela, pela interpretação, o que o paciente irá encontrar; e (3) analisar as resistências e seus efeitos, tornando conscientes os conteúdos inconscientes.

É a terceira fórmula que ganhará espaço como tarefa da terapia analítica na segunda década do século XX. No entanto, Freud adverte que esse trabalho não é tão simples como parece e não se limita a uma atividade intelectual, pois justamente a transferência dificulta esse processo. Retomando o que dissemos, os germes do conceito de transferência estavam presentes nos escritos freudianos desde 1890, mas essa noção se sofisticou aos poucos, com o desenvolvimento da experiência clínica.

Sumariamente, Laplanche e Pontalis (2001) descrevem a transferência como

> *o processo pelo qual os desejos inconscientes se atualizam sobre determinados objetos no quadro de um certo tipo de relação estabelecida com eles e, eminentemente, no quadro da relação analítica. Trata-se aqui de uma repetição dos protótipos infantis com um sentimento de atualidade acentuada. (p. 514)*

Em 1912, no artigo "A dinâmica da transferência", Freud (1912b/2010c) revela a importância teórica e clínica desse conceito, descrito simultaneamente como "a mais forte alavanca do sucesso" e a "mais poderosa arma da resistência" (pp. 137-141). É justamente por essa ambivalência que a transferência consiste no elemento mais delicado a ser manejado no curso de uma análise. Por um lado, é por via transferencial que o essencial do conflito infantil se atualiza e se repete na situação analítica, de maneira que a neurose é substituída pela neurose de transferência, a qual é suscetível de intervenção e cuja elucidação leva à recordação e à neurose infantil (Freud, 1914c/2010e). Por outro, a transferência, sobretudo quando erótica ou negativa, impede a emergência dos conteúdos recalcados e funciona como obstáculo para a rememoração.

Podemos compreender que o método psicanalítico na segunda década do século XX focava a análise das resistências, processo que viabilizava a recordação dos conteúdos recalcados e a sua posterior elaboração. Como a libido do neurótico se encontra ligada nos sintomas que lhe oferecem satisfação substitutiva e lhe impedem de obter fruição e realização, Freud (1917/2014) afirma que a tarefa terapêutica consiste "em libertar a libido de suas ligações presentes, afastadas do Eu, e estes-la novamente a serviço desse Eu" (p. 600). Essa tarefa é possível com a resolução dos sintomas, retornando ao seu surgimento, renovando o conflito e guiando-o para um novo desfecho, trabalho este realizado no campo da transferência.

> *É a restauração da individualidade própria, pois, da capacidade de gozo e de desempenho, que a terapia analítica oferece ao neurótico. Conhecendo-se a si próprio, dispondo de instrumentos melhores do que a repressão cega para controlar racionalmente seus impulsos, a pessoa emerge do tratamento reeducada e capaz, muitas vezes pela primeira vez, de ser feliz. Felicidade estóica, talvez, sem arroubos de paixão avassaladora; mas felicidade enraizada no real, protegida contra as investidas dos demônios interiores e, por isto mais verdadeira. (Mezan, 2001, p. 244)*

Do divã para a poltrona

Foi justamente o método de trabalho de Freud que atraiu os primeiros psicanalistas. Majoritariamente médicos, especializados em neurologia ou psiquiatria, esses homens encontraram na psicanálise uma descrição da mente humana aplicável em seu funcionamento normal e patológico, que na virada do século XIX para o XX despontava como um método de intervenção promissor em casos de adoecimento psíquico. "Pela primeira vez na história, dispunha-se de um sistema de psicologia que não apenas *descrevia* as paixões humanas, como desde sempre haviam feito os poetas e literatos, mas possibilitava o *tratamento* do sofrimento psíquico" (Mezan, 2014, p. 214, grifo do autor) e tudo parecia indicar que a psicanálise era uma alternativa interessante às práticas médicas do início do século XX.

Ao se juntarem a Freud, os primeiros psicanalistas ocuparam o lugar de verdadeiros protagonistas na construção do trabalho clínico com a psicanálise, ora deitados no divã e associando livremente, ora sentados atrás dele e dispondo da escuta como ferramenta de trabalho, ou ainda compartilhando entre si aspectos de suas vidas privadas.[2] Como pacientes, alguns deles foram analisados por Freud, como é o caso de Wilhelm Stekel durante algumas

2 Os primeiros psicanalistas compartilhavam o interesse pela exploração do próprio inconsciente, dividindo aspectos de sua vida privada, relatos de sonhos e detalhes de sua vida infantil tanto em cartas quanto durante as reuniões da Sociedade Psicanalítica de Viena. Pontualmente, essas exposições chegaram a tomar a integralidade de uma conferência, como podemos citar, a título de curiosidade, a apresentação "Meus anos de desenvolvimento até o casamento" (*ata 36* – 15 de janeiro de 1908), quando Urbantschitsch – médico, proprietário e diretor do sanatório de Cottage que ingressou oficialmente no círculo vienense em 1909 – compartilhou passagens extraídas de seu diário pessoal, que foram profundamente analisadas pelos presentes.

semanas de 1900, Eduard Hitschmann em 1907, Max Eitingon em 1909 e, mais tarde, Sándor Ferenczi, entre 1914 e 1916, e Otto Rank em 1924 (Roudinesco, 2016). Outros passaram pelo divã de colegas, em muitos casos antes de entrar para o grupo – o que nessa época era particularmente comum entre as primeiras psicanalistas. Alguns poucos protagonizaram episódios transferenciais emblemáticos dignos do "romance de capa e espada" (Mezan, 2014, p. 22) que são as peripécias do movimento psicanalítico, os quais Freud acompanhou de perto, como é o caso dos tratamentos de Sabina Spielrein (Richebächer, 2012) e Otto Gross (Checchia, 2017), empreendidos por Jung, e também da turbulenta análise de Victor Tausk por Helene Deutsch (Roazen, 1995).

Enquanto analistas, os vienenses atenderam inúmeros pacientes e muitos deles adotaram a psicanálise como profissão. Aumentando seu repertório clínico, puderam passar a discutir casos e questões metodológicas nas reuniões das quartas-feiras, como podemos ver, por exemplo, no encontro de 30 de janeiro de 1907 (*ata 11*). Intitulado "Discussão das questões colocadas pelo Sr. Eitingon acerca da etiologia e da terapia das neuroses", dedicou-se a responder a três questões propostas por Max Eitingon (1881-1943), psiquiatra e psicanalista do grupo de Zurique, que participou como visitante das reuniões de 23 e 30 de janeiro de 1907.

Nascido na Bielorrússia e descendente de uma família judaica, ele cresceu na Alemanha, cursou medicina e estagiou na clínica do Hospital Burghölzli como assistente de Eugen Bleuler, onde conheceu Carl Jung, Karl Abraham, Ludwig Binswanger e Sabina Spielrein. Eitingon foi o primeiro membro do grupo suíço a ir para Viena se encontrar com Freud, em 1907, episódio bastante importante por marcar o início da fase de internacionalização do movimento psicanalítico, e tornou-se, também, seu paciente dois anos mais tarde. Colaborou com a fundação da Sociedade Psicanalítica de Berlim e do Instituto Psicanalítico de Berlim (*Berliner*

Psychoanalytisches Institut - BPI), este último um local pioneiro na formação de praticantes da psicanálise, que serviu de modelo para as demais instituições desse tipo que surgiram no mundo inteiro a partir da terceira década do século XX. Tendo encabeçado a formação dos analistas da segunda geração, Eitingon emigrou da Alemanha em 31 de dezembro de 1933, instalando-se na Palestina em abril de 1934 (Roudinesco, 2016).

Entre as perguntas[3] que orientaram essa sessão, eis a que nos dedicaremos:

> *Qual é a essência da terapia? Volta-se ou não contra o* sintoma? *Substitui-se o sintoma (segundo a formulação de Jung, substitui-se um complexo por outro) ou "se o extirpa", como diz Freud em sua analogia com a escultura e a pintura? Papel da transferência? (Checchia; Torres; Hoffmann, 2015, p. 164, grifo do autor)*

É curioso como as respostas dirigidas a Eitingon apresentam o núcleo do que seria entendido como método psicanalítico no final da primeira década do século XX. Reitler afirmou que "o ponto de partida são os sintomas; eles só desaparecem quando a neurose estiver completamente curada" (p. 167); Stekel enfatizou o conhecimento como um fator fundamental para que o paciente não volte a sofrer do mesmo sintoma após a análise; Adler ressaltou que "a terapia consiste principalmente no fortalecimentos de certos campos psíquicos", reiterando que "ao aumentar sua compreensão, o

---

3 Além da questão citada, Eitingon colocou para a discussão mais duas perguntas. A primeira centrou-se nos mecanismos que constituem uma neurose, interrogando também sobre a predisposição à histeria e a respeito da influência dos fatores sociais na etiologia da doença; a segunda questionava o que acontece com a histeria depois do tratamento psicanalítico.

paciente adquire a tranquilidade de que tanto necessitava" (pp. 168-169) e dando importância ao papel da transferência como instrumento terapêutico; Sadger também destacou a importância da relação transferencial, chamando atenção para a existência de fatores resistências que impedem a cura.

Ao final da reunião, Freud teceu um longo comentário, ressaltando os aspectos fundamentais do que na época ele estava formulando a respeito da terapia das neuroses. Em sua fala, enfatizou a dissolução das resistências como principal objetivo do tratamento psicanalítico, que é possível por meio do trabalho com a transferência. "Nossas curas são curas de amor", afirmou Freud (Checchia; Torres; Hoffmann, 2015, p. 177), considerando o papel primordial do manejo transferencial, entendido como ferramenta capaz de possibilitar o abandono das resistências e, portanto, o sucesso do tratamento analítico, cujo efeito é o de "fazer com que essa energia [presa aos sintomas] fique à livre disposição [do Eu]" (p. 176).

Com o aumento no número de analistas praticantes, os relatos clínicos assumiram um lugar privilegiados nas reuniões da Sociedade Psicanalítica de Viena. Além das conferências, nas quais o orador sorteado discorria sobre um tema de sua escolha, o cronograma do grupo incluía sessões de apresentação de casos por todos os membros,[4] que ocorriam com certa periodicidade a partir de 1908. Por meio do registro desses encontros, podemos observar que, tanto nas apresentações quanto nos debates, os primeiros psicanalistas privilegiavam discorrer sobre os aspectos teóricos,

4 Intituladas "Breves resenhas de obras bibliográficas e apresentação de casos por todos os membros", o registro das Atas indica que essa modalidade de reunião, na qual os primeiros psicanalistas dividiam a palavra e comentavam artigos da literatura científica e vinhetas clínicas, ocorreram periodicamente entre 1908 e 1913. A partir de 1914 as sessões dedicadas às resenhas e aos casos clínicos passaram a ocorrer separadamente, obedecendo à mesma configuração.

abordando questões metodológicas e técnicas somente de forma pontual. Essa dinâmica pode ser justificada a partir da estrutura de transmissão da psicanálise que vigorou até a terceira década do século XX, época em que as políticas de formação de analistas foram paulatinamente introduzidas.

Até o Congresso de Bad Homburg em 1925, quando a análise didática e a supervisão se tornaram obrigatórias e o processo de seleção de candidatos às instituições psicanalíticas vinculadas à IPA foi formalizado, as análises de analistas praticantes ou de pessoas profissionalmente interessadas na psicanálise eram conduzidas por Freud ou por membros da primeira geração que haviam se tornado analistas, sem terem precisado passar por uma formação específica como psicanalistas ou didatas. Esses processos analíticos comportavam também o ensino teórico, e desde o princípio tinham por função transmitir a psicanálise enquanto teoria do inconsciente e método (Kupermann, 1996; Safouan, 1985). Ou seja, o dispositivo da supervisão enquanto função já existia antes de ser institucionalizado e, como pontua Broide (2017), "as fronteiras entre a análise pessoal e a supervisão nessa época, muitas vezes não apresentavam contornos claros, mas construíram um caminho peculiar para a criação da jovem ciência" (p. 26).

Em seus primeiros anos, o ensino da prática psicanalítica transpassou os ambientes institucionalizados de discussão e se fez presente nas análises, nas cartas e nos diálogos informais. Nesse período, que antecedeu a padronização e a burocratização da formação de analistas, a investigação e os desdobramentos das descobertas da psicanálise eram considerados mais importantes do que a reprodução do que já era conhecido nesse campo de saber (Broide, 2017). Essa constatação justifica por que, ao trabalharem com relatos clínicos, os integrantes da Sociedade Psicanalítica de Viena privilegiavam o debate de aspectos teóricos e conceituais em detrimento das questões metodológicas e técnicas, geralmente discutidas em outros espaços de trabalho e apresentadas nos textos publicados, que visavam à divulgação do método psicanalítico.

Como veremos a seguir, isso não significa que a leitura dos casos apresentados nas reuniões dos vienenses não forneça dados importantes sobre as origens da prática psicanalítica - e, no caso de nossa pesquisa, sobre o trabalho clínico com a lesbianidade e a homossexualidade. Mas, por outro lado, enfatiza a necessidade de recorrermos a fontes que possam suprir as lacunas deixadas pelas Atas, de forma a abarcar a complexidade da questão trabalhada neste capítulo.

As discussões de "casos clínicos"

Retomaremos agora a discussão dos casos[5] de pacientes lésbicas ou gays apresentados nas reuniões das quartas-feiras. De modo a responder à nossa pergunta sobre o tratamento clínico das dissidências sexuais, primeiro analisaremos dois relatos apresentados na Sociedade Psicanalítica de Viena.

> *[Ata 77 - 28 de abril de 1909 - Freud] O caso de que fala é o de um* jovem homossexual que durante sua infância estava dominado por fortes complexos heterossexuais. *Tinha predileção pelo calendário e uma boa memória para datas. Nesse caso em específico as suposições de Rank [de que as façanhas da memória são produto do inconsciente que mobilizam enormes afetos e de que o interesse pelo calendário, pelos dias ou por datas tem relação com a masturbação] podem*

5 Para outros casos clínicos de pacientes lésbicas e homossexuais discutidos nas reuniões da Sociedade Psicanalítica de Viena, ver capítulos anteriores.

ser acertadas. O jovem havia marcado os dias impressos em vermelho e tinha um interesse muito especial por eles, assim como tudo que se relacionava com eles. O retorno periódico das letras vermelhas lhe chamava atenção e não era difícil conjecturar qual era o ponto de referência original. (Nunberg; Federn, 1980, p. 202, tradução nossa, grifo nosso)

[Ata 69 – 17 de fevereiro de 1909 – Sadger] A paciente era uma jovem que padecia de uma grave histeria; originária de uma família muito degenerada, tinha 23 anos ao iniciar o tratamento e sofria de ataques de vômito e náusea histéricos. Sua mãe era uma histérica grave (sádica, sonâmbula); o irmão mais velho sofria de paranoia e uma irmã, de demência precoce; outra irmã estava na borda da psicose. Os vômitos haviam começado por razões homossexuais; telefonista, a jovem trabalhava em uma sala com 200 mulheres e havia se apaixonado por uma delas. *A paciente havia tido inúmeras aventuras e relações amorosas; ao curso do tratamento,* escreveu a história de sua vida amorosa heterossexual. *Depois de nove meses de tratamento, escreveu* também a história de sua vida amorosa homossexual. *Dessas confissões, o orador lê, palavra por palavra, as passagens mais importantes para a gênese da enfermidade da paciente, assim como outras de interesse mais geral. A pessoa que desempenha o papel mais importante na vida da paciente é sua mãe: os vômitos têm origem na imitação (ou, segundo o caso, no recalque) de sua mãe.* Cabe advertir que apesar de suas numerosas aventuras "normais", a paciente era mais homossexual do que heterossexual. *Ela talvez revele a natureza de uma prostituta nata:*

> *mudava constantemente de relacionamento porque nunca pôde voltar a encontrar o amor homossexual que havia conhecido com a mãe. Na realidade, as únicas relações que tiveram certa duração foram aquelas em que o homem de alguma maneira parecia a mãe, particularmente em sua crueldade. (Nunberg; Federn, 1980, pp. 149-150, tradução nossa, grifo nosso)*

A apresentação de Freud ocorreu durante uma reunião de discussão de caso e a comunicação de Sadger em uma conferência intitulada "Das memórias de uma jovem garota". Embora em ambas as ocasiões aspectos metodológicos e técnicos não tenham sido mencionados explicitamente, a leitura desses relatos clínicos e os inúmeros exemplos apresentados ao longo deste livro nos permitem constatar três aspectos importantes. Partiremos da observação de que, ao tratar de pacientes que se relacionavam ou desejavam alguém do mesmo sexo, era bastante comum que os primeiros psicanalistas mencionassem a orientação sexual desses sujeitos logo no início do relato clínico, tomando esse aspecto como um ponto central e norteador da análise que viria adiante. Nos casos acima, temos um jovem homossexual e uma jovem que havia se apaixonado por uma colega de trabalho, mas os exemplos são muitos e podem ser constatados na grande parte das Atas que trata, direta ou indiretamente, de dissidências sexuais.[6]

Esse fato é bastante relevante, pois, embora espere-se que em uma análise a sexualidade e o erotismo sejam tratados sem pudor, ao definir o paciente como "isto" ou "aquilo" o analista corre

6 O leitor pode constatar esse fato nos relatos clínicos trabalhados nos capítulos anteriores deste livro. Como exemplo, podemos mencionar "o caso de um jovem homem com tendências homossexuais", referido por Sadger (Capítulo 5) e o "caso de um homossexual masculino", mencionado por Hitschmann (Capítulo 6).

o risco de prejudicar a sua atenção flutuante e, consequentemente, o manejo e os relatos clínicos (Ceccarelli, 2008). Mais do que isso, ao empregar os termos "homossexualidade", "homossexual" e "lésbico" sem descrevê-los, os analistas partiam da suposição de que o ouvinte ou o leitor sabiam a que eles se referiam, posição que desconsiderava o fato de que o desejo se constitui na singularidade de cada sujeito, indicando que essa era, acima de tudo, de ordem moral. Robert Stoller[7] (1985), um importante analista da terceira geração, foi um dos primeiros autores a chamar atenção para a maneira como os psicanalistas de sua época discutiam as dissidências sexuais, dedicando a esse tema o artigo 'Pesquisas' psicanalíticas sobre homossexualidade: as regras do jogo".

Stoller argumenta que as pesquisas psicanalíticas dos anos 1970-1980 utilizavam uma nomenclatura indefinida para tratar da homossexualidade, não sabendo o que deveria ser chamado por esse termo ou o que significavam os termos *homossexualidade* e *homossexual.* Considerando que, em geral, esses trabalhos partiam da premissa pouco sofisticada de que a homossexualidade se refere ao desejo e às práticas sexuais com pessoas do mesmo sexo, o autor foi um dos primeiros analistas de sua época a apontar que esse fenômeno – pouco analítico, diga-se de passagem – ocorria. Isso porque, na realidade, a psicanálise não possuía nenhuma formulação consistente sobre o que torna alguém homossexual. Tal fato decorria justamente porque não haveria nada específico para diferenciar a homossexualidade da heterossexualidade – ao menos,

7 Robert Stoller (1925-1991) foi um importante psiquiatra e psicanalista da terceira geração. Estadunidense, ele se dedicou durante a década de 1950 a estudar a intersexualidade, nas décadas de 1960 e 1970, pesquisou a transexualidade e a perversão e, na década de 1980, trabalhou com a questão da pornografia e das dinâmicas de excitação sexual. Stoller foi o primeiro psicanalista a utilizar o termo "gênero" para discutir a questão da identidade sexual, diferenciando-o do sexo biológico (Cossi, 2018).

desconsiderados os efeitos da norma e de fatores sociopolíticos que podem interferir no exercício sexualidade – ou categorizar essa última como uma patologia. Embora Stoller se dirigisse aos analistas de sua época, suas pontuações nos servem para examinar os trabalhos dos primeiros psicanalistas sobre o tema. Nesses, podemos encontrar duas das práticas discutidas pelo autor da terceira geração: a indefinição do que significavam os termos *homossexualidade* e *homossexual*, ou mesmo do que são os *traços* e as *tendências* homossexuais; e a tentativa de encontrar uma regra geral ou teoria explicativa que justificasse porque alguém se torna homossexual.

No Capítulo 5, ao investigarmos a existência de um imaginário sobre o sujeito homossexual entre os primeiros psicanalistas, pudemos constatar como eles empregavam as ideias de *tendências* e *traços* masculinos, femininos ou homossexuais das mais diversas formas, indiferenciado essas noções da lesbianidade ou da homossexualidade enquanto escolha de objeto. Nessa época, os analistas de Viena não sabiam definir do que se tratava a *homossexualidade* e, embora assumissem que essa era uma questão do ponto de vista psicanalítico, empregavam essa noção de maneira indistinta e indefinida. O *homossexual*, enquanto sujeito da homossexualidade, era entendido como alguém cuja orientação do desejo transparece em toda sua personalidade, sendo descrito majoritariamente a partir de características provenientes do imaginário oitocentista, mais especificamente pelos estereótipos de gênero que associavam lesbianidade-masculinidade e homossexualidade-feminilidade.

Essas concepções foram fundamentais para que o grupo vienense se perguntasse sobre a existência de uma particularidade constitutiva nesse grupo de pessoas, o que, somado às questões sobre os caminhos da escolha de objeto formuladas por Freud (1905a/2016b) nos *Três ensaios sobre a teoria da sexualidade*, abriu um imenso campo de estudos sobre a etiologia da homossexualidade e da lesbianidade. Como pudemos ver anteriormente, Freud e muitos dos primeiros psicanalistas pesquisavam a gênese da escolha de objeto homossexual, considerando esse um assunto importante para a psicanálise.

Em resumo, até aqui pudemos observar três aspectos relevantes sobre os relatos de casos de mulheres lésbicas ou homens gays na clínica psicanalítica do início do século XX:

- A ênfase na orientação sexual desses pacientes, mesmo quando esse não era um aspecto central do caso. Como exemplo, podemos citar o relato de Freud que de saída menciona que o paciente se tratava de um "jovem homossexual", mesmo que a homossexualidade não tenha sido um assunto abordado ou tematizado posteriormente em sua fala.
- O emprego dos termos *homossexualidade* e *homossexual* de maneira pouco distinta ou definida, como podemos ver no relato de Sadger, no qual o autor menciona que "a paciente era mais homossexual do que heterossexual" (Nunberg; Federn, 1980, p. 150, tradução nossa), formulação que não desdobra, localiza ou discute a singularidade de seu desejo.
- A crença na existência de uma ou algumas etiologias específicas da lesbianidade e da homossexualidade investigadas a partir dos casos clínicos, como a teoria materno-infantil, a hipótese da bissexualidade, a teoria paterno-infantil e o complexo de masculinidade, temas que exploramos nos Capítulos 6 e 7.

Ou seja, em uma análise, os primeiros psicanalistas consideravam o desejo homossexual como um fato central da personalidade dos sujeitos de quem tratavam, independentemente de como, o que e quanto esses falassem do assunto em associação livre. E, mesmo que não seja possível precisar o que era dito em cada análise, investigar a gênese dessa modalidade específica de escolha de objeto na primeira infância era invariavelmente considerado um aspecto relevante para o trabalho. Essas considerações remetem diretamente ao campo de saber em que, desde sua origem, a psicanálise buscava se diferenciar enquanto teoria e método: a sexologia.

Como vimos no Capítulo 2, desde 1869 os psiquiatras haviam se dedicado a estudar as causas da lesbianidade e da homossexualidade, entendendo essas orientações sexuais como um estado patológico derivado de uma anomalia no instinto sexual, cuja origem poderia ser traçada na infância e na família e que deveria ser tratada pelos médicos, nos asilos e hospitais psiquiátricos. Westphal cunhou o termo *sensibilidade sexual contrária*, avançando a hipótese de que a lesbianidade e a homossexualidade eram estados congênitos; Krafft-Ebing (1886a/1965), ao realizar minuciosas perícias e exames clínicos de seus pacientes, entendia que essas orientações sexuais derivavam de um desenvolvimento sexual "anormal", eram adquiridas ou congênitas. Portanto, deveriam ser prevenidas pela proibição da reprodução e por via da proteção de influências prejudiciais, e poderiam ser tratadas com a prevenção da masturbação, a remoção de influências negativas para a vida sexual, a cura de quadros associados e o encorajamento de sentimentos heterossexuais. Por sua vez, Ellis (1901/1933) concebia a homossexualidade como congênita e considerava a cura da *inversão* pouco eficaz ou duradoura. Por isso, sugeria a coeducação como método profilático e enfatizava que o tratamento deveria cuidar apenas dos quadros de adoecimento correlatos, ajudando esses sujeitos a utilizar seus instintos da "melhor forma possível", entendida como a castidade e a dedicação ao trabalho ou a grandes obras.

A partir da investigação das produções dos psiquiatras do final do século XIX, pudemos observar que esses autores consideravam a lesbianidade e a homossexualidade como patologias, tomando-as como objeto de pesquisa com o objetivo de desvendar o instinto sexual e descobrir métodos de prevenção e tratamento desses quadros, a partir da elucidação de sua gênese. Representando uma camada mais progressista da sociedade da época, os primeiros ativistas homossexuais compartilhavam da convicção de que elucidar a etiologia dessas orientações sexuais era importante, mas consideravam que a melhor compreensão das dissidências sexuais contribuiria com a revogação da legislação que criminalizava e punia essas práticas no *Reich* (Parágrafo 175 do Código Penal de 1871/1997 – homossexualidade) e no Império Austro-Húngaro (Parágrafo 129 (b) – homossexualidade e lesbianidade).

Tendo isso em vista, entre os anos de 1864 e 1879, Ulrichs (1870/1997a, 1879) cunhou o termo *uranista* para descrever os sujeitos que possuíam uma natureza homossexual impossível de curar ou contrapor. Kertbeny (1869/1997), por sua vez, clamava pela não interferência do Estado em nenhum tipo de exercício da sexualidade e defendia a existência de uma natureza homossexual congênita e irreversível, que tornava impossível que essas pessoas se voltassem para o sexo oposto – fosse pela cura, pela punição ou pela imposição do casamento monogâmico heterossexual. Adotando uma postura um pouco mais flexível do ponto de vista da sociedade do início do século XX e da comunidade médico-científica, Hirschfeld e os ativistas do Comitê Científico Humanitário (SHC, 1897/1997a, 1903/1997b) militavam pelo conhecimento dos *estados sexuais intermediários*, considerando que a investigação científica poderia diminuir a hostilidade às sexualidades dissidentes. Entendendo a homossexualidade como inata e relacionando sua causa ao desenvolvimento da bissexualidade durante o período fetal, os ativistas de Berlim defendiam que essa orientação sexual não poderia ser revertida por meio da legislação e eram relativamente flexíveis com relação às práticas curativas, de maneira que, mesmo que não acreditassem em sua eficácia ou não fossem adeptos a elas, buscavam apoiar os pacientes que consideravam essa opção. Uma das primeiras mulheres a integrar o grupo de Hirschfeld, Rüling (1904/1997) contestava a correlação entre o instinto sexual e as características da personalidade e identificava o casamento heterossexual compulsório como a principal causa do sofrimento das mulheres lésbicas, que, portanto, deveria ser combatido por meio de uma reforma educacional.

Como podemos ver, dois aspectos atravessavam a tentativa dos psiquiatras e ativistas de desvendar a gênese da lesbianidade e da homossexualidade, cujas teorias explanatórias dividiam-se, fundamentalmente, entre as hipóteses inata e adquirida, cada uma com suas devidas ramificações. Entre os psiquiatras, a elucidação desses estados "patológicos" possibilitou a proposição de formas de prevenção e tratamento dessas orientações sexuais. Entre os ativistas, que defendiam prioritariamente as teorias inatistas, as teses etiológicas tinham por objetivo conscientizar as autoridades sobre o desejo e o sofrimento dessa população, considerado significativo a ponto de levar esse grupo a não descartar práticas curativas, mesmo sem confiar em seus pressupostos ou eficácia.

Se, como vimos, os primeiros psicanalistas empreenderam diversas investigações sobre a gênese da lesbianidade e da homossexualidade, entendendo a orientação sexual de seus pacientes como um aspecto central – e muitas vezes patológico – da subjetividade, podemos agora avançar a hipótese de que essa postura remete às heranças do contexto epistemológico e social em que esses analistas viveram. A indefinição do que se tratava a *homossexualidade*, a crença na existência de um sujeito homossexual cuja orientação sexual definiria toda a personalidade, a ênfase na elucidação da gênese do desejo afetivo-sexual por pessoas do mesmo sexo e a tentativa de pensar alternativas progressistas para a repressão da sexualidade explicitam a tendência do grupo vienense de não conseguir desnaturalizar algumas das principiais ideias que cercavam a questão da lesbianidade e da homossexualidade na virada do século XIX para o XX. Ao beberem da fonte dos psiquiatras e ativistas, os primeiros psicanalistas se enriqueceram teoricamente, mas encontraram dificuldades de construir fronteiras sólidas para o seu pensamento a respeito desse tema, o que gerou consequências para a escuta do público lésbico e homossexual nos divãs psicanalíticos, como exploraremos agora.

Uma escuta para o desejo?

Mesmo que metodologicamente partilhasse com os psiquiatras e ativistas da ideia de que uma exploração da vida do paciente poderia elucidar os motivos pelos quais ele se tornou homossexual, a diferença inovadora introduzida pela psicanálise foi que esses motivos, até então procurados em exames clínicos ou relatos autobiográficos produzidos conscientemente, só poderiam ser elucidados por via da escuta do inconsciente e pela exploração do recalcado infantil, dos desejos e das fantasias dos pacientes, por via da associação livre. Deslocando as posições de saber – posto que o analista só sabe sobre o seu analisando a partir do que ele fala de si – e provocando um abalo importante na crença de que esse saber pertence ao médico e é consciente para o paciente, a teoria e o método psicanalítico apresentavam uma forma inédita de compreender e tratar o sofrimento humano.

Partindo dessas perspectivas, alguns dos primeiros psicanalistas apostavam que o método freudiano era uma ferramenta capaz de elucidar as experiências que culminaram na escolha amorosa por um tipo específico de objeto de forma diferente do que a psiquiatria fizera até então. Em termos práticos, essa tarefa era muito mais difícil do que o imaginado, colocando-os diante de problemas teóricos e técnicos que os levaram a adotar uma postura ambivalente ao atender pacientes lésbicas e homossexuais, como podemos ver nos seguintes comentários ocorridos durante as reuniões da Sociedade Psicanalítica de Viena. Em 10 de novembro de 1909, durante a segunda discussão sobre o "Um caso de perversão multiforme",[8] Freud criticou a apresentação de Sadger, ponderando sobre a impossibilidade de o tratamento analítico elucidar os motivos que levaram o sujeito a uma determinada escolha de objeto e denominando essa atitude como especulativa:

> *Ele não pode ver nenhuma aplicação técnica em particular nesta análise. A complexidade do caso não é extraordinária; apenas trouxemos à luz a constituição comum de todos os seres humanos. O palestrante não conseguiu dominar o material e fazer uma síntese do caso. . . . As causas finais da homossexualidade não se tornam acessíveis a nós por meio da análise, porque isso não pode resolver para nós a questão de saber se o movimento sexual toma uma direção positiva ou negativa. Determinar quando e em que circunstâncias uma pessoa se volta para um determinado objeto se torna uma obra de natureza especulativa. A parte da predisposição orgânica é, sem dúvida, uma influência determinante. (Nunberg; Federn, 1978, pp. 305-307, tradução nossa)*

Diante desse comentário, Rudolf Reitler[9] reforçou que o trabalho se tratava de uma anamnese e não de uma análise e declarou ter ficado feliz "por Freud ter liquidado a esperança de que a análise pudesse explicar a homossexualidade" (Nunberg; Federn, 1978, p. 308, tradução nossa). De maneira bastante enfática, Hitschmann

8 Esse caso apresentado por Sadger em três reuniões da Sociedade Psicanalítica de Viena foi discutido com mais profundidade no Capítulo 6.

9 Rudolf Reitler (1865-1917) foi um ilustre médico vienense que se associou a Freud em 1902, tornando-se um importante pioneiro da psicanálise. Trabalhou como terapeuta e permaneceu membro do movimento psicanalítico até a sua morte, em 1917.

criticou a postura de Sadger, considerando-a excessivamente investigativa e afirmando que

> *não se sabe se [o trabalho] é uma terapia ou uma pesquisa na qual a condição de alguém melhorou acidentalmente; era mais como terapia. A melhora provavelmente se deve ao fato de o paciente ter sido libertado do labirinto de sexualidade sobre o qual pôde falar livremente. (Nunberg; Federn, 1978, p. 308, tradução nossa)*

Como podemos ver, a investigação dos acontecimentos que determinariam a escolha de objeto e a pesquisa das causas da lesbianidade e da homossexualidade eram dois pontos que dividiam opiniões entre os primeiros psicanalistas. O próprio Freud demonstrou uma postura ambígua a respeito dessa questão, ora considerando a busca pelas circunstâncias em que uma pessoa se volta para determinado objeto como especulativa, ora reiterando a importância da análise investigar esse ponto, como podemos ver em seu comentário na reunião de 11 de maio de 1910 (*ata 107*), quando Sadger apresentou a conferência "A asma brônquica é uma neurose sexual?":

> *Se o paciente escolheu como objeto de amor meninos de 11-13 anos, ou seja, a ele mesmo nessa idade, a análise deveria nos elucidar porque ele escolheu precisamente nessa idade, o que lhe ocorreu naquela época e quais satisfações foram produzidas. (Nunberg; Federn, 1978, p. 513, tradução nossa)*

Assim, o trabalho com as sexualidades dissidentes se tornou para os primeiros psicanalistas uma tarefa desafiadora. Durante as duas primeiras décadas do século XX, se consolidou a concepção de que a tarefa da terapia analítica era analisar as resistências, tornando conscientes os conteúdos do inconsciente por via da interpretação e do manejo da transferência, que possibilitariam o retorno à origem do sintoma, guiando o conflito para um novo desfecho, trabalho que não era simples em razão da transferência e da resistência. No entanto, diante de orientações sexuais não normativas, os primeiros psicanalistas pareciam se agarrar tão firmemente às suas hipóteses teóricas que se tornava muito difícil para eles escutar o sofrimento e o que diziam seus pacientes, para além das definições enrijecidas e herdadas da cultura sobre o que é a *homossexualidade* ou *ser homossexual*. Como exemplo, discutiremos agora dois casos clínicos publicados, selecionados de modo a complementar a leitura das Atas que, de maneira geral, tratam muito pouco da prática clínica com o público lésbico e homossexual.

Em primeiro lugar, retomaremos a publicação "Fragmento da psicanálise de um homossexual" de Sadger (1908a). Esse relato clínico apresenta o caso de um jovem que decidiu procurar uma análise pois amava homens, o que, segundo o paciente, o deixava infeliz por entrar em conflito com sua visão de mundo e suas crenças religiosas. Acompanhando o texto, que procurou reproduzir os diálogos ocorridos na sessão, podemos observar como a insistência do analista na investigação dos episódios infantis que supostamente teriam desencadeado a homossexualidade do paciente precipitou inúmeras dificuldades enfrentadas ao longo do processo. Ao se agarrar à hipótese de que quando criança ele amara sexualmente seu pai e, sendo assim, haveria de se recordar de experiências eróticas e de sentimentos sexuais em sua relação com ele durante a infância, Sadger parecia não conseguir escutar as recusas do analisando, que reiteradamente dizia que queria falar de suas experiências amorosas com um primo e um menino pastor. Essa dinâmica – na qual o analista apontava que o apego a esses episódios e a dificuldade de se recordar de acontecimentos envolvendo seu pai eram produto da resistência e da transferência e o paciente, reiteradamente, dizia que não se recordava ou não queria falar do assunto – acabou por tornar o processo analítico insustentável. No décimo terceiro encontro, Sadger encerrou a sessão precipitadamente, afirmando que o paciente não estava pensando em análise e pedindo que ele retornasse na próxima semana. Ele, que já havia explicitamente falado de suas pretensões de abandonar o tratamento, não retornou mais.

Em segundo lugar, recuperaremos um último aspecto do texto "Sobre a psicogênese de um caso de homossexualidade feminina", publicado por Freud (1920a/2011a). De acordo com o relato clínico, o encaminhamento da garota para a análise foi delineado a partir de uma tentativa de suicídio e seu tratamento, que havia partido de uma queixa paterna sobre a sexualidade da paciente, teria se dividido, segundo o analista, em dois momentos: um primeiro, em que o trabalho analítico ocorreu "quase sem indícios de resistência, com viva participação intelectual da analisanda, mas também com tranquilidade e ânimo de sua parte" (Freud, 1920/2011a, p. 137) e foi possível investigar a sua história libidinal e os acontecimentos de sua vida que teriam precipitado seu desejo por mulheres; e um segundo, no qual a resistência pareceu intransponível ao analista, que interpretou a atitude de fria reserva e hostilidade latente de sua paciente como sinal de que a rejeição a homens que ela sentia desde que, segundo a hipótese do analista, havia se decepcionado com seu pai se atualizara transferencialmente em sua figura, levando-o a interromper a análise e recomendar que ela prosseguisse o tratamento com uma médica.[10] Do lado da analisanda, o retrato parece ser outro. Ao comentar a análise com Freud em sua biografia,

10 Neste ponto, chama a atenção o fato de que, ao invés de manejar a transferência negativa, Freud optou por encerrar o tratamento, atitude que provoca um estranhamento e pode ser interpretada como consequência de sentimentos contratransferenciais por parte do analista, pois o caso de Margarethe, em

Margarethe Csonka recordou-se com certo desagrado das perguntas que o analista lhe dirigia e descreveu o processo como enfadonho e repugnante, afirmando ter se empenhado para demonstrar os efeitos do tratamento e apaziguar o conflito com seus pais. Durante a análise, inventou alguns sonhos, contou a Freud meias verdades sobre seus encontros com a amante e, mesmo tocada por algumas interpretações, sentiu alívio ao ser dispensada do tratamento. Após a despedida de Freud, Margarethe jamais retornou ao divã e, ao longo de sua vida, se relacionou com várias outras mulheres, como vimos no Capítulo 7 (Rieder; Voigt, 2008).

Sem dúvidas, um importante motivo pelo qual a análise de Margarethe malogrou se deve ao fato de que não foi instaurada uma demanda de análise ou um tratamento (Ambra, 2019) e o trabalho com Freud se centrou apenas em torno do seu desejo por mulheres, que incomodava muito mais seu pai do que a própria analisanda. A dificuldade de falar do que lhe causava sofrimento assim como a impossibilidade do analista de desfocar a queixa parental e escutá-la parecem ser fatores suficientes para que o processo fosse percebido pela paciente como cansativo e enfadonho, não alcançando resultados benéficos para ela ou livrando-a de seus sintomas, que ficaram pouco claros ao longo do processo. Diferentemente, em "Fragmento da psicanálise de um homossexual" (Sadger, 1908a), podemos ver o exemplo de um tratamento analítico que encontrou severas dificuldades, mesmo contando com uma disponibilidade inicial do paciente e com o seu desejo de se livrar do sofrimento psíquico em que ele se encontrava.

Já sabemos que os primeiros psicanalistas consideravam a elucidação das experiências infantis que teriam precipitado uma escolha homossexual de objeto como um aspecto fundamental na

---

muitos aspectos, lhe lembrava o de sua filha Anna Freud, atendida por ele entre 1918 e 1920 e, posteriormente, entre 1922 e 1924.

análise do público lésbico e homossexual, mas ainda não esclarecemos por que esse ponto era considerado tão importante no trabalho com essas pessoas. Para além da investigação da etiologia desses casos e do problema teórico da escolha de objeto, os primeiros psicanalistas acreditavam que tornar conscientes esses aspectos da vida psíquica inconsciente era uma tarefa fundamental para que se pudesse pensar em um alívio da angústia de seus analisandos, muitas vezes erroneamente assimilado à "cura" da homossexualidade. Entre os membros da Sociedade Psicanalítica de Viena, Sadger foi o autor que mais se dedicou a essa questão e, embora não tenha chegado a uma conclusão definitiva sobre o assunto, escutava que o desejo por pessoas do mesmo sexo despertava grande sofrimento em seus pacientes, sofrimento este que ele considerava ser função da psicanálise cuidar, inclusive tentando curar seus pacientes de desejos desviantes da norma.

Um dos analistas que mais trabalhou com o tema da homossexualidade, Sadger recebeu em seu consultório diversos pacientes que sofriam por desejar pessoas do mesmo sexo, muitos deles encaminhados por Hirschfeld. Constatou que muitos dissidentes sexuais eram pessoas extremamente infelizes, viviam em constante perigo de conflito com o direito penal e perda de sua liberdade ou prestígio; além disso, eram uma população com altas taxas de suicídio, vulnerabilizada por práticas de chantagem e extorsão e, muitas vezes por conta desses fatores, expressavam a vontade de reverter ou atenuar sua pulsão em direção a pessoas do mesmo sexo. A partir disso, Sadger discute a "cura" da homossexualidade em várias publicações. Demonstrando uma forte convicção de que a direção do tratamento psicanalítico dos pacientes homossexuais era ajudá-los a se voltar para objetos do sexo oposto, o autor acreditava que "o método psicanalítico de Freud nos dá pela primeira vez um procedimento para curar a homossexualidade desde sua raiz" (Sadger,

1908b, s/n[11]), considerando-o uma interessante alternativa para as práticas da psiquiatria em uma época em que particularmente a hipnose e a sugestão indicavam ser ineficazes para provocar as mudanças permanentes procuradas pela medicina.

Postulando que a tarefa da psicanálise perante a homossexualidade era a de despertar "o instinto heterossexual latente e recalcado, recalcando o homossexual", Sadger (1908a, p. 346, tradução nossa) se dedicou a desenvolver um procedimento psicanalítico para curar a homossexualidade, formalizado em "A sensibilidade sexual contrária é curável?", texto que foi publicado em 1908 no *Zeitschrift für Sexualwissenschaft* – um dos periódicos editados pelo Comitê Científico Humanitário. Distinguindo os pacientes que sofriam por conta da hostilidade social e da legislação repressiva daqueles que estariam descontentes com sua orientação sexual independentemente desses fatores, Sadger (1908b) considerava o segundo grupo mais passível de cura, assumindo que a existência de um conflito com o desejo tornaria alguns pacientes mais disponíveis para modificar seu ideal sexual. Ou seja, o autor considerava vãs as tentativas da psiquiatria de promover mudanças no comportamento dos homossexuais viabilizando que eles praticassem o coito com o sexo oposto, defendendo que uma cura só seria possível se fosse viável fazer um homossexual se sentir heterossexual, modificando as pessoas por quem ele se sente atraído sexualmente.

Posto esse objetivo, Sadger desenvolve uma proposta de cura da homossexualidade, para a qual três teses psicanalíticas são centrais: a primeira, de que a sexualidade não é inata, mas constituída

11 Utilizo neste trabalho uma tradução do artigo de Sadger realizada por Caio Padovan e Flávia Ripoli Martins, ainda no prelo para publicação. Para facilitar ao leitor, sinalizarei nas referências a página das citações no texto original, que pode ser encontrado nas referências bibliográficas, ao final deste livro. Esta citação foi extraída da página 720.

ao longo do processo de desenvolvimento do sujeito; a segunda, que se ampara na teoria da disposição bissexual para postular que a heterossexualidade estaria sempre presente na homossexualidade e vice-versa; e a terceira, segundo a qual há elementos inconscientes nos discursos dos pacientes sobre si e sua sexualidade. Articulando essas três noções à teoria materno-infantil, Sadger defendia a hipótese de que na raiz da homossexualidade haveria, além da relação com a figura paterna, uma importante ligação entre a criança e sua mãe – ou outras mulheres que a substituem –, de forma que os homossexuais teriam em seu desenvolvimento tendências regulares em direção ao sexo oposto, geralmente anteriores à libido e à ternura se voltarem para as figuras do mesmo sexo.

Assumindo que muitos homossexuais de sua época desejavam meninos mais novos e sem barba, Sadger (1908b) localiza nesse fato uma evidência de que por trás do ideal homossexual não haveria somente figuras masculinas, mas também impulsos libidinais excessivos e prematuros dirigidos à mulher, que estariam recalcados e, portanto, inacessíveis à lembrança. Assim sendo, o ideal sexual seria constituído a partir de uma mescla de traços de homens e mulheres significativos para o sujeito, o que avança a conclusão de que "não é o homem que o homossexual ama e almeja, mas o homem e a mulher tomados juntos em uma única figura [*Gestalt*]. É somente porque o elemento heterossexual será posteriormente suprimido [*unterdrückt*] que surge a aparência de uma inversão pura" (Sadger, 1909, p. 12).

Articuladas essas hipóteses, Sadger (1908b) apresenta seu procedimento para curar a homossexualidade, operado por via de uma mudança no ideal sexual. Sumariamente, ele defendia que, ao tornar conscientes a existência e a importância das primeiras mulheres amadas pelo menino por via da associação livre, seria possível modificar o ideal sexual e, consequentemente, o sentimento e os afetos despertados por mulheres. Em suas palavras:

> *a cura incide de modo que, uma vez removidas as diferentes camadas de inversão [Inversions-Auflagerungen] por meio da psicanálise, a heterossexualidade original se torna consciente e uma inclinação pelo sexo oposto se desenvolve, mas não sem recaídas à homossexualidade, por trás das quais encontramos mais uma vez uma inclinação heterossexual. (Sadger, 1908b, s/n)*[12]

Para demonstrar a eficácia de seu procedimento, Sadger apresenta o caso clínico[13] de um paciente de 21 anos de idade, encaminhado para análise por estar atormentado por suas tendências homossexuais com traços masoquistas, dirigidas particularmente a garotos entre 14 e 20 anos. Sumariamente, junto de seu paciente, o autor afirma explorar as inclinações que ele sentira pelo sexo oposto, das quais o jovem inicialmente alegava se lembrar muito pouco. Segundo o analista, no decorrer do tratamento teria sido possível conduzir o paciente à recordação de uma série de impulsos sexuais dirigidos a mulheres, despertando nele o desejo por elas, não sem recaídas, concluindo:

> *consegui curar o paciente. Quanto mais eu trazia para a sua consciência de que por detrás de seus tipos masculinos havia sempre mulheres, mais a pulsão e a inclinação pelo mesmo sexo se perdiam, até que, finalmente, após quatro meses de tratamento, ele tinha sentimentos apenas por mulheres e a partir de então passou a ter relações sexuais regulares com elas, e isso sem qualquer insistência da minha parte, simplesmente por*

12 No original, página 716.

13 Este caso clínico é discutido teoricamente por Sadger (1909/2020) no artigo "Sobre a etiologia da sensibilidade sexual contrária" e foi analisado no Capítulo 6 deste livro.

> *necessidade interior. Assim, não apenas lhe dei potência com as mulheres, mas também, o que foi decisivo, modifiquei seu próprio ideal sexual. (Sadger, 1908, s/n)*[14]

Por ora, buscaremos não emitir nenhuma opinião crítica sobre a proposta de Sadger (1908b, s/n)[15], que ao final de seu artigo responde à pergunta do título ("A sensibilidade sexual contrária é curável?") "com um retumbante sim! Basta que me entendam corretamente. A inversão enquanto tal é realmente curável, mas nem toda pessoa invertida é curável". Advertindo que seu procedimento não é indicado para todos os pacientes – para ele, só eram passíveis de cura aqueles que queriam ser curados –, Sadger parecia acreditar que a homossexualidade não somente poderia, mas também deveria, ser curada. Esse posicionamento, muito provavelmente, se devia ao fato de que Sadger considerava a homossexualidade um estado patológico. Embora essa posição não esteja declarada em seu texto, podemos observá-la claramente no compêndio *Sexuelle Perversionen*, em que Sadger (1914) sumariza suas principais teses sobre a homossexualidade e a perversão. Neste texto, ao discutir a questão da escolha de objeto na maturidade, ele argumenta que um jovem "normal" – entenda-se, um jovem heterossexual – deseja mulheres e é indiferente aos homens, enquanto um jovem homossexual apresentaria indícios de um *horror feminae*,[16] que em sua interpretação sinalizaria a supressão de um oposto. Esse fato

---

14 No original, página 714.

15 No original, página 718.

16 Expressão em latim que se refere à repulsa à mulher, muitas vezes apresentada sob forma de medo, aversão ou ódio. Esse termo é utilizado por Krafft-Ebing (1886a/1965) e Havelock Ellis (1896b/1933) para designar a ausência de interesse sexual em mulheres. Freud (1922/2011b), por sua vez, refere-se ao *horror feminae* na obra *Sobre alguns mecanismos neuróticos no ciúme, na paranoia e na homossexualidade*, utilizando-o para explicar um mecanismo etiológico da homossexualidade masculina.

indica que, do ponto de vista sadgeriano, a homossexualidade deveria ser curada por ser considerada por ele uma formação reativa, patológica e distinta da indiferença que uma pessoa heterossexual sente por outras de seu gênero.

Como exemplo da postura de Sadger, podemos citar o epílogo de "Fragmento da psicanálise de um homossexual" (Sadger, 1908, p. 424, tradução nossa), no qual, após o tratamento do jovem paciente ter se encerrado de maneira disruptiva, Sadger afirma acreditar que "o efeito curativo desejado não teria falhado se o tratamento analítico tivesse durado mais tempo". Amparando-se em indícios de heterossexualidade encontrados em alguns sonhos do garoto, o analista concebia que esse fato poderia ser a chave para que a pulsão heterossexual fosse despertada, substituindo a libido homossexual.

Compreendida a concepção sadgeriana sobre a cura da lesbianidade e da homossexualidade, faz-se necessário historicizar e criticar as práticas por ele defendidas. Fato é que muitas pessoas dissidentes sexuais encontravam-se em situação de sofrimento psíquico no início do século XX, sofrimento este que psicanalistas como Sadger não ignoravam. Contudo, o que escapava a eles era a dimensão sociopolítica desse sofrimento, causada por uma sociedade heteronormativa, LGBTQIAP+fóbica e repressiva, levando-os a adotar um posicionamento culpabilizante diante das violências estruturais, cuja consequência foi a pesquisa, defesa e prática de questionáveis terapias conversivas que, ao buscar livrar os pacientes de desejos que causavam sofrimento, moralizavam o sexo e o erotismo.

A esse respeito, cabe retomar que não apenas os psicanalistas e psiquiatras discutiam possíveis curas para a homossexualidade, tema debatido também pelos ativistas. Há, contudo, uma diferença de posicionamento que deve ser reiterada. Embora considerassem as práticas de reversão sexual uma opção para pessoas em sofrimento psíquico que assim desejassem, Hirschfeld e o Comitê Científico Humanitário priorizavam defender a legitimidade das dissidências sexuais e erradicar a criminalização, a perseguição e a hostilidade dirigida a elas. Enquanto isso, Sadger (1908b, 1913) considerava que pacientes cujo conflito teria origem sociogênica e não desejavam mudar seu desejo, mas a sociedade em que viviam, estariam demasiadamente assentados em posições sintomáticas, respaldadas pela politização que, em seu julgamento, favoreceria a resistência.

Apesar disso, é necessário ressaltar que não havia um abismo entre as posições de Sadger e do Comitê Científico Humanitário, pois, ao menos até Hirschfeld se afastar do movimento psicanalítico em 1911, eles estabeleceram uma relação de respeito e colaboração mútua. Isso inclui o fato de que os artigos "Fragmento da psicanálise de um homossexual" (Sadger, 1908) e "A sensibilidade sexual contrária é curável?" (Sadger, 1908b) foram publicadas em periódicos editados pelo grupo dos ativistas de Berlim, respectivamente, no *Jahrbuch für sexuelle Zwischenstufen* e no *Zeitschrift für Sexualwissenschaf*, e em ambos os textos consta a mesma nota do editor (Hirschfeld), justificando a importância da publicação desses artigos:

> *Já que muitos homossexuais têm o desejo, certamente legítimo, de experimentar a heterossexualidade, devemos ser gratos a cada médico que ofereça novas possibilidades de tratamento. Depois que o tratamento hipnótico não parece ter respondido às expectativas que nele foram depositadas, o professor Dr. Freud de Vienne e seus alunos, dentre eles o autor deste trabalho – que ocupa um lugar destaque aqui – se esforçam há um certo tempo para agir terapeuticamente sobre a*

> *homossexualidade com os meios da psicanálise. É claro que ainda não é possível fazer um julgamento final sobre o novo procedimento, mas não queremos deixar de assinalar para médicos e homossexuais que o método analítico de Freud ataca o status sexual [Sexualstatus] muito mais profunda e completamente do que a hipnose. (Sadger, 1908b, s/n)*[17]

Diferentemente de Sadger, Freud manteve uma postura bastante ambivalente a respeito da "cura" das sexualidades dissidentes. Na primeira versão dos *Três ensaios sobre a teoria da sexualidade* (Freud, 1905a/2016b, p. 152), dedicou um subcapítulo à "prevenção da inversão", no qual enumerou três fatores que ao se juntarem com "a atração que os caracteres sexuais opostos manifestam um pelo outro" impediriam uma "inversão duradoura": a legislação proibitiva, a recordação infantil do carinho da mãe ou de outras mulheres (para os meninos) e a atitude hostil com o próprio sexo.[18] Na outra face da moeda, considerava a educação dos garotos por indivíduos do sexo masculino e a ausência prematura de um dos genitores como acontecimentos que precipitariam a *inversão*. Freud não é claro sobre o papel da psicanálise na "prevenção" da homossexualidade – tema que, como vimos, era discutido pela psiquiatria oitocentista –, mas refere-se indiretamente a algumas das hipóteses centrais da teoria sadgeriana, acenando para o fato de que a investigação da gênese da lesbianidade e da homossexualidade, assim como a elucidação dos caminhos para a heterossexualidade, são caminhos para prevenir a homossexualidade. Na Sociedade Psicanalítica de Viena, esse assunto foi abordado

17 No original, página 712.

18 Esse último aspecto foi acrescentado somente na terceira edição dos *Três ensaios sobre a teoria da sexualidade,* publicada em 1915.

durante os debates sobre a educação sexual, cujo objetivo profilático abarcava, mesmo sem consenso, a homossexualidade. Após o texto de 1905, Freud não retomou a questão da "prevenção da homossexualidade",[19] exceto ao comentar a conferência "Apresentação de casos relacionados à neurose obsessiva", proferida por Hitschmann em 26 de janeiro de 1910 (*ata 1910*):

> *A influência do genitor mais terno (ou mais frio) é importante; o significado extremo da ausência de um dos pais já foi examinado (Três ensaios sobre a teoria da sexualidade). Nesse sentido, podemos dizer diretamente que o pai é importante para a prevenção da homossexualidade. (Nunberg; Federn, 1978, p. 402, tradução nossa)*

19 Ao abordar a "prevenção da homossexualidade", Freud (1905a/2016b, p. 152) não discute ferramentas e formas de profilaxia ou repressão dessas orientações sexuais, tal como Stekel (1934/1956) propôs no capítulo "Os erros da educação que levam à homossexualidade" do livro *A educação dos pais*. Isso não significa que as teorias psicanalíticas que envolviam a compreensão da lesbianidade e da homossexualidade não tenham sido utilizadas para fins nefastos. Como exemplo, podemos citar o episódio que cercou a aprovação do Pacto de Solidariedade (*Pacte Civil de Solidarité – PaCS*) – legislação que permitiu a casais homo ou heterossexuais legalizar sua união por um contrato específico – aprovada na França em 1999. A reinvindicação de lésbicas, gays e bissexuais, qualificados durante o século XX como sodomitas, perversos ou doentes, pelo reconhecimento enquanto sujeito de direitos provocou violentas reações LGBTQIAPfóbicas por parte de diversos segmentos da sociedade francesa. Valendo-se da psicanálise para recusar a ideia de uma igualdade entre as sexualidades e preocupando-se com uma suposta "dessimbolização" da ordem social, muitos psicanalistas lacanianos ou filiados à IPA recorreram à posição de especialistas para se posicionarem contra o reconhecimento social e jurídico do casal homossexual (Maya, 2013; Roudinesco, 2003).

Ao tratar da lesbianidade e da homossexualidade, Freud não deixou de pensar a ideia de uma "cura"[20] para os homossexuais, mas dedicou muito menos páginas a essa questão do que fizera Sadger, para quem esse tema era de extrema importância. Na primeira versão dos *Três ensaios sobre a teoria da sexualidade*, ao discorrer sobre as considerações que sustentavam a hipótese da homossexualidade como característica adquirida, Freud (1905a/2016b, p. 27) mencionou esse assunto ao se referir à tese psiquiátrica de que "a inversão pode ser eliminada pela sugestão hipnótica", sem se aprofundar na questão ou nos autores que a discutiam. Em 1920, a quarta edição da obra voltou a mencionar esse assunto, citando em uma longa nota de rodapé estudos de biólogos, referindo-se particularmente a Eugen Steinach[21] e Alejandro Lipschütz,[22] que haviam lançado luz para as precondições orgânicas da homossexualidade e das características sexuais, conseguindo transformar caracteres somáticos e psicossexuais a partir de intervenções cirúrgicas em mamíferos (Steinach) e em um caso humano (Lipschütz). Diante dessas considerações, o autor retorna à teoria da bissexualidade para ponderar que "não seria justo afirmar que essas notáveis experiências colocam a teoria da inversão sobre nova base e delas esperar, precipitadamente, um caminho para a 'cura' geral da homossexualidade" (Freud, 1905a/2016b, p. 37).

---

20 Ao tratarmos da "cura da homossexualidade" nos referimos exclusivamente a uma ideia de reversão da orientação sexual, que seria explorada de maneiras diferentes em Freud (1905a/2016b, 1920a/2011a, 1935/2019) e Sadger (1908, 1909). Sobre as diferentes concepções de cura na obra de Freud, ver Peron e Dunker (2002).

21 Eugen Steinach (1861-1944) foi um importante fisiologista, endocrinologista e biólogo austríaco, pioneiro no estudo dos hormônios sexuais.

22 Alejandro Lipschütz (1883-1980) foi um cientista, médico, acadêmico e filósofo nascido no Império Russo que se dedicou ao estudo do sistema endocrinológico e dos fatores que determinam a sexualidade. Em 1926 foi convidado para lecionar no Chile, país onde trabalhou e viveu até sua morte.

Ainda a esse respeito, é necessário destacar que, na segunda edição dos *Três ensaios sobre a teoria da sexualidade,* Freud (1905a/2016b, p. 23) acrescenta a uma nota de rodapé do "Primeiro ensaio" um comentário dizendo que "tal revolta contra a compulsão à inversão poderia ser a precondição para a influência mediante o tratamento por sugestão [acrescentado em 1909:] ou a psicanálise". Tudo indica que esse trecho é uma citação indireta aos trabalhos de Sadger (1908a, 1908b) sobre a cura da homossexualidade publicados um ano antes. Fato é que os dois autores compartilhavam uma parte significativa de suas ideias acerca da homossexualidade, como indica, por exemplo, uma carta enviada por Freud a Ferenczi em 3 de março de 1910 (*carta 119*) na qual o primeiro afirma que o segundo "parece ter encontrado a mesma coisa com seus homossexuais que eu e Sadger encontramos com os nossos" (Falzeder, 1993, p. 147, tradução nossa). Além disso, em "A sensibilidade sexual contrária é curável?" Sadger (1908b, s/n)[23] afirma "tanto eu como o professor Freud fomos capazes de curar ainda outros casos de pacientes invertidos",[24] indicando mais uma vez que nesse período houve um debate profícuo entre os dois autores, que em muitos aspectos pareciam concordar.

Contudo, somente quando se encontrou com Margarethe Csonka, paciente cujo pedido paterno era justamente que a filha fosse "curada" de seu desejo lésbico, Freud (1920a/2011a, pp. 119-120) dedicou algumas páginas de sua obra escrita para abertamente discutir essa questão, em um momento em que parecia ter se reposicionado a respeito do tema. Alertando ao leitor que "o médico que

---

23 No original, página 717.

24 Em correspondência com diversos colegas, Freud comenta o trabalho com pacientes homossexuais, e nesses documentos – analisado de forma não exaustiva –, cabe destacar uma carta enviada a Binswanger em 28 de janeiro de 1909, referente ao paciente J.v.T., localizada por Caio Padovan, a quem agradeço pelo apontamento desse material relevante.

se encarregasse do tratamento da garota tinha razões para não se sentir à vontade. Ele não encontrava a situação requerida pela análise, a única na qual ela pode encontrar sua eficácia", pois ela não havia buscado tratamento por iniciativa própria e "não estava doente", o autor reitera que a tarefa nesse caso não consistia em resolver um conflito neurótico, mas em converter uma variante da organização sexual. Vyrgiott (2020, p. 133) mostra quão surpreendentes são as afirmações de Freud se nos recordarmos de que foi uma tentativa de suicídio que a conduziu à análise em primeiro lugar, episódio que parece indicar que a garota não estava bem, mas que é minimizado pelos indicativos de saúde presentes na ausência de remorso por seu desejo lésbico, avançando o entendimento de que, "se há algo de errado com essa jovem, é sua homossexualidade".

Partindo da hipótese de que na constituição do sujeito se operaria uma restrição da escolha de objeto comum em todas as orientações sexuais, Freud partilha de concepções semelhantes às de Sadger no que se refere ao trabalho de "cura" das dissidências sexuais, entendendo que esse se daria pela restauração da plena função bissexual, de maneira a liberar o caminho para o sexo oposto que estaria obstruído. Procedendo com cautela, o autor pondera que o trabalho de eliminar a homossexualidade nunca lhe pareceu fácil e que a tentativa de transformar em heterossexual um homossexual plenamente desenvolvido não era mais promissora do que a ideia de transformar um heterossexual em homossexual. Apesar disso, ele afirma considerar essa uma prática válida para indivíduos em que a fixação no objeto do mesmo sexo não se tornou forte o bastante e em casos em que há uma organização nitidamente bissexual, advertindo, no entanto, que, no tratamento da lesbianidade e da homossexualidade, a terapia analítica é pouco exitosa e que "o homossexual" não conseguiria abandonar seu objeto de prazer por não se convencer de que poderia encontrar em outro objeto o prazer do qual renuncia. Sob o ponto de vista do autor, essa dificuldade pode ser justificada também pelos motivos que levam os homossexuais a procurar uma análise:

> *Quando chega a iniciar tratamento, geralmente são* motivos externos que o movem a isso, *as desvantagens e os perigos de sua escolha de objeto, e tais componentes do instinto de autoconservação revelam-se muito fracos na luta contra as tendências sexuais. Logo descobrimos seu plano secreto de obter, com o retumbante fracasso dessa tentativa, o sentimento tranquilo de haver feito o possível contra sua natureza especial e poder então entregar-se a ela com boa consciência. Quando a tentativa de cura é motivada pela consideração a pais e parentes amados, o caso é um pouco diferente. Então realmente há tendências libidinais que podem desenvolver energias contrárias à escolha homossexual de objeto, mas a sua força raramente basta. (Freud, 1920/2011a, pp. 120-121, grifo nosso)*

Ao enumerar os motivos que levariam "os homossexuais" a procurar uma análise, mais uma vez Freud se refere à homossexualidade como um bloco hegemônico, perdendo de vista que essa hegemonia só existe como inverso da heterossexualidade, pois na realidade cada sujeito humano possui características psíquicas, sofrimentos e desejos singulares. Assim como Sadger, o autor reconhecia que as lésbicas e os homossexuais se encontravam em sofrimento psíquico em razão do casamento compulsório, da dificuldade de encontrar um parceiro, da criminalização e do constante perigo de perder sua posição ou prestígio. Mas, ao considerar a homossexualidade como "o que há de errado nessas situações", perdia de vista que o que havia de univocidade não se referia ao objeto de desejo, mas à fonte das mazelas dessa população na virada do século XIX: a patologização e a criminalização da lesbianidade e da homossexualidade em uma sociedade estruturalmente patriarcal e heteronormativa, que reprimia e condenava o desejo por pessoas do mesmo gênero.

Uma vinheta clínica de "Fragmento da psicanálise de um homossexual" ilustra com precisão como a natureza do sofrimento do público lésbico e homossexual tinha sua origem principal no campo social, conforme ponderou o paciente ao refletir sobre as suas possibilidades de encontrar felicidade e satisfação:

> *O uranista não pode ser completamente feliz em seu amor sob as circunstâncias externas predominantes, as condições sociais e o desrespeito pela sua pulsão. Ainda não encontrei um uranista que se dizia feliz quando pensava e não apenas vivia o dia.... [A felicidade é possível], mas quase nunca em nosso tempo, isso seria uma grande raridade, no máximo se você vive completamente isolado de tudo, em uma área solitária, mas dificilmente em qualquer outro lugar. (Sadger, 1908a, pp. 366-367, tradução nossa)*

Diante desse duro cenário, pensar a "cura" para a homossexualidade por um lado era, como vimos entre os membros do Comitê Científico Humanitário, uma forma de reconhecer o sofrimento que marcava a vida dessa população. Mas, por outro, tratava-se de uma reprodução da lógica heteronormativa que considerava a adequação do desejo aos moldes sociais como solução para o sofrimento do público lésbico e homossexual. Com isso, negligenciava-se a dimensão estrutural do sofrimento psíquico e da violência que afetavam essa população, em uma época que era, de fato, difícil pensá-la. Em um primeiro momento, a maior parte dos primeiros psicanalistas defendia a descriminalização das práticas afetivo-sexuais entre pessoas do mesmo sexo, lembrando os paladinos da moral que, inconscientemente, a sexualidade é sempre, em certa medida, dissidente e criticando as exigências da moral sexual "cultural" do início do século XX. Contudo, eles não conseguiam conferir uma completa legitimidade aos afetos e ao erotismo entre duas mulheres ou dois homens e usavam a própria teoria da bissexualidade como justificativa e instrumento das violentas terapias de conversão.

Detendo os recursos teóricos para romper com a herança psiquiátrica e para pôr em prática a faceta política do freudismo, os primeiros psicanalistas não conseguiram criar fronteiras sólidas para sua disciplina, tropeçando nas amarras do tempo em que viveram. Diante das dissidências sexuais, muitas vezes pareciam se esquecer dos pilares fundamentais do método psicanalítico, e apresentavam-se como detentores do saber sobre o sofrimento dessas pessoas. Além disso, agarravam-se excessivamente a suas hipóteses teóricas, eram dominados pelo *furor curandis* e por muitas vezes acabavam por não escutar o sujeito que se apresentava para eles, não se permitindo acompanhar o curso da associação livre, mesmo quando esse desviasse das hipóteses do analista.

Em 1935, Freud escreve a famosa "Carta sobre homossexualidade", e, supostamente se dirigindo para uma mãe americana preocupada com seu filho gay, ele comenta a imprevisibilidade de uma "cura" e pondera que "aquilo que a análise pode fazer pelo seu filho segue uma linha diversa. Se ele é infeliz, neurótico, acossado por conflitos, tem uma vida social inibida, a análise pode aportar-lhe harmonia, paz de espírito, eficiência total, quer ele siga sendo um homossexual ou tenha mudado" (Freud, 1935/2019, p. 29). Consolidando uma mudança de posição com relação à cura da homossexualidade – talvez, podemos conjecturar, também em decorrência dos rumores que cercavam Anna Freud –, Freud reiterou que os psicanalistas poderiam oferecer uma escuta da singularidade do desejo e do sofrimento daqueles que eram classificados pela sociedade como criminosos, sodomitas, doentes ou perversos.

Nessa época, a psicanálise já tinha novos protagonistas em suas fileiras e parte dos importantes membros da primeira geração não mais frequentavam as reuniões do grupo vienense. Adler e Stekel haviam rompido com Freud respectivamente em 1911 e em 1912; Reitler faleceu em 1917, Tausk em 1919 e Kahane em 1923; Wittels havia emigrado para os Estados Unidos em 1928, onde também se sediava Rank, que em 1930 foi expulso da Associação Psicanalítica Americana (*American Psychoanalytic Association* – ApsaA), mas nunca se tornou um antifreudiano ou deixou de praticar a psicanálise; Spielrein retornara para a Rússia, seu país de origem, onde morreria vítima do nazismo; assim como Hilferding, que deixara o movimento psicanalítico junto com o grupo adleriano.

Em 20 de março de 1938, os áureos tempos em que Viena foi o lugar central do movimento psicanalítico chegaram ao fim. Após a proclamação do *Anschluss*, os membros do Conselho Diretor da Sociedade Psicanalítica de Viena se reuniram para "A última sessão" (Nunberg; Federn, 1983) e decidiram suspender as atividades do grupo, que entrou em um hiato de sete anos. Entre os presentes, apenas Federn, Hitschmann e Freud pertenciam ao grupo dos primeiros psicanalistas e foram os únicos entre eles que testemunharam o encerramento do capítulo da história da psicanálise que se passou em Viena, de onde Freud partiu para nunca mais voltar em 3 de junho de 1938. Levando consigo os livros, arquivos, manuscritos, cartas, notas, tentava salvar a história, os vestígios e as lembranças de tudo aquilo que se passou no centro e nas margens dos primeiros anos de vida da disciplina que ele criou junto de muitos outros.

Vestígios esses que chegam até nós através das *Atas da Sociedade Psicanalítica de Viena* e da "Carta sobre homossexualidade", guardada por uma mulher americana de identidade desconhecida, que permitiu que essa fosse publicada em 1951 e se tornasse, oitenta anos depois de ser escrita, um instrumento de luta que circulou nas redes sociais brasileiras durante a disputa jurídica e retórica em torno da "cura gay" (Iannini, 2019). Ao nos aproximarmos do fim do trabalho com as Atas, encontramos na carta de Freud a lembrança de duas reuniões ocorridas décadas antes, em que ele afirmara, respectivamente, que "as análises são documentos histórico-culturais de maior importância" (Checchia; Torres; Hoffmann, 2015, p. 370) e que "a tarefa da análise não é tornar as pessoas normais, mas torná-las coerentes" (Nunberg; Federn, 1983, p. 215, tradução nossa).

E, assim, podemos recordar que os divãs dos vienenses foram espaços nos quais gays, lésbicas, bissexuais, mulheres e outras pessoas marginalizadas pela normatividade daqueles tempos podiam tentar se expressar, sem nos esquecermos de que os analistas e as análises se passam em um tempo histórico e, portanto, também são marcados por um contexto político, cultural e epistemológico. Cheirando a charutos, café e biscoitos amanteigados, a carta de Freud traz de volta a memória dos áureos tempos em que os primeiros psicanalistas se reuniam em Viena para discutir assuntos repudiados pela moral do início do século XX, não nos deixando esquecer que, apesar de ter tomado alguns rumos que hoje podemos revisitar e criticar, em sua origem, a psicanálise sempre ao menos tentou estar, de alguma forma, ela mesma também à margem.

Considerações finais

Ao nos aproximarmos do fim deste livro, e para que possamos tecer algumas reflexões sobre os temas por ele discutidos, faz-se necessário retomarmos a pergunta que nos trouxe até aqui. O pensamento psicanalítico sobre as questões lésbica e gay surgiu em uma época de proliferação discursiva sobre as sexualidades dissidentes, protagonizada pela sexologia e pelos pioneiros movimentos que reivindicavam direitos para a população LGBTQIAP+. Considerando a importância dos contextos complexos de multifacetados que influenciam a proposição de um conceito ou a discussão de um assunto dentro da teoria psicanalítica, questionamos a redução dos estudos sobre as dissidências sexuais a releituras de um ou alguns textos da obra freudiana, como se Freud fosse sinônimo da psicanálise em seus primórdios e suas teses pudessem contribuir para colocar em marcha problemas conceituais que ainda hoje assombram muitas psicanálises nos debates sobre as questões LGBTQIAP+.

Enfatizando que a psicanálise, em seus primórdios, foi pensada, escrita e praticada por um importante grupo que, a partir de 1902, começou a se reunir semanalmente para discutir a então nascente disciplina, considerei fundamental pesquisar as produções desses autores acerca das questões lésbica e gay. Ao privilegiarmos a intertextualidade presente entre os textos de Freud e as produções científicas dos primeiros psicanalistas e reiterarmos a importância de estudar os múltiplos planos contextuais em que suas contribuições foram desenvolvidas, formulamos a seguinte questão: quais as inscrições dos contextos epistemológico, histórico e conceitual na autoria e nos discursos dos primeiros psicanalistas sobre as questões lésbica e gay? E, para cumprir com esse objetivo, foi realizada uma pesquisa teórico-documental, a partir das *Atas da Sociedade Psicanalítica de Viena*, conjunto de registros das reuniões dos primeiros psicanalistas entre os anos de 1906 e 1918.

Conforme discutido ao longo de *Histórias da margem*, os discursos dos primeiros psicanalistas sobre a lesbianidade e a homossexualidade foram fortemente influenciados pelos múltiplos planos contextuais de surgimento da psicanálise. Tomando cuidado para não tornar este trabalho demasiado repetitivo, sumarizarei agora o que considero ser as principais inscrições dos contextos epistemológico, histórico e conceitual localizadas na autoria dos primeiros psicanalistas sobre as questões lésbica e gay, discutindo também suas implicações para o presente da teoria psicanalítica.

Para isso, iniciaremos retomando o fato de que, ao publicar os *Três ensaios sobre a teoria da sexualidade*, Freud (1905a/2016b) inaugurou uma forma inovadora de pensar a sexualidade humana, afirmando que esta é universal, infantil, pulsional e perverso-polimorfa, e não é equivalente à genitalidade, não tem a reprodução como única forma de satisfação e não desperta somente após a puberdade. Complementarmente, ele postulou que a pulsão sexual é contingente ao objeto, que não seria predeterminado e fixo, na medida em que a libido despende uma laboriosa trajetória para que, na puberdade, possa encontrar um objeto de satisfação. Ao retirar a centralidade dos debates sobre a sexualidade do registro da biologia, que marcava grande parte das contribuições da sexologia na virada do século XIX para o XX, Freud contribuiu com a ampliação desse campo de estudos, ao postular que, em todos os seres humanos, os conflitos, sintomas, desejos, angústias, ligações e prazeres seriam também sexuais.

Contudo, justamente as pesquisas sobre a sexualidade determinaram a inserção da lesbianidade e da homossexualidade como assuntos de interesse da jovem ciência, marcando o lugar ambivalente e pendular que essas orientações sexuais ocuparam na rede conceitual psicanalítica entre os anos de 1900 e 1920. O fato é que, em 1905, Freud ainda não havia esclarecido completamente as problemáticas da escolha de objeto e do desenvolvimento da libido e ele, assim como os primeiros psicanalistas, passaram a ter um grande interesse pela pesquisa teórico-clínica com *a* homossexualidade. Considerada pelos sexólogos e os primeiros psicanalistas como uma forma de gozo menos monstruosa, menos aberrante e que nutria mais em comum com a heterossexualidade normativa do que as outras perversões, *a* homossexualidade – que nas pessoas heterossexuais era considerada uma disposição inconsciente e recalcada da libido originalmente bissexual – tornou-se um objeto de estudos privilegiado na investigação de dimensões da vida psíquica de todos os seres humanos.

É certo que não podemos generalizar e afirmar que o interesse científico foi o único motivo pelo qual os psicanalistas se interessaram por pesquisar a lesbianidade e a homossexualidade, mas faz-se necessário considerarmo-lo um importante fator, como corrobora o trabalho colaborativo desenvolvido entre a Sociedade Psicanalítica de Viena e Magnus Hirschfeld, em abril de 1908. Em um momento em que as teorias metapsicológicas sobre a escolha de objeto e o desenvolvimento da libido ainda estavam sendo elaboradas e discutidas, os primeiros psicanalistas manifestaram um grande interesse em colaborar com o trabalho dos militantes de Berlim, deixando claro seu objetivo de compreender quais aspectos da sexualidade restariam na memória do homem "normal" a partir de um questionário elaborado conjuntamente, que incluía perguntas sobre a configuração familiar, o desenvolvimento psicossexual da infância à idade adulta, a sexualidade infantil, a vida pulsional e as transformações da puberdade. O que chama a atenção nesse episódio é, justamente, como as sexualidades dissidentes, que eram tema privilegiado para o Comitê Científico Humanitário, foram tratadas como assuntos tangenciais pelos primeiros psicanalistas, que mencionaram "a homossexualidade" e os "estados sexuais intermediários" apenas de passagem.

O fato é que o trabalho conjunto com os militantes de Berlim sinaliza como o interesse psicanalítico na lesbianidade e na homossexualidade, na época em que tratamos, não se devia a um engajamento político da psicanálise com a nascente causa LGBTQIAP+ ou a preocupações com o sofrimento dessas populações, enquanto sujeitos atravessados por conflitos inconscientes. Privilegiava-se estudar o que as dissidências sexuais poderiam elucidar sobre a sexualidade do "homem normal", ou seja, a heterossexualidade normativa. Assim, nos mais de dez anos que separam o trabalho com Hirschfeld e a interrupção dos registros das Atas, podemos ver como a lesbianidade e a homossexualidade tornaram-se campos privilegiados de interesse e estudo para os psicanalistas, mas perseveraram enquanto uma questão psicanalítica, um *objeto* de investigação que poderia, principalmente, auxiliar no avanço de dimensões internas da teoria.

Nesse contexto, *a homossexualidade* – que, para a psicanálise nascente, não era o diagnóstico de uma doença, o sinal de uma degradação moral ou a prova de um crime – tornou-se uma categoria guarda-chuva herdada da medicina psiquiátrica, que agrupava de forma homogeneizante as pessoas LGBTQIAP+. Para os primeiros psicanalistas, essa homogeneização se centrava, particularmente, no desejo por pessoas do mesmo gênero, tomado como característica identitária desses sujeitos, sob as quais se subscreviam todos os demais aspectos de suas personalidades. A consequência disso foi, justamente, a difusão da crença de que *o homossexual* seria *um* sujeito cuja escolha profissional, características físicas e anatômicas, vestimentas, obras e produções artísticas, hábitos e performatividade de gênero eram todos sinais de uma particularidade constitutiva. Isso se repetia com *a lésbica,* a quem a teoria psicanalítica invariavelmente atribuía uma masculinidade, localizável no corpo, na fisionomia, nas roupas, nos trejeitos e, também, na forma de se comportar em suas relações. De maneira mais grave, essa suposta masculinidade era localizada também na aspiração de conquistar direitos civis e políticos nos campos do trabalho e da educação, interpretada como um desejo de "ser um homem". Isso é decorrência de hipóteses que desconsideravam a dimensão estrutural do sofrimento das mulheres submetidas ao poder patriarcal, com destaque para aquelas que almejavam condições econômicas, sociais e de poder – na época, privilégios masculinos.

É certo que não devemos ser anacrônicos e cabe lembrar que, além dos psiquiatras e sexólogos, os próprios pensadores progressistas do início do século XX, os militantes, as lésbicas e os gays aderiram, cada um à sua maneira, à ideia de que o desejo por alguém do mesmo gênero seria resultado de uma natureza particular, criando para si algumas identidades – nomeadas de diversas formas a depender do momento histórico e espaço geográfico –, fundamentais para que lésbicas, gays e outras pessoas de sexualidade ou gênero dissidente pudessem encontrar seus pares, fundar uma cultura e se organizar politicamente. Enquanto parte integrante desse contexto e influenciados pela psiquiatria novecentista, os psicanalistas não se descolavam dele a ponto de poder pensar *a homossexualidade* apenas como uma modalidade específica de escolha de objeto ou de funcionamento da vida pulsional, considerando-a também uma identidade fixa e homogênea.

Esse fato deve ser considerado nas discussões que as psicanálises contemporâneas vêm realizando acerca das questões identitárias. Sendo assim, para os psicanalistas efetivamente debaterem as identidades LGBTQIAP+ é necessário, em um primeiro lugar, reconhecer a carga histórica contida na categoria homogeneizante e datada de *homossexualidade*, retirando-a da centralidade dos debates sobre a diversidade sexual por ela ser uma noção "ampla demais, maciça demais, normativa demais para explicar as experiências múltiplas, heterogêneas" (Eribon, 2008, p. 17). Utilizando uma analogia, empregar o termo *homossexualidade* em 2023 como se ele desse conta das experiências e existências dissidentes e do modo que cada pessoa ou grupo vive o erotismo, cria uma subcultura e performa gênero em múltiplos e diversos territórios é uma construção tão imaginária quanto supor que um analista é o mesmo para todos os pacientes que atende – como se não existissem manejos clínicos distintos sob transferência, a partir do que cada caso demanda.

Dado esse passo, é preciso compreender que a identidade é uma lente de análise e um instrumento de ação política, um ponto de partida que permite a mobilização de interesses comuns, a coletivização de experiências de sofrimento e violência e a subjetivação dos lugares ocupados nas dinâmicas estruturais de poder e desigualdade que regem nossa sociedade (Quinalha, 2022). Não se trata, portanto, de uma redução da experiência ao nível da consciência, uma recusa da alteridade, da diferença ou da singularidade e, muito menos, de uma categoria essencialista que provocaria uma soberania do Eu e o apagamento do descentramento do sujeito da psicanálise. Essas são todas interpretações errôneas da noção de identidade, que parecem estar mais preocupadas com a perda de um pretenso universalismo do sujeito da psicanálise, forjado a partir do homem burguês, branco, heterossexual e europeu que usufrui do "poder de nomear sua posição identitária como universal" (Preciado, 2022, p. 31).

Voltando ao início do século XX, é necessário reconhecer que discutir a lesbianidade e a homossexualidade nos primórdios da psicanálise transcende discorrer sobre uma modalidade específica de escolha do objeto ou da vida pulsional. Muito além disso, as reuniões da Sociedade Psicanalítica de Viena demonstram como, ao entender as dissidências sexuais como uma condição subjetiva, os primeiros psicanalistas se interessaram pela elucidação de sua etiologia. Esse assunto, por sua vez, atravessou a proposição de conceitos fundamentais da teoria psicanalítica, como as já mencionadas temáticas da sexualidade, da escolha de objeto e do desenvolvimento da libido, assim como as questões em torno da bissexualidade, da masculinidade e da feminilidade, do autoerotismo, do narcisismo, da identificação e do complexo de Édipo.

Por meio dos registros das Atas, pudemos ver que muitos desses conceitos foram desenvolvidos em meio a debates sobre a lesbianidade e a homossexualidade e passaram a integrar o edifício teórico freudiano. Entre as seis teorias sobre a gênese da homossexualidade e as três teses sobre a etiologia da lesbianidade identificadas na obra de Freud,[1] seis hipóteses foram tema dos debates dos primeiros psicanalistas e, entre estas, nenhuma foi introduzida na obra freudiana antes de ser discutida pelo grupo vienense.

1 Recapitulando, as seis teorias sobre a gênese da homossexualidade identificadas na obra de Freud são: saída diante da angústia de castração, fixação na figura materna, fixação da libido no tipo narcísico, desejo de ser possuído pelo pai, renuncia à competitividade com o pai, transformação do objeto odiado em amado. As três teses sobre a etiologia da lesbianidade são: desapontamento com a figura paterna acompanhada de regressão ao complexo de masculinidade, renúncia à competitividade com a mãe, reprodução da relação mãe-filha.

Cronologicamente, a teoria materno-infantil surge na obra de Freud em 1910, tendo sido mencionada por ele na Sociedade Psicanalítica de Viena três anos antes e, nesse ínterim, desenvolvida por Isidor Sadger. Esse autor foi responsável por articular a ideia da fixação infantil na figura materna às noções de identificação e narcisismo, esta última explorada também por Rank em 1911. No ano de 1914, ao afirmar a homossexualidade como uma fixação da libido no tipo narcísico, Freud encontraria nesses autores os precedentes de sua formulação. A hipótese da homossexualidade como desejo de ser possuído pelo pai, avançada em 1918 na literatura freudiana, foi discutida por Tausk no ano de 1911, em uma tese que, embora não tenha sido profundamente articulada e desenvolvida, trabalhava com as noções de masoquismo, passividade e homossexualidade, articulando-as à relação do menino com a figura paterna. E, por fim, a teoria que em 1922 compreenderia o desejo homossexual como resultado da transformação do objeto odiado em amado estava sendo maturada por Freud desde 1908, sendo pensada também por Sadger nessa época. A compreensão de que a lesbianidade teria sua gênese relacionada ao complexo de masculinidade seria desenvolvida na obra freudiana a partir de 1920 e teria como base a hipótese de que a mulher lésbica não se interessaria pelo pênis e manifestaria uma sexualidade infantil e imatura, debatido por Federn, Hitschmann e Freud entre os anos de 1907 e 1908. E, por fim, a tese sobre a reprodução da relação mãe-filha encontraria precedentes em Rank, que discorreu a esse respeito em 1911. Assim, ele trabalhou com a ideia de que a mãe seria um objeto primário de amor da menina que serviria de modelo para a escolha do objeto de amor, conforme a obra freudiana postularia em 1933, valendo-se também das contribuições das psicanalistas da segunda geração.

Embora vários dos primeiros psicanalistas tenham contribuído com a formulação dessas hipóteses, entre os vienenses foi

Isidor Sadger quem mais se dedicou à problemática da homossexualidade, sendo o responsável por articular as ideias de fixação infantil na figura materna, narcisismo, bissexualidade e identificação. Ao manifestar interesse em analisar lésbicas e gays em seu consultório, e recebendo diversos pacientes indicados por Magnus Hirschfeld e o Comitê Científico Humanitário, Sadger introduziu os conceitos de narcisismo – enquanto amor dirigido pelo indivíduo a si mesmo – e de identificação – como um acontecimento fundamental da vida infantil de todos os sujeitos – na rede conceitual psicanalítica. Autor da teoria materno-infantil sobre a gênese da homossexualidade, hipótese amplamente conhecida após ser introduzida na obra de Freud (1910/2013a) em *Uma recordação de infância de Leonardo da Vinci*, Sadger criticava a ideia de que o amor pelo homem teria como modelo o pai, defendendo que a homossexualidade se basearia, inconscientemente, na fixação infantil em um amor heterossexual pela mãe. Essa teoria, por sua vez, está por trás e fundamentou a ideia de uma "cura gay" psicanalítica discutida e praticada na primeira década do século XX, com respaldo na crença de que se o amor por figuras femininas fazia parte do desenvolvimento libidinal infantil, e, portanto, poderia ser redespertado em análise, por via da recordação.

Diferenciando-se dos sexólogos, com destaque para Krafft-Ebing e Havelock Ellis, que atrelavam a etiologia da homossexualidade às anomalias do instinto sexual e à causalidade hereditária, a psicanálise postulava que a sexualidade é inconsciente e que a escolha de objeto só pode ser compreendida em análise, a partir da associação livre. Com seu advento, inaugurou-se um dispositivo inovador, cuja premissa era de "falar tudo que vier à cabeça sem restrições", o que permitiu que os primeiros psicanalistas pudessem ofertar para lésbicas e gays a possibilidade de falar de si e instaurar uma discursividade sobre seu desejo. Em uma sociedade que patologizava, criminalizava e considerava as orientações sexuais não normativas pecaminosas, essas pessoas passaram a ter a possibilidade de ser escutadas sem o risco da violência dos exames clínicos e do confinamento das prisões, asilos e hospitais psiquiátricos. Isso fez dos divãs dos analistas um lugar que em muito se diferenciava dos dispositivos médico e jurídico e era importante pois tinha a potência de conferir legitimidade às existências lésbicas e gays.

Todavia, se a teoria do inconsciente e as consequências clínicas de sua postulação foram os pressupostos mais inovadores da teoria e da técnica psicanalítica, a crença de que a lesbianidade e a homossexualidade possuíam uma natureza etiológica específica impedia que essa radicalidade se efetivasse na escuta de pessoas lésbicas e gays que chegavam aos divãs dos psicanalistas no início do século XX. Isso ocorria porque, por trás de todas as teorias desenvolvidas sobre a gênese da lesbianidade e da homossexualidade, perseverava a ideia de que *a lésbica* e *o homossexual* possuiriam um desenvolvimento incompleto ou imaturo da sexualidade. Tal crença se dava na medida em que, para a psicanálise, tornar-se homem ou tornar-se mulher era equivalente a tornar-se heterossexual. Antes que desdobremos esse aspecto, cabe aqui uma diferenciação. O que estamos dizendo é que, por premissa, as teorias do inconsciente e da sexualidade contêm uma inventividade radical que fez da clínica psicanalítica um espaço importante de escuta das populações marginalizadas. Mas, a despeito disso, a radicalidade contida nos pressupostos teórico-clínicos da psicanálise não pôde ser levada a cabo em razão da normatividade que marcava os próprios psicanalistas.

Ao pesquisar a prática clínica com a população lésbica e gay nos primórdios da psicanálise, observamos como as formulações teóricas e técnicas mais radicais e inovadoras foram deturpadas pelo modo como a maior parte dos primeiros psicanalistas operavam os conceitos dos quais dispunham. Um exemplo importante nesse sentido é a difusão massiva da ideia heteronormativa de que o sofrimento de lésbicas e gays sempre e invariavelmente estaria relacionado com sua orientação sexual, fazendo deste o tema central de quase todas as análises de pessoas LGBTQIAP+ da época.

E vale dizer, ainda hoje é necessário o cuidado para não reduzir as experiências sexuais dissidentes ao campo do erotismo. Primeiro porque as subculturas LGBTQIAP+ vão muito além da orientação sexual e/ou da identidade de gênero: são também criações socioculturais que, embora sejam múltiplas e variem a depender da especificidade de cada grupo, território e classe social, contemplam códigos, modos de vida, formas de sociabilidade e linguagens, a partir das quais se operam experiências de subjetivação e identificação (Eribon, 2008, 2020). Em segundo lugar, mas não menos importante, porque as experiências sexuais dissidentes devem ser pensadas também a partir da dimensão política da heteronormatividade, que determina o lugar em que alguns sujeitos se situam nas relações de poder e a forma como essas relações o condicionam como sujeito da palavra e do desejo (Reitter, 2021). Essas discussões contemporâneas remetem ao passado trabalhado por este livro, pois a redução das experiências sexuais dissidentes ao erotismo, a crença difundida particularmente por Freud (1910/2013a) e Sadger (1908b) de que por trás da homossexualidade há sempre a heterossexualidade e a hipótese de que o objeto é contingente à pulsão – e, portanto, pode ser modificado – fundamentaram as tentativas clínicas de "cura gay" praticadas, estudadas e experimentadas nos primórdios da psicanálise. E, embora ao chegar na década de 1920 essas posições tenham sido paulatinamente abandonadas, suas bases perseveraram como um cavalo de Troia na teoria psicanalítica, escondendo a heteronormatividade contida em alguns conceitos psicanalíticos sob um aparente progressismo de teoria de "que por isso mesmo, a leva, o tempo todo, a situações paradoxais. Por exemplo, não consegue resolver que lugar dar, ou não dar, à questão gay" (Reitter, 2021, p. 63).

Em resumo, retornando às *Atas da Sociedade Psicanalítica de Viena,* podemos constatar as diversas formas como os primeiros psicanalistas acreditavam ser detentores do saber sobre a subjetividade das pessoas LGBTQIAP+. Isso os levava a agarrarem-se demasiadamente às suas hipóteses teóricas e problemas de pesquisa, o que lhes impedia de escutar a singularidade de conflitos, angústias, sintomas, desejos, erotismo, sexualidade das pessoas que se apresentavam diante deles. Essas posturas tiveram importantes consequências na teoria, na prática e na política psicanalítica, ressaltando as tendências LGBTQIAPfóbicas que estavam presentes de forma sistemática e consistente nas primeiras duas décadas de existência da psicanálise. E, embora aparecessem de maneira sutil e contraditória na obra de Freud, eram lugar-comum entre os psicanalistas vienenses, como pode ser mais bem observado a partir dos registros documentais das Atas, que preserva a vivacidade das discussões e opiniões, muitas vezes apagadas nos textos científicos.

Chamar atenção para esses fatos não significa implodir o edifício psicanalítico. Muito pelo contrário, trata-se de um convite para que os analistas escutem as dimensões recalcadas da teoria, reconhecendo os elos históricos que as sustentam. Isso para que, em um contexto de mudanças sociais e de explosão da diversidade sexual e de gênero, possam responder a algumas importantes questões do presente. Nesse sentido, vale ressaltar que a psicanálise possui um potente arcabouço teórico para pensar sobre como a norma, as opressões, as violências e as dinâmicas de poder incidem na singularidade de cada sujeito e provocam sintomas, conflitos e repetições. Mesmo assim, é necessário expandir seu arcabouço conceitual para compreender e discutir as questões de classe, raça, gênero e sexualidade, pois essas se produzem na dinâmica entre o singular e o coletivo. Uma forma muito mais interessante para a ampliação do trabalho com esses campos é, justamente, permitir que a teoria se oxigene com outras epistemologias, retirando-se de um lugar de potência soberana sobre manifestações subjetivas que são pensadas e debatidas a partir de lugares e posições da saber diversos.

Retornando aos primeiros psicanalistas, é necessário destacar mais uma importante herança no que se refere à instituição psicanalítica. Baseando-se na crença de que o homossexual era aceitável, desde que correspondesse a um ideal de civilização e pudesse, por meio da ciência, ser dotado da razão e produzir importantes obras para a humanidade, Freud sustentou, durante a primeira década de existência da psicanálise, importantes políticas de assimilação. Relacionando-se com "homossexuais" apenas no registro acadêmico e científico, o criador da psicanálise evitava ter seu movimento excessivamente atrelado ao pioneiro ativismo LGBTQIAP+. E, embora fosse partidário das difundidas políticas de revogação do Parágrafo 175, temia publicar em revistas consideradas por ele como crônicas ou vitrines da causa. Ou seja, os primeiros psicanalistas se aproximaram do ativismo homossexual somente no âmbito intelectual, envolvendo-se com membros do Comitê Científico Humanitário que eram enrustidos e investidos no trabalho intelectual. Dos gays afeminados, bichas, viados, lésbicas, caminhoneiras, sapatões, trans e travestis, ou seja, de todas as pessoas que não obedeciam a uma performatividade de gênero normativa associada a uma intelectualidade exacerbada, eles sempre mantiveram distância. Sendo assim, não tardou para as políticas de assimilação se converterem em práticas de discriminação, proscrevendo candidaturas de homossexuais à formação didática e ao ingresso nas sociedades psicanalíticas vinculadas à IPA entre 1921 e 1999 (Bulamah, 2016).

E, embora o imperativo de proscrição tenha sido revogado, isso não significa, necessariamente, o fim das condutas de discriminação e assimilação em diversas instituições de psicanálise. Esse é um tema espinhoso e, embora não pretenda discuti-lo profundamente, para tecer alguns comentários sobre a questão é necessário antes reconhecer que no Brasil de 2023 não podemos falar em uma instituição de psicanálise no singular. Isso porque há no país uma profusão de instituições psicanalíticas – a maior parte delas, desvinculadas da IPA – nas quais operam as mais diversas condutas no que se refere à diversidade e à inclusão.

Posto isso, o que vale ressaltar é que, a partir das histórias da psicanálise aqui contadas, é necessária atenção ao fato de que as teorias psicanalíticas são produto do lugar, do tempo histórico e das pessoas que a produzem a partir do que escutam e pensam. E, já que elas são elaboradas por pessoas majoritariamente brancas e detentoras de lugares estruturais de poder, é necessário que os psicanalistas se desfaçam de uma suposta neutralidade imaginária. Para isso, deve haver o reconhecimento de que, como outrora as lésbicas, mulheres e gays ocuparam o lugar de *objeto* da teoria, hoje ainda há populações que a psicanálise se dispõe a escutar, mas que permanecem à margem de muitas instituições de psicanálise, em razão de sua organização e elitização.

É necessário, portanto, que as instituições psicanalíticas que ainda não se implicaram nessa tarefa possam abrir espaços para a diversidade sexual, racial, de gênero e de classe, transformando a psicanálise não apenas em suas bases conceituais e chaves de escuta clínica, mas também nos agentes de sua teoria. Evidentemente, isso não significa assumir que essas pessoas tenham que carregar o fardo de se haver com as dimensões discriminatórias, opressivas e normativas do discurso teórico da psicanálise. Primeiro, porque "os lugares de enunciação não se traduzem, necessariamente, em posições coerentes e emancipatórias com a ontologia dos sujeitos" (Quinalha, 2022, p. 178). E, em segundo lugar, pois esta é tarefa de todos os sujeitos dos discursos das psicanálises, que urgentemente precisam se desfazer de imaginários e fantasias sobre as identidades, para poder efetivamente mobilizar e valorizar as diferenças em seus espaços, ainda majoritariamente hegemônicos.

Finalmente, uma última questão a ser destacada a partir das histórias contadas por este livro levam-nos a frisar que a homossexualidade (masculina) ocupou uma posição ambivalente e pendular para a psicanálise nascente – e não por isso menos marcada pela discriminação. Já a lesbianidade persevera, desde o início do século XX até o nosso tempo, ocupando um lugar marginal nas discussões e produções teóricas da psicanálise, mesmo quando essas tratam, justamente, da diversidade sexual. Essa questão já estava em voga no contexto de surgimento da psicanálise, época em que as ativistas lésbicas denunciavam a invisibilidade de suas pautas aos movimentos feministas e homossexual. E ela se repetiu no meio psicanalítico, quando as mulheres começaram a ocupar espaços nas instituições de psicanálise, passando a ser escutadas não apenas como pacientes, mas também como teóricas. Ao refletirmos sobre o lugar que a lesbianidade ocupa nas histórias da psicanálise, concluímos que a própria assimilação das questões lésbicas aos estudos sobre a homossexualidade e a feminilidade (heterossexual) produziram um apagamento do que há de próprio nas experiências lésbicas. Vale ressaltar que estas eram, majoritariamente, interpretadas como escolhas negativas e reativas à feminilidade, como se se tornar lésbica fosse sempre equivalente a não se tornar mulher.

E se, ainda hoje, não há sequer uma analista lésbica amplamente reconhecida pela historiografia oficial da psicanálise ou um lugar teórico para pensar as questões e subjetividades lésbicas, é urgente criarmos lugares de nomeação, representação e transmissão (Rich, 1979) para essas existências. Existências estas que não são contempladas por psicanálises que tratam somente da questão gay ou da "homossexualidade". Assumir que as dissidências sexuais podem ser sempre pensadas em bloco é, no campo da história da psicanálise, mais uma vez apagar as questões lésbicas – e de outras orientações sexuais não heterocentradas. Isso ocorre pois há diferenças fundamentais na forma como as políticas de discriminação e antidiscriminação foram dirigidas a gays e lésbicas ao longo da história do movimento psicanalítico. Embora esse assunto necessite ser mais bem analisado em outros trabalhos, por ora podemos sinalizar que isso se deu, particularmente, por meio do apagamento da existência histórica de lésbicas dos textos psicanalíticos, levando-as a ser sistematicamente invisibilizadas, caladas, não representadas e tratadas por políticas de silenciamento. Podemos citar o caso do secretismo que envolve a relação entre Anna Freud e Dorothy Burlingham. Essa questão é tratada como um rumor maldoso que colocaria em risco o legado de Freud – posição que, inclusive, desconsidera a possibilidade de esse ter sido um pivô central no reposicionamento acerca da patologização e da cura de orientações sexuais não normativas, observado ao final da obra freudiana.

Ou seja, enquanto ao longo de mais de um século a homossexualidade foi falada das mais diversas formas pela psicanálise, o silenciamento sobre a lesbianidade foi e é sistematicamente reproduzido pelos psicanalistas, garantindo a perpetuação de mecanismos de poder e dominação cis-heteropatriarcal que as existências lésbicas têm a potência de questionar. Justamente porque, talvez, o que as existências lésbicas tragam de mais ameaçador à psicanálise é seu potencial de perturbar certas teorias e chaves de escuta clínica falocêntricas, centradas na lógica da diferença sexual e ancoradas em ideias universalistas e estereotipadas sobre o que é ou quer uma mulher, construídas dentro e a partir da própria estrutura do patriarcado (Azevedo, 2022).

É necessário, portanto, que algumas noções homogeneizantes difundidas na psicanálise – por exemplo, *a homossexualidade* e *a mulher* – sejam revisitadas não apenas conceitualmente, mas também a partir de um trabalho de linguagem (Wittig, 1978/2022), que opere transformações em categorias discursivas heteronormativas, binárias e falocêntricas, marcadas pela ideologia patriarcal. Cabe lembrar que "a linguagem nunca é neutra, e os atos de nomeação tem efeitos sociais: definem imagens e representações" (Eribon, 2008, pp. 21-22), de forma que é preciso que os psicanalistas abram mão, de uma vez por todas, de seus vocabulários datados oriundos dos manuais de psiquiatria, que no Brasil de 2023 são muito mais utilizado na parcela mais conservadora das Igrejas, no extinto "Ministério da Mulher, da Família e dos Direitos Humanos" e em algumas instituições de psicanálise do que nos meios LGBTQIAP+. Esse parece ser um caminho fundamental para poder transpassar as lacunas que na psicanálise ainda separaram práticas clínicas progressistas e libertárias e discursos teóricos marcados pelo conservadorismo. E, para poder criar vocabulários, é fundamental que os psicanalistas ousem escutar seus pacientes, o que eles efetivamente dizem, como se nomeiam e são nomeados nos campos do gênero e da sexualidade. Afinal, a linguagem não apenas reproduz opressões, mas possui também a potência de as combater, alçando experiências marginalizadas, silenciadas e subalternizadas ao campo simbólico.

A partir da pesquisa do contexto sociopolítico e epistemológico de surgimento da psicanálise, tentamos neste livro retraçar o complexo campo de estudos a que a psicanálise anexou as questões lésbica e gay, resgatando aspectos potentes e transgressores da teoria psicanalíticas e teses e posicionamentos políticos que, ao longo do tempo, minaram ou estremeceram essas bases. Lembrando que as psicanálises não devem ser reduzidas à figura de seu criador, ressaltamos que, nos cem anos que nos separam da época pesquisada por este livro, as questões LGBTQIAP+ se transformaram, assim como os psicanalistas, que cotidianamente criam formas novas de pensar e analisar nos múltiplos territórios geográficos e instituições em que a disciplina criada pelos primeiros psicanalistas se difundiu no último século.

Como buscamos apontar em diversos pontos deste texto, ainda há muitos temas a serem pesquisados que tangenciam as temáticas aqui tratadas, pois não há uma única história da psicanálise, mas múltiplas histórias. Estas são compostas por teorias enunciadas em nome próprio por vários autores contemporâneos ou sucessores de Freud e atravessadas pelos tensionamentos entre a manutenção das estruturas normativas, opressoras e alienantes que regem nossa sociedade e a faceta emancipatória do pensamento psicanalítico. O fato é que certas categorias de linguagem – como cada uma das contempladas pela sigla LGBTQIAP+ – existem para nomear posições de poder e contrapoder vigentes em nossa sociedade e para angariar pautas coletivas de populações oprimidas e descriminalizadas. Por sua vez, a transgressividade das hipóteses da sexualidade e do inconsciente está sediada na hipótese de que cada sujeito deverá, em sua singularidade – que nunca está desvinculada das normas e do coletivo –, descobrir como e o que e como fazer com seu desejo.

A nós, que, como os primeiros psicanalistas, somos também produto de um tempo e um lugar histórico, resta o convite para olhar o passado e lembrar que não há horizonte possível para uma psicanálise que ignore a política e as estruturas de poder que regem nossa sociedade. Vislumbrando o futuro, espero que em um momento não tão distante este livro se torne apenas um compilado historiográfico sobre um tempo em que a psicanálise ainda era mais emancipatória em seu mito fundador do que no cotidiano de sua construção, que remeta muito pouco às psicanálises brasileiras escritas por histórias da margem.

Referências

Allouch, J. (2005). *Sombra do teu cão: Discurso psicanalítico, discurso lésbico.* Companhia de Freud.

Ambra, P. (2019). Há muito tempo não recebo cartas. In G. Iannini (Org.). *Caro Dr. Freud: Respostas do século XXI a uma carta sobre homossexualidade* (pp. 53-57). Autêntica Editora.

Ariès, P. (1985). Reflexões sobre a história da homossexualidade. In P. Ariès, & A. Bejin (Org.), *Sexualidades ocidentais: Contribuições para a história e para a sociologia da sexualidade* (pp. 77-92). Brasiliense.

Azevedo, A. V. (2013). De amores e flores: O caso da jovem homossexual de Freud. In A Quinet, & M. A. C. Jorge (Org.), *As homossexualidades na psicanálise: Na história de sua despatologização* (pp. 299-314). Segmento Farma.

Azevedo, A. (2022). Wittig, o feminismo e o pensamento lésbico (ou teoria lésbica). In M. Wittig, *O pensamento hétero e outros ensaios.* Autêntica.

Bab, E. (1991). Same-sex love, or *Lieblingminne:* A word on its essence and its significance. In H. Oosterhuis, & H. Kennedy (Eds.), *Homosexuality and male bonding in pre-Nazi Germany – the youth movement, the gay movement, and male bonding before Hitler's rise: original transcripts from Der Eigene, the first gay journal in the world.* The Haworth Press. (Trabalho original publicado em 1903).

Bennett, J. M. (2000, january/april). "Lesbian-like" and the social history of lesbianism. *Journal of the History of Sexuality, 9*(1-2), 1-24.

Bennett, J. M. (2011). Remembering Elizabeth Etchingham and Agnes Oxenbridge. In N. Griffney, M. M. Sauer, & D. Watt (Eds.), *The Lesbian Premodern* (pp. 131-145). Palgrave.

Bertin, C. (1989). *A última Bonaparte.* Paz e Terra.

Bertin, C. (1990). *A mulher em Viena nos tempos de Freud.* Papirus.

Blasius, M., & Phelan, S. (1997). *We are everywhere: A historical sourcebook of gay and lesbian politics.* Routledge.

Borrillo, D. (2010). *Homofobia: História e crítica de um preconceito.* Autêntica.

Boswell, J. (1980). *Christianity, social tolerance, and homosexuality: Gay people in Western Europe from the beginning of the Christian Era to the fourteenth century.* The University of Chicago Press.

Bremmer, J. (1995). Pederastia grega e homossexualismo moderno. In J. Bremmer (Org.), *De Safo a Sade: Momentos na história da sexualidade* (pp. 11-26). Papirus.

Broide, E. E. (2017). *A Supervisão como interrogante da práxis analítica: Desejo de analista e transmissão da psicanálise.* [Tese de doutorado]. Pontifícia Universidade Católica de São Paulo. https://repositorio.pucsp.br/jspui/handle/handle/20013

Brome, V. (1969). *Freud and his early circles.* Apollo Editions.

Bulamah, L. C. (2016). *História de uma regra não-escrita: A proscrição da homossexualidade masculina no movimento psicanalítico.* Annablume.

Butler, J. (2003). *Problemas de gênero: Feminismo e subversão da identidade.* Civilização Brasileira.

Cavalheiro, R., Pombo, M., & Triska, V. H. (2022). No divã de Paul B. Preciado: Psicanálise e (Des)obediência Epistêmica. *Estudos e pesquisas em psicologia, 22*(4), 1393-1413.

Cecarelli, P. (2008). A invenção da homossexualidade. *Bagoas,* 2, 71-93.

Checchia, M. A. (2017). Otto Gross, um psicanalista anarquista (biografia resumida). In M. A Checcia, P. S. Sousa Jr., & R. A. Lima (Orgs.), *Otto Gross: Por uma psicanálise revolucionária* (pp. 17-75). Annablume.

Checchia, M. A. (2018). Otto Gross: um caso de segregação e esquecimento na história da psicanálise. *Lacuna: Uma revista de psicanálise, 5*, 2. https://revistalacuna.com/2018/06/04/n05-02/

Checchia, M. A. (2020). O patriarcado entre Sigmund Freud e Otto Gross. In A. M. Parente, & L. Silveira (Orgs.), *Freud e o patriarcado* (pp. 231-254). Hedra.

Checchia, M. A., Torres, R., & Hoffmann, W. (Orgs.). (2015). *Os primeiros psicanalistas: Atas da Sociedade Psicanalítica de Viena 1906-1908.* Tradução de Marcella Marino Medeiros Silva. Scriptorium.

Checchia, M. A., Souza Jr., P. S., & Lima, R. A. (Orgs.). (2017). *Otto Gross: Por uma psicanálise revolucionária.* Annablume.

Conselho Federal de Psicologia (CFP) (1999). *Resolução CFP n. 1, de 22 de março de 1999.* Estabelece normas de atuação para os psicólogos em relação à questão da orientação sexual. Distrito Federal.

Cossi, R. K. (2018). Stoller e a psicanálise: Da identidade de gênero ao semblante lacaniano. *Estudos de Psicanálise, 49*, 31-43.

Costa, J. F. (1992). *A inocência e o vício: Estudos sobre o homoerotismo.* Relume-Dumará.

Costa, J. F. (1995). *A face e o verso: Estudos sobre o homoerotismo II.* Escuta.

Costa, R. M. L. (2019). Freud e a escrita da história clínica: um encontre entre psicanálise e historiografia. *Lacuna: uma revista de psicanálise, 8*, 11. https://revistalacuna.com/2019/12/07/n-8-11/

Cromberg, R. U. (2010). Primeiras psicanalistas. *Percurso, 45*, 35-46.

Cromberg, R. U. (2017). Psicanálise na Rússia. In P. S. Souza Jr. (Org.), *A psicanálise e os lestes* (Vol. 1, pp. 91-141). Annablume.

Cromberg, R. U. (Org.). (2021). *Sabina Spielrein: Uma pioneira da psicanálise.* Blucher, 2v.

De Lauretis, T. (1999). Letter to an unknown woman. In R. Lesser, & E. Schoeberg, *The obscure subject of desire: Freud's female homosexual revisited* (pp. 37-53). Routledge.

Decker, H. (1991). *Freud, Dora, and Vienna 1900.* The Free Press.

Dickson, E. R. (2002). Sex, Masculinity, and the "Yellow Peril": Christian von Ehrenfels' Program for a Revision of the European Sexual Order, 1902-1910. *German Studies Review, 25*(2), 255-284.

Dose, R. (2003). The World League for Sexual Reform: Some possible approaches. *Journal of the history of sexuality, 12*(1), 1-15.

Dose, R. (2014). *Magnus Hirschfeld: The origins of the gay liberation movement.* Monthly Review Press.

Dover, K. J. (2007). *A homossexualidade na Grécia antiga.* Nova Alexandria.

Duc, A. (1990). Are these women? In L. Faderman, & B. Erikkson, *Lesbians in Germany: 1890's-1920's* (pp. 1-21). Naiad Press. (Trabalho original publicado em 1903).

Ellis, H. (1909). Is sexual inversion curable? *Journal of Mental Science, 55(*230), 1909. Resenha de: Sadger, I. Ist die Konträre Sexualempfindung Heilbar. Zeitschrift für Sexualwissenschaft, Leipizig, v. 1, n. 12, p. 712-720, 1908.

Ellis, H. (1933). *Inversão sexual* (Vol. 2, 2a ed.). Trad. de Álvaro Cabral Eston. Editora Nacional. (Trabalho original publicado em 1901).

Eribon, D. (2008). *Reflexões sobre a questão gay.* Companhia de Freud.

Eribon, D. (2020). *Retorno a Reims.* Âyiné.

Faderman, L. (1992). *Odd girls and twilight lovers: A history of lesbian life in twentieth-century America.* Penguin.

Faderman, L., & Eriksson, B. (1980). *Lesbian-feminism in the turn-of-the-century Germany.* The Naiad Press Inc.

Falzeder, E. (Ed.). (2002). *The complete correspondence of Sigmund Freud and Karl Abraham 1907-1925* (Vol. 1). Karnac.

Falzeder, E., Brabant, E., & Giamperi P. (Org.). (1993). *Sigmund Freud & Sándor Ferenczi: correspondência* (Vol. 1). Tradução de Cláudia Cavalcanti e Suzana Kampff Lages. Imago.

Federic, S. (2017). *Calibã e a bruxa: Mulheres, corpos e acumulação primitiva.* Elefante.

Ferenczi, S. (1994). La homosexualité feminine. In S. Ferenczi, *Les écrits de Budapest* (pp. 151-156). Epel. (Trabalho original publicado em 1902).

Ferenczi, S. (2011a). Novas observações sobre a homossexualidade. In *Obras Completas de Sándor Ferenczi* (Vol. 4). Martins Fontes. (Trabalho original publicado em 1909).

Ferenczi, S. (2011b). Sobre a história do movimento psicanalítico. In *Obras Completas de Sándor Ferenczi* (Vol. 1). Martins Fontes. (Trabalho original publicado em 1910).

Ferenczi, S. (2011c). O homoerotismo: Nosologia da homossexualidade masculina. In *Obras Completas de Sándor Ferenczi* (Vol. 2). Martins Fontes. (Trabalho original publicado em 1914).

Fontes, J. B. (Org.). (2003). *Safo de Lesbos: Poemas e fragmentos.* Iluminuras.

Foucault, M. (2012). *Microfísica do poder.* Graal. (Trabalho original publicado em 1979).

Foucault, M. (2010). Aula de 19 de março de 1975. In M. Foucault, *Os anormais: Curso no Collège de France (1974-1975)* (pp. 255--281). WMF Martins Fontes. (Trabalho original publicado em 1975).

Foucault, M. (2014). *História da sexualidade II: O uso dos prazeres.* Paz e Terra. (Trabalho original publicado em 1984).

Foucault, M. (2018). *História da sexualidade I: A vontade de saber.* Paz e Terra. (Trabalho original publicado em 1976).

Freud, S. (1996). Tratamento psíquico (ou anímico). In *Edição Standard Brasileira das Obras Psicológicas Completas de Sigmund Freud* (Vol. 7). Imago. (Trabalho original publicado em 1905b).

Freud, S. (2007). Deux letres à Magnus Hirschfeld. In *Ouvres completes psuchanalyse: 1906-1908.* PUF. (Trabalho original publicado em 1906).

Freud, S. (2010a). Observações psicanalíticas sobre um caso de paranoia [*Dementia Paranoides*] relatado em autobiografia ("O caso Schreber"). In *Obras Completas de Sigmund Freud* (Vol. 10). Trad. sob a direção de Paulo César de Souza. Companhia das Letras. (Trabalho original publicado em 1911).

Freud, S. (2010b). Recomendações ao médico que pratica a psicanálise. In *Obras Completas de Sigmund Freud* (Vol. 10). Trad. Sob a direção de Paulo César de Souza. Companhia das Letras. (Trabalho original publicado em 1912a).

Freud, S. (2010c). A dinâmica da transferência. In *Obras Completas de Sigmund Freud* (Vol. 10). Trad. Sob a direção de Paulo César de Souza. Companhia das Letras. (Trabalho original publicado em 1912b).

Freud, S. (2010d). O início do tratamento. In *Obras Completas de Sigmund Freud* (Vol. 10). Trad. sob a direção de Paulo César de Souza. Companhia das Letras. (Trabalho original publicado em 1913).

Freud, S. (2010e). Recordar, repetir e elaborar. In *Obras Completas de Sigmund Freud* (Vol. 10). Trad. sob a direção de Paulo César de Souza. Companhia das Letras. (Trabalho original publicado em 1914c).

Freud, S. (2010d). Introdução ao narcisismo. In *Obras Completas de Sigmund Freud* (Vol. 12). Trad. sob a direção de Paulo César de Souza. Companhia das Letras. (Trabalho original publicado em 1914a).

Freud, S. (2010e). História de uma neurose infantil ("O homem dos lobos"). In *Obras Completas de Sigmund Freud* (Vol. 14). Trad.

sob a direção de Paulo César de Souza. Companhia das Letras. (Trabalho original publicado em 1918).

Freud, S. (2010f). Além do princípio do prazer. In *Obras Completas de Sigmund Freud* (Vol. 14). Trad. sob a direção de Paulo César de Souza. Companhia das Letras. (Trabalho original publicado em 1920b).

Freud, S. (2010g). Novas conferências introdutórias à psicanálise. In *Obras Completas de Sigmund Freud* (Vol. 18). Trad. sob a direção de Paulo César de Souza. Companhia das Letras, 2010. (Trabalho original publicado em 1933).

Freud, S. (2010h). O mal-estar na civilização. In *Obras Completas de Sigmund Freud* (Vol. 18). Trad. sob a direção de Paulo César de Souza. Companhia das Letras. (Trabalho original publicado em 1930).

Freud, S. (2010i). O debate sobre a masturbação. In *Obras Completas de Sigmund Freud* (Vol. 10). Trad. sob a direção de Paulo César de Souza. Companhia das Letras. (Trabalho original publicado em 1912c).

Freud, S. (2011a). Sobre a psicogênese de um caso de homossexualidade feminina. In *Obras Completas de Sigmund Freud* (Vol. 15). Trad. sob a direção de Paulo César de Souza. Companhia das Letras. (Trabalho original publicado em 1920a).

Freud, S. (2011b). Sobre alguns mecanismos neuróticos no ciúme, na paranoia e na homossexualidade. In *Obras Completas de Sigmund Freud* (Vol. 15). Trad. sob a direção de Paulo César de Souza. Companhia das Letras. (Trabalho original produzido em 1922).

Freud, S. (2011c). O Eu e o Id. In *Obras Completas de Sigmund Freud* (Vol. 16). Trad. sob a direção de Paulo César de Souza. Companhia das Letras, 2011. (Trabalho original publicado em 1923a).

Freud, S. (2011d). A organização genital infantil. In *Obras Completas de Sigmund Freud* (Vol. 16). Trad. sob a direção de Paulo César de Souza. Companhia das Letras, 2011. (Trabalho original publicado em 1923b).

Freud, S. (2011e). "Autobiografia". In *Obras Completas de Sigmund Freud* (Vol. 16). Trad. sob a direção de Paulo César de Souza. Companhia das Letras, 2011. (Trabalho original publicado em 1925a).

Freud, S. (2011f). Algumas consequências psíquicas da diferença anatômica entre os sexos. In *Obras Completas de Sigmund Freud* (Vol. 16). Trad. sob a direção de Paulo César de Souza. Companhia das Letras, 2011. (Trabalho original publicado em 1925b).

Freud, S. (2012a). Contribuições à história do movimento psicanalítico. In *Obras Completas de Sigmund Freud* (Vol. 11). Trad. sob a direção de Paulo César de Souza. Companhia das Letras. (Trabalho original publicado em 1914b).

Freud, S. (2012b). Totem e tabu. In *Obras Completas de Sigmund Freud* (Vol. 11). Trad. sob a direção de Paulo César de Souza. Companhia das Letras. (Trabalho original publicado em 1912-1913).

Freud, S. (2013a). Uma recordação de infância de Leonardo da Vinci.In *Obras Completas de Sigmund Freud* (Vol. 9). Trad. sob a direção de Paulo César de Souza. Companhia das Letras. (Trabalho original publicado em 1910).

Freud, S. (2013b). Um tipo especial de escolha de objeto feira pelo homem (Contribuições à psicologia do amor I). In *Obras Completas de Sigmund Freud* (Vol. 9). Trad. sob a direção de Paulo César de Souza. Companhia das Letras. (Trabalho original publicado em 1910b).

Freud, S. (2013c). Observações sobre um caso de neurose obsessiva ("O homem dos ratos", 1909). In *Obras Completas de Sigmund Freud* (Vol. 9). Trad. sob a direção de Paulo César de Souza. Companhia das Letras. (Trabalho original publicado em 1909b).

Freud, S. (2014). Conferências introdutórias à psicanálise (Terceira parte: teoria geral das neuroses). In *Obras Completas de Sigmund Freud* (Vol. 13). Trad. sob a direção de Paulo César de Souza. Companhia das Letras. (Trabalho original publicado em 1917).

Freud, S. (2015a). O esclarecimento sexual das crianças [Carta aberta ao Dr. M. Fürst, 1907]. In *Obras Completas de Sigmund Freud* (Vol. 8). Trad. sob a direção de Paulo César de Souza. Companhia das Letras. (Trabalho original publicado em 1907).

Freud, S. (2015b). A moral sexual "cultural" e o nervosismo moderno. In *Obras Completas de Sigmund Freud* (Vol. 8). Trad. sob a direção de Paulo César de Souza. Companhia das Letras. (Trabalho original publicado em 1908a).

Freud, S. (2015c). Sobre as teorias sexuais infantis. In *Obras Completas de Sigmund Freud* (Vol. 8). Trad. sob a direção de Paulo César de Souza. Companhia das Letras. (Trabalho original publicado em 1908b).

Freud, S. (2015d). As fantasias histéricas e a sua relação com a bissexualidade. In *Obras Completas de Sigmund Freud* (Vol. 8). Trad. sob a direção de Paulo César de Souza. Companhia das Letras. (Trabalho original publicado em 1908c).

Freud, S. (2015e). Análise da fobia de um garoto de 5 anos ("O Pequeno Hans"). In *Obras Completas de Sigmund Freud* (Vol. 8.) Trad. sob a direção de Paulo César de Souza. Companhia das Letras. (Trabalho original publicado em 1909).

Freud, S. (2016a). A interpretação dos sonhos. In *Obras Completas de Sigmund Freud* (Vol. 4). Trad. sob a direção de Paulo César de Souza. Companhia das Letras. (Trabalho original publicado em 1900).

Freud S. (2016b). Três ensaios sobre a teoria da sexualidade. In *Obras Completas de Sigmund Freud* (Vol. 6). Trad. sob a direção de Paulo César de Souza. Companhia das Letras. (Trabalho original publicado em 1905a).

Freud, S. (2016c). Análise fragmentária de uma histeria ("O caso Dora"). In *Obras Completas de Sigmund Freud* (Vol. 6). Trad. sob a direção de Paulo César de Souza. Companhia das Letras. (Trabalho original publicado em 1905b).

Freud, S. (2016d). O método psicanalítico de Freud. In *Obras Completas de Sigmund Freud* (Vol. 6). Trad. sob a direção de Paulo César de Souza. Companhia das Letras. (Trabalho original publicado em 1904).

Freud, S. (2017). *Manuscrito inédito de 1931: edição bilíngue*. Trad. de Elsa Vera Kunze Post Susemihl. Blucher. (Trabalho original publicado em 1931).

Freud, S. (2018). Compêndio de psicanálise. In *Obras Completas de Sigmund Freud* (Vol. 19). Trad. sob a direção de Paulo César de Souza. Companhia das Letras. (Trabalho original publicado em 1938).

Freud, S. (2019). Carta sobre homossexualidade. In G. Iannini (Org.), *Caro Dr. Freud: respostas do século XXI a uma carta sobre homossexualidade* (pp. 23-29). Trad. de Pedro Heliodoro Tavares. Autêntica Editora. (Trabalho original publicado em 1935).

Freud, S., & Breuer, J. (2016). Estudos sobre a histeria. In *Obras Completas de Sigmund Freud* (Vol. 2). Tradução de Laura

Barreto. Companhia das Letras. (Trabalho original publicado em 1893-1895).

Gagnebin, J. M. (2003). Um rosto iluminado. In J. B. Fontes (Org.), *Safo de Lesbos: Poemas e fragmentos* (pp. 7-13). Iluminuras.

Garcia, C. C. (2011). *Breve história do feminismo.* Claridade.

Gay, P. (2012). *Freud: Uma vida para nosso tempo* (2a ed.). Companhia das Letras.

Greenberg, D. F. (1988). *The construction of homosexuality.* The University of Chicago Press.

Gross, O. (2017). Observações para uma nova ética. In M. A. Checchia, P. S. Souza Jr., & R. A. Lima (Org.), *Otto Gross: Por uma psicanálise revolucionária* (pp. 101-104). Annablume. (Trabalho original publicado em 1913).

Gross, O. (2017). Três ensaios sobre o conflito interno. In M. A. Checchia, P. S. Souza Jr., & R. A. Lima (Org.), *Otto Gross: Por uma psicanálise revolucionária* (pp. 189-238). Annablume. (Trabalho original publicado em 1920).

Haag, E. (1965). Introduction. In R. Krafft Ebing, *Psychopathia Sexualis: A medico-forensic study.* G. P. Putnam's Sons. (Trabalho original publicado em 1886).

Hirschfeld, M. (1908). Zur Methodik der Sexualwissenschaft. *Zeitschrift für Sexualwissenschaft, 12*(1), 681-705.

Iannini, G. (2019). Os destinos de uma carta são muitos. In G. Iannini (Org.), *Caro Dr. Freud: Respostas do século XXI a uma carta sobre homossexualidade* (pp. 9-21). Trad. de Pedro Heliodoro Tavares. Autêntica Editora.

Jones, E. (1989). *A vida e a obra de Sigmund Freud* (3 Vols.). Imago.

Jorge, M. A. C. (2017). *Fundamentos da psicanálise de Freud a Lacan: A prática analítica* (Vol. 3). Zahar.

Jorge, M. A. C. (2008). *Fundamentos da psicanálise de Freud a Lacan: As bases conceituais* (5a ed., Vol. 1) Zahar.

Kertbeny, K. M. (1997). An open letter to the Prussian Minister of Justice. In Blasius, M., & S. Phelan, *We are everywhere: A historical sourcebook of gay and lesbian politics* (pp. 67-79). Routledge. (Trabalho original publicado em 1869).

Kissinger, S. C. (2017). Christian von Ehrenfels. In R. Diriwächter, & J. Valsiner (Orgs.), *Striving for the whole: Creating theoretical syntheses.* Routledge.

Krafft-Ebing, R. (1965). *Psychopathia Sexualis: A medico-forensic study.* G. P. Putnam's Sons. (Trabalho original publicado em 1886).

Krafft-Ebing, R. (2000). *Psychopathia Sexualis: as histórias de caso.* Martins Fontes. (Trabalho original publicado em 1886b).

Krause, E. (1990). The truth about me. In L. Faderman, & B. Erikkson. *Lesbians in Germany: 1890's-1920's* (pp. 23-32). Naiad Press. (Trabalho original publicado em 1901).

Krickler, K. (2008). Homosexuals in Austria: Nazi persecution and the long struggle for rehabilitation. *Working papers series number 12.* http://ccges.apps01.yorku.ca/wp/wp-content/uploads/2008/12/krickler-homosexuals-in-austria-nazi-persecution-and-the-long-struggle-for-rehabilitation.pdf

Kupermann, D. (1996). *Transferências cruzadas: Uma história da psicanálise e suas instituições.* Editora Revan.

Kupfer, M. C. (2005). *Freud e a educação: O mestre do impossível* (3a ed.). Matriz.

Lanteri-Laura, G. (1994). *Leitura das perversões: História de sua apropriação médica.* Jorge Zahar.

Laplanche, J., & Pontalis, J. B. (2001). *Vocabulário da psicanálise* (4a ed.). Martins Fontes.

Lardinois, A. (1995). Safo lésbica e Safo de Lesbos. In J. Bremmer (Org.), *De Safo a Sade: Momentos na história da sexualidade* (pp. 27-50). Papirus.

Le Goff, J. (1994). A rejeição do prazer. In J. Le Goff, *O imaginário medieval* (pp. 156-168). Estampa. (Trabalho original publicado em 1985).

Leidinger, C. (2004). "Anna Rüling": A Problematic Foremother of Lesbian Herstory. *Journal of the History of sexuality, 13*(4), 477-499.

Lesser, R., & Schoenberg, E. (1999). *The obscure subject of desire: Freud's female homosexual revisited*. Routledge.

Mancini, E. (2007). *A brighter shade of pink: Magnus Hirschfeld, the third sex, and the sexual freedom movement in Germany*. [Tese de doutorado em filosofia e literatura alemã]. Universidade Rutgers.

Marrou, H. (1966) Da pederastia como educação. In H. Marrou, *História da educação na Antiguidade* (pp. 51-65). Herder.

Martins, A. S., & Moreira, L. S. (2020). A origem do destino criado para as mulheres pela psicanálise: por uma leitura reparadora através das atas da Sociedade das Quartas-Feiras. In A. M. Parente, & L. Silveira (Orgs.), *Freud e o patriarcado* (pp. 85-114). Hedra.

Masson, J. M. (Org.). (1986). *A correspondência completa de Sigmund Freud para Wilhelm Fliess (1887-1904)*. Imago.

Maya, A. (2013). A homofobia no discurso psicanalítico sobre o casal e a parentalidade homossexual. In A. Quinet, & M. A. C. Jorge (Orgs.), *As homossexualidades na psicanálise: Na história de sua despatologização* (pp. 65-75). Segmento Farma.

Mcguire, W. (Org.). (1993). *A correspondência completa de Sigmund Freud e Carl G. Jung*. Imago.

Menahem, R. (2003). Désorientations sexuelles: Freud et l'homosexualité. *Revue Française de Psychanalyse, 67*(1).

Mezan, R. (2001). *Freud: A trama dos conceitos* (4a ed.). Perspectiva.

Mezan, R. (2002). *Interfaces da psicanálise*. Companhia das Letras.

Mezan, R. (2003). *Freud: A conquista do proibido* (1a ed.). Ateliê Editorial.

Mezan, R. (2014). *O tronco e os ramos*. Companhia das Letras.

Mossé, C. (1992). Safo de Lesbos. In G. Duby, *Amor e sexualidade no Ocidente: Edição especial da revista L'Histoire/Seuil* (pp. 39-45). L&PM.

Nieder, T. O., & Richter-Appelt, H. (2011). Tertium non datur – either/or reactions to transsexualism amongst health care professionals: the situation past and present, and its relevance to the future. *Psychology & Sexuality, 2*, 224-243.

Nunberg, H. (2015). Introdução. In M. A. Checchia, R. Torres, & W. Hoffmann (Orgs.), *Os primeiros psicanalistas: Atas da Sociedade Psicanalítica de Viena 1906-1908* (pp. 16-38). Trad. de Marcella Marino Medeiros Silva. Scriptorium. (Trabalho original publicado em 1959).

Nunberg, H., & Federn, E. (1974). *Minutes of the Vienna Psychoanalytic Society* (Vol. 3). International Universities Press.

Nunberg, H., & Federn, E. (1978). *Les premiers psychanalystes: Minutes de la Société psychanalytique de Vienne* (Vol. 2). Gallimard.

Nunberg, H., & Federn, E. (1980). *Las reuniones de los miércoles: Actas de la Sociedad Psicoanalítica de Viena* (Vol. 2). Ediciones Nueva Vision.

Nunberg, H., & Federn, E. (1983). *Les premiers psychanalystes: Minutes de la Société psychanalytique de Vienne* (Vol. 4). Gallimard.

O'Connor, N., & Ryan, J. (1995). *Wild desires & mistaken identities: Lesbianism and psychoanalysis.* Columbia University Press.

Obholzer, K. (1993). *Conversa com o homem dos lobos: Uma psicanálise e suas consequências.* Zahar.

Padovan, C. (2017). As origens médico-psiquiátricas do conceito psicanalítico de narcisismo. *Ágora (Rio J.), 20*(3), 634-644.

Padovan, C., & Franco, W. A. C. (2018). Tradução e comentários à conferência de Freud sobre a Histeria masculina: uma contribuição à historiografia da psicanálise. *Natureza Humana, 20*(1), 240-272.

Padovan, C., & Müller, N. (2016). Sobre o narcisismo: uma tradução. *Lacuna: Uma revista de psicanálise, 2*, 1-15. https://revistalacuna.com/2016/12/06/n2-02/

Paoliello, G. (2013). A despatologização da homossexualidade. In A. Quinet, & M. A. C. Jorge. *As homossexualidades na psicanálise: na história de sua despatologização* (pp. 29-46). Segmento Farma.

Paragraph 175 of the German Imperial Penal Code. (1997). In M. Blasius, & S. Phelan, *We are everywhere: A historical sourcebook of gay and lesbian politics* (p. 63). Routledge. (Trabalho original publicado em 1871).

Peron, P. (2020). Apontamentos ferenczianos para a atualidade da psicanálise. In A. M. Parente, & L. Silveira (Orgs.), *Freud e o patriarcado* (pp. 255-270). Hedra.

Peron, P. R.; Dunker, C. I. L. (2002). Usos e sentidos da cura na psicanálise de Freud. *Percurso, 15*, 83-90.

Porchat, P. (2019). O gênero do espelho: verdades e ficções da identidade. In Cossi R. K. (Org.), *Faces do sexual: Fronteiras entre gênero e inconsciente* (pp. 79-98). Aller.

Preciado, P. B. (2022). *Eu sou o monstro que vos fala: Relatório para uma academia de psicanalistas.* Zahar.

Pretsell, D. O. (Org.). (2020). *The correspondence of Karl Heinrich Ulrichs, 1846-1894.* Palgrave Macmillan.

Quinalha, R. (2022). *Movimento LGBTI+: Uma breve história do século XIX aos nossos dias.* Autêntica.

Quinet, A. (2013). Homossexualidades em Freud. In A. Quinet, & M. A. C. Jorge (Orgs.), *As homossexualidades na psicanálise: na história de sua despatologização.* Segmento Farma.

Quinet, A. Jorge, M. A. C. (2013). *As homossexualidades na psicanálise: Na história de sua despatologização.* Segmento Farma.

Raggam-Blesch, M. (2010)."If a woman should be true to her natural destiny, she ought not to compete with men": Jewish intellectual women between anti-Semitism and misogyny in *fin-de-siècle* Vienna. In A. Schwartz (Org.), *Gender and modernity in Central Europe: the Austro-Hungarian monarchy and its legacy.* University of Ottawa Press.

Rank, O. (2016). Uma contribuição sobre o narcisismo. Tradução de Caio Padovan e Norma Müller. *Lacuna: Uma revista de psicanálise, 2*, 15-45. https://revistalacuna.com/2016/12/06/n2-02/. (Trabalho original publicado em 1911).

Reis, T. R. A., & Fraga, V. S. B. M. (2016). O que é bissexualidade? In M. M. Ramos, P. R. G. Brenner, & P. A. G. Nicoli (Orgs.), *Gênero, sexualidade e direito: uma introdução* (pp. 79-84). Intia Via.

Reitter, J. N. (2021). *Édipo Gay: Psicanálise e heteronormatividade.* Zagodoni.

Rich, A. (1979). *On Lies, Secrets, and Silence: Selected Prose, 1966--1978*. Norton.

Rich, A. (2010). Heterossexualidade compulsória e existência lésbica. *BAGOAS*, *5*, 1744. (Trabalho original publicado em 1982).

Richards, J. (1993). *Sexo, desvio e danação*. Zahar.

Richebächer, S. *Sabina Spielrein: De Jung a Freud*. Civilização Brasileira.

Rieder, I., & Voigt, D. (2008). *Desejos secretos: A história de Sidonie C., a paciente homossexual de Freud*. Companhia das Letras.

Roazen, P. (1995). *Irmão animal: A história de Freud e Tausk*. Imago.

Roazen, P. (1999). *Como Freud trabalhava*. Companhia das Letras.

Rose, L. (2019). O percurso moral dos primeiros psicanalistas vienenses. *Revista Brasileira de Psicanálise*, *53*(1), 215-239.

Roudinesco, E. (1989). *História da psicanálise na França* (Vol. 1). Jorge Zahar.

Roudinesco, E. (2008). *A parte obscura de nós mesmos*. Zahar.

Roudinesco, E. (2009a). Psicanálise e homossexualidade. In E. Roudinesco, *Em defesa da psicanálise: Ensaios e Entrevistas* (pp. 46--72). Organização dos textos, apresentação e revisão por Marco Antonio Coutinho Jorge. Zahar.

Roudinesco, E. (2009b). As primeiras mulheres psicanalistas. In E. Roudinesco. *Em defesa da psicanálise* (pp. 86-95). Organização dos textos, apresentação e revisão por Marco Antonio Coutinho Jorge. Zahar.

Roudinesco, E. (2016). *Sigmund Freud na sua época e em nosso tempo*. Zahar.

Roudinesco, E., & Plon, M. (1998). *Dicionário de Psicanálise*. Jorge Zahar.

Ruitenbeek, H. M. (Org.). (1973). *The first Freudians.* Jason Aronson.

Rüling, A. (1997). What interest does the women's movement have in the homosexual question? In M. Blasius, & S. Phelan, *We are everywhere: A historical sourcebook of gay and lesbian politics* (pp. 143-151). Routledge. (Trabalho original publicado em 1904).

Rüling, A. (1905). Welches Interesse hat die Frauenbewegung an der Lösung des homosexuellen Problems?". *Jahrbuch für sexuelle Zwischenstufe, 7*(1), 129-152.

Sadger, I. (2020). Sobre a etiologia da sensibilidade sexual contrária. Tradução de Flávia Ripoli Martins e Caio Padovan. *Lacuna: uma revista de psicanálise, 10.* https://revistalacuna.com/2020/12/17/n-10-12/ (Trabalho original publicado em 1909).

Sadger, I. (1908a). Fragment der Psychoanalyse eines Homosexuellen. *Jahrbuch für sexuelle Zwischenstufen, 9*, 339-424.

Sadger, I. (1908b). Ist die konträre Sexualempfindung heilbar?. *Zeitschrift für Sexualwissenschaft, 12*(1), 712-720.

Sadger, I. (1909). Zur Ätiologie der konträren Sexualempfindung. *Medizinische Klinik, 5*(2), 53-56.

Sadger, I. (1913). Welcher Wert kommt den Erzählungen und Autobiographien der Homosexuellen zu?. *Archiv für Kriminal-Anthopologie und Kriminalistik, 53*(1/2), 179-187.

Sadger, I. (1914). Sexuelle Perversionen. *Jahrbuch der psychoanalyse, 6*, 296-313.

Safouan, M. (1985). *Jacques Lacan e a questão da formação dos analistas.* Artes Médicas.

Santos, A. B. R., & Ceccarelli, P. R. (2010). Psicanálise e moral sexual. *Reverso, 32*(59), 23-30.

Sartre, M. (1992). A Homossexualidade na Grécia Antiga. In G. Duby, *Amor e sexualidade no Ocidente: Edição especial da revista L'Histoire/Seuil* (pp. 46-59). L&PM.

Schneider, M. (1983). Le trouble des commencements. In H. Nunberg, & E. Federn, *Les premiers psychanalystes: Minutes de la Société psychanalytique de Vienne* (Vol. 4). Gallimard.

Schwartz, A. (2008). *Shifting voices: Feminist thought and women's writing in* Fin-de-Siècle *Austria and Hungary.* McGill-Queen's University Press.

Simões, A. J., & Facchini, R. (2009). *Na trilha do arco-íris: Do movimento homossexual ao LGBT.* Fundação Perseu Abramo.

Souza Jr., P. S. (Org.). (2017). *A psicanálise e os lestes* (Vol. 1). Annablume.

Spielrein, S. (2014) A destruição como origem do devir. Tradução de Renata Dias Mundt. In R.U. Cromberg (Org.), *Sabina Spielrein: Uma pioneira da psicanálise* (Vol. 1). Livros da Matriz. (Trabalho original publicado em 1912).

Stekel, W. (1956). *La educación de los padres.* Imán. (Trabalho original publicado em 1934).

Stoller, R. J. (1985). *Observing the erotic imagination.* Yale University Press.

Strachey, J. (1989). Nota do editor: Tratamento psíquico (ou mental). In *Edição Standard Brasileira das Obras Psicológicas Completas de Sigmund Freud* (Vol. 7). Imago. (Trabalho original publicado em 1966).

Szymborska, W. (2011). *Poemas.* Companhia das Letras.

The Scientific Humanitarian Comitee. (1997a). Petition to the Reichtag. In M. Blasius, & S. Phelan, *We are everywhere: A historical sourcebook of gay and lesbian politics* (pp. 138-142). Routledge. (Trabalho original publicado em 1897).

The Scientific Humanitarian Comitee. (1997b). The social problem of sexual inversion. In M. Blasius, & S. Phelan, *We are everywhere: A historical sourcebook of gay and lesbian politics* (pp. 135-137). Routledge. (Trabalho original publicado em 1903).

Thorson, H. (2010). Ethnic and sexual tension in the Austro-Hungarian Monarchy: A case of mistaken identity in Grete Meisel-Hess's "Zwei vergnügte tage". In A. Schwartz (Org.), *Gender and modernity in Central Europe: The Austro-Hungarian monarchy and its legacy* (pp. 17-28). University of Ottawa Press.

Trevisan, J. S. (2000). *Devassos no paraíso: A homossexualidade no Brasil, da colônia à atualidade* (4a ed.). Record.

Ulrichs, K. H. (1975). *Forschungen über das Rätsel der mannmännlichen Liebe.* Arno Press. (Trabalho original publicado em 1898).

Ulrichs, K. H. (1997a). Araxes appeal for the liberation of the urning's nature from penal law. To the Imperial Assemblies of North Germany and Austia. In M. Blasius, & S. Phelan, *We are everywhere: A historical sourcebook of gay and lesbian politics* (pp. 63-65). Routledge. (Trabalho original publicado em 1870).

Ulrichs, K. H. (1997b). Criticar arrow. In M. Blasius, & S. Phelan, *We are everywhere: A historical sourcebook of gay and lesbian politics* (pp. 65-67). Routledge.

Veyne, P. (1992). A homossexualidade em Roma. In G. Duby (Org.), *Amor e Sexualidade no Ocidente* (pp. 60-67). L&PM.

Vianna, H. B. (1991). Sobre as bases do amor materno. Vida e obra de Margarete Hilferding. Escuta.

Vyrgioti, M. (2020). *Bêtes noirs: As mulheres* queer *da psicanálise*. In A. M. Parente, & L. Silveira (Orgs.), *Freud e o patriarcado* (pp. 115-138). Hedra.

Westphal, C. (1869). Die conträre sexualempfindung – symptom eines neuropathischen (psychopathischen) zustandes. *Archiv für Psychiatrie und Nervenkrankheiten, 2,* 1869-1870, 73-108.

Williams, C. A. (1999). *Roman Homosexuality: Ideologies os masculinity in Classical Antiquity.* Oxford University Press.

Wissenschaftlich-humanitäres Komitee. (1897). An die gesetzgebenden Körperschaften des Deutschen Reiches. https://www.digi-hub.de/viewer/image/BV042530362/5/#topDocAnchor

Wissenschaftlich-humanitäres Komitee. (1901). Was muss das Volk vom Dritten Geschlecht wissen! http://www.giovannidallorto.com/testi/germa/whk/whk.html

Wissenschaftlich-humanitäres Komitee. (1905). *Monatsbericht des Wissenschaftlich-humanitäres Komitees, 4*(11), 23.

Wittig, M. (2022). O pensamento hétero. In M. Wittig. *O pensamento hétero e outros ensaios*. Autêntica. (Trabalho original publicado em 1978).

Worthington, A. E. (2011). *Female homosexuality: Psychoanalysis and queer theory.* Middlesex University.

Young-Bruehl, E. (2008). *Anna Freud: a biography* (2a ed.). Yale University Press.

Apêndice – Catalogação das referências à lesbianidade e à homossexualidade nas *Atas da Sociedade Psicanalítica de Viena* (1906-1918)

Ativismo "homossexual"

Ata 3 – 24 de outubro de 1906

Ata 47 – 15 de abril de 1908

Ata 48 – 22 de abrir de 1908

Bissexualidade (Disposição à)

Componente homossexual da pulsão, etiologia homossexual da neurose, tendências homossexuais

Ata 10 – 23 de janeiro de 1907

Ata 11 – 30 de janeiro de 1907

Ata 12 – 06 de fevereiro de 1907

Ata 16 – 06 de março de 1907

Ata 18 – 27 de março de 1907

Ata 20 – 17 de abril de 1907

Ata 23 – 08 de maio de 1907

Ata 28(2) – 06 de novembro de 1907

Ata 30 – 20 de novembro de 1907

Ata 36 – 15 de janeiro de 1908

Ata 45 – 01 de abril de 1908

Ata 46 – 08 de abril de 1908

Ata 50 – 06 de maio de 1908

Ata 54(B) – 14 de outubro de 1908

Ata 55 – 21 de outubro de 1908

Ata 56 – 28 de outubro de 1908

Ata 67 – 03 de fevereiro de 1909

Ata 69 – 17 de fevereiro de 1909

Ata 73 – 24 de março de 1909

Ata 74 – 31 de março de 1909

Ata 95 – 26 de janeiro de 1910

Ata 98 – 23 de fevereiro de 1910

Ata 101 – 16 de março de 1910

Ata 114 – 12 de outubro de 1910

Ata 121 – 30 de novembro de 1910

Ata 130 – 08 de fevereiro de 1911

Ata 153 – 06 de dezembro de 1911

Ata 163 – 21 de fevereiro de 1912

Ata 167 – 20 de março de 1912

Ata 171 – 01 de maio de 1912

Ata 177 – 06 de novembro de 1912

Ata 181 – 11 de dezembro de 1912

Ata 193 – 12 de março de 1912

Ata 226 – 18 de março de 1914

Ata 232 – 20 de maio de 1914

Ata S/N – 19 de novembro de 1918

Casos

Inclui os casos nos quais é discutida a disposição bissexual dos sintomas neuróticos

Ata 26 – 16 de maio de 1907

Ata 52 – 27 de maio de 1908

Ata 77 – 22 de abril de 1909

Ata 85 – 03 de novembro de 1909

Ata 86 – 10 de novembro de 1909

Ata 89 – 01 de dezembro de 1909

Ata 92 – 05 de janeiro de 1910

Ata 94 – 19 de janeiro de 1910

Ata 95 – 26 de janeiro de 1910

Ata 101 – 16 de março de 1910

Ata 107 – 11 de maio de 1910

Ata 112 – 15 de junho de 1910

Ata 117 – 02 de novembro de 1910

Ata 120 – 23 de novembro de 1910

Ata 142 – 10 de maio de 1911

Ata 181 – 04 de dezembro de 1912

Ata 226 – 18 de março de 1914

Ata 232 – 20 de maio de 1914

Educação sexual

Ata 34 – 18 de dezembro de 1907

Ata 58 – 11 de novembro de 1908

Ata 79 – 12 de maio de 1909

Ata 86 – 10 de novembro de 1909

Ata 90 – 15 de dezembro de 1909

Ata 95 – 26 de janeiro de 1910

Ata 200 – 07 de maio de 1913

Etiologia (teorias)

Ata 8 – 18 de novembro de 1906

Ata 26 – 16 de maio de 1907

Ata 28(2) – 06 de novembro de 1907

Ata 36 – 15 de janeiro de 1908

Ata 43 – 04 de março de 1908

Ata 47 – 15 de abril de 1908

Ata 48 – 22 de abril de 1908

Ata 50 – 06 de maio de 1908

Ata 52 – 27 de maio de 1908

Ata 56 – 28 de outubro de 1908

Ata 58 – 11 de novembro de 1908

Ata 69 – 17 de fevereiro de 1909

Ata 78 – 05 de maio de1909

Ata 79 – 12 de maio de 1909

Ata 81 – 26 de maio de 1909

Ata 85 – 03 de novembro de 1909

Ata 87 – 17 de novembro de 1990

Ata 89 – 01 de dezembro de 1909

Ata 95 – 26 de janeiro de 1910

Ata 106 – 04 de maio de 1910

Ata 107 – 11 de maio de 1910

Ata 112 – 15 de junho de 1910

Ata 113 – 05 de outubro de 1910

Ata 114 – 12 de outubro de 1910

Ata 126 – 11 de janeiro de 1911

Ata 142 – 10 de maio de 1911

Ata 144 – 24 de maio de 1911

Ata 151 – 22 de novembro de 1911

Ata 182 – 11 de dezembro de 1912

Ata 198 – 23 de abril de 1913

Ata 223 – 25 de fevereiro de 1914

Ata 225 – 11 de março de 1914

Ata 232 – 20 de maio de 1914

Lesbianidade

Ata 31 – 27 de novembro de 1907

Ata 40 – 12 de fevereiro de 1908

Ata 69 – 17 de fevereiro de 1909

Ata 95 – 26 de janeiro de 1910

Ata 112 – 19 de outubro de 1910

Ata 118 – 08 de novembro de 1910

Ata 157 – 10 de janeiro de 1912

Ata 181 – 04 de dezembro de 1912

Ata 226 – 18 de março de 1914

Ata S/N – 08 de novembro de 1916

Paranoia

Ata 38 – 29 de janeiro de 1908

Ata 57 – 04 de novembro de 1908

Ata 163 – 21 de fevereiro de 1912

Ata 171 – 01 de maio de 1912

Ata 179 – 20 de novembro de 1912

Ata 225 – 11 de março de 1914

Ata 232 – 20 de maio de 1915

Ata 242 – 13 de outubro de 1915

Referências (outros autores)

Ellis, H.

Ata 2 – 17 de outubro de 1906

Ata 61 – 09 de dezembro de 1908

Ata 141 – 02 de maio de 1911

Ata 155 – 20 de dezembro de 1911

Ata 188 – 05 de fevereiro de 1913

Hirschfeld, M.

Ata 46 – 08 de abril de 1908

Ata 47 – 15 de abril de 1908

Ata 48 – 22 de abril de 1908

Ata 55 – 21 de outubro de 1908

Ata 122 – 07 de dezembro de 1910

Krafft-Ebing, R.

Ata 10 – 23 de janeiro de 1907

Moll, A.

Ata 58 – 11 de novembro de 1908

Ata 188 – 05 de fevereiro de 1913

Reforma sexual

Ata 59 – 19 de novembro de 1908

Ata 62 – 16 de dezembro de 1908

Ata 63 – 23 de dezembro de 1908

"Sujeito homossexual"

Caracterização do personagem homossexual, conforme discutido no Capítulo 5 deste trabalho

Ata 12 – 06 de julho de 1907

Ata 36 – 15 de janeiro de 1908

Ata 56 – 28 de outubro de 1908

Ata 78 – 05 de maio de 1909

Ata 89 – 01 de dezembro de 1909

Ata 95 – 26 de janeiro de 1910

Ata 104 – 20 de abril de 1910

Ata 109 – 25 de maio de 1910

Ata 117 – 02 de novembro de 1910

Ata 133 – 01 de março de 1911

Ata 135 – 15 de março de 1911

Ata 137 – 29 de março de 1911

Ata 141 – 03 de maio de 1911

Ata 151 – 22 de novembro de 1911

Ata 153 – 06 de dezembro de 1911

Ata 155 – 20 de dezembro de 1911

Ata 161 – 07 de fevereiro de 1912

Ata 247 – 31 de março de 1915

Ata S/N – 19 de novembro de 1918

Técnica (Questões terapêuticas)

Ata 10 – 23 de janeiro de 1907

Ata 16 – 06 de março de 1907

Ata 55 – 21 de outubro de 1908

Ata 57 – 04 de novembro de 1908

Ata 67 – 03 de fevereiro de 1909

Ata 85 – 03 de novembro de 1909

Ata 95 – 26 de janeiro de 1910

Ata 107 – 11 de maio de 1910

Ata 163 – 21 de fevereiro de 1912

Ata 196 – 09 de abril de 1913

GRÁFICA PAYM
Tel. [11] 4392-3344
paym@graficapaym.com.br